REGIONALWIRTSCHAFTLICHE FILMFÖRDERUNG

KOSTEN UND NUTZEN

MICHAEL GORDON

GORDON, Michael:
Regionalwirtschaftliche Filmförderung – Kosten und Nutzen / Michael Gordon. – 1. Auflage – Wien: Michael Gordon Verlag, 1996.

ISBN 3-9500611-1-8

Zugl.: Wien, Wirtschaftsuniversität, Diss., 1996.

Michael Gordon Verlag
Blumengasse 21
A-1170 WIEN
Telefon (+43) 1 - 40 26 922
E-Mail gordon@ping.at

Mit Illustrationen von

Barbara Eichhorn
Harald Hasler
Ali Janka
Andreas Leikauf
Hanno Millesi
Pascal Murer
Florian Reither
Maxi Schieszwohl
Ralf Schmitt
Christian Schwarzwald

Meinen Eltern.

ZUSAMMENFASSUNG

Die europäische Medienproduktionsbranche ist durch eine umfassende Förderungslandschaft geprägt. Neben die bekannten „kulturellen" Förderungen treten sukzessive „wirtschaftliche" Subventionen (z.B. in Berlin-Brandenburg, Nordrhein-Westfalen, Wien), deren regionalwirtschaftliche Auswirkungen in dieser Arbeit mittels Kosten-Nutzen Analyse untersucht werden.

Eine Darstellung der europäischen audiovisuellen Politik und der Medienproduktionsbranche geben zunächst Auskunft über die Entwicklungsmöglichkeiten dieses Sektors. Die Abgrenzung des Subventionsbegriffs sowie eine regionalspezifische Anpassung des Instruments der Kosten-Nutzen Analyse bilden die volkswirtschaftliche Grundlage dieser Arbeit.

Die Analyse der direkten, indirekten und induzierten Effekte erfolgt anhand eines Kreislaufmodells. Es wird unterschieden zwischen den direkten Subventionskosten, dem Nutzen der Ausgabenrealisierung und dem Nutzen, der durch den Konsum subventionierter Produktionen induziert wird. Konkrete Vergleiche verschiedener „Förderungsregionen" illustrieren die Darstellung der jeweiligen Effekte:

An direkten Subventionskosten fallen neben dem gewährten Subventionsbetrag (abzüglich Rückflüssen) die Kosten der Förderungsorganisation sowie die der Aufbringung der Subventionsmittel (excess burden) an.

Der Nutzen der Ausgabenrealisierung besteht zunächst in der Schaffung von regionalem Einkommen, das durch multiplikative Effekte noch vermehrt wird. Steigt das Einkommen, so profitiert die Region doppelt, da mit mehr Steuereinnahmen und niedrigeren Transferzahlungen zu rechnen ist. Die induzierten Arbeitsmarkteffekte wirken sich positiv auf die Beschäftigungssituation der Region aus. Eine dauerhafte Ausdehnung des regionalen Produktionsvolumens induziert regionalwirtschaftliches Wachstum und führt zu einer Ausweitung der Produktionskapazitäten.

Der Nutzen des Medienkonsums gliedert sich in Effekte durch Kunst/Kultur, touristische Werbewirkung und in Effekte des Handels und der

Verwertung. Letztere dürften aufgrund von Verdrängungseffekten relativ geringfügig ausfallen.

Mit dieser gewonnenen Erkenntnis werden abschließend drei Förderungsstrategien erarbeitet und die mit ihnen verbundenen positiven und negativen Effekte einander gegenübergestellt:

Mit einer Wachstumsstrategie wird versucht, eine regionale Medienindustrie anzusiedeln/weiter auszubauen. Hohe Wertschöpfungsquoten, ihre Beschäftigungsintensität und zukunftsträchtige Entwicklungsmöglichkeiten tragen zu ihrer Beliebtheit bei.

Eine Tourismusstrategie nützt die hohe Werbewirkung von Medienproduktionen, die durch eine (mehrfache) internationale Verwertung erreicht werden kann.

Im Falle einer Kulturstrategie werden Produktionssubventionen als Erhaltungssubventionen eingesetzt. Sie sollen eine Mindestauslastung der regionalen Medienwirtschaft garantieren und damit die Möglichkeit für ein eigenständiges regionales kulturelles Medienschaffen aufrecht erhalten.

SUMMARY

The European media production sector is strongly influenced by the payment of subsidies. In addition to the well known „cultural“ subsidies, „economic“ incentives have sprung up recently (e.g. in Berlin, Northrhine-Westphalia, Vienna). A cost benefit analysis of the regional economic impact of such incentives is the subject of this paper.

An overview on the European audiovisual policy and the media industry's structure is given for considering possible future developments of the sector. A regional adaption of the cost benefit concept as well as a general analysis of subsidies make up the theoretical framework of this paper.

The analysis of direct, indirect and induced effects is based on a model of income determination. A distinction is made between the direct cost of incentives, the benefit from realising the budget and the benefit arising from the consumption of the subsidised production. Examples from different regions illustrate the description of the respective effects:

The *incentive's direct cost* includes the amount given to media productions (less return), the handling costs and the excess burden caused by financing the sum.

The main *benefit from realising the budget* is the creation of regional income which is being further increased by multiplier effects. Consequently the region will benefit from higher tax revenues and lower transfers to be paid. Additional employment will improve the labour situation. A long-term extension of the regional production volume will raise the production capacity.

The *benefit from media consumption* includes cultural/artistic effects, and tourist destinations profit from free publicity if the production is internationally shown. Arising benefits from trade and exploitation of the subsidised productions regularly suffer crowding out effects.

On the basis of these findings three possible strategies are developed for subsidising the media sector, the benefit of each strategy being contrasted with its cost:

A *growth strategy* aims at locating/extending a regional media cluster. The popularity of this industry is due to the high value added, higher employment rates and a promising future.

A *tourism strategy* makes use of the media productions' enormous advertising potential which can be achieved through (multiple) international exploitation.

In case of a *cultural strategy* the incentives are used for conserving a small media cluster. A constant level of capacity utilisation shall provide the necessary framework to allow regional *cultural* media productions.

INHALTSÜBERSICHT

EINLEITUNG 19

PROBLEMSTELLUNG 19
FORSCHUNGSFRAGE 20
GANG DER UNTERSUCHUNG 22
ERWARTETE ERGEBNISSE 23

TEIL I:
GRUNDLAGEN 27

EUROPÄISCHE AUDIOVISUELLE POLITIK 29
STRUKTUREN DER PRODUKTIONSWIRTSCHAFT 47
SUBVENTIONEN IM MEDIENPRODUKTIONSBEREICH 67
KOSTEN-NUTZEN ANALYSE 103

TEIL II:
ERFASSUNG & BEWERTUNG VON KOSTEN UND NUTZEN 147

DIREKTE SUBVENTIONSKOSTEN 157
EFFEKTE DER AUSGABENREALISIERUNG 167
EFFEKTE DES MEDIENKONSUMS 267

TEIL III:
GESAMTBEURTEILUNG 311

ZIELE DER SUBVENTIONSPOLITIK 312
BEWERTUNGSKRITERIEN 314
GEGENÜBERSTELLUNG VON KOSTEN UND NUTZEN 319
VERTEILUNG DER KOSTEN UND NUTZEN 329
SUBVENTIONSKONTROLLE 330

LITERATURVERZEICHNIS 333

ANHANG A:
BERECHNUNG DER EINSPIELERGEBNISSE 360

ANHANG B:
AUFTEILUNG DER REGIONALAUSGABEN IM VERGLEICH 361

INHALTSVERZEICHNIS

EINLEITUNG 19

PROBLEMSTELLUNG 19

FORSCHUNGSFRAGE 20

GANG DER UNTERSUCHUNG 22

ERWARTETE ERGEBNISSE 23

TEIL I:
GRUNDLAGEN 27

EUROPÄISCHE AUDIOVISUELLE POLITIK 29
BEDARF AN AUDIOVISUELLEN PRODUKTEN IN EUROPA 32
PROBLEME DES EUROPÄISCHEN AUDIOVISUELLEN SEKTORS 33
DIE EUROPÄISCHE AUDIOVISUELLE STRATEGIE 37
THINK TANK REPORT 38
GRÜNBUCH 40
EU-MASSNAHMEN ZUR FÖRDERUNG EUROPÄISCHER PROGRAMME 41
MEDIA 42
ANDERE MASSNAHMEN 44
ZUSAMMENFASSUNG: EUROPÄISCHE AUDIOVISUELLE POLITIK 45

STRUKTUREN DER PRODUKTIONSWIRTSCHAFT 47
GESCHICHTLICHE ENTWICKLUNG 47
STRUKTUREN DER EUROPÄISCHEN PRODUKTIONSBRANCHE 49
OUTPUT DER PRODUKTIONSBRANCHE 54
FINANZIERUNGSQUELLEN EUROPÄISCHER FILME 56
BEDEUTUNG DER KOPRODUKTION IN EUROPA 61
ZUSAMMENFASSUNG: STRUKTUREN DER PRODUKTIONSWIRTSCHAFT 64

SUBVENTIONEN IM MEDIENPRODUKTIONSBEREICH 67
BEGRIFFSABGRENZUNG 67
FILMFÖRDERUNG ALS SUBVENTION GESEHEN 73
PROBLEMBEREICHE 76
FÖRDERUNGSFORMEN 78

SELEKTIVE FÖRDERUNG (PROJEKTFÖRDERUNG) 79
AUTOMATISCHE- ODER REFERENZFILMFÖRDERUNG 79
FERNSEHFÖRDERUNG (FILM-FERNSEH-ABKOMMEN) 80
„WIRTSCHAFTLICHE FILMFÖRDERUNG“ 81
FILMSTIFTUNG NORDRHEIN-WESTFALEN (NRW) GMBH 87
FILMBOARD BERLIN-BRANDENBURG GMBH 89
FILMFÖRDERUNG GMBH HAMBURG 92
BAYERISCHE FILM- UND FERNSEHFÖRDERUNG 93
WIENER FILMFINANZIERUNGSFONDS (WFF) 95
FILMFÖRDERUNG IN IRLAND NACH SECTION 35 97
FILMFÖRDERUNG IN LUXEMBURG: BESCHEINIGUNGEN FÜR KAPITALANLAGEN 98
WETTBEWERB ZWISCHEN FÖRDERUNGSINSTITUTIONEN: BEISPIEL DEUTSCHLAND 99
ZUSAMMENFASSUNG: SUBVENTIONEN IM MEDIENPRODUKTIONSBEREICH 101

KOSTEN-NUTZEN ANALYSE 103

BEGRIFFSABGRENZUNG 103
WOHLFAHRTSTHEORETISCHE GRUNDLAGEN (1) 107
EINSCHRÄNKUNGEN UND ABGRENZUNGEN 110
VORGANGSWEISE DER KOSTEN-NUTZEN ANALYSE 113
ERFASSUNG VON KOSTEN UND NUTZEN 114
KOSTEN 118
NUTZEN 119
BEWERTUNG VON KOSTEN UND NUTZEN 123
THEORIE DER BEWERTUNG – WOHLFAHRTSTHEORETISCHE GRUNDLAGEN (2) 123
BEWERTUNG MIT MARKTPREISEN 127
BEWERTUNG MIT SCHATTENPREISEN 128
BESONDERHEITEN BEI DER BEWERTUNG DER KOSTEN 132
... UND WENN KEINE BEWERTUNG MÖGLICH IST? 133
ENTSCHEIDUNGSKALKÜL 134
DISKONTIERUNG 136
RISIKO UND UNSICHERHEIT 137
VERTEILUNG 139
PROBLEMBEREICHE DER KOSTEN-NUTZEN ANALYSE 142
ZUSAMMENFASSUNG: KOSTEN-NUTZEN ANALYSE 144

TEIL II:
ERFASSUNG UND BEWERTUNG VON KOSTEN & NUTZEN 147

DIREKTE SUBVENTIONSKOSTEN 157
KOSTEN DER VERGEBENEN FÖRDERUNGSBETRÄGE 158
GEMEINKOSTEN DER FÖRDERUNG 160
KOSTEN DER AUFBRINGUNG DER FÖRDERMITTEL 162
ZUSAMMENFASSUNG: DIREKTE SUBVENTIONSKOSTEN 167

EFFEKTE DER AUSGABENREALISIERUNG 167
ABGRENZUNG DER AUSGABEN 170
ERMITTLUNG DER ABFLÜSSE IN ANDERE REGIONEN 173
ERMITTLUNG DER STEUERN 177
ERMITTLUNG DER EINKOMMEN UND KÄUFE 177
ANALYSE DER AUSGABEN: MULTIPLIKATORMODELLE 185
KEYNES'SCHER MULTIPLIKATOR 189
INPUT-OUTPUT ANALYSE 196
EINKOMMENSEFFEKTE 200
EINKOMMENSEFFEKT DER LÖHNE UND GEHÄLTER 204
EINKOMMENSEFFEKT DER AUSGABEN FÜR GÜTER UND DIENSTLEISTUNGEN 205
BERECHNUNG DER MULTIPLIKATOREN IN DEN STUDIEN 206
BERLIN 207
WIEN 207
IRLAND 208
USA, KALIFORNIEN 209
ARBEITSMARKTEFFEKTE 210
STRUKTUR DER BESCHÄFTIGUNG 210
BESCHÄFTIGUNGSVERHÄLTNISSE 211
EINKOMMENSVERHÄLTNISSE 216
BESONDERHEITEN DER ARBEITSMÄRKTE 219
ERFASSUNG DER BESCHÄFTIGUNGSEFFEKTE 221
BEWERTUNG DER ARBEITSMARKTEFFEKTE 229
NUTZEN NEUER ARBEITSPLÄTZE 229
NUTZEN AUS ÄNDERUNGEN BEI TRANSFERLEISTUNGEN 232
BERECHNUNG DER ARBEITSMARKTEFFEKTE IN DEN STUDIEN 234
WIEN 234
IRLAND 235
STEUERLICHE EFFEKTE 237
BERECHNUNG DES STEUERAUFKOMMENS 238
BERECHNUNG DER FISKALISCHEN EFFEKTE IN DEN STUDIEN 240
WIEN 240
IRLAND 242

WACHSTUMSNUTZEN – KAPAZITÄTSEFFEKTE 244
STANDORTFAKTOREN 246
MASSNAHMEN ZUR VERBESSERUNG VON STANDORTFAKTOREN 254
ERFASSUNG DES KAPAZITÄTSEFFEKTS 257
VERÄNDERUNGEN DES FAKTORS ARBEIT (PERSONAL) 258
VERÄNDERUNGEN DER FAKTOREN KAPITAL BZW. (MEDIEN-) INFRASTRUKTUR 259
BEWERTUNG DES KAPAZITÄTSEFFEKTS 261
ZUSAMMENFASSUNG: EFFEKTE DER AUSGABENREALISIERUNG 263

EFFEKTE DES MEDIENKONSUMS 267

UNMITTELBARE EFFEKTE AUS HANDEL UND VERWERTUNG DER PRODUKTION 268
„GROSSHANDEL" 268
VERTRIEB 268
VERLEIH 270
„EINZELHANDEL" 273
KINO 275
VIDEOBRANCHE 278
FERNSEHEN 279
FOLGEWIRKUNGEN DES KONSUMS (1) – KOSTEN UND NUTZEN VON KUNST UND KULTUR 281
WAS GENAU IST KUNST, WAS IST KULTUR? 282
EXKURS: KULTURELLE FÖRDERUNG VS. WIRTSCHAFTLICHE FÖRDERUNG 283
WELCHE ART VON GUT IST KUNST? 285
EFFEKTE VON KUNST UND KULTUR 290
SOZIALE EFFEKTE 291
OPTION VALUE (OPTIONSWERT) 293
ZUKÜNFTIGE GENERATIONEN 294
FORSCHUNG UND INNOVATION 295
REGIONSIMAGE 296
STANDORTFAKTOR KUNST – „ATTRAKTIONSEFFEKT" 297
NEGATIVE EXTERNE EFFEKTE 299
FOLGEWIRKUNGEN DES KONSUMS (2) – TOURIST. WERBEWIRKUNG 299
FILM COMMISSIONS 303
FALLSTUDIE „DIE SCHWARZWALDKLINIK" 305
ZUSAMMENFASSUNG: EFFEKTE DES MEDIENKONSUMS 307

TEIL III:
GESAMTBEURTEILUNG **311**

ZIELE DER SUBVENTIONSPOLITIK **312**

BEWERTUNGSKRITERIEN **314**
ZIELKONFORMITÄT 314
SYSTEMKONFORMITÄT 315
MERKLICHKEIT 316
NEBENWIRKUNGEN UND PROBLEMBEREICHE 316

GEGENÜBERSTELLUNG VON KOSTEN UND NUTZEN **319**
WACHSTUMSSTRATEGIE 321
TOURISMUSSTRATEGIE 326
KULTURSTRATEGIE 327

VERTEILUNG DER KOSTEN UND NUTZEN **329**

SUBVENTIONSKONTROLLE **330**

LITERATURVERZEICHNIS **333**

ANHANG A:
BERECHNUNG DER DURCHSCHNITTL.
EINSPIELERGEBNISSE **360**

ANHANG B:
AUFTEILUNG DER REGIONALAUSGABEN IM VERGLEICH **361**

ABBILDUNGSVERZEICHNIS

Abbildung 1: Film Distribution Pattern – Verwertungskette von Spielfilmen 31
Abbildung 2: Wichtige Bereiche der Filmwirtschaft 49
Abbildung 3: Produktionsfirmen in Europa 50
Abbildung 4: Umsätze deutscher Filmhersteller nach Sparten (Schätzung) 53
Abbildung 5: Marktanteile europäischer Filme 55
Abbildung 6: Finanzierung der Eurimages-Koproduktionen 56
Abbildung 7: Produktionsverhältnisse der Spielfilmpremieren in Deutschland 1993 58
Abbildung 8: Systematisierung der Subventionsarten 70
Abbildung 9: Forms of Support 71
Abbildung 10: Definition „Regionaleffekt" 87
Abbildung 11: Förderungsbeispiele Filmstiftung Nordrhein-Westfalen GmbH 89
Abbildung 12: Förderungsbeispiele Filmboard Berlin-Brandenburg GmbH 92
Abbildung 13: Förderungsbeispiele Filmförderung GmbH Hamburg 93
Abbildung 14: Förderungsbeispiele Bayerische Film- und Fernsehförderung 95
Abbildung 15: Förderungsbeispiele Wiener Filmfinanzierungsfonds 97
Abbildung 16: Sozialer Wert eines Projekts 125
Abbildung 17: Net Present Value 135
Abbildung 18: Kreislaufmodell der Zahlungsströme 150
Abbildung 19: Kreislaufmodell der Güter-/Leistungsströme 152
Abbildung 20: Zusatzlast der Besteuerung 164
Abbildung 21: Berechnung der „direkten Förderungskosten" 167
Abbildung 22: Low-Budget Musterbudget 172
Abbildung 23: Regionalquoten und Förderungsquoten 175
Abbildung 24: Faktor- und Kostenarten der Filmproduktion 178
Abbildung 25: Ausgabenaufgliederung der Wien-Studie 179
Abbildung 26: Ausgabenaufgliederung der NRW und Berlin Studie 179
Abbildung 27: Ausgabenaufgliederung in NRW (1991-1995) 180
Abbildung 28: Ausgabenaufgliederung in Wien/insgesamt (1994) 181
Abbildung 29: Ausgabenaufgliederung in Wien/Euro-Produktionen (1994) 181
Abbildung 30: Ausgabenaufgliederung in Wien/US-Produktionen (1994) 182
Abbildung 31: Ausgabenaufgliederung in Berlin (1990-1991) 182
Abbildung 32: Ausgabenaufgliederung in Hamburg (1987) 183
Abbildung 33: Ausgabenaufgliederung in Los Angeles (1989) 183
Abbildung 34: Entstehung multiplikativer Effekte 187
Abbildung 35: Keynes'scher Multiplikator 190

Abbildung 36: Schema der Input-Output Analyse 197
Abbildung 37: Multiplikatoren in regionalökonomischen Studien 202
Abbildung 38: Multiplikator für den privaten Verbrauch 205
Abbildung 39: Multiplikator für Sachausgaben 206
Abbildung 40: Wertschöpfungsquoten der Berliner Filmwirtschaft 206
Abbildung 41: Multiplikatoren der Wien-Studie 207
Abbildung 42: Multiplikator der Irland-Studien 209
Abbildung 43: Mitarbeiter in der Fernsehproduktion 213
Abbildung 44: Beschäftigung und Einkommen in der Medienbranche 214
Abbildung 45: Intersektorielle Mobilität 215
Abbildung 46: Bedeutung der Filmproduktion am Gesamteinkommen 218
Abbildung 47: Relation Neubeschäftigung – Arbeitslosenquote 224
Abbildung 48: Arbeitsmarkteffekte in der Wien-Studie 235
Abbildung 49: Arbeitsmarkteffekte in den Irland-Studien 236
Abbildung 50: Fiskalische Effekte der Wiener Förderung 241
Abbildung 51: Fiskalische Effekte der irischen Förderung 242
Abbildung 52: Standortfaktoren im AV-Sektor 250
Abbildung 53: Maßnahmenkatalog Medienwirtschaft NRW 255
Abbildung 54: Durchschnittliches Verleiherbrutto pro Eurofilm 272
Abbildung 55: Konsumentenausgaben für Entertainment 274
Abbildung 56: Prozentuale Aufteilung der Erlöse von US Kinofilmen 275
Abbildung 57: Werbemittel des irischen Tourismus 301
Abbildung 58: Kosten-Nutzen Übersicht 319
Abbildung 59: Verteilungsmatrix 330

ABKÜRZUNGSVERZEICHNIS

A.V.	Audio-Vision
a.v.	audiovisuell
AG	Aktiengesellschaft
AG	Arbeitsgemeinschaft
Anm.d.A.	Anmerkung des Autors
ARD	Arbeitsgemeinschaft der öffentlich-rechtlichen Rundfunkanstalten der Bundesrepublik Deutschland
ATS	Österreichischer Schilling
ausg.	ausgenommen
CD	Compact Disc
CD-I	Interactive Compact Disc
CD-ROM	Compact Disc Read-Only Memory
d.h.	das heißt
DEM	Deutsche Mark
e.g.	exempli gratia (lateinisch für *zum Beispiel*)
ECU	Europäische Währungseinheit(en)
EG	Europäische Gemeinschaft
EU	Europäische Union
FRF	Französische Franc
GB	Großbritannien
GG	Grundgesetz
GmbH	Gesellschaft mit beschränkter Haftung
ha	Hektar
HDTV	High Definition Television
Hrsg.	Herausgeber
i.e.	id est [Synonym mit d.h.]
i.e.S.	im engeren Sinne
IE	Irland
IEP	Irische Pfund
inkl.	inklusive
i.w.S.	im weiteren Sinn
lt.	laut
m.E.	meines Erachtens

Mio.	Million(en)
NRW	Nordrhein-Westfalen
o.A.	ohne Autor
o.ä.	oder ähnliches
o.g.	oben genannt
o.J.	ohne Jahr
o.S.	ohne Seitenangabe
o.V.	ohne Verfasser
o.g.	oben genannter
reg.	regional
S	Seite
sog.	sogenannte(r)
TV	Television
u.a.	unter anderem
u.U.	unter Umständen
u.ä.	und ähnliche(s)
u.ä.m.	und ähnliches mehr
UK	United Kigdom
USA	United States of America
v.a.	vor allem
vgl.	vergleiche
VGR	Volkswirtschaftliche Gesamtrechnung
vs.	versus, gegen
WDR	Westdeutscher Rundfunk
WFF	Wiener Filmfinanzierungsfonds
z.B.	zum Beispiel
z.T.	zum Teil

Illustration „Einleitung" von Harald Hasler

EINLEITUNG

Die europäische audiovisuelle Industrie ist seit Jahrzehnten durch starke Förderungsabhängigkeit gekennzeichnet. An prominentester Stelle ist die Filmförderung zu nennen, die der europäischen Filmwirtschaft seit den 50-er Jahren ein Überleben trotz sinkender Erträge ermöglicht. Weiters ist auch die Herstellung von Fernsehsoftware ebenso wie die Herstellung von sogenannten „Neuen Medien" stark von der umfassenden Förderungslandschaft beeinflußt.

Einige der angebotenen Förderungen sind *kultureller* Natur, d.h. ihre Vergabe ist an kulturelle Kriterien gebunden. Bei den meisten Förderungen ist das Vergabekriterium aber aus *kulturellen und wirtschaftlichen* Kriterien zusammengesetzt, was die Vergabe besonders undurchsichtig macht und auch die Ergebnisse als „sichtbaren" Kompromiß zwischen diesen beiden nicht immer miteinander vereinbaren Kriterien erscheinen läßt.

In den letzten Jahren wurde ein neuer Fördertypus bei regionalen Körperschaften beliebt, nämlich eine primär nach *rein wirtschaftlichen* Kriterien ausgerichtete Förderung. Mit dieser wird die Herstellung von audiovisuellen Produkten relativ unabhängig von ihrer Art, ihrem Inhalt oder ihrer Nationalität subventioniert. Die Gründe für die Errichtung solcher Förderungen, wie das Wort „wirtschaftlich" bereits impliziert, sind regional*ökonomischer* Natur: Die Förderungsgeber versprechen sich eine hohe „Umwegrentabilität" ihrer investierten Gelder.

PROBLEMSTELLUNG

Mittlerweile ist in Europa ein regelrechter Förderungswettbewerb entstanden, in dem immer größere Summen für derartige Förderungen – auch *wirtschaftliche Filmförderungen* genannt – bereitgestellt werden. Immer mehr regionale Körperschaften erwägen die Schaffung einer derartigen Förderung bzw. wollen ihren Umfang ausweiten. Vor diesem Hintergrund stellen sich zahlreiche Fragen:

Wie „wirtschaftlich" sind derartige Förderungen wirklich? Ist es sinnvoll, mit hohen Incentives Medienproduktionen in eine Region zu holen? Unter welchen Voraussetzungen ist dies sinnvoll? Oder anders formuliert:

Welchen Nutzen weisen derartige Förderungen für eine Region auf?

In Anlehnung an den in der Politik verwendeten Begriff der „Umwegrentabilität" soll dabei der Begriff *Nutzen* – natürlich unter Bezugnahme auf die entstehenden *Kosten* – relativ umfassend gesehen werden. Inhaltlich soll er alle positiven und negativen volkswirtschaftlichen Effekte umfassen, die durch die Herstellung von Medienproduktionen in einer Region ausgelöst werden.

Dabei soll nicht nur die „Umwegrentabilität" wirtschaftlicher Filmförderungen im eigentlichen Sinne untersucht werden. Angesichts des multimedialen Zeitalters, in dem wir uns befinden, soll der Geltungsbereich der Untersuchung auf *Medienproduktionen im allgemeinen* ausgedehnt werden. Eine klare Abgrenzung der einzelnen Produktionstypen ist ohnedies immer schwerer zu treffen.

Ziel der Analyse ist die Schaffung eines Maßstabs für ein regionales bzw. sektorales Zielsystem. Dies soll einerseits helfen, die Entscheidungen staatlicher Interventionen in die regionale Medienwirtschaft an der Forderung nach Zweckrationalität auszurichten. Andererseits soll damit die Handlungslegitimität öffentlicher Entscheidungsträger kontrollierbar gemacht werden.

FORSCHUNGSFRAGE

Um die Frage nach der „Umwegrentabilität" von Medienproduktionen beantworten zu können, bedarf es einer Gegenüberstellung aller volkswirtschaftlichen Vorteile und Nachteile, die durch die Vergabe derartiger Subventionen verursacht werden. Das Konzept der *Kosten-Nutzen Analyse* bietet sich als methodischer Rahmen für eine derartige Untersuchung an.

Die Kostenseite läßt sich in diesem Falle relativ leicht erfassen. Die Nutzenseite hingegen gestaltet sich vielschichtig. Zunächst fällt auf, daß praktisch ausschließlich intermediäre Nutzen entstehen, die sich erst indirekt bei den Konsumenten wohlfahrtssteigernd auswirken.[1] Auch handelt es sich um keine eindeutig abgrenzbare Wohlfahrtssteigerung (wie z.B. beim Bau einer Brücke → Nutzen: Wegzeitersparnis), sondern um eine Vielzahl verschiedenartiger „kleiner Nutzen", die bei einer großen Anzahl von Personen anfallen.

Die Analyse der verursachten Wohlfahrtssteigerung muß sich deswegen auf viele verschiedene Nutzenkategorien stützen, die durch Einflüsse auf verschiedene Märkte marginal verändert wurden.

Vom Medienproduktionsmarkt (v.a. vom Filmproduktionsmarkt), der als einziger durch die Subventionen fundamental verändert wird, gehen nämlich kaum Nutzen aus. Trotz eines stark erhöhten Angebots an audiovisuellen Produktionen, das ohne Subventionierung dem Konsumenten nicht zur Verfügung stünde, gibt es derzeit nach europäischen Medienproduktionen kaum Nachfrage. Da es bereits seit Jahrzehnten zu keiner Markträumung mehr kam, ist der Markt angebotsseitig mit kommerziell kaum verwertbaren Produkten überlastet.

Die massive Subventionierung der europäischen Medienbranche führt derzeit zu einer weiteren Erhöhung des Angebots am Medienproduktionsmarkt. Wenn nicht in absehbarer Zeit eine gesetzliche Regelung die Konsumenten zum faktischen Konsum zwingt,[2] oder sich die Produktionsweise derart ändert, daß europäische Produktionen international wettbewerbsfähig werden, wird es womöglich erst mit dem stärkeren Aufkommen neuer Technologien (oder vielleicht auch nie!?) zu Umsätzen auf diesem Markt kommen.

Entsprechend müssen in der Analyse zwei verschiedene Wirkungsebenen unterschieden werden:

- Langfristige, strukturelle Wirkungen, die nur im Falle der Entstehung eines funktionierenden Marktes für europäische Produktionen und ergo einer regionalen, förderungsunabhängigen Medienindustrie aufkommen (z.B. langfristige Schaffung von Arbeitsplätzen).
- Kurzfristige Wirkungen, die unabhängig von der Entstehung eines funktionierenden Marktes für europäische Medienproduktionen sind. Derartige

1 Intermediäre Nutzen entstehen zunächst für Unternehmen. Erst aufgrund der Nachfrage der Unternehmen bei den Haushalten bzw. der Gewinnausschüttung an Haushalte bewirken sie bei den Konsumenten eine Wohlfahrtssteigerung.

2 Die *Television without Frontiers Directive* der EU sieht vor, daß Fernsehsender zumindest zu 50% europäische Produktionen ausstrahlen sollen.

Wirkungen werden alleine durch die unmittelbare Ausgabentätigkeit des Förderungsnehmers induziert (z.B. temporär erhöhtes Steueraufkommen).

Unter Berücksichtigung dieser beiden Entwicklungsmöglichkeiten soll in einer abschließenden Beurteilung eine Analyse der wichtigsten Subventionsstrategien erfolgen.

GANG DER UNTERSUCHUNG

Im ersten Teil werden die Grundlagen, auf denen diese Untersuchung fußt, dargestellt. Eine kurze Erläuterung der europäischen audiovisuellen Politik (Kapitel EUROPÄISCHE AUDIOVISUELLE POLITIK, S 28) und der Struktur und Funktionsweise der europäischen Medienproduktionswirtschaft (Kapitel STRUKTUREN DER PRODUKTIONSWIRTSCHAFT, S 47) dienen als Basis für Annahmen über die langfristige Entwicklung des Medienproduktionsmarktes. Ein Einblick in den sogenannten „Förderungsdschungel" (Kapitel SUBVENTIONEN IM MEDIENPRODUKTIONSBEREICH, S 67) analysiert die verschiedenen Ausgestaltungen und Ziele der Produktionsförderungen. Schließlich wird das Konzept der Kosten-Nutzen Analyse in seinen Grundzügen erläutert (Kapitel KOSTEN-NUTZEN ANALYSE, S 103), das als grundlegende Methode für diese Untersuchung herangezogen wird.

Der **zweite Teil** widmet sich ausführlich der Frage, wie ein Rahmen für eine Kosten-Nutzen Analyse geschaffen werden kann, der alle relevanten positiven und negativen Wirkungen, die bei einem Medienproduktionsvorgang entstehen, umfaßt. Zunächst werden die entstehenden Kosten ausführlich behandelt (Kapitel DIREKTE SUBVENTIONSKOSTEN, S 157). Die folgende Analyse der Nutzen gliedert sich in zwei Teile. Erst werden alle mit den Regionalausgaben in Zusammenhang stehende Effekte erläutert (Kapitel EFFEKTE DER AUSGABENREALISIERUNG, S 167), anschließend die durch den Medienkonsum induzierten Effekte (Kapitel EFFEKTE DES MEDIENKONSUMS, S 267). Die systematische Erfassung und detaillierte Darstellung der einzelnen Auswirkungen stehen hierbei im Mittelpunkt. Besonderes Gewicht legte der Autor auf die Offenlegung der dahinterliegenden Strukturen, die als Diskussionsgrundlage bei der Beurteilung von Förderungsstrategien dienlich sein sollen.

Die vorliegende Untersuchung kann auf Ergebnisse von Studien aufbauen, die volkswirtschaftliche Aspekte der „Umwegrentabilität" beleuchten. Zusätzlich stand historisches Datenmaterial über getroffene Förderungsentscheidungen und damit verbundene Auswirkungen zur Verfügung. Bereiche, für die keine konkreten Zahlen vorliegen, wurden unter Heranziehung von Kosten-Nutzen-analytischen Methoden ergänzt.

Auf Grund der gewonnenen Schlußfolgerungen erfolgt im **dritten Teil** eine Gesamtbeurteilung von Produktionssubventionen. Diese sind entsprechend der Subventionsziele zu beurteilen, und nicht nur anhand der induzierten Kosten und Nutzen (Kapitel ZIELE DER SUBVENTIONSPOLITIK, S 312). Zur Bewertung dienen generelle Bewertungskriterien (Kapitel BEWERTUNGSKRITERIEN, S 314) sowie Informationen über die wichtigsten Subventionsstrategien und der von ihnen induzierten Effekte (Kapitel GEGENÜBERSTELLUNG VON KOSTEN UND NUTZEN, S 319).

Betrachtungen über die Verteilung der Kosten und Nutzen (Kapitel VERTEILUNG DER KOSTEN UND NUTZEN, S 329) sowie der Subventionskontrolle (Kapitel SUBVENTIONSKONTROLLE, S 330) schließen die Untersuchung.

ERWARTETE ERGEBNISSE

Vorweg ist die Frage zu erörtern, welches Ergebnis von einer derartigen Analyse erwartet werden kann. Die Anwendung einer Kosten-Nutzen Analyse soll und kann dazu beitragen, die gesamtwirtschaftliche Effizienz von öffentlichen Investitionen zu beurteilen, und zielt darauf ab, mehr Rationalität und Transparenz in staatswirtschaftliche Entscheidungen zu bringen.

Ergebnis der Studie sollen Erkenntnisse über Wirkungszusammenhänge sein, die als Grundlage in der Diskussion um Medienproduktionssubventionen herangezogen werden können. Insbesondere soll damit ein Hintergrund zur Beantwortung folgender Fragen vorliegen:

- Durch die gründliche Analyse der „Umwegrentabilität" mittels der Kosten-Nutzen Analyse sollte eine ungefähre Schätzung ihres Wertes möglich sein. Mit deren Hilfe läßt sich beurteilen, ob Förderungsmaßnahmen (bzw. ein Maßnahmenbündel) für eine Region profitabel sind oder nicht.

- In Folge kann darüber nachgedacht werden, wie durch die Ausgestaltung der Förderungsmodalitäten das Ergebnis möglicherweise verbessert werden könnte (z.B. Vergabeanforderungen, maximales Förderungsausmaß, Ausbezahlung) bzw. wie sich die institutionelle Ausgestaltung der Förderung auf die Umwegrentabilität auswirkt.
- Da die Zusammensetzung der regionalen Umwegrentabilität offengelegt wird, sollte es anhand der getätigten Überlegungen möglich sein, auf Arten von Produktionen rückschließen zu können, deren Förderung für die jeweilige Region besonders rentabel ist und die daher bei Vergabeentscheidungen bevorzugt behandelt werden sollten.
- Indirekt können damit Antworten auf die Frage nach der Rechtfertigung von Subventionen, nach ihrer Effizienz und Zielkonformität sowie ihrer systemkonformen Anwendung und Ausgestaltung gefunden werden.

Das Ergebnis dieser Studie ist im übrigen natürlich auch auf „kulturell" intendierte Medienförderungen übertragbar, da sich die ökonomischen Auswirkungen von Medienproduktionen größtenteils unabhängig von ihrem Inhalt gestalten; soweit Unterschiede bestehen, wird in der Studie darauf hingewiesen. Nur darf dabei nicht vergessen werden, daß kulturelle Intentionen nicht primär an ökonomischen Maßstäben gemessen werden sollten!

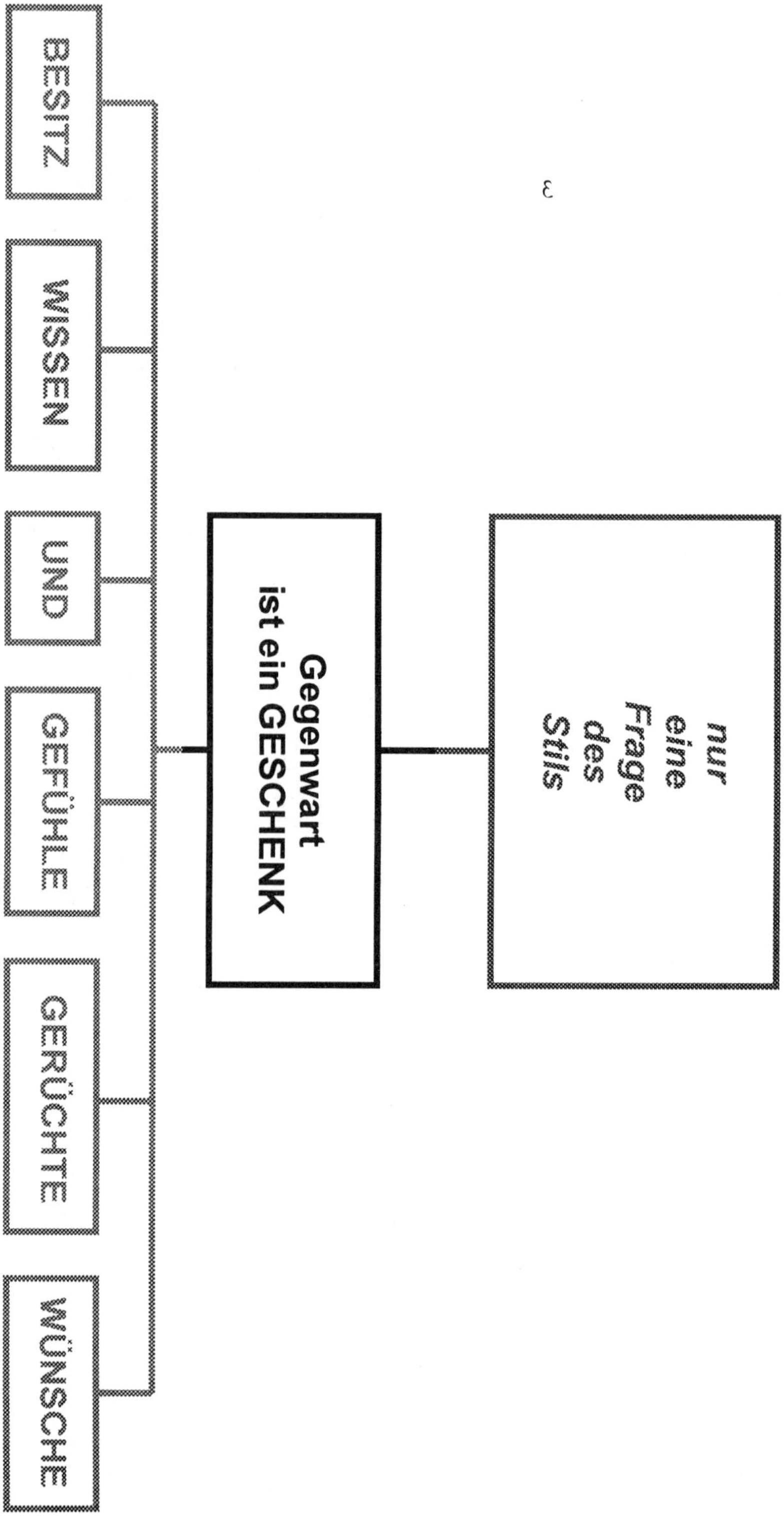
BESITZ
WISSEN
UND
GEFÜHLE
GERÜCHTE
WÜNSCHE
Gegenwart
ist ein GESCHENK
nur
eine
Frage
des
Stils

TEIL I: GRUNDLAGEN

Wilsons Patent-Cornedbeef-Büchse, 1875.
»Ein leichter Schlag auf das schmalere Ende **C**
läßt das fest verpackte Fleisch in einem Stück herausgleiten, so daß es in Scheiben geschnitten werden kann.« (U.S. Patent 161 848, April 1875)

M. Schießwohl, 6/96

EUROPÄISCHE AUDIOVISUELLE POLITIK

In der modernen Volkswirtschaft nimmt der Mediensektor einen immer wichtigeren Platz ein. Und es ist nicht nur die kulturelle Komponente, die seine Wichtigkeit erklärt. Strategische und wirtschaftspolitische Interessen, v.a. die Bedeutung als moderner Dienstleistungssektor, tragen ebenfalls zu seiner politischen Wichtigkeit bei. Eben dieser Wirtschaftsbereich steht im Mittelpunkt der vorliegenden Untersuchung, die sich mit seiner regionalwirtschaftlichen Bedeutung auseinandersetzt.[3]

Der Medienproduktionssektor umfaßt Produktionsunternehmen, die Spiel- oder Dokumentarfilme, Fernsehprogramme, Videoproduktionen, Animationen, Multimedia-Anwendungen[4] oder sonstige Produktionen, die aus Ton und Bild bestehen, herstellen. Dies erfordert Aktivitäten wie Regie, Schnitt, Synchronisation etc., die mit personalpolitischen, technologischen, finanztechnischen etc. Fragestellungen verbunden sind.

In den meisten Ländern Europas ist der Produktionssektor seit Ende der 50-er Jahre von abnehmender Wirtschaftlichkeit gekennzeichnet. Nur durch aufwendige nationalstaatliche Maßnahmen, d.h. massive Subventionen, konnten Medienproduktionsunternehmen vor dem Aussterben bewahrt werden.

Erst in jüngerer Zeit traten auf paneuropäischer Ebene zwei Institutionen auf, die Medienpolitik betreiben: der *Europarat*, mit einer eher kulturellen Medienauffassung, und die *Europäische Union*, die Medienprodukte primär als Wirtschaftsgut bzw. Dienstleistung sieht. Letztere beschäftigt sich seit einigen Jahren intensiv mit der Erarbeitung und Durchführung von Strategien zur Reanimation des Mediensektors – was nicht zuletzt auch bei den letzten GATT Verhandlungen offensichtlich wurde.[5]

---

[3] Der Begriff „europäische audiovisuelle Politik" wurde dem Titel des Grünbuchs „Strategische Optionen für die Stärkung der Programmindustrie im Rahmen der *audiovisuellen Politik der Europäischen Union*" entnommen.

[4] Der Bereich der Multimedia-Anwendungen umfaßt z.B. die Herstellung von CD-ROM oder CD-I Titeln; aufgrund des rasanten Fortschritts der Computertechnologie kommen fast täglich neue Anwendungsgebiete hinzu.

[5] Zahlreiche Publikationen zeugen davon: „White Paper On Growth, Competitiveness & Employment", „Report By The Think Tank On The Audiovisual Policy In The European

Das *Grünbuch: Strategische Optionen für die Stärkung der Programmindustrie im Rahmen der Audiovisuellen Politik der Europäischen Union* argumentiert die Bedeutung des Mediensektors so: Durch die bevorstehenden technischen Neuerungen, insbesondere die Digitalisierung, sieht die Union eine Möglichkeit für Europa, im globalen *Hardware- und Softwaremarkt* verlorenes Terrain zurückzugewinnen. In den neuen technischen Möglichkeiten zur Entwicklung audiovisueller Dienste über Ländergrenzen oder gar Kontinente hinweg (Satellit, Kabel, Telefon) und der Diversifizierung der Träger (Videokassette, Videodisc, CD-ROM, CD-I) will die EU schon heute die Tendenz einer bevorstehenden Globalisierung erkennen, an der Europa unbedingt eine aktive Rolle einnehmen muß.

Vor diesem Hintergrund kommt der *Software*[6] eine besondere Bedeutung zu. Sie gilt nicht nur als wichtiges Instrumente der innereuropäischen Integration, sondern auch als zukunftsträchtiger Industriezweig (hochqualifizierte Arbeitsplätze, hohe Wertschöpfung etc.). Vielleicht noch bedeutender ist die Software als Erfolgsfaktor im globalen Hardwaregeschäft. Die jüngsten Akquisitionen in Hollywood zeugen davon:[7] Nur wer entsprechend attraktive Software besitzt, kann einem neuen System (z.B. Minidisc von SONY; DVD, DCC & CD-I von PHILIPS) zum Durchbruch verhelfen.

Den strategischen Kern der Softwareproduktion bildet nach wie vor die Spielfilmproduktion. Der Kinofilm wird zwar in Hinblick auf eine Kinovorführung produziert, nicht unbeträchtliche Teile seines Erlöses stammen aber aus anderen Verwertungsstufen als dem Kinoverleih.

Die folgenden Betrachtungen beziehen sich vornehmlich auf den programmfüllenden Kinofilm, da ihm sowohl im Rahmen der Förderung als auch bei der Verwertung eine tragende Bedeutung zukommt. Er weist die längste Verwertungskette unter den audiovisuellen Produktionen auf und beeinflußt dadurch fast alle anderen Medienbereiche (vgl. *Abbildung 1*).

Union", „Grünbuch: Strategische Optionen für die Stärkung der Programmindustrie im Rahmen der Audiovisuellen Politik der Europäischen Union" etc..

6 Software wird hier verstanden als Überbegriff für alle Arten audiovisueller Produkte.

7 Die vertikale Integration von MCA und Matsushita, von Columbia und Sony, von Polygram und Philips oder von Paramount und Viacom zeigen, daß die weltweit stärksten Marktteilnehmer die Kontrolle über die wichtigsten Programmkataloge zu gewinnen versuchen. Vgl.: KPMG [Hrsg.] (1994): S 4 ff.

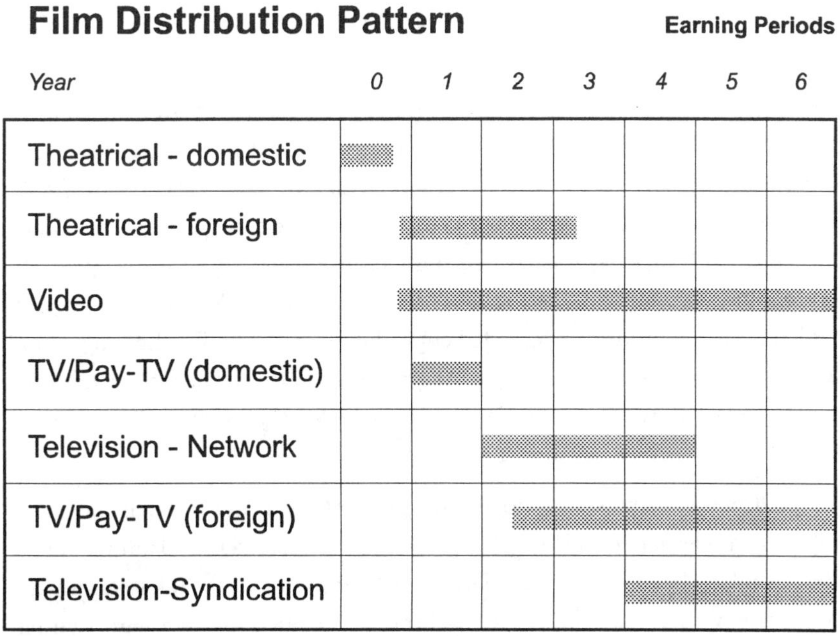

Abbildung 1: Film Distribution Pattern – Verwertungskette von Spielfilmen[8]

Der Grund, warum das Kino in der Regel an der ersten Stelle in der Verwertungskette steht, ist die Tatsache, daß höhere Erlöse pro Konsument infolge besserer Ausschließbarkeit vom Konsum erzielt werden können. Hinzu kommt der Werbeeffekt, der den ökonomischen Erfolg der nachgelagerten Stufen vehement beeinflußt; d.h.: Hohen Kinoumsätzen kommt eine große strategische Bedeutung bei der Induktion von Video- und Fernsehumsätzen zu.[9] Durch die Festlegung von sog. Schutzfristen sollen die Verdrängungseffekte, die die verschiedenen Verwertungsstufen gegenseitig aufeinander ausüben, minimiert werden.

Nach der Kinoauswertung ist das Fernsehen in seinen verschiedenen Ausprägungen immer noch der wichtigste Verwertungsbereich, gefolgt von der Vermarktung auf Video und neuen Trägermedien. Zur direkten Auswertung des Filmmaterials kommen noch Einnahmen aus der Verwertung von Nebenrechten (Musictrack, Merchandising, Licensing etc.).

---

[8] Quelle: O.A. (1991): S 16.

[9] Frank, B. (1993): S 131.

BEDARF AN AUDIOVISUELLEN PRODUKTEN IN EUROPA

Gemessen an der Konsumentenzahl ist der europäische Markt für audiovisuelle Produkte der weltgrößte, wertmäßig gesehen hinkt Europa hinter den Vereinigten Staaten nach. Nach Berechnungen des *White Paper On Growth, Competitiveness And Employment* der Europäischen Union werden sich die Haushaltsausgaben für audiovisuelle Medien in den nächsten Jahren verdoppeln. Zu den drei bis vier Stunden, die der durchschnittliche Europäer täglich fernsieht, werden zahlreiche Einsätze von Medienprodukten im Aus-, Fortbildungs-, und Informationsbereich etc. kommen. Augenblicklich beträgt der jährliche wertmäßige Bedarf Europas an audiovisuellen Produkten 23 Mrd. ECU; zur Jahrtausendwende werden es rund 45 Mrd. ECU sein.

Durch neue technische Möglichkeiten wird sich die Anzahl der TV-Anbieter vervielfachen: 1981 gab es rund 40 TV-Sender in Europa, heute (1996) sind es bereits 207 – im Jahr 2000 werden es nach Schätzungen der Kommission über 500 sein.[10] Die Nachfrage nach Programmen wird sich dadurch weiter vervielfachen: Lag der Bedarf 1982 bei 200.000 Stunden im Jahr, wurden 1992 bereits 650.000 Programmstunden jährlich benötigt. Im Jahr 2000 reicht der geschätzte Bedarf an die 3,500.000 Stunden.[11]

Dabei geht es um eine große Anzahl hochqualifizierter Arbeitsplätze: Alleine im Softwarebereich arbeiten heute schon 1,8 Mio. Personen in Europa. Zu Beginn des nächsten Jahrtausends könnten es schon über 4 Mio. sein – wenn alles nach Wunsch der EU Kommission geht.[12]

Zur Zeit befindet sich der Softwaremarkt fest in amerikanischen Händen: 80% des europäischen Kinoumsatzes erzielen amerikanische Produktionen – 1% der amerikanischen Kinoumsätze entfallen auf europäische Filme.[13] Was die Europäer dabei am meisten besorgt: Der Marktanteil der Amerikaner ist

---

[10] Anfang 1996 gab es in der EU 49 public sector und 158 kommerzielle nationale Fernsehdienste. Vgl. Zusammenstellung in: Europäische Audiovisuelle Informationsstelle [Hrsg.] (1995): S 142.

[11] Think Tank on the Audiovisual Policy in the European Union [Hrsg.] (1994): S 16.

[12] Das *White Paper on Growth, Competitiveness and Employment* errechnete ein Arbeitsplatzpotential von 2 Mio. Stellen; diese Berechnung wurde von verschiedenen Seiten als zu hoch kritisiert. Vgl. Kapitel STRUKTUR DER BESCHÄFTIGUNG, S 210.

[13] Ausgenommen davon sind britische Filme, die etwa 2% der amerikanischen Kinoumsätze ausmachen, oft aber mit U.S. Geldern produziert werden. Vgl. Think Tank on the Audiovisual Policy in the European Union [Hrsg.] (1994): S 13.

stetig im Wachsen begriffen. Wertmäßig nahmen die AV-Software Importe aus den USA von 330 Mio. ECU (1981) auf 3.600 Mio. ECU (1992) zu.[14]

PROBLEME DES EUROPÄISCHEN AUDIOVISUELLEN SEKTORS

Während der US-Mediensektor unter marktwirtschaftlichen Bedingungen wächst und gedeiht, kämpft die europäische audiovisuelle Industrie mit bekannten Problemen: [15]

- Der europäische **Kinomarkt** wird nur zu 20% mit europäischen Produkten bedient. „[...] die Schwäche der europäischen Filmindustrie liegt darin, daß Amerika der Hauptkonkurrent ist und wir hier in Europa mit all unseren Produktionszentren völlig zersplittert sind, wir in unseren politischen, wirtschaftlichen, kulturellen und sprachlichen Bedingungen völlig verschieden sind.“[16]
- Im **Fernsehen** stellen europäische Produktionen mit einem Anteil von 40% immer noch eine Minderheit dar; die Distribution ist äußerst schlecht und es gibt kaum Sekundärmärkte. Der Anteil von nicht nationalen europäischen Programmen lag 1995 bei Fernsehdiensten in der Europäischen Union gerade bei 22,4% (inklusive europäische Koproduktionen).[17]
- Im Bereich der **Multimedia-Produkte** haben die Europäer einen Heimatmarktanteil von ungefähr 25%.

Grund für diese Entwicklung waren sicherlich nicht nur die stark unterschiedlichen kulturellen und sprachlichen Gegebenheiten, sondern v.a. die sehr unterschiedlichen nationalen Gesetzgebungen, die paneuropäische Initiativen erschwerten.[18] Als Auslöser für die Unterschiedlichkeit der Entwicklungspfade,

---

[14] Die genannten EU-Zahlen sind noch ohne Einberechnung der neuen EU Mitgliedsstaaten Österreich, Schweden und Finnland.

[15] Oreja, M. (1995): S 1.

[16] Gundelach, R. (1994): S 79.

[17] Vgl. Europäische Audiovisuelle Informationsstelle [Hrsg.] (1995): S 164.

[18] Bis in die 60-er Jahre war es nicht nötig, Filmprojekte international zu finanzieren. Europäische Filmproduzenten mußten ihre Filme nicht im Ausland verkaufen, da die Garantien nationaler Verleiher zur Finanzierung ausreichten. Durch die Filmförderung (vgl. Kapitel

die die Industrien auf den beiden Kontinenten nahmen, wird vielfach die Ausgestaltung der Urheberrechtsgesetzgebung (*Copyright*) verantwortlich gemacht. Im Gegensatz zu Europa wurde in den USA der Regisseur nie als Träger von Urheberrechten anerkannt; er galt als ganz normaler, angestellter Mitarbeiter der Produktion. Dies wiederum stärkte die wirtschaftliche Position des Produzenten, der volle Kontrolle über sein Produkt ausüben konnte. So galt für Investoren und Banken sichergestellt, daß ein unternehmerischer Geist die Produktion beflügelt und kreative Intentionen hintangehalten werden.

Trends in der Programmindustrie können besonders am Beispiel der *Filmbranche* verdeutlicht werden, wie oben anhand der Verwertungskette audiovisueller Produktionen gezeigt wurde. Diese war am härtesten von den Entwicklungen der letzten Jahre betroffen. Die Filmindustrie ist (samt Videoverwertung) für 40% des Umsatzes der audiovisuellen Industrie verantwortlich.[19] Die wichtigsten Trends der letzten Jahrzehnte waren:[20]

Schrumpfung des Marktanteils europäischer Filme

Vom Rückgang des Kinobesuchs waren in den letzten Jahren nur europäische Filme betroffen, was sich auch auf den finanziellen Erfolg in weiteren Verwertungsschritten auswirkte.[21]

Nur 20% der europäischen Filme (entspricht 4% aller in Europa gezeigten Filme) werden außerhalb ihres Ursprungslands aufgeführt; davon nur ganz wenige in mehreren Ländern. Die Anzahl der Zuseher amerikanischer Filme hat sich seit 1980 kaum verändert (ca. 420 Mio. Zuseher) – die Zuseher europäischer Filme sind im selben Zeitraum von 475 Mio. auf 120 Mio. (1992) zurückgefallen. Der Think Tank Report schließt daraus: „The single European audiovisual market exists for operators from across the Atlantic, but it does not seem to exist for our own operators. US productions accommodate very well to our market while we have been unable to do so. Action is therefore required from our side."[22]

Begrenztheit der nationalen Märkte

SUBVENTIONEN IM MEDIENPRODUKTIONSBEREICH, S 67) sind viele Produzenten bis heute nicht gezwungen, ihre Produkte international auszurichten.

[19] Finanziell gewinnt die Videoverwertung stark an Bedeutung. Vgl. O.A. (1995a): S 3.

[20] Europäische Kommission [Hrsg.] (1994a): S 10 f.

[21] Vgl. Kapitel EUROPÄISCHE AUDIOVISUELLE POLITIK, S 29.

[22] Deus Pinheiro, J. de (1994b): S 4; vgl. auch Think Tank on the Audiovisual Policy in the European Union [Hrsg.] (1994): S 20.

Kulturelle und sprachliche Vielfalt in Europa hemmen die Verbreitung europäischer Produktionen. Es kam zu einer Polarisierung: Angeboten wurden einerseits immer nationaler/regionaler ausgerichtete und andererseits internationale Produkte. Rückführen läßt sich dies auch auf die herrschenden Vertriebsstrukturen. Während die US Filmindustrie ein angeschlossenes Vertriebssystem besitzt, das Vermarktung und Bewerbung weltweit übernimmt, gibt es für europäische Produktionen zwar eine Unzahl von Verleihern (ca. 1000), diese können aber mangels Kapitalausstattung kaum in das Produktionsgeschehen eingreifen und ökonomisch rentable Projekte forcieren.

Ungefähr 500 Filme werden in Europa alljährlich produziert; davon werden ca. 200 niemals öffentlich aufgeführt und nur ganz wenige haben Erfolg beim Publikum – und dann zumeist nur im Heimatmarkt. Jährlich schaffen höchstens vier bis fünf europäische Produktionen einen größeren internationalen Durchbruch. Aber auch im Fernsehen ist die Lage düster: Zwar hat sich seit 1988 die Anzahl der in Europa gesendeten Stunden von 500.000 auf ca. 1 Mio. verdoppelt, die Quote an europäischen Produktionen ist dazu aber völlig unterproportional angewachsen. Die meisten Programme werden für ein lokales oder nationales Publikum produziert.[23] Der große europäische Markt fragmentierte sich zusehends in kleinere, immer regionalere Märkte; dadurch wurden die Chancen für spezifisch europäische Produkte praktisch eliminiert.

Eine andere große Strukturschwäche ergibt sich – wie gesagt – aus der Vielzahl gesprochener Sprachen und aus der Tatsache, daß das europäische Publikum größtenteils *synchronisierte (lippensynchrone) Versionen* gewöhnt ist (eine Ausnahme bilden die nordischen Länder, die Benelux-Staaten und die z.T. Schweiz). In 85% aller Fälle müssen Produktionen daher für die innereuropäische Verwertung auf kostspielige Art und Weise synchronisiert werden.

Erst durch die „Digitale Revolution" hofft man, die bislang als nachteilig eingestufte Struktur des Sektors umgehen bzw. sogar nutzen zu können. Durch die digitale Datenkompression sollen mehrsprachige Übertragungs- und Electronic-Publishing Systeme unter wirtschaftlich optimalen Bedingungen produzierbar werden. Auf kompakte Weise sollen verschiedensprachige Versionen zum Konsumenten transportiert werden können.[24]

Die Nachsynchronisation stellt insbesondere dann ein Problem dar, wenn es darum geht, europäische Filme in den USA zu lancieren. Das US Publikum

---

[23] O.A. (1995a): S 3.

[24] Europäische Kommission [Hrsg.] (1994a): S 21.

ist an Originalfassungen gewöhnt und lehnt alles andere ab. [25] Zahlreiche europäische Produktionen wurden deswegen auf englisch gedreht, um die Chancen des US-Markts wahrnehmen zu können, waren aber bis auf Ausnahmen dort kaum erfolgreich. Unabhängige Verleiher, die in den USA europäische Filme an den Mann oder an die Frau bringen, weigern sich zumeist, synchronisierte Versionen zu vermarkten. Sie haben sich Nischenmärkte errichtet und wollen ihre Kundschaft nicht durch Experimente verlieren. Der polnische Filmemacher *Krzysztof Zanussi* weist weiters darauf hin, daß es in der Sprachenfrage um wesentlich mehr als um ein technisches Problem geht: „Es gibt Ausdrucksweisen, die wir in einem Kulturkreis benutzen, die sich aber nicht ohne weiteres in einen anderen übertragen lassen.“[26]

Richard Price (Distributor in London) will das Problem mit Technik bezwingen. Durch Computeranimation wird versucht, die Mundbewegungen an die synchronisierte Version anzupassen. Ein Kritiker stellte dabei treffend fest, ob es denn möglich sei, bei italienischen Synchronisationen auch die Handbewegungen passend zum Ausruf „Mama mia!“ zu korrigieren.[27]

Spirale des Defizits

Steigende Produktionskosten und fehlende Möglichkeiten zur Bearbeitung des europäischen Marktes lösen einen Teufelskreis aus. Durch die sich stetig zerklüftenden Märkte für europäische Produktionen verlieren europäische Investoren das Vertrauen und stecken ihr Geld lieber in die US-Programmindustrie. Weil nur sechs große US-Verleiher gegen rund 900 europäische Verleiher konkurrieren, hat fast kein europäischer Verleih die nötige Kapitalausstattung, um sich an der Finanzierung bzw. Promotion von Filmen beteiligen zu können. Dies hat zur Folge, daß viele der großen Produktionen gar nicht richtig verwertet werden können, da Inkonsistenzen in der Verwertungskette auftreten.[28]

Negative Auswirkungen der Fördersysteme

Die Fördermechanismen sind zum Großteil national begrenzt. Die Vergabe der Mittel ist zumeist an keine marktorientierte Ausrichtung gebunden. Zahlreiche geförderte Filme kommen nie ins Kino.

---

25 Vgl. Luyken, G. et al. (1991): S 3 ff.

26 Zanussi, K. zitiert in: Finney, A. (1994c): S 10.

27 Vortrag von *Richard Price* an der Television Business School in Lübeck 1994.

28 Schneider, U. (General Secretary of EFDO, MEDIA) zitiert in: O.A. (1995a): S 3.

Entgegen allen Erwartungen vergrößerte auch die Liberalisierung im terrestrischen TV-Bereich (Zulassung kommerzieller TV Sender) die Nachfrage an europäischen Produktionen kaum. Es stieg lediglich der Bedarf an *lokalen* Produktionen und *amerikanischen* Produktionen; eine Nachfrage an europäischen Produktionen bildete sich dabei nicht heraus.

DIE EUROPÄISCHE AUDIOVISUELLE STRATEGIE

Die audiovisuelle Zukunft Europas soll anders aussehen. Für die künftige Programmindustrie formulierte die Kommission folgende Zielvorgaben:

- „Sie muß in einem auf Öffnung und Globalisierung angelegten Sektor wettbewerbsfähig sein.
- Sie muß zukunftsorientiert arbeiten und am Entstehen der Informationsgesellschaft mitwirken.
- Sie muß das in Europa vorhandene künstlerische Potential und das Wesen der europäischen Völker wirkungsvoll zum Ausdruck bringen.
- Sie muß in der Lage sein, das Wachstum für die Schaffung von Arbeitsplätzen in Europa zu nutzen.“[29]

Die EU will mit allen Mitteln verhindern, daß der US-Einfluß weiter zunimmt. Ziel ist es, den dahinsiechenden europäischen AV-Sektor so zu reanimieren, daß er nicht nur Gestalter des Heimatmarkts wird, sondern auch eine führende Rolle im weltweiten Export von audiovisuellen Produkten einnimmt.

Wie soll dies erreicht werden?

Strebt man eine Veränderung dieser globalen Verhältnisse an, kann diesen Problembereichen auf nationaler Ebene nicht zielführend entgegengearbeitet werden; dazu bedarf es – nach Ansicht der Kommission – eines *transnationalen Aktionsplans.*

Die Möglichkeit der Zusammenarbeit mit der US-Filmindustrie wird von den Europäern nur selten in Erwägung gezogen. Ende 1994 wurden Round

[29] Europäische Kommission [Hrsg.] (1994a): S 7.

Table-Gespräche eingeleitet, die nach einer Verbesserung der Kommunikation verlangten, sich der Suche nach günstigen Investitions- und Vertriebsmöglichkeiten widmeten und die Ausbildung als einen vielversprechenden Bereich (auch von amerikanischer Seite!) hervorhoben. An konkreten Maßnahmen wurden u.a. die Vermittlung von US-Erfahrung im Bereich der Geschäftsführung (durch Vorträge oder Masterclasses) sowie intensive Zusammenarbeit zwischen den Filmhochschulen genannt.[30]

THINK TANK REPORT

Um einen transnationalen Aktionsplan zu entwickeln, wurde *António-Pedro Vasconcelos* 1994 von der Kommission der Europäischen Union mit der Leitung eines *Think Tanks* beauftragt. Ziel war der Gedankenaustausch über die Weiterentwicklung der europäischen Audiovisuellen Politik und die Erarbeitung von Vorschlägen für eine Konsolidierung des Sektors.[31]

Ganz auf Linie der Kommission sahen die Mitglieder des *Think Tanks* die Problematik: „As the channels for communication and expression are set to multiply, the question which should concern us all is whether these new opportunities, fascinating as they are from many points of view, will be:

- a source of creativity and quality,
- a factor which extends the influence of Europe's cultures,
- a factor for greater access to knowledge and for social cohesion,
- a source of new jobs."[32]

Der *Think Tank* erarbeitete einen konkreten Maßnahmenkatalog, der dieser Strategie zum Durchbruch verhelfen soll.

---

30 Gelegentlich versuchen amerikanische Firmen, mit europäischen Produzenten ins Geschäft zu kommen, in den meisten Fällen mit englischen Filmschaffenden (die im übrigen auch für die Mehrzahl der europäischen Filmerfolge der vergangenen Jahre verantwortlich zeichneten: *Chariots of Fire*, *Four Weddings and a Funeral* etc.). Generell werfen die Amerikaner ihren europäischen Kollegen vor, zuwenig unternehmerisches Talent zu besitzen und zu stark national beeinflußte „Einzelprodukte" herzustellen. Vgl. auch Dale, M. (1992): S 38 ff; Finney, A. (1994c): S 5.

31 Vgl. Think Tank on the Audiovisual Policy in the European Union [Hrsg.] (1994).

32 Oreja, M. (1995): S 1.

Insgesamt wird eine globalere Vorgehensweise bei der Förderung vorgeschlagen: „This means that the financial aid and the Community incentives, instead of intervening on a case-by-case basis, i.e. film by film, product by product, must seek to stimulate the creation and consolidation of powerful and integrated companies, which, through the quantity of their products and the extent of their territorial and multimedia presence, can become in time the major energisers of the audiovisual industry which Europe needs."[33] Eine derartige Förderungsideologie soll nicht nur im Produktionssektor, sondern auch im Distributionsbereich angewandt werden.

Die Schaffung paneuropäischer Programmkataloge, die international verwertbar sind, wird als mittelfristiges Ziel genannt. Als Starthilfe sieht der Report eine strenge Quotenregelung für europäische TV-Sender vor.[34] Auch zur Hauptsendezeit (*Primetime*) sollen europäische Programme eine Chance haben, von vielen Leuten gesehen zu werden. „Europäisch" heißt für den Think Tank auch „europäischer (nationaler) Inhalt".

Weitere konkret ausgearbeitete Maßnahmen:

- **Incentives for distribution guarantees on a European level**. Distribution guarantees (Verleihgarantien, Minimumgarantien) sollen wieder als Form der Filmfinanzierung an Bedeutung gewinnen.[35]
- **Reduction of film rental charges for European Films**. Solange europäische Filme sich kommerziell noch nicht voll etablieren können, sollen sie den Kinoinhabern durch finanzielle Anreize schmackhaft gemacht werden.
- **Creation of a network of European cinemas**: Der Vorteil der umfassenden Verwertungssteuerung, den die US Majors dank ihrer Vertriebe, Kinoketten, Videofirmen etc. haben, soll auch für europäische Produktionen geschaffen werden. Die Tatsache, daß die meisten europäischen Kinoketten

---

[33] Think Tank on the Audiovisual Policy in the European Union [Hrsg.] (1994): S 35.

[34] Diese Quotenregelung wird v.a. von Frankreich immer wieder favorisiert. Vgl. Crookes, P. (1995): S 1 f; Edwards, P. (1995): S 2.

[35] *Distribution Guarantees* regeln den Vorverkauf von Vertriebsrechten audiovisueller Produktionen: Noch vor Produktionsbeginn tritt der Produzent Verwertungsrechte für gewisse Territorien an einen Distributor ab. Dieser verpflichtet sich, den Film nach Fertigstellung in einem oder in mehreren vereinbarten Territorien zu vertreiben, und bezahlt dafür zu einem im vorhinein vereinbarten Zeitpunkt einen Mindestbetrag an den Produzenten. Unter normalen Umständen kann der Produzent solche Minimum Guarantees bei einschlägigen Banken diskontieren lassen und damit die Produktion finanzieren. Vgl. Gordon, M. (1993): S 58 ff.

sich in Händen amerikanischer Produktionsfirmen befinden, ist für den europäischen Film sicherlich kaum förderlich.

- **Measures to support the programme variety in European Cinemas.** Durch Maßnahmen wie direkte Kinosubventionen und Restriktion bei der Anzahl der Kopien pro Film soll verhindert werden, daß der Großteil der Kinos mit nur wenigen Filmen belegt ist und zahlreiche kleinere Produktionen daher keine Chance auf Vorführung haben.

GRÜNBUCH

Aufgrund des Think Tank Reports wurde von der DG X der EU-Kommission (Generaldirektion Information Kommunikation, Kultur, audiovisuelle Medien) ein *Grünbuch* erarbeitet. Es erörtert die Positionen der EU bezüglich der zentralen Frage: „Wie kann die Europäische Union zur Entwicklung einer Programmindustrie im Kino- und Fernsehbereich beitragen, die sich auf dem Weltmarkt behaupten kann, zukunftsorientiert arbeitet, die Verbreitung der europäischen Kulturen gewährleistet und Arbeitsplätze in Europa schafft?"[36] Das *Grünbuch* gibt größtenteils die Ansichten des Think Tank Reports wieder, wenn auch teilweise in milderer bzw. eingeschränkter Form und v.a. weniger konkret.

Das *Grünbuch* geht von zwei Prämissen aus:

1. Filme und TV-Programme sind wichtige Standbeine der Kultur und werden weiterhin die wichtigsten audiovisuellen Produkte bleiben.
2. Die Programmindustrie wird immer mehr zu einem strategischen Instrument im audiovisuellen Sektor in bezug auf Zugang zu den neu entstehenden audiovisuellen Diensten.

Auf Grundlage dieser Prämissen und einer Problemanalyse, die der in Kapitel PROBLEME DES EUROPÄISCHEN AUDIOVISUELLEN SEKTORS, S 33, entspricht, werden vier wichtige Thesen entwickelt:[37]

---

[36] Europäische Kommission [Hrsg.] (1994a): S 8.

[37] Vgl. Europäische Kommission [Hrsg.] (1994a): S 18 ff; Flint, M. (1994): S 2; Deus Pinheiro, J. de (1994a): S 4; Flesch, C. (1994): S 1 f.

1. Die audiovisuelle Industrie ist ein besonderer Fall unter den schnell wachsenden Wirtschaftszweigen, insbesondere wegen der großen Anzahl von Arbeitsplätzen, die durch sie geschaffen wird.
2. Die Erhaltung der großen Bandbreite nationaler und regionaler Kulturen ist stark an die Bildung einer europäischen Programmindustrie gebunden, die wirtschaftlich rentabel operieren muß.
3. Die digitale Kompressionstechnik wird als revolutionär angesehen, weil sie den Sektor gänzlich verändern und dabei die Bedeutung der Programmindustrie verstärken wird.
4. Wenn die Europäische Union in die Entwicklung der audiovisuellen Politik eingreifen will, muß sie schnell handeln. Ansonsten wird sie von der technologischen Entwicklung und der damit verbundenen internationalen Liberalisierung der Industrie bald überholt sein.

Um der Gefahr zu entgehen, auf lokal begrenzte Marktsegmente abgedrängt zu werden und deshalb vom Gesamtwachstum des audiovisuellen Sektors nicht zu profitieren, setzt die EU Kommission auf den Aufbau von in sich kohärenten Programmkatalogen. Erst als solcher haben mehrere einzelne Produktionen einen hohen wirtschaftlichen Wert: TV-Anbieter können nur dann ein Programm senden, wenn ausreichend Sendestunden eines Programmtypus zur Verfügung stehen, um ein wöchentliches Sendekonzept längerfristig durchführen zu können. Vor allem Produkte für Nischenmärkte können so gewinnbringend vertrieben werden – selbstverständlich unter der Voraussetzung, daß ein großflächiger Vertrieb ermöglicht wird.

EU-MASSNAHMEN ZUR FÖRDERUNG EUROPÄISCHER PROGRAMME

Die bisherige audiovisuelle Politik der EU stützte sich hauptsächlich auf *indirekte* Förderungsmaßnahmen. Die wichtigsten Anreize zur Schaffung audiovisueller Produktionen, die auf europäischer Ebene geboten werden, sind der „Aktionsplan“ und das „MEDIA Programm“.

In jüngster Zeit versucht die Kommission zunehmend, durch Richtlinien *direkten* Einfluß auf die Entwicklung des audiovisuellen Sektors auszuüben. So auch mit der *Richtlinie „Fernsehen ohne Grenzen"*, die alle nationalen Gesetzgeber bereits veranlaßte, Maßnahmen zur Stärkung der europäischen Programmindustrie zu treffen:

1. **Der Hauptanteil der Sendezeit soll europäischen Werken zur Verfügung stehen.** Zwar ist in den letzten beiden Jahren der Anteil amerikanischer Produktionen zur Hauptsendezeit bereits zurückgegangen, jedoch zugunsten *lokaler* Produktionen und nicht, wie eigentlich erwünscht, zugunsten *ausländisch-europäischer* Produktionen.[38]
2. **Die Förderung unabhängiger Produktionen.** 10% der Sendezeit oder 10% der Haushaltsmittel müssen für unabhängige Produktionen aufgewendet werden – fast alle EU Staaten entschieden sich für die Sendezeitquote.[39]
3. **Für Kinospielfilme sollen chronologische Verwertungsmöglichkeiten geschaffen werden** (paneuropäische Kinoschutzfristen).[40]

Die genauen Auswirkungen der Richtlinie, speziell ihre strukturschaffende Wirkung, konnten bisher nicht näher beurteilt werden, wohl auch deshalb, weil die Richtlinie nicht in voller Schärfe durchgesetzt werden konnte.[41]

MEDIA

Von der Kommission der EU wurde für den Zeitraum von 1992 bis 1996 das *MEDIA I* Programm initiiert. Mit jährlich 50 Mio. ECU wurden 19 verschiedene Teilprogramme unterstützt. Über 5000 Projekte wurden durch MEDIA I gefördert; mit jedem investierten ECU wurden durchschnittlich drei weitere ECU im audiovisuellen Markt umgesetzt.[42]

Über 3.200 Medienfachkräfte nahmen an Weiterbildungsveranstaltungen teil, 1.500 Projekte wurden bei der Entwicklung betreut – 781 Spielfilme, 355

---

[38] Der Anteil von nicht-amerikanischen, ausländischen Produktionen ist in fast allen EU-Staaten auf unter 10% gefallen. Hydra Associates Limited [Hrsg.] (1994): S 14 ff. Zur umstrittenen Quotendiskussion vgl.: Crookes, P. (1995): S 1 f; Edwards, P. (1995): S 2.

[39] Nur Frankreich hat sich für eine 10% Haushaltsmittel-Quote entschieden.

[40] Die wichtigsten der in *Abbildung 1: Film Distribution Pattern – Verwertungskette von Spielfilmen* aufgezählten Verwertungsstufen sollen paneuropäisch gesetzlich verankert werden, um verbesserte Verwertungsmöglichkeiten zu garantieren.

[41] Europäische Kommission [Hrsg.] (1994a): S 27 f.

[42] Vgl. Europäische Kommission [Hrsg.] (1994b).

Dokumentationen, 178 Animationsfilme und Serien sowie 210 Programme, die mit neuen Technologien produziert wurden (HDTV, CD-I, Computeranimation). Außerdem wurden 362 Filme bei der Untertitelung/Synchronisation finanziell unterstützt; 200 Filme wurden im Kino lanciert und 1.000 Filme wurden am Videomarkt eingeführt.[43] MEDIA I förderte mit seinen Initiativen alle Bereiche der Produktion außer der eigentlichen Herstellung.

In Fortsetzung des MEDIA I Programms wurde *MEDIA II* (1996-2000) ins Leben gerufen. Das Budget wurde auf 310 Mio. ECU erhöht, die Anzahl der Programme hingegen reduziert. Mittel- bis langfristige strukturelle Änderungen in der Audiovisionslandschaft sollen durch Eingriffe in drei Bereiche erzielt werden:[44]

1. **Distribution:** Einer der Schwerpunkte ist die transnationale Distribution; ca. 100 Filme sollen europaweit pro Jahr vertrieben und verwertet werden. Distributoren sollen zur Zusammenarbeit mit Produzenten in der Finanzierung gezwungen werden, wobei finanzielle Anreize dazu geschaffen werden. Weiters sollen Distributionsnetzwerke („joint commercial strategies") geschaffen werden. Auch die Zusammenarbeit von Fernsehanstalten mit unabhängigen Produzenten wird subventioniert, ebenfalls die Herstellung mehrsprachiger Versionen (durch Untertitelung bzw. Synchronisation) sowie der Zugang zu Filmmärkten und anderen Distributionsmöglichkeiten.

2. **Development:** Förderungsgegenstand sind die Produktentwicklungsvorhaben unabhängiger Produzenten. Weiterhin sollen erfolgsbedingt rückzahlbare Darlehen von bis zu 50% der Entwicklungskosten gewährt werden. Fast die Hälfte des Budgets soll für die Entwicklung von Projektpackages verwendet werden.

3. **Training:** 45 Mio. ECU werden in Ausbildung und Training für Professionelle der Branche investiert. Die wichtigsten Unterrichtsgegenstände sind Recht, Betriebswirtschaft und Technologie. Eine direkte Umsetzbarkeit der Lehrinhalte steht im Vordergrund.

---

43 O.A. (1995b): S 2.

44 Vgl. O.A. (1995b): S 1, Kommission der Europäischen Gemeinschaften [Hrsg.] (1996); O.A. (1995h): S 1-4; Labrada, F. (1995): S 10-13; *Dieter Kosslick* am Medienforum NRW, Köln, 19.06.1995.

ANDERE MASSNAHMEN

Im November 1995 wurde von der Kommission die Gründung des **European Guarantee Fund** beschlossen, der mit 90 Mio. ECU aus dem EU Budget finanziert wird. Durch Kofinanzierungen mit dem privaten Sektor soll ein Garantiekapital in der Höhe von 200 Mio. ECU bereitstehen, mit dem ca. 1 Mrd. ECU an Produktionsmitteln mobilisiert werden kann. Banken und Versicherungen sollen damit zur Investition in die audiovisuelle Industrie ermuntert werden.[45]

Der **Aktionsplan** soll zu einer Schaffung einer „kritischen Masse" von High-Tech Fernsehdiensten im 16:9-Bildformat[46] beitragen, um den Ausbau dieses Marktes in Europa zu beschleunigen. Durch den Aktionsplan wird ein Teil der Mehrkosten finanziert, die das Senden im neuen Format verursacht. Weiters wurde 1993 ein Aktionsplan zur Unterstützung des HDTV-Formats beschlossen; 228 Mio. ECU wurden dafür zur Verfügung gestellt.

Eureka Audiovisuel, dessen Mitglieder praktisch *alle* europäischen Staaten sind, wurde auf der Audiovisuellen Konferenz in Paris 1989 gegründet. Ziel der Initiative ist die Schaffung paneuropäischer Partnernetze. Projekte können sich bei Eureka Audiovisuel um ein Patronat oder eine Prädikatsverleihung bemühen; dies kann in manchen Fällen die Möglichkeit der Kontaktvermittlung zu potentiellen Partnern bzw. Zugang zu anderen Beratungstätigkeiten durch Organe des Eureka Audiovisuel bringen. Die unterstützten Projekte können alle Phasen der Film- und Fernsehproduktion betreffen; sie können die Form eines Produzentenverbandes, einer Verleihervereinigung, eines Vorschußfonds etc. annehmen.[47]

Die **Europäische Audiovisuelle Informationsstelle** in Straßburg versteht sich als wirtschaftlicher, rechtlicher und praktischer Informationsdienst der Medienbranche. Jährlich werden im *Statistischen Jahrbuch: Filmindustrie, Fernsehe, Video und Neue Medien in Europa* die wichtigsten Branchenkennzahlen publiziert. Die zum Europarat gehörende Stelle bietet weiters einen telefonischen

---

[45] Diese Maßnahme ist als Komplementärmaßnahme zum Media II Programm gedacht, das keinerlei Produktionsmittel zur Verfügung stellt – aber auch in diesem Falle nimmt die Kommission von einer direkten Intervention (direkten Subvention) Abstand. Vgl. Tucker, E. (1995): O.S.; O.A. (1995g): S 12.

[46] Derzeit wird in Europa hauptsächlich im klassischen 4:3 Bildformat gesendet.

[47] Eureka Audiovisuel [Hrsg.] (1994): S 3 ff.

Auskunftsservice an, eine rechtliche Rundschau sowie ein Magazin über Informationsquellen.[48]

Eurimages ist eine Förderungsmaßnahme des Europarats, die 1989 zur finanziellen Unterstützung von internationalen Koproduktionen gegründet wurde. Der Fonds verfolgt wirtschaftliche und kulturelle Ziele; mit seinem jährlichen Budget von rund 155 Mio. FRF (1994) gewährt er Herstellungsförderungen von bis zu 5 Mio. FRF. Bedingung ist, daß Produzenten aus mindestens drei verschiedenen Ländern koproduzieren (bei Dokumentationen: zwei).[49]

ZUSAMMENFASSUNG: EUROPÄISCHE AUDIOVISUELLE POLITIK

Die Europäische Union hat die Wichtigkeit des europäischen audiovisuellen Sektors erkannt. Gründe dafür sind der wachsende Einfluß der Medien auf unsere Gesellschaft (paneuropäischer Einigungsprozeß), die Aussicht auf neue Arbeitsplätze und die strategische Bedeutung des audiovisuellen Produktionssektors im globalen Hardwaregeschäft.

Ziel der neu eingeleiteten europäischen Politik in diesem Sektor ist die Öffnung der nationalen Märkte, um die europa- und weltweite Nutzung der Programme zu fördern. Für die europäische Öffentlichkeit soll ein neues, umfassendes Programmangebot entwickelt werden. Der Einfluß des US-Medienmarktes soll durch protektionistische Maßnahmen eingedämmt werden.

Um eine langfristige Rentabilität des defizitären Sektors herzustellen, müssen die Potentiale des zukunftsträchtigen Sektors durch massive Eingriffe gefördert werden. Die wichtigsten Maßnahmen sind die Verbreitung neuer Technologien in den Unternehmen dieses Sektors, die Schaffung wettbewerbsfördernder Rahmenbedingungen für die Dienste, die Entwicklung einer Kommunikationsinfrastruktur sowie spezielle Ausbildungsmaßnahmen.

---

48 Vgl. Europäische Audiovisuelle Informationsstelle [Hrsg.] (1994).

49 Eurimages [Hrsg.] (1994): S 4 ff; Vgl. weiters Kapitel FINANZIERUNGSQUELLEN EUROPÄISCHER FILME, S 56.

Illustration „Strukturen der Produktionswirtschaft" von Pascal Murer

STRUKTUREN DER PRODUKTIONSWIRTSCHAFT

GESCHICHTLICHE ENTWICKLUNG

Die heutige Struktur der europäischen und der nordamerikanischen Filmproduktionswirtschaft läßt sich gut anhand der Entwicklung erläutern, die das US-Studiosystem seit 1950 nahm. Während im goldenen Zeitalter Hollywoods (1920-1940) der Film als Massenprodukt hergestellt wurde, mutierte die Nachfrage seit Beginn des Fernsehzeitalters immer mehr in Richtung „spektakulärer" Einzelfilm. Im Kino mußte zunehmend Besonderes geboten werden, um gegen die Konkurrenz des Fernsehens anzukommen.

Diese Produktdifferenzierung führte, zusammen mit den kostensparenden Maßnahmen, die aus der sich verschlechternden wirtschaftlichen Lage resultierten, zur vertikalen Desintegration des Produktionsprozesses. Der Wechsel von der Massenproduktion zur flexiblen Spezialisierung forderte immer flexiblere, fragmentiertere und desintegriertere Firmenstrukturen und Produktionsorganisationen.[50]

Die Filmproduktion war von immer höher spezialisierten Inputs abhängig, die von zahlreichen kleinen, unabhängigen Spezialfirmen aus der Gegend von Hollywood beigetragen wurde. Solche Firmen wurden, um ihr Fachwissen in die Produktion einfließen zu lassen, immer nur für einzelne Produktionen engagiert. Oft waren solche Firmen nicht nur im Filmgeschäft, sondern auch in anderen artverwandten Bereichen (Werbung, Grafik, Fotografie) tätig. Manche

---

[50] Vgl. Storper, M. C., Christopherson, S. (1987). Ab den 50-er Jahren waren die Kinoumsätze rückläufig; zu Beginn des Fernsehzeitalters konnten sich Kinofilme noch nicht am Fernsehmarkt finanzieren. Hinzu kamen Anti-Kartell Entscheidungen der US-Gerichte (z.B. die „Paramount Decision"), die den Majors *block-booking* (Kinofilme wurden an unabhängige Kinos nur im Package vermietet) verboten.

Firmen wurden überhaupt nur für die Durchführung einer Produktion gegründet.[51]

Nach und nach entstand Bedarf an „unabhängigen" Produzenten, die Filmprojekte zusammenstellten und diese den Studios zum Kauf anboten. Die produktionstechnische Bedeutung der Studios wurde immer geringer, was durch rein äußerliche Faktoren wie der Erfindung flexiblen Produktionsequipments (z.B. tragbare Kamera „Panaflex") weiter verstärkt wurde. Die Bedeutung der Studios konzentrierte sich auf ihre Funktion als Finanziers und Distributeure.[52]

Robins untersuchte den Einfluß dieser kleinteilig organisierten Produktionsstruktur auf die Wirtschaftlichkeit der Produktionsfirmen. Ausgehend von der Transaktionskostentheorie und Agententheorie stellte er in einer empirischen Untersuchung fest, daß unabhängig produzierte Filme – entgegen der Grundannahmen o.g. Theorien[53] – signifikant höhere Kosten als Studiofilme aufweisen. Allerdings lagen die Kinoumsätze und Nettoerträge bei diesen Produktionen ebenfalls wesentlich höher als bei Studiofilmen. Der Verdacht lag daher nahe, daß nur unabhängige Produzenten den Faktor „Innovation" (bzw. „Kreativität") kontinuierlich bereitstellen können, der in einer sich verändernden Medienlandschaft (Aufkommen des Fernsehens) immer größerer Bedeutung bekam.

Einnahmeseitig zeichnete sich eine gewisse Konzentration unter den Titeln ab. Immer weniger Filme waren für einen immer größeren Anteil des Umsatzes verantwortlich. Das Risiko, mit einer Filmproduktion einen finanziellen „Flop" zu landen, wurde dadurch ebenfalls größer. Nur durch die große Anzahl von Filmen, in die investiert wurde, konnte dieses Risiko einigermaßen erfolgreich gestreut werden.

---

[51] Aksoy, A., Robins, K. (1992): S 2 ff.

52 Storper, M. C. (1989): S 285; Robin, J. A. (1993): S 104.

[53] „In situations, where independent production and market exchange are less costly than integrated production and internal transfer, outsourcing can be expected to replace internal supply." Vgl. Robin, J. A. (1993): S 105 ff.

STRUKTUREN DER EUROPÄISCHEN PRODUKTIONSBRANCHE

Da das Fernsehen in Europa erst ein Jahrzehnt später als in den USA die Haushalte eroberte, setzte die oben skizzierte Entwicklung in unseren Breiten zeitversetzt ein.

In Europa gibt es – abgesehen von den Produktionskapazitäten der großen public sector Fernsehveranstalter – praktisch nur Klein- und Kleinstbetriebe („Rucksackproduzenten"), die die Branche prägen. *Majors* (große Produktionsfirmen), die marktgestaltend auftreten und durch ihre hohen Umsätze als Risikostreuungsfaktor in der US-Filmbranche eine überlebensnotwendige Funktion erfüllen, gibt es in Europa keine. Über die organisatorische Gliederung der Branche gibt *Abbildung 2* Auskunft.

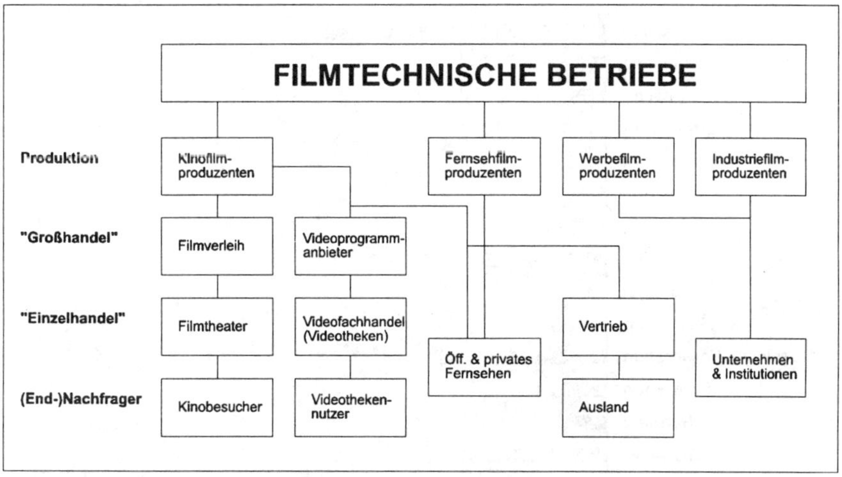

Abbildung 2: Wichtige Bereiche der Filmwirtschaft[54]

Funktional gesehen (Produktions-/Handelsstufen) ist die Branche sehr stark formal, inhaltlich und personell aufgegliedert. Nach inhaltlichen Gesichtspunkten hingegen (Kino-, Fernseh-, Werbe-, Industriefilm) herrschen zwar formal relativ strenge Grenzen (Firmen sind normalerweise nur in einem Bereich tätig), personell jedoch fließen die Grenzen ineinander.[55]

[54] Quelle: Neckermann, G. (1991): S 81.

[55] Das Produktionsfachpersonal arbeitet oft für mehrere verschiedenartige Firmen.

Betrachtet man die Kinofilmproduzenten in Europa, die mindestens ein größeres Projekt pro Jahr realisieren, ist ihre Anzahl relativ gering (vgl. Abbildung 3).

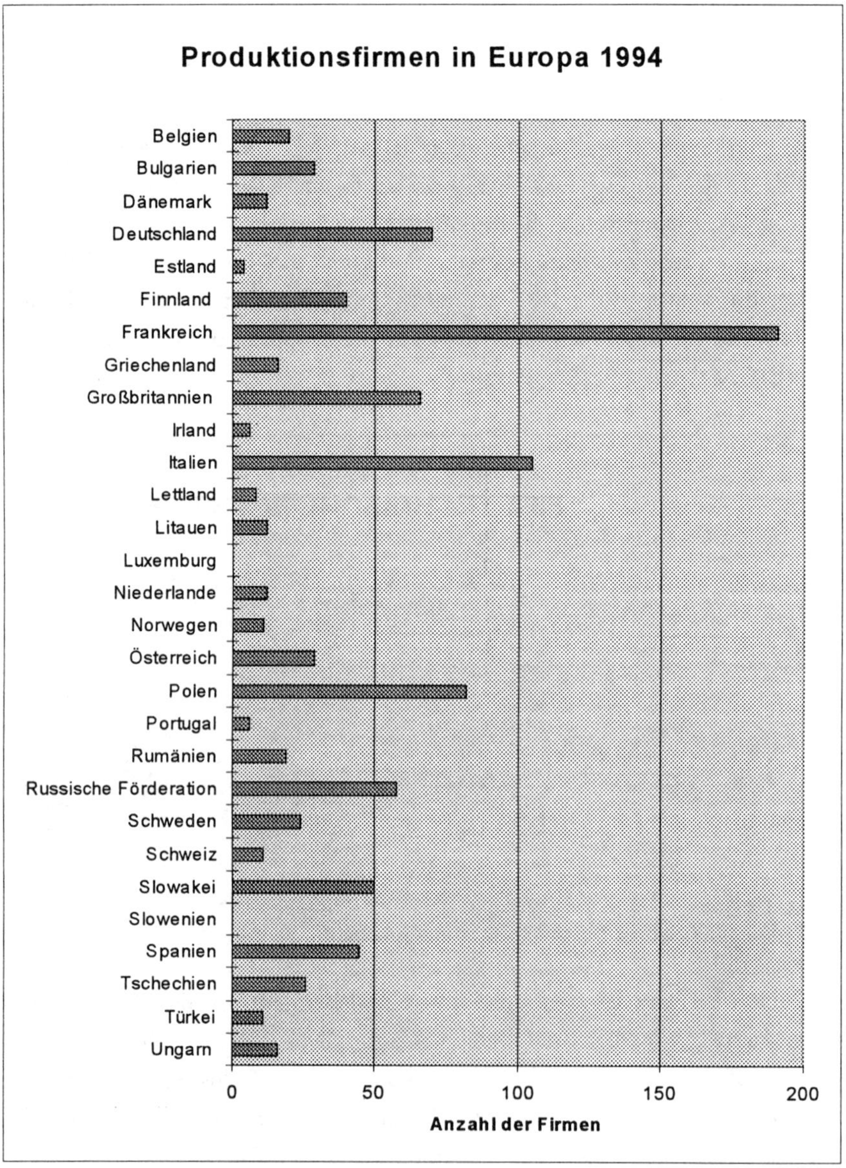

Abbildung 3: Produktionsfirmen in Europa[56]

[56] Angaben ohne Fernsehveranstalter. Vgl. Europäisches Audiovisuelle Informationsstelle [Hrsg.] (1995): S 69.

Von Ausnahmen abgesehen, werden die europäischen Filmprojekte von *unabhängigen Produzenten* realisiert. Während in den USA *jede* Produktionsfirma außer den großen Studios („Majors") als unabhängiger Produzent gilt,[57] wurde in einem französischen Regierungsdekret folgende Definition festgelegt: „Rundfunkveranstalter dürfen nicht mehr als fünf Prozent des Kapitals besitzen bzw. Personen oder Firmen, die mit mehr als fünf Prozent an einem Rundfunkveranstalter beteiligt sind, dürfen nicht mit mehr als 20 Prozent an der unabhängigen Produktionsfirma beteiligt sein. Ferner gilt eine Firma als unabhängiger Produzent, wenn sie nicht mehr als fünf Prozent Anteile an einem Rundfunkveranstalter besitzt, und schließlich zählen dazu Firmen, die – sinngemäß – nicht in einer dauerhaften Produktionsgemeinschaft mit einem Rundfunkveranstalter stehen."[58]

Für den gesamten Produktionsbereich gilt, daß die Nähe zu den filmtechnischen Betrieben unerläßlich ist. Dies erklärt z.T. auch die starke regionale Konzentration des Sektors. „Die Produzenten von Werbe- und Industriefilmen, aber auch teilweise von Fernsehfilmen, sind in nicht so starkem Maße auf diese Zentren konzentriert, da im Umfeld der Fernsehanstalten auch immer eine gewisse filmtechnische Infrastruktur vorzufinden ist. Im Werbe- und Industriefilmbereich spielt daneben manchmal auch die Nähe zu Agenturen eine Rolle."[59]

In den letzten Jahren war eine Tendenz unter den europäischen Film- und Fernsehproduzenten bemerkbar, hin zu einer Verflechtung mit den Auftraggebern besonders im Bereich der größeren und leistungsfähigeren Firmen. Sie gehören in vielen Fällen entweder public sector Fernsehveranstaltern oder sind über Konzernverflechtungen mit kommerziellen Fernsehanstalten verbunden. Die Motive unabhängiger Produzenten, ihre Unabhängigkeit aufzugeben, sind vielfältig: „Zu den wichtigsten gehört der Zufluß von dringend benötigtem Kapital, Zugang zu einem Fernsehanbieter und die Minderung des wachsenden Risikos."[60]

---

57 „The independent film industry consists of those companies engaged in production and/or distribution, worldwide in all media of all motion pictures and all television programs, that are not generated by the recognised major studios. It includes those independent productions, even though distributed by a major studio, in which the producer retains a significant ownership interest and is at risk for a significant portion of production cost." Arthur Andersen Economic Consulting [Hrsg.] (1995): S iii.

58 Regierungsdekret vom 17.01.1990, zitiert in: Braunschweig, S., Keidel, H. (1991): S 787.

59 Neckermann, G. (1991): S 47.

60 Braunschweig, S., Keidel, H. (1991): S 786.

Beispiel Deutschland

„Zum Bereich *Filmwirtschaft* (ohne Videotheken) zählten im Mai 1987 lt. Arbeitsstättenzählung fast 4.000 Unternehmen mit knapp 23.000 Beschäftigten. Die Filmwirtschaft ist damit in der Bundesrepublik eine der kleinen Branchen. Ihr Anteil an der Zahl aller Unternehmen der Gesamtwirtschaft beträgt 0,2%, der Anteil an den Beschäftigten 0,1%."[61]

„In der Film*wirtschaft* ist die Zahl der Unternehmen von 1970 bis 1987 um 29% gestiegen. Die Zahl der in dieser Branche beschäftigten ging im selben Zeitraum bei den Unternehmen um 5% zurück.",[62] was als Indikator für die zunehmende Fragmentierung der Branche gewertet werden kann. Diese Entwicklung umfaßt einen Rückgang der Kinounternehmen und gleichzeitig einen starken Anstieg von Klein- und Kleinstunternehmen in den Bereichen Produktion und Vertrieb mit einer hohen Anzahl tätiger Inhaber („Rucksackproduzenten").[63]

In einer für Hamburg durchgeführten Untersuchung stellte sich der Produktionsbereich (mit 40,6%) als wichtigstes Expansionsfeld der Medienwirtschaft dar. Rückführbar ist dies allerdings auf den wachsenden Bedarf der TV-Sender, und weniger auf mögliche neue Perspektiven für den europäische Film.[64]

Im Mai 1987 gab es in der Bundesrepublik Deutschland über 2.100 Unternehmen, die zum Bereich Film*herstellung* zählten, wobei nur wenige Unternehmen dem Bereich Spielfilmproduktion zugerechnet werden können – vgl. oben. In diesen Unternehmen waren fast 10.000 Personen beschäftigt. Ein Fünftel dieser Unternehmen dürfte weniger als 100.000 DEM Umsatz im Jahr erzielen. Für das Jahr 1988 weist die Umsatzsteuerstatistik 2.000 Unternehmen aus, die mindestens einen Jahresumsatz von 10.000 DEM erreichen. Insgesamt

---

[61] Die meisten Unternehmen fielen im Jahr 1988 in die Umsatzklasse DEM 100.000 – 250.000 – sind also sehr kleine Unternehmen. Nur 12% der Unternehmen erreichten mehr als 1 Mio. DEM Umsatz, stellten aber produktionsmäßig einen Großteil der Branche dar (81%). Weiters haben sieben von zehn Betrieben der Filmwirtschaft weniger als 10 Beschäftigte; nur 4% der Betriebe beschäftigen mehr als 20 Personen. Die meisten Betriebe befinden sich in den klassischen Filmstädten München, Hamburg und Berlin; wenn sich auch durch die starke Förderungs- und Ansiedlungspolitik mancher deutschen Bundesländer (Nordrhein-Westfalen) die Gewichte ein wenig verlagerten. Vgl. Kapitel „WIRTSCHAFTLICHE FILMFÖRDERUNG"; S 81; Neckermann, G. (1991): S 18 ff.

[62] Neckermann, G. (1991): S 20.

[63] Diese Entwicklung wurde durch die zunehmenden Produktionsauslagerungstendenzen der public sector Fernsehveranstalter stark beeinflußt.

[64] Richert, R., Thiel, E., Weilepp, M. (1987): S 93.

erwirtschafteten diese Unternehmen einen steuerbaren Umsatz von 3,2 Mrd. DEM.[65]

Die Schätzung des Umsatzes ist insofern problematisch, als daß im Bereich der Kinofilm*herstellung* statistisch gesehen die Förderungshilfen (die etwa die Hälfte der Herstellungskosten abdecken) nicht zum Umsatz zählen. Ein Versuch, den Umsatz der deutschen Filmproduktionsunternehmen nach Sparten aufzugliedern, wird in *Abbildung 4* gezeigt.

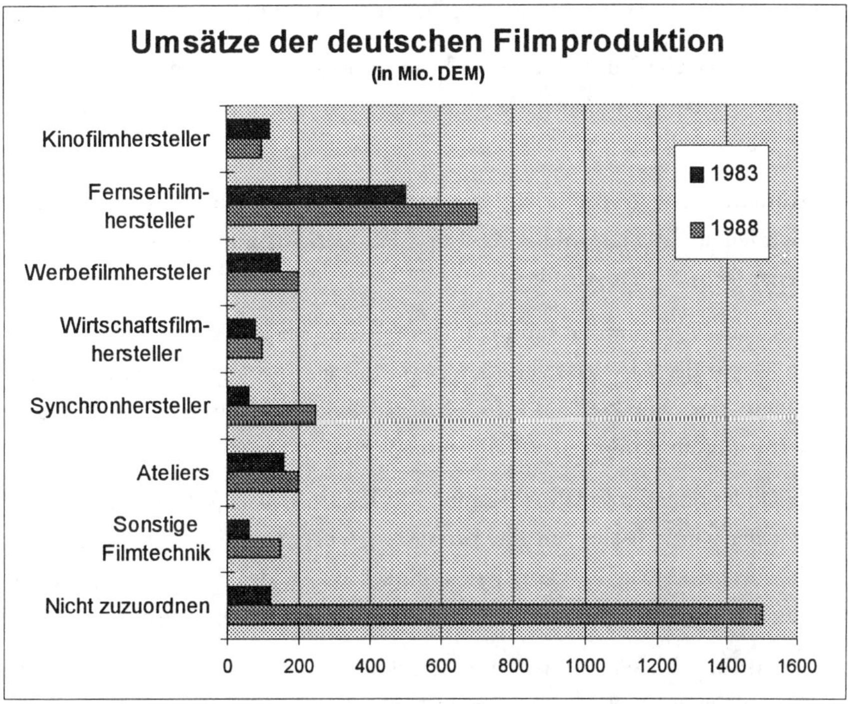

Abbildung 4: Umsätze deutscher Filmhersteller nach Sparten (Schätzung)[66]

Der Bereich der Fernsehfilmhersteller ist nicht nur die bedeutendste Sparte, auch sind die Umsätze der beiden nächstkleineren Sparten, der Synchronhersteller und der Ateliers, in starkem Maße von der Nachfrage der Fernsehsender abhängig. Die stärkste Zunahme der vergangenen Jahre verzeichneten die Synchronhersteller sowie die Betriebe der sonstigen Filmtechnik. Das größte Branchenwachstum war in Deutschland zwischen 1986 und 1988 zu verzeich-

[65] Aufgrund statistischer Zuordnungsprobleme dürfte der Umsatz mit Leistungen, die zum Bereich Filmherstellung zählen, geringer sein als hier angegeben. Neckermann, G. (1991): S 35.

[66] Quelle: Neckermann, G. (1991): S 37.

nen; es wurde primär durch die von den neuen privaten Fernsehsendern hinzugekommene Nachfrage ausgelöst.

OUTPUT DER PRODUKTIONSBRANCHE

Inhaltlich lassen sich europäische Filme mit zwei Typen charakterisieren:

- **„Kommerzielle Filme“:** Sind nicht nur von kommerziellen Interessen getragen, sondern wurden nach marktnahen (kommerziellen) Gesichtspunkten „entwickelt“.
- **„Künstlerische Filme“:** Sind die Realisierung eines vom Filmautor[67] aufgeworfenen Themas, ohne dies an Marktgesichtspunkten zu orientieren (weder formal noch inhaltlich).

1994 wurden in Summe rund 630 europäische Spielfilme produziert, davon alleine 445 in der EU. Fast alle Länder produzieren weniger als 20 Spielfilme pro Jahr, nur Frankreich (115), Italien (95), Großbritannien (70) und Deutschland (60) produzieren deutlich mehr.[68]

Wie in der Situationsanalyse (Kapitel PROBLEMSTELLUNG, S 19) bereits besprochen wurde, ist es um die Ertragsseite europäischer Produktionen äußerst schlecht bestellt. Es verhält sich ähnlich wie in den USA, wo die ersten 18 Filme so viele Besucher wie die 270 folgenden zusammen erreichen.[69]

Obendrein genießen europäische Produktionen relativ niedrige Marktanteile im Kino (maximal 34,9% in Frankreich), wie *Abbildung 5* veranschaulicht.

---

[67] Filmautoren sind häufig sogenannte „Writer-Producer-Director“, also Personen, die diese üblicherweise getrennten Funktionen in sich vereinen.

[68] Eigene Berechnungen. Vgl. Europäische Audiovisuelle Informationsstelle [Hrsg.] (1995): S 74 ff; Media Salles Research Group [Hrsg.] (1994): S 32.

[69] Mayer, A. (1983): S 20.

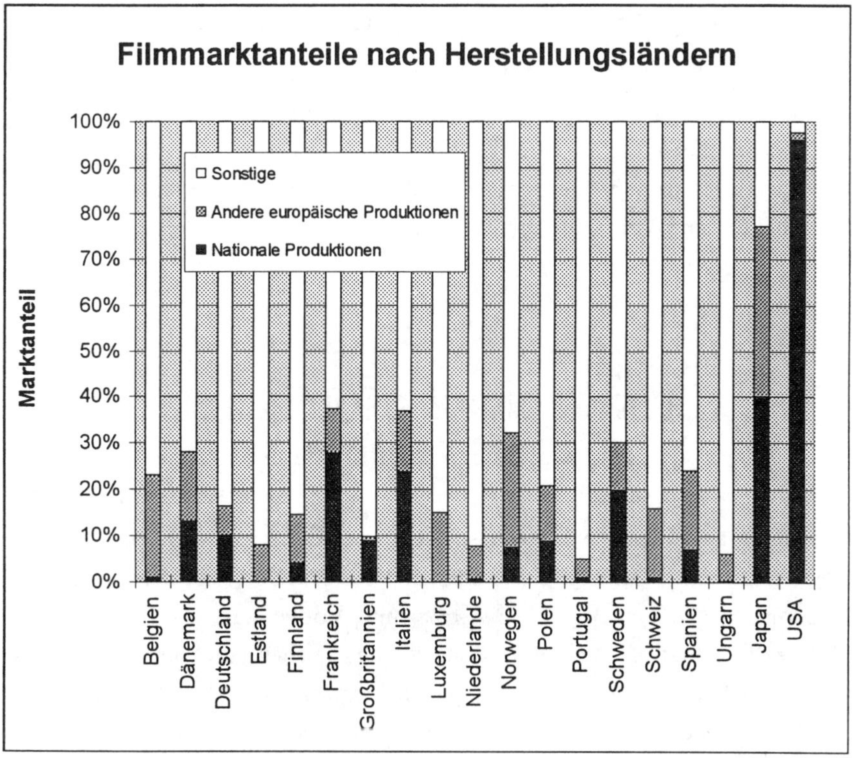

Abbildung 5: Marktanteile europäischer Filme[70]

Wegen der sich seit den 50-er Jahren verschlechternden Ertragslage, der sinkenden Marktanteile und der steigenden Produktionskosten änderten sich auch die Finanzierungsmodalitäten. Obwohl fast ausschließlich Low-Budget-Produktionen hergestellt wurden, konnte die Finanzierung nicht mehr durch den Verkauf der nationalen Verwertungsrechte aufgebracht werden.[71]

Die durchschnittlichen Produktionskosten eines deutschen Films liegen heute bei ca. 4 Mio. DEM; durchschnittliche US-Produktionen kosten etwa 35 Mio. USD. Die Kosten für einen europäischen, international marktgängigen Film werden auf rund 10 bis 15 Mio. DM geschätzt.[72]

Die zu erwartenden Einspielergebnisse sind teilweise so gering, daß sie nicht einmal den Aufwand des Verleihers decken. Eine europäische Faustregel besagt, daß von 100 Filmen ein Film ein internationaler Erfolg wird, ein Film ein

[70] Eigene Berechnungen. Vgl. Europäische Audiovisuelle Informationsstelle [Hrsg.] (1995): S 96 ff.

[71] Vgl. *Abbildung 4*. Finanzierungsmodelle der Eurimages-Projekte.

[72] Lahnstein, M. (1992): S 39.

nationaler Erfolg, drei Filme ihre Produktionskosten einspielen und die übrigen 95 Filme wirtschaftliche Flops sind.[73]

Die Finanzierung europäischer Produktionen differiert daher gänzlich von der üblichen Finanzierung eines US-Spielfilms; die Analyse der Finanzierungsquellen erlaubt jedoch interessante Rückschlüsse auf die Funktionsweise der Branche und ihre Verflechtung mit anderen Sektoren.

FINANZIERUNGSQUELLEN EUROPÄISCHER FILME

Eine Analyse der Finanzierungsquellen von Eurimages-Koproduktionen[74] zeigte folgendes: Eigenkapital (*Equity*, meist in Form von Eigenleistung), Filmförderungen (*National Support, Eurimages*) und Vorverkäufe an das Fernsehen (*Presales TV*) sind die wichtigsten Finanzierungsquellen europäischer Filmproduktionen. Die in *Abbildung 6* dargestellten *Filmproduktionstypen I – V* sind statistisch ermittelte, typische „Euro-Produktionen" mit jeweils verschieden hohen Gesamtproduktionskosten (Beträge in französischen Franc).

Ein Viertel der europäischen Filme (mit ca. 15 Mio. FRF Budget) wird tendenziell stärker mit nationalen Förderungen finanziert, während ein anderes Viertel etwas teurerer Filme (ca. 20 Mio. FRF) stärker mit Fernsehmitteln finanziert wird. Nur 18% der Filme sind in stärkerem Ausmaß mit Eigenkapital (Definition vgl. unten) finanziert; überhaupt nur 6% der Euro-Filme weisen höhere Produktionskosten auf (rund 32 Mio. FRF). Ein Viertel aller in Europa produzierten Filme sind ca. 5 Mio. FRF teure *Low-Low-Budget*-Produktionen.

---

[73] Ziethen, M. (1987): 113.

[74] Vgl. Kapitel ANDERE MASSNAHMEN, S 44.

	Typ I		Typ II		Typ III	
Equity	1.610.100	30%	5.947.500	29%	2.732.100	18%
National Support	1.180.800	22%	3.647.400	18%	6.197.700	41%
MG Cinema	251.900	5%	779.500	4%	458.300	3%
Presales TV	925.700	17%	5.794.100	28%	2.556.600	17%
Foreign Presales	11.500	0%	550.000	3%	68.000	0%
Other	590.200	11%	1.574.600	8%	1.028.400	7%
Eurimages	773.400	14%	2.128.100	10%	1.913.300	13%
SUMME	**5.343.600**	**100%**	**20.421.200**	**100%**	**14.954.400**	**100%**
Häufigkeit der Typen:	24%		24%		23%	

	Typ IV		Typ V	
Equity	9.575.400	46%	15.766.800	50%
National Support	2.803.000	13%	500.000	2%
MG Cinema	2.054.100	10%	650.000	2%
Presales TV	2.882.200	14%	7.450.000	23%
Foreign Presales	102.500	0%	4.380.100	14%
Other	1.101.200	5%	0	0%
Eurimages	2.375.000	11%	3.075.000	10%
SUMME	**20.893.400**	**100%**	**31.821.900**	**100%**
Häufigkeit der Typen:	12%		6%	

Abbildung 6: Finanzierung der Eurimages-Koproduktionen[75]

Ein paar Details zu den Finanzierungsquellen:

Equity (Eigenkapital)

Unter dieser Position sind alle von den Koproduzenten eingebrachten Mittel zusammengefaßt. In der Praxis handelt es sich größtenteils um Produktionsgemeinkosten, die in Form von Eigenleistung erbracht werden (inkl. kalkulatorischen Unternehmerlohns). Mit der Anzahl der Koproduzenten nimmt dieser Finanzierungsanteil im Normalfalle zu. Regelmäßig treten, wenn es finanziell günstiger als der Kauf von Ausstrahlungsrechten ist, auch TV-Sender als Koproduzenten auf.[76]

Anhand der Produktionsverhältnisse der in Deutschland 1993 erstaufgeführten (deutschen) Spielfilme kann festgestellt werden, daß Koproduktionen auch auf nationaler Ebene große Bedeutung haben. Rund 20% der Projekte werden mit anderen Produktionsfirmen gemeinsam geschaffen; bei knapp 50% der Produktionen treten TV-Sender nicht als Käufer des Produkts auf, sondern schlüpfen ebenfalls in die Rolle des Produzenten (vgl. *Abbildung 7*).

[75] Die Werte wurden mittels Clusteranalyse aufgrund der tatsächlich realisierten Produktionsbudgets aller zwischen 1990 und 1993 geförderten Projekte errechnet. Angaben in FRF. Quelle: Gordon, M. (1993): S 36.

[76] In oben genannter Untersuchung wurden sie aber der Position *TV-Presales* zugerechnet.

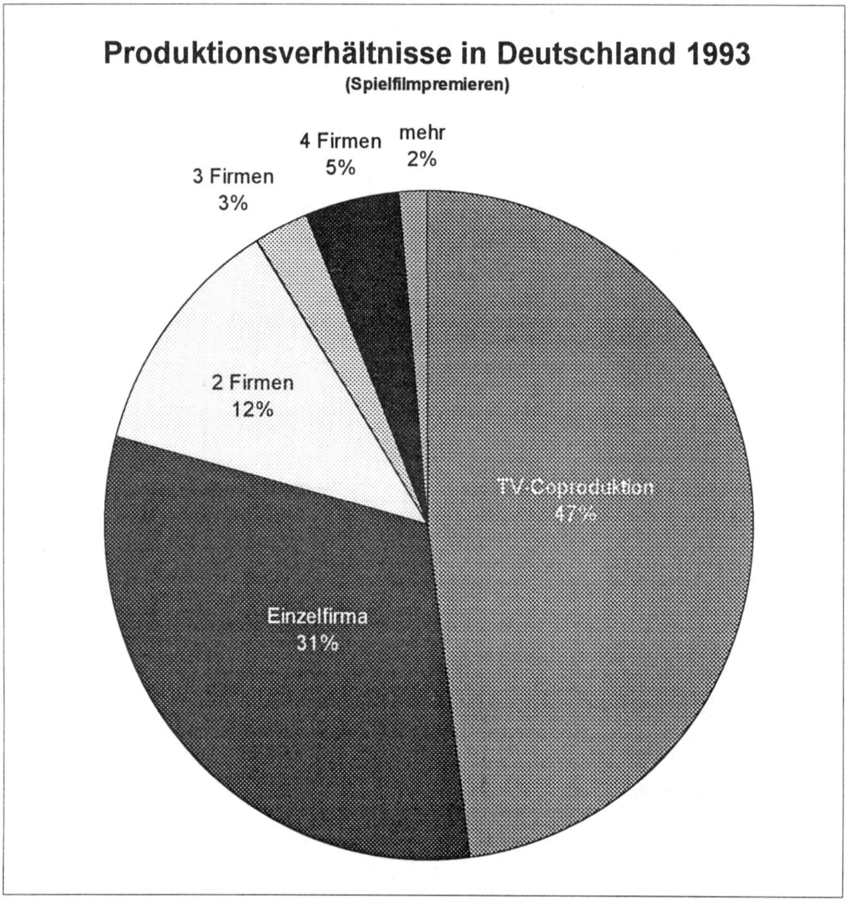

Abbildung 7: Produktionsverhältnisse der Spielfilmpremieren in Deutschland 1993[77]

Die Besonderheiten von Koproduktionen als Finanzierungsinstrument werden im folgenden Kapitel BEDEUTUNG DER KOPRODUKTION IN EUROPA, S 61, behandelt.

Banken und private (branchenfremde) Anleger spielen bei der Aufbringung des Produktionsbudgets eine untergeordnete Rolle.[78]

National Support (Nationale Förderungen)

Nicht nur die rein äußerliche Tatsache, daß Filmförderungen bei Finanzierungsplänen oft an erster Stelle genannt werden, ist symptomatisch für euro-

[77] Vgl. Spitzenorganisation der Filmwirtschaft [Hrsg.] (1994): S 2.

[78] Vgl. Seybusch, H.-J. (1992): S 50.

päische Produktionen. Auch quantitativ stellen die regionalen, nationalen, europäischen und sonstigen Förderungen einen gewichtigen Finanzierungsbeitrag dar.

Dies führt soweit, daß Produktionen speziell nach den Anforderungen der Förderungstöpfe konzipiert werden. Primär bezieht sich dies auf die inhaltliche Abstimmung mit dem Geschmack des Vergabegremiums („Gremienfilm"). Etwas anders verhält sich dies bei den wirtschaftlichen Filmförderern, die andere Kriterien der Förderungsvergabe stellen (vgl. Kapitel FILMFÖRDERUNG ALS SUBVENTION GESEHEN, S 73, und Kapitel „WIRTSCHAFTLICHE FILMFÖRDERUNG", S 81).

MG Cinema (Minimumgarantien von Kinoverleihern)

Unter *MG Cinema* (Minimum Guarantees Cinema) sind alle mit Distributeuren vertraglich ausgehandelten Mindesteinnahmen („Minimumgarantien") aus der Kinoverwertung zusammengefaßt. Wie bereits in Kapitel PROBLEME DES EUROPÄISCHEN AUDIOVISUELLEN SEKTORS, S 32, erwähnt wurde, gibt es in Europa nur wenige Distributeure, die über die notwendigen finanziellen Mittel verfügen, um derartige Investitionen vornehmen zu können.

Presales TV (Vorverkäufe an Fernsehsender)

Presales TV umfaßt effektive Vorverkäufe an Fernsehveranstalter (Verkauf von Ausstrahlungsrechten oder gänzliche Abtretung von Territorialrechten) sowie Koproduktionen mit TV Stationen (vgl. *Abbildung 7*).

Insgesamt hat die steigende Programmnachfrage im Fernsehbereich, verursacht durch die zunehmende Anzahl an TV-Diensten, kaum zur Stärkung der europäischen Programmindustrie beigetragen. Zwar bewirkte sie in manchen Programmbereichen (v.a. Sportübertragung) extrem große Preissteigerungen, diese mußten aber oft in anderen Bereiche eingespart werden. Fernsehveranstalter greifen vornehmlich auf Programmkataloge aus Übersee zurück, die sich bereits in anderen Märkten amortisiert haben und günstig zu haben sind.[79] Trotzdem ist das Fernsehen ein wichtiger Finanzier für Kinofilme: Rund 70% bis 80% aller Filme, die in Deutschland oder Österreich hergestellt werden, sind vom Fernsehen in irgendeiner Form kofinanziert.[80] Von Bedeutung sind die Vertriebsgarantien, die das Fernsehen gibt, da das Fernsehen oft die einzige Vorführmöglichkeit für Filme ist, die keinen Zugang zu Kinos finden.

---

[79] Think Tank on the Audiovisual Policy in the European Union [Hrsg.] (1994): S 12.

[80] Kosslick, D. in: Kosslick, D. und Steinborn, B. (1992): S 35; Vgl. auch *Abbildung 7*.

Ausbildungsinitiativen (v.a. die des MEDIA Programms), die den Produzenten wieder ein Gefühl für den Markt vermitteln wollen, berücksichtigen deshalb die Anforderungen der Fernsehsender in einem hohen Ausmaß. Den Produzenten wird eingeschärft, daß sie bei der Produktentwicklung auf folgende Faktoren Bedacht nehmen müssen:

- „The broadcaster target audience.
- Their editorial preferences.
- Their recent track record and potential gaps in their schedules."[81]

Zu einer scheinbaren Vergrößerung des Markts für unabhängige Produktionen führte die vermehrte Auftragsvergabe von TV-Sendern an unabhängige Produzenten (*Auftragsproduktionen*). Diese Durchführung von Produktionen unter Federführung eines TV-Senders erwies sich letztendlich aus mehreren Gründen als verhängnisvoll für die Produzenten: Obwohl sich seit Beginn der 80-er Jahre durch den Wandel der Fernsehstrukturen (Privatisierung) die Finanzierungsmodalitäten änderten, lebten zahlreiche Produzenten weiterhin nur von Auftragsproduktionen. Sie pflegten den Kontakt zu „Ihrer" TV-Redaktion, von der sie in regelmäßigen Abständen mit der Durchführung einer Auftragsproduktion beauftragt wurden (zu festen Gewinnmargen). Produzenten hatten sich nur am Geschmack eines Redakteurs zu orientieren und verloren so die Marktübersicht. Da die Produktionen im Auftrag eines Senders durchgeführt wurden, fielen diesem auch sämtlich Verwertungsrechte zu. Produzenten konnten kein Kapital in Form einer Filmbibliothek bilden, das sie z.B. als Kreditsicherstellung verwenden könnten.[82]

Aufgrund der EU-Richtlinie *Television without Frontiers* kann zukünftig vielleicht mit positiven Auswirkungen der wachsenden Zahl an TV-Veranstaltern auf den Umsatz europäischer Programme gerechnet werden. Vor allem wird die Anzahl der reinen TV-Produktionen zunehmen, es wird aber auch von positiven Impulsen auf die Spielfilmproduktion ausgegangen.[83]

---

81 Hydra Associates Limited [Hrsg.] (1994): S 22.

82 Keil, K. (1992): S 152.

83 Der Sender *Sky 1* plant für 1995, über 1.000 Stunden europäischer Produktionen zu senden (1992 sendete *Sky 1* ca. 250 Stunden europäischer Programme). Vgl. Hydra Associates Limited [Hrsg.] (1994): S 23.

Foreign Presales (Vorverkäufe ins Ausland)

Die den *Foreign Presales* (Vorverkäufe ins Ausland) zugerechneten Beträge sind Erlöse aus dem Verkauf von TV- und Kinorechte an Drittländer (= alle Länder außer den Heimatländern der Koproduzenten).

Eurimages

Die unter Eurimages angeführten Beträge sind die von diesem Fonds gewährten Förderungsbeträge.

Other (Sonstiges)

Alle weiteren Quellen der Filmfinanzierung wurden unter dieser Position zusammengefaßt. An prominentester Stelle sei hier *Sponsoring* genannt, das zusammen mit der Verwertung von Nebenrechten (Merchandising, Verkauf von Musikrechten etc.) eine immer wichtigere Bedeutung einnimmt.[84]

BEDEUTUNG DER KOPRODUKTION IN EUROPA

Bereits im EG-Papier *Neue Impulse für die Aktion der Europäischen Gemeinschaft im Kulturellen Bereich* wurde von der Kommission der Wunsch offengelegt, „eine gemeinsame europäische Identität, ein gemeinsames Auftreten in der Welt und das Erblühen einer europäischen Kultur, die sich von einer bloßen Ansammlung nationaler Kulturen unterscheidet", schaffen zu wollen.[85]

Für den Filmbereich wurde damals – als eine Art „audiovisual Airbus"– die paneuropäische Koproduktion entdeckt, die zu höherer Marktakzeptanz (und damit zu höherer Rentabilität) für europäische Produktionen führen sollte. In den Berichten der EU stellte man sich unter Koproduktionen zunächst Produktionen vor, die Elemente mehrerer europäischer Kulturen enthalten sollten. Diese Idee stieß unter dem Stichwort *Europudding* bei den Filmschaffenden Europas zunächst auf große Ablehnung. Mittlerweile werden immer mehr Koproduktionen durchgeführt – auch sehr erfolgreiche wie etwa *The House of Spirits (Das Geisterhaus).* Von Ausnahmen abgesehen, entstanden aber selten

---

[84] Vgl. Gordon, M., Spitzer, G. (1993): S 17 ff; Spitzer, G. (1996).

[85] Europäische Kommission [Hrsg.] (1987): S 7.

Kulturkonglomerate. In vielen Fällen teilen sich die Produzenten die verschiedenen Produktionsschritte (z.B. Studioaufnahmen in Deutschland, Postproduktion in Großbritannien und Außenaufnahmen in Portugal). In der Regel wird aber nur bei der Filmfinanzierung und Filmverwertung, als kleinsten gemeinsamen Nennern zwischen den Produzenten, kooperiert.[86]

Insgesamt wird der Koproduktion eine hohe und noch steigende Bedeutung zugemessen. Die beengte europäische Lage eint die Kräfte: „Je weniger wir kooperieren, desto mehr liefern wir uns den US-Importen aus."[87]

Wenn Produzenten aus verschiedenen Ländern gemeinsam ein Projekt entwickeln, bringt dies – neben dem kulturellen Aspekt – den Vorteil, daß das Produkt auf die Bedürfnisse verschiedener Länder ausgerichtet wird und deshalb bessere Verwertungschancen erfährt. Wichtig sind flexible und kleine Kooperationseinheiten, die Kontakte, nationales und fachliches Know-how jeweils kongenial mit dem Wissen des Partners zusammenbringen. Gegenüber den potentiellen Finanzierungspartnern wie Sendern und Verleihern aber auch Banken und Versicherungen müssen diese Kooperationseinheiten als geschlossene Gruppe auftreten können.[88]

Eines der größten Handicaps europäischer Koproduktionen war lange Zeit der Zugang zu nationalen Fördertöpfen. Damit ein Film als nationaler Film gilt, sind Ursprungszeugnisse vonnöten, die einen mehrheitlich nationalen Anteil voraussetzen. Mittlerweile wurde vom Europarat das *Europäische Übereinkommen über die Gemeinschaftsproduktion von Kinofilmen* durchgesetzt (gültig seit 1.4.1994). Damit verpflichten sich die Mitgliedsländer zur Gleichbehandlung von Koproduktionen mit nationalen Produktionen. Durch die verschiedenen nationalen Förderungen (und sonstigen Finanzierungsquellen) steht ein insgesamt höheres Produktionsbudget zur Verfügung; zusätzlich können diese Produktionen Koproduktionsförderungen (z.B. Eurimages) beantragen.[89]

Die Erfahrungen, die Produzenten mit Koproduktionen machen, sind aber nicht nur positiver Natur. Zahlreiche organisatorische Probleme, erheblicher

---

86 Vgl. Kosslick, D. (1994): S 59; Bähr, R. (1994): S 63; Kallas, C. (1992): S 226 ff; Branegan, J. (1995): S 46.

87 Hardt, C. (1989): S 3; vgl. auch Ziegler, R. (1989); Mojto, J. (1989).

88 Vgl. Keil, K. (1992): S 154.

89 Vgl. Diskussion mit Dr. A. Lange in: Austrian Film Commission [Hrsg.] (1988): S 73 ff.

bürokratischer Mehraufwand, sprachliche Probleme etc. erzeugen teils mehr Kosten, als die Koproduktionen samt Fördergeldern an Nutzen stiften.[90]

Das Fernsehen als wichtiger Koproduktionspartner

Wie oben in *Abbildung 7: Produktionsverhältnisse der Spielfilmpremieren in Deutschland 1993* gezeigt werden konnte, ist das Fernsehen in Europa der wichtigste Koproduktionspartner. In Deutschland wurde fast die Hälfte aller 1993 produzierten Spielfilme von öffentlich-rechtlichen oder privaten Fernsehveranstaltern koproduziert. In diesem Zusammenhang steht auch die Diskussion, ob Koproduktionsmittel von öffentlich-rechtlichen Fernsehanstalten (die z.T. als Mittel des *Film-Fernseh-Abkommens*[91] durch Förderungsgremien vergeben werden) verdeckte Subventionen sind. Produzenten bestreiten dies und weisen darauf hin, daß beispielsweise eine Filmkoproduktion das Fernsehen pro Sendeminute 6.170 DEM kostet, während eine Sendeminute einer fernseheigenen Produktion mit Spielhandlung 11.260 DEM (also fast das Doppelte) kostet.[92]

Genau läßt sich die Frage, ob die Mittel Subventionscharakter haben, wahrscheinlich nur dann klären, wenn der Marktwert der Produktionen anhand ihres Ausstrahlungstermins (im Vergleich zu den sonst üblichen Preisen für Programme) bestimmt, und mit dem Aufwand für das Film-Fernseh-Abkommen verglichen wird. Im Falle von public sector Fernsehdiensten muß weiters beachtet werden, ob sie ohne Ausstrahlung derartiger Produktionen ihrem öffentlichen Auftrag, insbesondere dem kulturellen, nachkommen können (bzw. ob es günstigere Alternativen gibt, diesen Auftrag in ähnlicher Qualität zu erfüllen).

---

90 Hydra Associates Limited [Hrsg.] (1994): S 22.

91 Vgl. Böhme, M. (1994): S 23; Vgl. Kapitel FERNSEHFÖRDERUNG (FILM-FERNSEH-ABKOMMEN), S 80.

92 Vgl. Donner, W. (1994): S 39.

ZUSAMMENFASSUNG: STRUKTUREN DER PRODUKTIONSWIRTSCHAFT

Seit mittlerweile einigen Jahrzehnten nimmt die Förderungsabhängigkeit der europäischen Filmindustrie, die strategisch wichtig für den Aufbau einer europäischen Medienindustrie ist, stetig zu. Dies läßt sich auf folgende Faktoren zurückführen:

- Die Besucherzahlen europäischer Kinos waren rückläufig bzw. stagnieren.
- Um die verbleibenden Besucher und Abspieltermine konkurrieren in erster Linie die wenigen, großen US-Verleihe. Der Absatz europäischer Produktionen wird dadurch behindert.
- Marktabschottung, kulturelle Unterschiede, unzureichende internationale Vertriebsstrukturen, erhöhte Kosten (z.B. für Synchronisation) und relativ geringe Produktionsetats lassen europäische Filme nur selten über ihre nationalen Grenzen kommen.
- Da sich Rundfunkveranstalter regelmäßig an der Produktionsfinanzierung beteiligen, um sich Auswertungsrechte zu sichern, sind die nationalen Auswertungsmöglichkeiten außerhalb des Kinos beschränkt.
- Die seit einigen Jahrzehnten konstant steigenden Preise für Dienstleistungen, der Zwang zur technischen Perfektion etc. erhöhten die durchschnittlichen Filmproduktionskosten derart, daß diese durch Verwertung innerhalb europäischer Nationalgrenzen praktisch uneinbringlich sind.
- Mittlerweile befindet sich die Branche in mehreren Teufelskreisen: Die extrem geringen Erfolgsaussichten mindern die private Investitionsfreudigkeit, dadurch sind nur niedrige Produktionsbudgets finanzierbar, und mit wenig Geld lassen sich nur schwer international verwertbare Produktionen herstellen.

Illustration „Subventionen im Medienproduktionsbereich" von Ralf Schmitt (31)

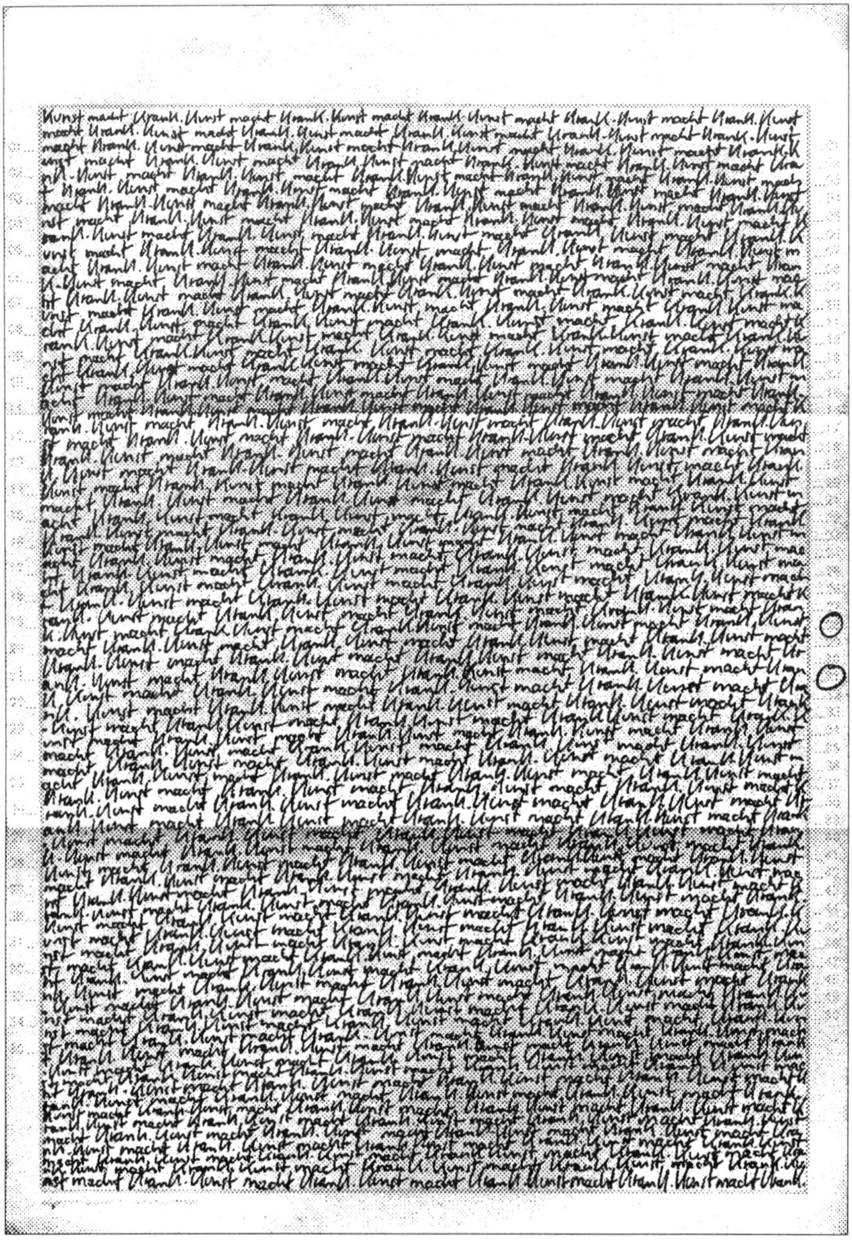

SUBVENTIONEN IM MEDIENPRODUKTIONSBEREICH

BEGRIFFSABGRENZUNG

Subventionen sind ein Instrument der Verhaltensbeeinflussung. Wenn zu erwarten ist, daß sie Preise, Löhne, Beschäftigungsgrad und/oder die Kaufkraft der Währung stabilisieren, werden Subventionen als wichtiges Mittel der Wirtschaftspolitik eingesetzt.[93]

Gablers Wirtschaftslexikon definiert Subventionen als „finanzwissenschaftliche[n] Begriff für Transferzahlungen an Unternehmen, d.h. Geldzahlungen oder geldwerte Leistungen der öffentlichen Hand, denen keine marktwirtschaftliche Gegenleistung entspricht."[94]

Die Finanzwissenschaft sieht den Zweck von Subventionen in kurzfristiger oder längerfristiger Förderung der Produktion bzw. Leistung in bestimmten Branchen und/oder Regionen. Ihr Ziel kann auch sein, diese aufrecht zu erhalten (strukturelle Motive) und/oder dauerhaft den Konsum bzw. den Einsatz von bestimmten Gütern und Leistungen in Haushalten und/oder Unternehmen zu verbilligen (strukturelle und soziale Motive).[95]

Die früher übliche Einteilung der Staatsausgaben in Transfers und Non-Transfers, bei der Subventionen den Transferausgaben zugeordnet wurden, täuscht oft darüber hinweg, daß Subventionen zwar ohne marktwirtschaftliches Entgelt, aber durchaus in Erwartung oder gar gegen die verbindliche Forderung einer Gegenleistung gewährt werden. *Ewringmann/Hansmeyer* konstatierten: „An Stelle einer marktwirtschaftlichen Gegenleistung werden von den

93 Vgl. Harzem, K. (1988): S 16; Alexander-Katz, E. (1959/60): S 247.

94 Gablers Wirtschafts-Lexikon (1988): Sp 1827 f.

95 Vgl. Zeitel, G. (1968): S 188.

Unternehmen in der Regel bestimmte Verhaltensweisen gefordert oder doch erwartet."[96]

Wie man erkennen kann, ist der Begriff der Subvention vielschichtig. Wissenschaft, Politik und Verwaltungspraxis unterscheiden sich in ihrem Begriffsverständnis grundlegend. Zusätzlich herrschen innerhalb jeder dieser Disziplinen starke Auffassungsunterschiede. Letztlich aber lassen sich die meisten finanzwissenschaftlichen Definitionen in das von den folgenden beiden Begriffen eingegrenzte Spektrum einordnen:

- Der **eng gesetzte Subventionsbegriff** geht lediglich von Finanzierungshilfen aus, die vom Staat an Unternehmungen, *ohne Gegenleistung aus einem zweiseitigen Gütertausch* zu fordern, gewährt werden.
- Im Gegensatz dazu steht der **weite Subventionsbegriff**, der als Subventionsgeber neben dem Staat auch halbstaatliche Organisationen, Unternehmungen und Privathaushalte sieht, welche auch als Subventionsnehmer (wie auch der Staat selbst) auftreten können. Als Art der Leistung ist jeder einseitige, stets erfolgswirksame Gütertransfer denkbar, der wenigstens *zum Teil ohne Gegenleistung* und aus einem zweiseitigen Gütertausch resultiert.[97]

Schuld an den zahlreichen Definitionen trägt wohl auch die starke Ideologisierung der Subventionsfrage. Diese Arbeit hält es jedoch nach *Rutz*, der meinte: „Subventionen sind als Instrument der Wirtschaftspolitik an und für sich weder gut noch schlecht." [98]

Die folgenden Ausführungen beschränken sich auf Subventionen, die für die Medienproduktionsbranche vergeben werden. Insofern kann der verwendete Subventionsbegriff weiters eingegrenzt werden:

Subventionssubjekt[99]

Subventionssubjekt (Subventionsgeber) sind die Träger öffentlicher Finanzwirtschaften, bzw. primär die Gebietskörperschaften. Sie können direkt über das Ausmaß der Subvention entscheiden. Es können aber auch öffentliche Unternehmen oder Anstalten beauftragt werden, selbständig als Subventi-

---

96 Ewringmann, D., Hansmeyer, K.-H. (1975): S 13, 51.

97 Vgl. Reige, J. (1989): S 45.

98 Rutz, K. (1948): Staatliche Subventionen an private Unternehmungen? Turbenthal 1948. S 75. Zitiert in: Ewringmann, D., Hansmeyer, K.-H. (1975): S 11.

99 Vgl. Sieber, L. (1971): S 33 ff; Kapitel FERNSEHFÖRDERUNG (FILM-FERNSEH-ABKOMMEN), S 80.

onsgeber aufzutreten. Ein Beispiel hierfür sind die public sector Fernsehveranstalter, die Gelder für die nationalen Förderungstöpfe bereitstellen und im Gegenzug dazu Ausstrahlungsrechte erhalten.[100] Wirtschaftliche Filmförderungsorganisationen treten neuerdings in Form privatrechtlicher Rechtsträger auf (GmbH). Sie verwalten die Subventionen im Namen der zumeist öffentlich-rechtlichen Gesellschafter.[101]

Subventionsobjekt

Subventionsobjekt ist der unmittelbare Zuwendungsempfänger. In Falle dieser Untersuchung sind dies ausschließlich Medienproduktionsunternehmen, die Subventionen zur Realisierung von Medienproduktionen erhalten.[102]

Subventionsleistung

Subventionsleistung ist die für den Subventionsnehmer (geldmäßig) faßbare Vergünstigung, die das Budget des Subventionsgebers in Form von Ausgaben oder Einnahmeverzichten belastet. Grundlegend lassen sich unterscheiden: „*Direkte Subventionen* liegen vor, wenn der Begünstigte direkt eine Ausgabe des Subventionsgebers in Empfang nehmen kann, bei *indirekten Subventionen* handelt es sich dagegen um Einnahmeverzichte (teilweise auch erweitert um die Zahlung erhöhter Preise) des Subventionsgebers."[103] Welche Ausprägungen diese beiden Subventionsarten grundsätzlich annehmen können, zeigt *Abbildung 8*.

---

[100] Ob es sich hierbei um eine Subvention handelt, ist umstritten (Vgl. Kapitel BEDEUTUNG DER KOPRODUKTION IN EUROPA, S 61).

[101] Neben den öffentlichen Körperschaften können auch private Organisationen Subventionsgeber sein, wenn sie durch eigene Mittelaufbringung, die mit Hilfe des Staates erzwungen oder durch ihn sanktioniert wird, eine entsprechende Verteilung als eine Art „horizontalen Finanzausgleich der Wirtschaft" durchführen. Vgl. Gundlach, H.-J. (1965): S 8.

[102] Vgl. Sieber, L. (1971): S 33 ff.

[103] Reige, J. (1989): S 189; Vgl. Sieber, L. (1971): S 34; Vgl. Klemp, A. H. (1990): S 16.

Direkte Subventionen	Indirekte Subventionen
Zuschüsse an einzelne Unternehmen	Verzicht auf Steuereinnahmen
Zuschüsse an Gemeinschaftsinstitutionen	Verzicht auf Zolleinnahmen
Zuschüsse an Gemeinden für Zweckausgaben	Verzicht auf Verkaufserlöse
Zuschüsse an private Haushalte	Verzicht auf Gebühren und Beiträge
	Verzicht auf angemessene Verzinsung

Abbildung 8: Systematisierung der Subventionsarten[104]

Im Medienproduktionssektor sind hauptsächlich direkte Subventionen als Zuschüsse an einzelne Unternehmen und steuerliche Subventionen als Verzicht auf Steuereinnahmen von Bedeutung, die zumeist projektspezifisch gewährt werden.[105]

Die internationale Consulting Gruppe *Coopers & Lybrand* unterscheidet die Subventionsformen für Medienproduktionen in „Positive Forms of Support" und „Negative Forms of Support" (vgl. *Abbildung 9*).

[104] Quelle: Eigene Zusammenstellung. Auch können Subventionen nach der Form der *Hingabe* gegliedert werden in: (1) Subventionierung durch Hingabe von Geld (verlorene Zuschüsse). (2) Subventionierung durch Hingabe von geldwerten Leistungen (z.B. Zinsvergünstigung bei Krediten, Sicherheits- und Beratungsleistungen). (3) Subventionierung durch den Verzicht auf die Erhebung von Abgaben (z.B. Steuervergünstigungen). Vgl. Gundlach, H.-J. (1965): S 12 ff.

[105] Weiters gibt es „Einnahmeverzichte mit Subventionscharakter". Zu denen gehören z.B. der Verzicht auf eine marktübliche Verzinsung von öffentlichen Krediten und Darlehen. Die Subvention besteht hier in der Differenz zwischen dem vom öffentlichen Kreditgeber eingeräumten Zins und dem Zins, den der Schuldner zu zahlen hätte, würde er sich das Geld am Kapitalmarkt besorgen. Viele Förderungen vergeben zinsfreie (bzw. niedrigverzinste) Darlehen, die jedoch erfolgsbedingt rückzahlbar sind (d.h. nur wenn Einnahmen in ausreichender Höhe vorliegen, muß die Subvention auch zurückgezahlt werden). Vgl. Ewringmann, D., Hansmeyer, K.-H. (1975): S 22 ff.

Positive Forms of Support
• Direct investment in production through either outright grants, soft loans, credits or guarantees; • lines of credit, underwriting or advances secured against eventual box office receipts; • tax concessions on production costs or investment, or on revenue from exploitation; • premiums on currency exchange rates; • preferential treatment for indigenous productions on cinema release by financial support measures (e.g. tax or levy rebates to exhibitors for showing local films, or cash bonuses related to box office performance); • help in kind by provision of (subsidised) production facilities and other practical support (location finding and managing, logistics, state-owned studios, transport, soldiery as extras etc.); • subsidies for audiences by exempting cinemas from or reducing sales tax or value added tax, by applying minimum admission tax rates, by underwriting or pegging prices; • awards or premiums for productions judged to be of value to national culture or which have been successful in international film festivals.
Negative Forms of Support
• Elimination or containment of foreign competition through quotas restricting the number of foreign films or the screen time available for them, or • guaranteeing screen time for domestic product – which must be produced to satisfy the (artificially) created demand; • imposition of additional taxes on imports or levies on the screening of films; • requiring certain types of work, such as the making of film prints, to be done within the country.

Abbildung 9: Forms of Support[106]

Subventionsgegenleistung

Subventionsgegenleistung ist im Falle dieser Untersuchung eine Verwendungsauflage. Das in der Regel konkret vom Subventionsempfänger geforderte

[106] Quelle: Coopers & Lybrand [Hrsg.] (o.J.): S 12.

Verhalten besteht in der Realisierung des eingereichten Produktionsbudgets unter den angegebenen Bedingungen.

Je nach Ziel der Förderung (kulturell/wirtschaftlich) gestaltet sich auch die Schärfe der Subventionsgegenleistungspflicht als subventionsimmanente Bedingung. Generell haben wirtschaftliche Förderungen strengere Auflagen bezüglich der regional zu tätigenden Ausgaben als kulturell orientierte Förderungen, bei denen die künstlerische Freiheit (z.B. Wahl des Drehortes) höher als die ökonomischen Inzidenzwirkungen gewertet wird.

Subventionsdestinatar

Subventionsdestinatare sind jene Individuen, die von den Subventionen effektiv profitieren. Wie in Teil II dieser Arbeit dargestellt wird, sind die Wirkungen breit gestreut (vgl. auch Kapitel VERTEILUNG, S 139).[107]

Ausschließungskriterien

Ein wichtiges Kriterium, ob es sich im wirtschaftlichen Sinne bei einer Maßnahme um eine Subvention handelt, ist im Falle der finanziellen Belastung des öffentlichen Haushalts gegeben. Staatliche Ausgaben, die aufgrund der allgemeinen Aufgaben des Staates (im sozialen Bereich, in der Konjunkturpolitik etc.) entstehen, sind keine Subventionen.[108] Daher sind unter den Förderungen im Medienbereich die primär kulturell intendierten Förderungen keine Subventionen i.e.S., sondern Mittel zur Wahrnehmung kultureller und bildungspolitischer Staatsfunktionen. Eine ökonomische Betrachtung kultureller Effekte, die volkswirtschaftlich relevant sind, erfolgt in dieser Arbeit separat (vgl. Kapitel FOLGEWIRKUNGEN DES KONSUMS (1) – KOSTEN UND NUTZEN VON KUNST UND KULTUR, S 281).

Weiters ist in manchen Ländern zu beachten, daß Teile der Filmförderung durch den Film selbst, nämlich durch eine Kinoabgabe aufgebracht werden. Es handelt sich dabei um eine Art „System der wirtschaftlichen Selbsthilfe".[109] „Selbstverständlich sind auch die Beträge, die im Rahmenabkommen, also dem Koproduktionsabkommen mit den Fernsehanstalten, vereinbart worden sind, nicht unbedingt staatliche Förderungsgelder, und ein erheblicher Teil der Landesförderungen sind bedingt rückzahlbare Darlehen."[110]

---

107 Vgl. Horlacher, F. (1984): S 73; Harzem, K. (1988): S 23.

108 Vgl. Sieber, L. (1971): S 35.

109 Benda, E. (1969): S 246.

110 Böhme, M. (1994): S 19; vgl. auch Kapitel BEDEUTUNG DER KOPRODUKTION IN EUROPA, S 61.

Die Verwaltungskosten, die bei Subventionen ebenso wie bei allen staatlichen Maßnahmen entstehen, will *Sieber* nicht als Subventionen zählen, auch wenn dadurch eine zusätzliche finanzielle Belastung des öffentlichen Haushalts entsteht. Dem spricht entgegen, daß für den Großteil der hier betrachteten Subventionen extra Verwaltungskörper geschaffen wurden, die keine andere Aufgabe als die Verfolgung des Subventionsziels wahrnehmen.[111]

FILMFÖRDERUNG ALS SUBVENTION GESEHEN

Ist die Subventionierung nur Durchgangsstadium auf dem Weg zu einer sich finanziell selbsttragenden Filmwirtschaft? Ist sie Dauereinrichtung? Ist es die öffentliche Alimentierung eines Kulturbereiches, wie sie für viele andere Bereiche längst selbstverständlich geworden ist?

Die einzige sichere Antwort auf diese Fragen lautet, daß die Förderung bislang offensichtlich nicht zu einer starken, aus sich selbst heraus standfesten Filmwirtschaft geführt hat: „Diese vielfarbige, föderal gegliederte deutsche Filmförderungslandschaft ist ebenso Garant für den kulturellen Facettenreichtum wie für den wirtschaftlichen Niedergang der deutschen Filmproduktion.“[112]

Problematisch ist, daß die Vielzahl der selbständigen Förderungsinstanzen in der Regel ohne institutionalisierte Formen der Kooperation und Koordination mit anderen Förderungsinstanzen agieren. Auch die Förderpraxis, die diese Institutionen aufgrund ihres eigenen Bestandsinteresses und Legitimationsbedarfs kultivieren müssen, wirkt parzellierend: „Die Förderungsinstitutionen neigen dazu, ihre Fördermittel auf eine Vielzahl von Einzelprojekten aufzuteilen. Denn damit schaffen sie für sich zum einen eine breite Risikostreuung, und zum anderen eine große Zahl von – der Institution wohlwollend gegenüberstehenden – Förderungsempfängern.“[113]

---

[111] Vgl. Sieber, L. (1971): S 34; vgl. auch Kapitel DIREKTE SUBVENTIONSKOSTEN, S 157.

[112] Prodoehl, H. G. (1993): S 164.

[113] Prodoehl, H. G. (1993): S 164.

Es gelingt aber nicht, trotz teilweise hoher Förderetats die Strukturen zu verändern, obwohl die verschiedenen Förderungen einen beträchtlichen Anteil der Produktionskosten stellen. *Ginsberg* schätzt den durchschnittlichen Anteil der Subventionen an den Herstellungskosten auf 70-80%, Neckermann etwa auf die Hälfte der Kosten der deutschen Spielfilmproduktion.[114]

„Without a market capable of recouping the cost of increasing personal films, most governments increased subsidies to cover the loss of market. The distorting effect of this kind of policies is that instead of giving directors the incentive to seek as large an audience as possible, they encouraged them to remain exclusive. European production became dispersed on several small islands which in many cases just communicated with one another through a multitude of festivals, which in turn fed a multitude of critics who thus closed the small circle of insiders who complacently replaced the paying public. This system has for a long time favoured the emergence of selfjustifying ideologies according to which only unsalable films would be entitled to the stamp of high quality.“[115]

Die bisherigen Reaktionen auf den beschriebenen schlechten Zustand der europäischen audiovisuellen Produktionsbranche führten zu Beginn der 90-er Jahre zu sehr unterschiedlichen nationalen audiovisuellen Politiken. In *Großbritannien* wirkte der ausklingende Thatcherismus. Abgaben der Filmtheater auf verkaufte Eintrittskarten, die der nationalen Filmproduktion zugute kamen, wurden ebenso wie die hundertprozentige Abschreibungsmöglichkeit für Originalkopien abgeschafft. Eine staatliche Filmförderung gibt es in Großbritannien de facto nicht.[116]

---

114 1993 ergab sich in Deutschland folgende Situation: „Die wirtschaftliche Filmförderung lag auch 1993 mit 63,1 Mio. DEM (38,5%) an der Spitze der Zweckbestimmungen der Länderausgaben, gefolgt von den Filmförderungsprogrammen mit 56,5 Mio. DEM (34,5%). Für die Ausbildungsstätten im Bereich des Films wurden rd. 27 Mio. DEM (16,5%) und für die gemeinsam finanzierten Einrichtungen 8,2 Mio. DEM (5,0%) verausgabt. Der Bund wendete 1993 für die wirtschaftliche Filmförderung rd. 12,5 Mio. DEM auf, das sind 26,1% seiner gesamten Ausgaben für den Filmbereich in der Höhe von rd. 48 Mio. DEM.“ 1994 wird die wirtschaftliche Filmförderung bei rund 66 Mio. DEM liegen. Sekretariat der Ständigen Konferenz der Kultusminister der Länder in der Bundesrepublik Deutschland (1995): S 5 ff; vgl. auch Ginsberg, M. (1984): S 64, Neckermann, G. (1991): S 35.

115 Think Tank on the Audiovisual Policy in the European Union [Hrsg.] (1994): S 22.

116 Ein Ausnahme stellt der Sender *Channel Four* dar, der für künstlerisch und kulturell wertvolle Koproduktionen bekannt ist. Für diesen hat die Thatcher Regierung ein eigenes Gesetz geschaffen, das seine Finanzierung regelt: „Der Sender muß sich nicht selbst um Werbung kümmern, sondern alle anderen privaten oder staatlichen Anstalten haben per Gesetz die Verpflichtung, einen bestimmten Anteil ihres Werbeaufkommens jährlich an Channel Four abzuliefern.“ Böhme, M. (1994): S 19.

Frankreich indessen versuchte den Fernsehproduktionsbereich über Programmquoten zu regulieren. Seit 1992 muß von den Programmanbietern eine 60%ige-Europaquote auch in der Primetime (zwischen 18:30 und 23:00 Uhr) eingehalten werden. Wegen verschiedener steuerlicher, aber auch direkter Subventionsmaßnahmen gilt Frankreich als Paradies unter den filmfördernden Nationen.[117]

In Kapitel GRÜNBUCH, S 39, wurde bereits darauf hingewiesen, daß die Europäische Union eine Abstimmung der verschiedenen nationalen Förderungssysteme in Erwägung zieht. Höhere Konvergenz zwischen den Förderungsmechanismen soll die Effektivität der Subventionen steigern und damit eine Veränderung der Branchenstruktur bewirken. Es ist fragwürdig, ob eine projektweise Förderung langfristig zielführend ist. Alternativ dazu soll eine globale Förderung von Produktionsunternehmen eingeführt werden, die sodann unabhängiger in der Projektentwicklung agieren können. Es soll dadurch eine bessere Risikostreuung, Eigenkapitalbildung etc. erreicht werden.[118]

Frankreichs Modell gilt in der EU als Vorbild. An französische Produzenten wird ein hoher Subventionsetat, der durch Abgaben auf Kinotickets, Videoverkaufskassetten und auf die Umsätze der Fernsehanstalten aufgebracht wird, nach erfolgsabhängigen Kriterien verteilt.[119]

Ähnliche Prioritäten zwischen den Fördersystemen sollen sicherstellen, daß überall der Aufbau umfassender Programmkataloge gesichert wird, die auf einer Vielzahl von Märkten verwendet werden können. Die Fördersysteme sollen daher der Marktausrichtung bereits in der Entwicklungsphase Rechnung tragen. Nicht zuletzt ist auch die Einbremsung des derzeitigen Förderungswettlaufs ein strategisches Ziel, ebenso wie eine Vereinheitlichung der Vergabemodalitäten.

Parallel dazu soll eine Konvergenz in der Finanzierung der nationalen Förderungssysteme angestrebt werden. Fördermittel, die zur industriellen Umstrukturierung vorgesehen sind, sollen auch aus dem Gemeinschaftshaushalt stammen. „Der Übergang von einer mikroökonomischen zu einer makroöko-

---

[117] Braunschweig, S., Keidel, H. (1991): S 778 f. Vgl. auch: Hydra Associates Limited [Hrsg.] (1994).

[118] Als problematisch wird ebenfalls die Höhe der vergebenen Fördermittel gesehen: „Sind Fördermittel zu gering, werden sie genutzt, um Strukturschwächen des Wirtschaftszweigs auszugleichen; sie ermöglichen somit keinen tiefgreifenden Strukturwandel. Sind die Fördermittel zu hoch, entfällt das unternehmerische Risiko; das Marktgeschehen wird verfälscht." Europäische Kommission [Hrsg.] (1994): S 39 ff; vgl. auch Böhme, M. (1994): S 31.

[119] Vgl. Wolfson, D. (1993): S 12.

nomischen Maßnahme setzt in erster Linie einen Qualitätssprung bei der Festlegung von Mechanismen zur Schaffung finanzieller Anreize voraus, in bestimmten Fällen aber auch einen quantitativen Sprung bei der Finanzierung."[120]

Die Kommission strebt eine Finanzierung durch Umschichtung an, indem auf Verwertungserlöse steuerähnliche Abgaben erhoben werden (z.B. Abgaben auf Eintrittskarten, Videokassetten, Werbeeinnahmen, Abgaben von Fernsehanstalten etc.). Diese Gelder sollen auf Marktteilnehmer der europäischen Programmindustrie umverteilt werden. Vorteile sieht die Kommission in diesem System aufgrund der Tatsache, daß der wirklichen Dimension des Marktes damit eher Rechnung getragen wird.

PROBLEMBEREICHE

Manfred Lahnstein behauptet, es ließe sich nachweisen, daß „die übergroße Mehrzahl dieser [Filmproduktions-] Kleinbetriebe mehr oder weniger ausschließlich aus Mitteln der kulturellen und wirtschaftlichen Filmförderung lebt. Man kann es auch anders herum sagen: Der Steuerzahler, die Käufer von Kinokarten und die Rundfunkanstalten alimentieren hunderte von Unternehmen, die ohne wirkliche wirtschaftliche Perspektiven der individuellen Selbstverwirklichung dienen."[121]

Diese Ansicht ist sicherlich etwas überspitzt formuliert. Aber es steht fest, daß sich auf Seite der Subventionsempfänger bedenkliche Erscheinungen bemerkbar machen. „Anstelle der eigenen Anstrengung, Krisenerscheinungen zu überwinden und rechtzeitig aus eigener Kraft eine Anpassung an veränderte Marktbedingungen und Strukturverschiebungen einzuleiten, tritt eine gewisse *Subventionsmentalität* ein."[122] Die derzeitige Förderungspraxis schafft für die Filmproduzenten ein „System der Risiko minimierenden Vorabamortisation: In diesem System sind die Kosten für die Produktion eines Films (einschließlich des Produzentenhonorars) bereits vollständig vor Beginn der

---

[120] Europäische Kommission [Hrsg.] (1994): S 45.

[121] Lahnstein, M. [ehemaliger Vorstandsvorsitzender der Bertelsmann AG] (1992): S 38.

[122] Sieber, L. (1971): S 26 f.

Dreharbeiten gedeckt (vor allem durch Fördermittel und Fernsehgelder)."[123] Für den Produzenten hat sich in diesem System die Produktion des Films auch dann rentiert, wenn der Film auf den Verwertungsmärkten scheitert. Dieses System entkoppelt die Filmproduktion von der Filmverwertung und den Erfolg des Produzenten vom Erfolg des Produkts.[124]

„Versnobter Narzißmus und geistige Lethargie sind kein Wunder in einer Branche, deren einziges Regulativ über Jahrzehnte die Subventionspolitik war, die keine Marktkorrektur mehr registrierte und akzeptierte."[125] Zunehmende Subventionen schwächen aber nicht nur die Eigeninitiative, was wiederum die Höhe der staatlichen Hilfeleistung beeinflußt, sondern sie engen auch die Freiheit des Unternehmers sowie seinen Entscheidungsspielraum sukzessive ein. Außerdem stellt sich die Frage, ob Subventionen mit Kontrollen und anderen staatlichen Eingriffen in die unternehmerische Entscheidung verbunden werden.[126]

Ein weiteres Problem ist, daß die vom einzelnen geforderte oder erwünschte Verhaltensweise nicht mit dem Subventionsziel identisch sein muß, das sich vielmehr erst aus der Summe der einzelnen Handlungen ergibt. Auch werden Wirkungen, die von Subventionen erwartet werden, immer von positiven und negativen Nebenwirkungen begleitet. Zu den letzteren gehören Problembereiche, wie die als Förderungsdschungel[127] oder Gremienfilm[128] bezeichneten.[129]

---

[123] Prodoehl, H. G. (1993): S 164.

[124] „Besucherzahlen um die 100.000 gelten bei einem deutschen Film schon als Erfolg, obwohl damit oft nicht einmal die Kopierkosten abgedeckt sind." Schnelle, J. (1991): S 11. „Es hat sich die Mentalität durchgesetzt, Gewinne zu privatisieren und Verluste zu sozialisieren." Wiedemann, M. (1984): S 57.

[125] Donner, W. (1993): Tip 22/93 in: Film Fonds Hamburg [Hrsg.] (1994a): S 2f.

[126] Da in manchen Fällen der administrative Aufwand enorm hoch wäre, wird aus wirtschaftlichen Gründen auf eine systematische Kontrolle verzichtet. Vgl. auch Kapitel SUBVENTIONSKONTROLLE, S 330.

[127] Ziethen, M. (1987): S 128 f; „In keinem anderen europäischen Land gibt es derart viele von einander unabhängige Förderungsinstitutionen und Filmförderungsprogramme wie in Deutschland. Alle 16 Länder und der Bund führen vielfältig differenzierte Filmförderungsmaßnahmen durch; darin sind mehrere Duzend Förderungsinstitutionen und Behörden involviert." Prodoehl, H. G. (1993): S 164. Vgl. auch Kapitel PROBLEMBEREICHE, S 76.

[128] Der Ausdruck „Gremienfilm" reflektiert den inhaltlichen Einfluß der Vergabegremien auf das Filmschaffen. Vgl. auch Kapitel SELEKTIVE FÖRDERUNG (PROJEKTFÖRDERUNG), S 79.

[129] Berthold, U. (1967): S 31 ff.

Es wurde immer wieder dagegen polemisiert, daß der (deutsche) Gremienfilm die (deutschen) Regisseure zu mittelmäßigen Regisseuren machte, weil nur „stromlinienförmige Drehbücher und Filmprojekte durch diese Gesinnungsgremien durchkommen konnten. Oder wie ist das anders vorstellbar, bei einer Zusammensetzung der Entscheidungsgremien in den diversen Filmförderungen, die proportional parteiisch besetzt sind, mit Repräsentanten der verschiedenen Parteien, der Gewerkschaften, der Konfessionen und Alibivertreter aus dem Journalistenverband und/oder der AG neuer deutscher Spielfilmproduzenten? Hinzu kommt noch ein offen bekanntes Gremienklüngel – dieses Mal ist *mein* Favorit dran, das nächste Mal *Deiner*."[130] Manche Filmkritiker sprechen von der „Phase des deutschen Gremienfilms 1980-1992" die durch die aufkommende *wirtschaftliche Förderung* abgelöst wurde.

FÖRDERUNGSFORMEN

Die Anzahl der fördernden Institutionen und der verschiedenen verwendeten Förderungsformen in Europa ist groß. „Alleine in der BRD existieren zur Zeit mehr als 10 verschiedene Förderungsmodelle, die vielfach aus mehreren selbständigen Teilen bestehen. Dazu kommen Filmpreise, Steuerpräferenzen, allgemeine Wirtschaftsförderung und ähnliches mehr. Die Komplexität wird dadurch weiter erhöht, daß in der Regel Förderungen nach verschiedenen Modellen kombiniert werden müssen, um ein Projekt durchführen zu können." [131] Auch in den meisten anderen europäischen Ländern stellt sich die momentane Situation ähnlich dar.

Trotz der Vielzahl und Verschiedenheit der Förderungen soll im folgenden versucht werden, einige typische Formen der *Herstellungsförderung*, auf die sich diese Arbeit bezieht, darzustellen. Die wichtigste für diese Untersuchung ist die als *wirtschaftliche Filmförderung* bezeichnete, da sie einerseits von wirtschaftlichen Kriterien geprägt ist, und andererseits ein flexibles Instrument ist. Sie wird deshalb besonders ausführlich erläutert.

[130] Steinborn, B. in: Kosslick, D. und Steinborn, B. (1992): S 36.

[131] Ziethen, M. (1987): S 128 f.

SELEKTIVE FÖRDERUNG (PROJEKTFÖRDERUNG)

Die selektive Filmförderung war eine der ersten Förderungsformen, die als „Konservierungssubvention für die Filmwirtschaft“, wie *Alexander-Katz* definiert, in fast allen europäischen Ländern eingeführt wurde. Sie wurde damit legitimiert, daß es „aus sozialen oder politischen Gründen erwünscht erscheint, die Fortsetzung [der audiovisuellen] Produktion sicherzustellen.“[132]

Vergabegremien werden in der Regel mit der gezielten „Investition“ von Fondsmittel betraut. Die Vergabekriterien sind zumeist tendenziell stärker kulturell motiviert bzw. keinesfalls rein ökonomische. Etwas boshaft wurden die üblichen Kriterien einmal charakterisiert als: „Cultural, including linguistic imperatives, the protection of significant minorities, historical divulgation, aid to new filmmakers and the unquantifiable concept of quality.“[133]

In der Regel wird die Förderung als bedingt rückzahlbares Darlehen gewährt. Im Gegensatz dazu steht die meist als Zuschuß vergebene Referenzförderung.[134]

AUTOMATISCHE- ODER REFERENZFILMFÖRDERUNG

Die Vergabe der Referenzfilmförderung wird durch „sachliche“ Kriterien, wie Besucheranzahl, Prädikat der Filmbewertungsstelle oder Prämierung auf ausgewählten Festivals, bestimmt. Für Dokumentar-, Jugend- und Kinderfilme gelten üblicherweise erleichterte Voraussetzungen. Nur in Portugal und Belgien existiert eine wirkliche *voll*automatische Filmförderung, bei der alle Filme mit demselben Betrag unterstützt werden. Voraussetzung für den Erhalt dieser Förderung ist in jedem Fall (ebenso bei der selektiven Förderung) ein nationales Ursprungszeugnis.[135]

---

132 Alexander-Katz, E. (1959/60): S 238.

133 Hopewell, J., Watson, N. (1991): S 37.

134 O.A. (1995c): S 13; Vgl. auch Filmförderungsanstalt [Hrsg.] (1994): S 4ff.

135 Kallas, C. (1992): S 63.

Diese Förderung wird dem Produzenten für sein nächstes Vorhaben jeweils aufgrund der Resultate seines letzten Films gewährt. Nur in manchen Ländern bekommt der Produzent diese Förderung ohne Zweckbestimmung.[136]

Die jüngste Novelle des deutschen Filmförderungsgesetzes, die eine Verbesserung der Wirtschaftlichkeit und der Struktur der Filmproduktion und des Filmverleihs sowie eine Verbesserung der Koproduktionsbedingungen in Europa zur Aufgabe hatte, will dies durch Erhöhung des Referenzförderungsetats erreichen.[137] Es ist zu beachten, daß die automatische bzw. Referenzfilmförderung aus diesen Gründen auch manchmal als wirtschaftliche Filmförderung bezeichnet wird. In dieser Arbeit ist dies *nicht* der Fall.

FERNSEHFÖRDERUNG (FILM-FERNSEH-ABKOMMEN)

Neben Förderungsanstalten sind Fernsehveranstalter die wichtigsten Partner in der Filmfinanzierung. Abgesehen davon, daß sich diese regelmäßig an Filmproduktionen beteiligen, speisen sie in einigen Ländern aufgrund von Film-Fernseh-Abkommen auch die nationalen Förderungsfonds. Als Gegenleistung erhalten sie Ausstrahlungsrechte an den geförderten Produktionen.

In Deutschland gab es 1994 das sechste Abkommen zwischen öffentlich-rechtlichen Sendern und der Filmwirtschaft, welches bis 1996 läuft. Knapp 40 Mio. DEM wurden von den Rundfunkanstalten für Gemeinschaftsproduktionen zur Verfügung gestellt, 3 Mio. DEM für Nachwuchs- und Innovationsförderung und weitere 33 Mio. DEM, die an die Projektförderung fließen. Erstmals konnte in diesem Jahr auch mit dem Verband Privater Rundfunk und Telekommunikation (VPRT) für die Dauer von zwei Jahren ein begrenztes Abkommen in der Höhe von 21 Mio. DEM geschlossen werden.

Zur umstrittenen Stellung der Gelder von public sector Fernsehveranstaltern (v.a. nach dem Film-Fernseh-Abkommen) wurde bereits in Kapitel BEDEUTUNG DER KOPRODUKTION IN EUROPA, S 61, Stellung genommen.

---

136 Filmförderungsanstalt [Hrsg.] (1994): S 15 ff.

137 Friccius, E. (1991): S 806.

„WIRTSCHAFTLICHE FILMFÖRDERUNG"

Eines haben alle wirtschaftlichen Filmförderungen gemeinsam: weder Förderungsinstitutionen noch Produzenten nennen sie gerne *Subventionen*. „UK producer David Puttnam calls them *production investment credits*; Dieter Kosslick, executive director of the Filmstiftung NRW, prefers *conditionally repayable loans*, Simon Perry, chief executive of British Screen, says he is operating an *intervention mechanism*; French producer René Cleitman insists that: *France has no subsidies: The system is audience driven and a French producer is totally free.*"[138] Grund dessen ist die Tatsache, daß Subventionen nur allzuoft mit „Gratis-Geld" gleichgesetzt werden. Die geforderte Gegenleistung wird in der öffentlichen Diskussion regelmäßig übersehen.

Bereits in den 70-er Jahren wurde von manchen Regionen die Wirtschaftskraft von Filmproduktionen erkannt, weswegen „wirtschaftliche Filmförderungen" eingerichtet wurden, die Filmproduktionen in diese Regionen locken sollten. Ausschlaggebend an dieser Entwicklung, die ihren Ausgang in Deutschland nahm, war, daß vor allem Regionen mit absterbenden Industriezweigen (wie z.B. Stahl) durch intensive Förderung vermehrt auf die zukunftsweisende *Wachstumsbranche Medien* setzten. Als Teil der regionalen Wirtschafts- und Strukturpolitik, um die Wettbewerbsfähigkeit der eigenen Region zu verbessern, machen sich Regionen (Städte, Länder) die große Förderungsabhängigkeit von Medienproduktionen zunutze und versuchen diese in ihr Gebiet zu ziehen. Die verausgabten Gelder sollten nach allgemeiner Auffassung der Region zu hoher (Umweg-) Rentabilität gereichen – wie hier zu überprüfen ist.

Seit Beginn der 90-er Jahre haben sich diese Fonds nicht nur zahlenmäßig, sondern auch budgetmäßig vervielfacht. Ja, es entstand ein regelrechter Wettlauf zwischen den verschiedenen Förderinstitutionen. Die regionale Wirtschaftsförderung ist damit auch ein Mittel des Wettbewerbs zwischen den Regionen eines Landes geworden. Sie richtet sich auf die Ansiedlung neuer Unternehmen, aber auch darauf, für die ansässigen Unternehmen günstige Wettbewerbsbedingungen zu schaffen, um deren Konkurrenzfähigkeit gegenüber Unternehmen anderer Regionen zu sichern – also auf ein relativ umfassendes Zielbündel.[139]

---

[138] Wolfson, D. (1993): S 10.

[139] Ziethen, M. (1987): S 15 f. Manche deutsche Regionen bieten nebst Herstellungsförderungen eine Reihe weiterer Subventionen, die es Medienbetrieben lukrativ machen sollen, in diese Gegend zu siedeln. Dazu zählen auch steuerliche Vorteile (z.B. Gewerbesteuer) und

Organisatorisch wie inhaltlich unterscheiden sich die wirtschaftlichen Förderer stark von kulturellen Förderungsanstalten. Sie wollen sich von Stichworten wie „Förderung mit der Gießkanne" oder „Förderung von absehbaren Flops" abheben und statt dessen eben „wirtschaftlich" vorgehen. Keinesfalls kann aber von „kommerzieller Filmförderung" die Rede sein. „Wirtschaftlichkeit", so die Förderer, soll nicht die Orientierung am Massengeschmack, sondern eine *zielgruppenspezifische Ausrichtung* (der Produktplanung und -entwicklung, der Produktion, des Marketings etc.) zum Ausdruck bringen.

Alle hier untersuchten Förderungsinstitutionen unterstützen die Herstellung von Filmproduktionen. Einige unterstützen auch die Produktionsentwicklung sowie die Herstellung von TV-Produktionen und anderes mehr. Quantitativ nimmt die Herstellungsförderungen für Filme und TV-Produktionen den massiven Großteil der Gelder in Anspruch.

Im deutschen Förderungswettlauf überbieten sich die Förderer immer mehr mit Nebenleistungen. Fast alle übernehmen zumindest teilweise die Aufgaben eines *Location Offices* bzw. einer *Film Commission.*[140] Die Palette der Dienstleistungen reicht vom Locationvorschlag bis zur Hilfe bei der Erlangung von Drehgenehmigungen. Insbesondere für Produzenten von auswärts soll damit ein leichterer Zugang geschaffen werden.

Besonderheiten der wirtschaftlichen Filmförderung

Charakteristikum dieser Subventionsform ist die Art der Gegenleistung. Die geförderte Filmproduktion muß in der Region, die für die Förderung aufkommt, einen im vorhinein vereinbarten Geldbetrag, der üblicherweise zwischen 100% und 200% der Förderungssumme liegt, ausgeben. Da die von den wirtschaftlichen Filmförderungen bereitgestellten Mittel normalerweise im jeweils fördernden Gebiet ausgegeben werden müssen, soll die Durchführung der Filmproduktion an die entsprechende Region gebunden werden. Dadurch werden auch die anderen zugeschossenen Fördermittel in diese Region gezogen. Die Regionalförderungen „steuern" somit die meist noch voluminöseren, bundesweit verfügbaren Mittel.

---

rechtliche Vorteile (z.B. automatische Zuteilung der begehrten Kanäle im Kabelnetz). Andere praktizierte Subventionsformen sind der Verkauf von Grundstücken und Vermögenswerte unter ihrem Marktwert, Verpachtung zu günstigen Konditionen oder massive Infrastrukturinvestitionen.

140 Vgl. Kapitel FILM COMMISSIONS, S 303.

Im Prinzip ist auch eine Kombination der Subventionen mehrerer wirtschaftlicher Förderer möglich. Dies setzt zumeist eine Aufteilung der Produktionsschritte auf verschiedene Regionen voraus. Bei „großen“ Produktionen ist die Kombination dieser Mittel mittlerweile Praxis; für kleinere Produktionen soll es in Hinkunft aufgrund von Kooperationsabkommen zwischen den Förderern bessere Kombinationsmöglichkeiten geben.[141]

Auch die US Filmindustrie weiß die Vorteile der europäischen wirtschaftlichen Förderungen zu schätzen, die ihnen – im Gegensatz zur kulturellen Filmförderung – generell offenstehen: „The terms for funding are very good from the financial point of view; they are not obtrusive in the filmmaking, they leave you alone. Basically it is an interestfree loan, with no continued equity interest.“[142]

Definition „Wirtschaftliche Filmförderung“

Formal handelt es sich bei den neu gegründeten Förderungsinstitutionen (in Nordrhein-Westfalen und Berlin) sowie bei der kürzlich umstrukturierten Hamburger Filmförderung um privatrechtliche Rechtsträger (GmbHs), die mit der Durchführung der wirtschaftlichen Förderung beauftragt wurden. Gesellschafter sind Gebietskörperschaften und z.T. TV-Anstalten. Die übrigen Förderer sind als Fonds (in Wien) organisiert oder einfach ein Teil der Verwaltung (Bayern).

Die jüngsten strukturellen Entwicklungen der Fonds beinhalten Elemente privatwirtschaftlicher Prägung. Von großen Vergabegremien wurde abgegangen, kleinere Entscheidungseinheiten, wenn nicht überhaupt nur ein Intendant, wie in Berlin, sind zeitgemäß. „Entbürokratisierung, Flexibilität, Professionalität und Marktnähe“[143] sind die Stichworte der Organisationen.

Durch die Förderung von Filmprojekten, die in der Region entstehen, soll die regionale/nationale/europäische Filmkultur gestärkt werden; aber noch wichtiger: Es sollen diverse volkswirtschaftliche Effekte erzielt werden. Dabei legen v.a. die deutschen Förderungen „Wert auf Verleihvertrag, auf Weltvertriebsgarantien, Presales, Equity-Investment – generell auf Zeichen, die Interesse und Risikobereitschaft der Filmwirtschaft signalisieren und damit auf ei-

---

141 Nach einer Untersuchung des Hans-Bredow-Insituts sind von den für Filmprojektförderung in der BRD zur Verfügung stehenden Mitteln 50,57 Mio. DEM komplementär (d.h. kombinierbar) und nur 35,70 Mio. DEM konkurrierend. Ziethen, M. (1987): S 152.

142 Sloss, J. (Lawyer and Executive Producer on R. Linklater´s *Before Sunrise*; wurde durch den Wiener Filmfinanzierungsfonds gefördert) in: Castelli, J.-C. (1995): S 60.

143 Film Fonds Hamburg [Hrsg.] (1994a): S 4.

nen möglichen Erfolg des Projekts hindeuten"[144] um ein größeres Spektrum von positiven Wirkungen für die Region zu erzielen.

Folgende regionale Effekte werden angestrebt:

- **Standortunterstützung** (in vielfacher Hinsicht: z.B. durch Schaffung/Erhaltung von Einkommen, Steueraufkommen, Arbeitsmarkteffekten etc.).
- **Förderung heimischer Talente** (berufliche Aus- und Weiterbildung durch Einsatz in der Praxis).
- **Kapitalfluß und Know-how Transfer** in die fördernde Region, auch durch ausländische Produktionen, die regionale Filmschaffende beschäftigen.
- Verbesserung der regionalen **filmwirtschaftlichen Infrastruktur**: Ausbau der Filmstadt/Filmgegend u.a. durch Unterstützung internationaler Koproduktionen.

Die technischen Förderungsmodalitäten sind überall relativ ähnlich. Meist müssen zu einem bestimmten Einreichtermin die geforderten Unterlagen[145] in vielfacher Ausfertigung vorgelegt werden. Neben der verlangten Kalkulation muß immer eine Berechnung des *„kalkulierten Regionaleffekts"* (vgl. dazu unten) beiliegen. Dieser bildet eines der wichtigsten Förderungskriterien. In den Richtlinien der Filmförderung GmbH (Hamburg) heißt es dazu: „Filme mit besonders hohem wirtschaftlichen Multiplikatoreffekt werden vorrangig gefördert."[146] Die inhaltliche Komponente des zu fördernden Projekts ist nur sekundär von Bedeutung, nämlich dann, wenn entweder ein *kultureller Regionaleffekt* oder *touristische Werbeeffekte* zu erwarten sind bzw. wenn es sich um einen erfolgsversprechenden Inhalt handelt (was wiederum ein Werbeeffekt für die fördernde Institution ist und Rückzahlungen erwarten läßt).

Voraussetzungen für den Erhalt von Förderungen ist der Nachweis der Gesamtfinanzierung. Der Produzent muß stets einen Eigenanteil von mindestens 5% bis 30% einbringen (je nach Förderung; kann aus Eigenleistung bestehen).

---

[144] Film Fonds Hamburg [Hrsg.] (1994a): S 4.

[145] Die geforderten Unterlagen umfassen im Normalfall: Drehbuch, Stabliste, Besetzungsliste, Belege für den Erwerb der Rechte an Stoff, Buch und Titel (Verträge), Lebenslauf und Filmografie von Produzent, Koproduzenten und Regisseur, Kalkulation mit Darstellung des Regionaleffektes (der regional wirksamen Ausgaben), Finanzierungsplan, Verleihverträge etc..

[146] Film Fonds Hamburg [Hrsg.] (o.J.): S 5.

Die Auszahlung der Subventionen erfolgt generell, dem Produktionsfortschritt entsprechend, in mehreren Raten. Weiters ist die Förderung an Verwertungsschutzfristen gebunden, die in der Regel sechs Monate für Auswertung auf Bildträgern und zwei Jahre für Auswertung im Fernsehen betragen. Die Rückzahlung erfolgt im Normalfall aus den Erlösen, proportional zum Anteil der Förderung an den Gesamtherstellungskosten. Produzenten werden für ihre Rückzahlungen damit „belohnt“, daß ihr nächstes Vorhaben automatisch zumindest in der Höhe der rückgezahlten Mittel unterstützt wird. Bisher sind allerdings nur wenige Fälle bekannt, wo es sich bei den Rückzahlungen um nennenswerte Beträge handelt. Insgesamt sind die Vergaberichtlinien relativ allgemein gehalten, um auf die jeweilige Besonderheiten einer Produktion eingehen zu können.[147]

Das wirtschaftliche Förderungswesen faßt Dieter Kosslick, Geschäftsführer der Filmstiftung Nordrhein-Westfalen (NRW) so zusammen: „Wenn Du ein Japaner aus London bist, und Du willst mit einem französischen Produktionsleiter und einem chinesischen Kameramann einen Film drehen, und von der NRW Filmstiftung Geld haben, kannst Du es bekommen, freilich unter der Voraussetzung: das Gremium, das die Entscheidung darüber trifft, muß davon überzeugt sein, daß Dein Drehbuch gut ist. Ist das der Fall, kannst Du so viel Geld bei uns bekommen, wie Du willst.“[148]

Definition „Regionaleffekt“

Bereits oben wurde der Regionaleffekt als ein wichtiges Kriterium bei der Vergabe wirtschaftlicher Filmförderungen erwähnt. Die Filmboard Berlin-Brandenburg GmbH definiert diesen als „das Geld, das in der Region ausgegeben wird: z.B. für Studios, Kopierkosten, Postproduktion, Schauspieler und Stabsmitglieder. Der Regionaleffekt sollte in der Regel nicht niedriger als 150% sein. Ausnahmen sind möglich, wenn etwa ein außergewöhnlicher Know-how Transfer oder ein sonstiger, nicht in Geld auszudrückender Nutzen für die Region Berlin-Brandenburg zu erwarten ist.“[149]

Ähnliches ist in der Satzung des Wiener Filmfinanzierungsfonds nachzulesen: „[...] die maßgeblichen Kriterien für die Gewährung von Förderungen durch den Wiener Filmfinanzierungsfonds [sind] insbesondere der wirtschaftliche und kulturelle „Wien-Effekt“, d.h. die Bedeutung eines geförderten Vor-

---

[147] O.A. (1994d): o.S.

[148] Kosslick, D. und Steinborn, B. (1992): S 33.

[149] Filmboard Berlin-Brandenburg GmbH [Hrsg.] (1995): S 5.

habens für die wirtschaftliche und kulturelle Wertschöpfung am Standort Wien, und/oder der thematische Wien-Bezug sowie die Präsentation Wiens."[150]

Der *Wien-Effekt* errechnet sich aus der Summe folgender Kostenbereiche:[151]

1. Nutzung von Einrichtungen der Filmbranche (Filmstudios, Geräteverleih, Tonstudios, Kopierwerk, ...) mit Firmensitz in Wien;
2. Beschäftigung von in Wien ansässigen bzw. in Wien steuerlich veranlagten Filmschaffenden in künstlerischen, technischen und organisatorischen Funktionen;
3. Sonstige Ausgaben, die im Wege der Umwegrentabilität Wien-wirksam werden (z.B. Hotelkosten, Verpflegung, Taggelder, hier z.B. auch Wien-wirksame Spesen für ausländische Stabsmitglieder, ...).

In weiterer Folge werden der *wirtschaftliche Wien-Effekt der Filmbranche* (er setzt sich aus den oben genannten Punkten 1. und 2. zusammen) sowie der *kulturelle Wien-Bezug* (kultureller Wien-Effekt) differenziert. Letzterer wird erreicht, wenn eine Produktion im kulturellen und/oder fremdenverkehrsbezogenen Interesse Wiens liegt; es handelt sich dabei um eine nicht monetäre Größe. Nämlich „wenn Wien eindeutig als Ort des Geschehens erkennbar wird und/oder spezifische wienerische – mentale, soziale und lokale – Gegebenheiten einen wesentlichen Bestandteil der Handlung bilden."

Der **Regionaleffekt** („Wien-Effekt", „NRW-Effekt" etc.) beschreibt den Begriff der Umwegrentabilität für Subventionen in seiner engsten Form, nämlich als Summe der direkt wirksamen Ausgaben einer Produktion. Dabei kann unterschieden werden zwischen:

Wirtschaftlicher Regionaleffekt: Seine Höhe errechnet sich aus allen regional wirksamen Ausgaben einer Produktion; dies umfaßt alle Zahlungen an Firmen der Region sowie Zahlungen an Arbeitskräfte, die in dieser Region wohnhaft sind.

Wirtschaftlicher Regionaleffekt der Filmbranche: Dieser umfaßt Zahlungen an Unternehmungen, die der regionalen Medienbranche zugerechnet werden können sowie Zahlungen an Arbeitskräfte, die überwiegend in dieser

[150] Wiener Filmfinanzierungsfonds (1995): S 3.

[151] Wiener Filmfinanzierungsfonds (1994): S 3.

Branche tätig und in dieser Region wohnhaft sind (z.B. Produktionsstab, Schauspieler etc.; nicht jedoch Komparsen, Wachdienst).

Kultureller Regionaleffekt: Er bezeichnet v.a. die Höhe des Beitrags zur regionalen Kultur. Außerdem beschreibt er die touristische Werbekomponente, die mit dem Film verbunden ist.[152]

Abbildung 10: Definition „Regionaleffekt"

Ziele und Strategien der Subventionsgeber

Je nach Subventionsgeber herrschen verschiedene Ziele, neben dem allgemeinen Ziel der Erhöhung des Sozialprodukts, vor. Während der Subventionsgeber EU primär handelspolitisch motiviert ist, spielen bei regionalen Förderungsgebern unterschiedliche Ziele eine Rolle. Diese werden in Teil III dargestellt (vgl. Kapitel ZIELE DER SUBVENTIONSPOLITIK, S 312).

Zum besseren Verständnis des Förderungskonzepts seien hier einige Beispiele direkter und indirekter (steuerlicher) Förderungen genannt:

FILMSTIFTUNG NORDRHEIN-WESTFALEN (NRW) GMBH

Die Filmstiftung Nordrhein-Westfalen (NRW) GmbH war der erste wirtschaftliche Filmförderer, der 1991 in Form einer GmbH den Betrieb aufnahm. Mit 60 Mio. DEM Etat p.a. rangiert die Filmstiftung NRW unter den Förderungsinstitutionen weltweit an dritter Stelle nach dem französischen CNC (Centre national de la Cinematographie) und der kanadischen Telefilm.[153] Die Gesellschafter der GmbH sind das Land Nordrhein-Westfalen und der Westdeutsche Rundfunk; beide speisen den Etat zu je 50%.

Eine Besonderheit der Filmstiftung NRW ist, daß sie ins Leben gerufen wurde um „künstlich eine neue Industrie in einem Land zu installieren."[154] Nordrhein-Westfalen sucht seit Beginn der 90-er Jahre den Weg vom Kohle- und Stahlland in ein Film- und Medienland.[155] Da ursprünglich keinerlei filmspezifische Infrastruktur vorhanden war, ist eine der wesentlichen Aufgaben

[152] Vgl. Kapitel EFFEKTE DES MEDIENKONSUMS, S 267ff.

[153] Kosslick, D. in: Kosslick, D. und Steinborn, B. (1992): S 32.

[154] O.A. (1994l): o.S.

[155] Schmitt, E. (1994): o.S.

der Filmstiftung, auch die Schaffung von medienspezifischer Infrastruktur zu fördern.

Die Filmstiftung setzt auf das Konzept „Forcierung beim Aufbau einer regionalen Infrastruktur; Kooperation mit hier ansässigen Produzenten und Vermittlung mit anderen europäischen Kollegen zwecks Koproduktion; und natürlich das Stück Europa hier nach NRW holen, das nötig ist, um hier einen interessanten und wichtigen Produktionsstandort aufzubauen.“[156]

Folgende Bereiche trachtet die Filmstiftung NRW GmbH zu verbessern:

- „die **personelle Infrastruktur**: Erweiterung und Qualifizierung,
- die **technische Infrastruktur**: Bereitstellung von Studio- und Dienstleistungskapazitäten aller Art; Ausbau der technischen Infrastruktur,
- die Schaffung einer gesunden **Finanzstruktur** für diesen Industriezweig, der auf Dauer von Fördertöpfen unabhängig ist.“[157]

Gleich in den ersten zwei Jahren ihres Bestehens förderte die Filmstiftung über 100 Projekte. Im Bereich der Herstellungsförderung lag der Schwerpunkt auf Low-Budget-Produktionen. Projekte bis zu 1 Mio. DEM werden vom Fonds mit bis zu 65% finanziert, gleiches gilt auch für Kurzfilme. Die Vergabeentscheidungen werden von einer Vergabekommission auf Vorschlag des Geschäftsführers gefällt. In der Vergabekommission sitzen Eigentümervertreter der GmbH sowie Filmschaffende.[158]

Besonderheiten der Herstellungsförderung für Kino- und Fernsehfilme

Antragsberechtigt für Herstellungsförderungen ist der Produzent (unabhängig von seiner Nationalität). Der geforderte Eigenanteil des Produzenten an den Herstellungskosten beträgt mindestens 5%; die Produktion muß in der Region mindestens 150% des Förderungsbetrages ausgeben; bei Fernsehfilmen müssen mindestens 40% des Gesamtbudgets in Nordrhein-Westfalen ausgegeben werden. Eine maximale Förderungshöhe ist nicht vorgesehen (freie Entscheidung des Vergabegremiums). Die Auszahlung erfolgt

---

[156] Kosslick, D. in: Kosslick, D. und Steinborn, B. (1992): S 32.

[157] Filmstiftung Nordrhein-Westfalen GmbH (1993): S 7ff.

[158] „Eine Dauerkritik an der Stiftung betrifft den Einfluß des WDR, der drei Köpfe für das sechsköpfige Entscheidungsgremium benennt. Wird ein Beitrag aus WDR Mitteln gefördert, bekommt der Sender die deutschen Ausstrahlungsrechte für sechs Jahre (nach zwei Jahren Kinoauswertung).“ O.A. (1994a): S 17.

dem Produktionsfortschritt entsprechend in Raten. Die letzte Rate wird nach Abnahme einer Kopie durch die Filmstiftung überwiesen.

Die Erlöse aus der Filmverwertung müssen proportional zum Finanzierungsanteil auf ein Sonderkonto der Filmstiftung überwiesen werden, zuvor darf jedoch der Eigenanteil des Produzenten abgedeckt werden. Über die Gelder auf dem Sonderkonto verfügt der Produzent gemeinsam mit der Filmstiftung. Eigentlich stehen diese Mittel dem Produzenten zur Verfügung, sie sind aber an Ausgaben für Filmproduktionen in gleicher Höhe in Nordrhein-Westfalen gebunden. Wegen der geringen Rückzahlungsquote kam es erst selten zu dieser Situation.

Beispiele geförderter Projekte (Produzent)	Herstellungsförderung
Der bewegte Mann (Neue Constantin Film)	1,25 Mio. DEM
Rennschwein Rudi Rüssel (Royal Film)	1,2 Mio. DEM
The Sunset Boys (Tag/Traum Film- und Videoprod.)	750.000 DEM
Dead Man (Pandora Film)	350.000 DEM

Abbildung 11: Förderungsbeispiele Filmstiftung Nordrhein-Westfalen GmbH

FILMBOARD BERLIN-BRANDENBURG GMBH

Eine ganz andere Vergangenheit als Nordrhein-Westfalen weist die Stadt Berlin auf. Berlin ist – gemeinsam mit Paris – die Geburtsstadt des Films. Bereits 1895 wurden von den Gebrüdern Skladanowsky Filme vorgeführt, ein Jahr später öffnete das erste Kino in Berlin seine Tore. Bis nach Ende des zweiten Weltkriegs blieb Berlin die „Hauptstadt des deutschen Films“.[159]

Auch die wirtschaftliche Filmförderung hat in dieser Stadt Geschichte. Seit 1978 wurden unter wirtschaftlichen Gesichtspunkten Produktionen mit bis zu 2 Mio. DEM (max. 30% des Budgets) gefördert. Förderungskriterium war damals schon der „Berlin-Effekt“, der nach Angaben des damaligen Filmbeauftragten bei durchschnittlich 120% lag.[160]

Zusammen mit dem Land Brandenburg (in dem z.B. der vormals ostdeutsche Filmkonzern DEFA liegt) wurde am 1.1.1995 die Filmboard Berlin-

[159] Bentele, G. (1988): S 427.

[160] Bentele, G. (1988): S 429.

Brandenburg GmbH ins Leben gerufen. Sie vereinigt die ursprünglich kulturell ausgerichteten Filmförderungen der beiden Gebietskörperschaften in einer großen, wirtschaftlich ausgerichteten Förderungsinstitution. Diese Tatsache führte zu Widerstand seitens der Filmschaffenden, was u.a. auch die Entstehung des Fonds jahrelang verzögerte.[161]

Strukturell sollte die Filmboard GmbH noch einen Schritt weiter gehen als ihr Vorbild, die Filmstiftung NRW GmbH. Als Entscheidungsinstanz wurde ein Intendant eingesetzt. Er alleine entscheidet über die Förderungswürdigkeit der eingereichten Projekte. Dies soll zu einer höheren Durchsichtigkeit und Nachvollziehbarkeit der Entscheidungsfindung beitragen.

Das selbst gewählte Motto des Intendanten, Prof. Klaus Keil, ist „Quality rules – Qualität entscheidet. Keine Förderung mehr ohne Publikumsinteresse".[162] Um von erhöhtem Marktinteresse ausgehen zu können, wird deshalb von jedem Förderungswerber die Vorlage von Verwertungsverträgen für die geplante Produktion verlangt. Marktinteresse wird allerdings nicht als „Interesse der Massen" verstanden, sondern fordert, daß der Film in Hinblick auf ein gewisses Publikum konzipiert wird. Mit diesem Anspruch ist das Filmboard derzeit wohl die kommerziellste, und damit vielleicht auch „wirtschaftlichste" aller Förderungen.

Prof. Keil will das „bundesweite Gießkannenprinzip zugunsten einer qualifizierten Förderung weniger ausgewählter Projekte"[163] umwandeln. Deshalb propagiert er die *geschlossene Förderung*, die er so definiert:

„1. Bei Antragstellung soll nicht nur die jeweilige Kategorie (Stoffentwicklung, Projektförderung, ...) bedacht werden, sondern das gesamte Filmprojekt inkl. Packaging, Zielgruppenbestimmung und Marketingstrategie.

2. Für die Filmboard Berlin-Brandenburg GmbH beschränkt sich Filmförderung nicht darauf, Förderungsanträge zu prüfen und dann zu genehmigen oder abzulehnen. Die Filmboard GmbH hilft, Projekte zu optimieren, damit aus den Vorhaben die bestmöglichen Filme werden. Und wenn das Projekt in der Realisierungsphase ist, das Geld bewilligt und überwiesen wurde, ist für die Filmboard GmbH der Vorgang nicht abgeschlossen. Falls nötig, steht die

---

[161] Richter, E., Schreiber, E. (1992a); S 13 f; Richter, E., Schreiber, E. (1992b).

[162] Keil, K. (1994): S 1.

[163] Filmboard Berlin-Brandenburg GmbH [Hrsg.] (1994b): S 3.

Filmboard GmbH den Produzenten weiterhin als Berater und Partner zur Seite."[164]

Die Tatsachen, daß Produzenten bei Bedarf auch Budgeterhöhungen seitens des Filmboard empfohlen wurden und daß Förderungen, wenn, dann nur in der angesuchten Höhe vergeben werden (und nicht wie üblich etwas niedriger), können als Hinweise auf diese neue Förderungsideologie gewertet werden. Bis eine erste umfassende Beurteilung dieses Förderungsmodells möglich ist, wird es aber noch einige Zeit dauern.

Bereits im Gründungsjahr standen 35 Mio. DEM für die reichhaltigen Aktivitäten der GmbH zur Verfügung. Die Mittel sollen künftig auf rund 40 Mio. DEM aufgestockt werden, welche von den Gesellschaftern der GmbH, den Investitionsbanken von Berlin und von Brandenburg, stammen.

Im Gegensatz zu Nordrhein-Westfalen sind in Berlin und Brandenburg bereits Produktionsstrukturen vorhanden, diese müssen allerdings (v.a. in der ehemaligen DDR) renoviert und erneuert werden. Zahlreiche hochqualifizierte Filmschaffende leben in dieser Gegend. Durch die politische Wende wurden viele Medienspezialisten des ehemaligen Osten arbeitslos. Das Filmboard hat auch die Aufgabe, die Abwanderung dieser Arbeitskräfte zu stoppen.

Besonderheiten der Herstellungsförderung für Kino- und Fernsehfilme[165]

Antragsberechtigt für Herstellungsförderungen sind Filmproduzenten jeglicher Nationalität – zur Zeit wird versucht, verstärkt ausländische Produzenten anzuziehen.

Die regionalen Ausgaben müssen lediglich 100% des Förderungsbetrags ausmachen. Die Förderungsquote betragt „in der Regel" bis zu 70% bei Produktionen bis 500.000 DEM, bis zu 60% bei Produktionen unter 3 Mio. DEM und darüber bis zu 50% der Herstellungskosten. Fernsehfilmproduktionen werden mit bis zu 30% gefördert.

Gewährt werden die Mittel in Form eines bedingt rückzahlbaren Darlehens. Aus den Erlösen muß die Hälfte der Finanzierungsquote an den kalkulierten Gesamtkosten rückerstattet werden; die Rückzahlungspflicht endet nach fünf Jahren. Rückbezahlte Mittel können vom Produzenten für sein nächstes Projekt verwendet werden (wieder unter denselben Bedingungen). Nur wenn der

---

[164] O.A. (1995a): S 3f.

[165] Filmboard Berlin Brandenburg GmbH [Hrsg.] (1994a): S 3ff.

kalkulierte Eigenanteil des Produzenten unbedingt rückzahlbare Darlehen Dritter beinhaltet, können diese zuerst bedient werden.

Beispiele geförderter Projekte (Produzent)	**Herstellungsförderung**
Dead Man (Pandora Film)	700.000 DEM
Helden in Tirol (T. Wilkening Filmgesellschaft mbH)	700.000 DEM
Nur über meine Leiche (Engram Pictures)	570.000 DEM
Werner – der Metülisator (Senator Filmproduktion GmbH)	4 Mio. DEM

Abbildung 12: Förderungsbeispiele Filmboard Berlin-Brandenburg GmbH

FILMFÖRDERUNG GMBH HAMBURG

Per 1.1.1995 wurde der ursprüngliche Film Fonds Hamburg mit der kulturellen Filmförderung Hamburgs in die Filmförderung GmbH verschmolzen, mit dem Ziel, „besser mit der Filmförderung in Nordrhein-Westfalen und Bayern mithalten zu können".[166] Die gesamte finanzielle Ausstattung liegt für 1995 bei 19,6 Mio. DEM, für 1996 bei 17,6 Mio. DEM.[167] 1993 waren 60% der geförderten Filme internationale Koproduktionen.[168] Vergeben werden die Gelder von einem Vergabegremium, bestehend aus vier Personen (davon ein Produzent und ein Verleiher).[169]

Oberstes Förderziel ist es, ein „vielfältiges und qualitativ hochwertiges Filmschaffen in Hamburg zu ermöglichen und Arbeitsplätze in der hamburgischen Medien- und Filmwirtschaft zu sichern". Erreicht soll dies werden durch eine ausgewogene Mischung aus Know-how-Import einerseits, und Förderung der einheimische Szene andererseits.

Um den Drehort Hamburg zu propagieren wurde 1993 ein besonders ausgiebiger *Location Guide*[170] herausgegeben. Er beinhaltet einige Kurzbeschreibungen von Locations samt Fotos sowie ein Adressenregister der Hamburger Film- und Medienbranche. Ein zur Förderung gehörendes *Location Büro* (seit 1992) hilft v.a. fremden Produzenten bei der Produktionsabwicklung. Das Su-

166 O.A. (1994h): o.S.

167 O.A. (1994i): o.S.

168 Film Fonds Hamburg [Hrsg.] (1994a): S 14.

169 Film Fonds Hamburg [Hrsg.] (1994a): S 24.

170 Location Büro Hamburg [Hrsg.] (1993).

chen von Locations gehört ebenso zum Service wie die Hilfe beim Behördenumgang.[171]

Herstellungsförderung[172]

Die Förderung erfolgt entweder als Anteilsfinanzierung oder als bedingt rückzahlbare Zuwendung; sie ist auch für ausländische Produzenten zugänglich. 5% Eigenanteil des Produzenten werden vorausgesetzt, wobei die Förderung max. 33% der kalkulierten Gesamtherstellungskosten und 2 Mio. DEM nicht übersteigen darf (in Einzelfällen 50%/4 Mio. DEM). Mindestens 150% der Förderungssumme müssen in Hamburg ausgegeben werden.

Anteilige Rückzahlung aus den Erlösen wird erst nach voller Deckung des Eigenanteils (des Produzenten) verlangt. Rückzahlungen werden vom Förderer als „Referenzmittel" dem Produzenten eine gewisse Zeit lang für sein nächstes Projekt zur Verfügung gestellt (für deren Verwendung wieder die allgemeinen Bedingungen gelten).

Die Förderungsbedingungen sind sehr allgemein gehalten, um sich an die jeweiligen Produktionsumstände anpassen zu können.

Beispiele geförderter Projekte (Produzent)	Herstellungsförderung
Felidae (Trickcompany)	2 Mio. DEM
Erotique (Hyäne Films/Trigon Film/Group 1 Films)	350.000 DEM
Mario und der Zauberer (Provobis)	2 Mio. DEM
Ein Mann für jede Tonart (Produktion Polyphon)	470.000 DEM

Abbildung 13: Förderungsbeispiele Filmförderung GmbH Hamburg

BAYERISCHE FILM- UND FERNSEHFÖRDERUNG

Die Bayerische Film und Fernsehförderung ist nicht explizit eine „wirtschaftliche" Filmförderung, versteht sich aber unter vornehmlich kommerziellen Kriterien. Für Förderungszusagen bei kommerziellen Filmen gelten ähnliche Kriterien wie bei den anderen Förderungsinstitutionen. Vergabestelle der Förderungen ist die „Bayerische Landesanstalt für Aufbaufinanzierung", entschieden wird von einem weisungsfreien Vergabeausschuß. In den Richtli-

171 Vgl. Kapitel FILM COMMISSIONS, S 303. Film Fonds Hamburg [Hrsg.] (1993a): S 3.

172 Film Fonds Hamburg [Hrsg.] (o.J.): S 1ff.

nien von 1994 sind eine getrennte Film- und TV-Förderung festgesetzt (1994: 20 Mio. DEM Filmförderung, 12 Mio. DEM TV-Förderung).[173]

Besonderheiten der Herstellungsförderung

Herstellungsförderungen für *Filme* werden als bedingt rückzahlbare Darlehen gewährt. Es können bis zu 30% der Herstellkosten, maximal 3 Mio. DEM, subventioniert werden. Die geforderte Ausgabenquote beläuft sich auf 100%, wobei Atelierarbeiten in bayerischen Ateliers durchgeführt werden sollten und im Falle einer deutschen Synchronisation, diese in Bayern arrangiert werden sollte. Der Eigenanteil des Produzenten hat lt. Richtlinien „angemessen" zu sein.

Die Auszahlung der Mittel erfolgt (nach Nachweis der Gesamtfinanzierung) mit 25% zu Beginn der Projektarbeiten, 50% während der Dreharbeiten, 15% bei Vorlage des Rohschnitts und den Rest, „wenn glaubhaft gemacht wurde, daß die der Bewilligung zugrundeliegenden Herstellkosten des Films nicht unterschritten werden"[174].

Die Rückzahlung des Darlehens erfolgt nach Deckung des Eigenanteils des Produzenten mit 50% der aus der Verwertung des Films erzielten Erlöse. Diese stehen Produzenten als „Belohnung" für ein neues Projekt zur Verfügung (Referenzmittel), bei ihrer Verwendung gelten die allgemeinen Förderungsbedingungen.

Gefördert wird in Bayern auch die Produktion von *Fernseh- und Videofilmen* (Einzelvorhaben und Serien). Dafür sind nur Fernseh- und Videoproduzenten mit Sitz in Bayern antragsberechtigt, nicht aber Fernsehveranstalter. Die Förderungsbedingungen ähneln jenen für Filme, die maximale Förderungshöhe ist aber auf 1 Mio. DEM beschränkt und der Eigenanteil des Produzenten ist mit mindestens 10% festgelegt.

---

[173] „Dem Vergabeausschuß gehören neben dem Vertreter der Landesanstalt für Aufbaufinanzierung drei Vertreter aus dem Bereich des Films, drei Vertreter aus dem Bereich des Fernsehens sowie drei von staatlicher Seite entsandte Vertreter an. Zu den Vertretern aus dem Bereich des Fernsehens zählen der Intendant des Bayerischen Rundfunks sowie der Präsident der Bayerischen Landeszentrale für neue Medien oder deren Beauftragte." Informationsbüro Film München [Hrsg.] (1995b): S 4 ff.

[174] Informationsbüro Film München [Hrsg.] (1995a): S 3.

Beispiele geförderter Projekte (Produzent)	Herstellungsförderung
Die Abenteuer der Bremer Stadtmusikanten (Bioskop Film)	1 Mio. DEM
Der bewegte Mann (Neue Constantin Film/Olga Film)	500.000 DEM
Rennschwein Rudi Rüssel (Royal Film)	2 Mio. DEM
Werner – Der Metülisator (Royal Film)	1 Mio. DEM

Abbildung 14: Förderungsbeispiele Bayerische Film- und Fernsehförderung

WIENER FILMFINANZIERUNGSFONDS (WFF)

Der Wiener Filmfinanzierungsfonds ging 1992 aus dem 1976 gegründeten „Wiener Filmförderungsfonds“ hervor. Das Finanzierungsvolumen des Fonds, der von der Gemeinde Wien gespeist wird, betrug 1993 und 1994 jeweils ca. 80 Mio. ATS.[175] Vertreten wird der Fonds vom Filmbeauftragten, Herrn Ainberger, der Vergabeentscheidungen bis 4 Mio. ATS ohne Mitwirkung des Kuratoriums treffen darf. Bei wertmäßig darüberliegenden Förderungsansuchen wird die Entscheidung vom Kuratorium auf Vorschlag des Filmbeauftragten getroffen.

Das Kuratorium besteht aus fünf bis sieben Mitgliedern: zwei Vertreter des Stadtrates für Kultur der Stadt Wien und drei bis fünf fachlich (kaufmännisch oder künstlerisch) qualifizierte Vertreter der Filmbranche.

Der Fonds soll vor allem den österreichischen Produzenten zugute kommen. Bezugsberechtigt sind Personen (natürliche wie juristische), die zum Zeitpunkt der Antragstellung den Mittelpunkt ihrer geschäftlichen und/oder künstlerischen Interessen seit mindestens zwei Jahren in Wien haben und ganz oder überwiegend in der Filmbranche tätig sind. Produzenten, die nicht aus Wien stammen (d.h. restliches Österreich *und Ausland*) müssen sich einen Wiener Partner (Koproduzenten) suchen. Beim WFF liegt hierzu eine Liste mit ca. 40 Produzenten auf, die der WFF als „mit ausreichender Erfahrung ausgestattet“ bezeichnet.[176] Ausländische und außerregionale Produzenten können aber selbstverständlich ihren Produktionsstab (zumindest die wichtigsten Personen) nach Wien mitbringen.

---

175 Wiener Filmfinanzierungsfonds (1994): S 2.

176 Wiener Filmfinanzierungsfonds (o.J.): S 1.

Wien ist mit fachspezifischer Infrastruktur nicht überausgestattet. Filmstudios wurden zwar revitalisiert; speziellere Tonmischmöglichkeiten sind z.B. nicht vorhanden; auch hochqualifiziertes Personal ist eher knapp.[177]

Herstellungsförderung[178]

Gefördert werden neben Film- und TV-Produktionen auch jegliche multimediale Projekte. Die Förderung erfolgt in Form nicht rückzahlbarer Zuschüsse oder – in der Regel – als bedingt rückzahlbares Darlehen. In jedem Fall muß der Wien-Effekt bei mindestens 150% (für österreichische Produktionen) bzw. 200% (für internationale Koproduktionen mit österreichischem Minderheitsanteil) liegen. Der Brancheneffekt (Ausgaben in der Filmbranche) muß mindestens 100% betragen.

„Der Meßwert des Wien-Effekts ergibt sich aus der Berechnung der Summe aller Wien-wirksamen Ausgaben, dividiert durch den Finanzierungsbeitrag des WFF, mal 100%. Finanzierungsanteile anderer österreichischer Gebietskörperschaften oder anderer juristischer Personen des Landes bleiben bei der Erfassung des Wien-Effekts unberücksichtigt."[179]

Förderungsbedingung ist weiters ein „angemessener" Eigenmittelanteil („0% bis 10%") sowie „Aussicht auf internationale Verwertbarkeit". Die Auszahlung der Mittel erfolgt, nach Nachweis der Gesamtfinanzierung, mit 25% bei Vertragsabschluß, 25% bei Drehbeginn, 25% zur Drehmitte, 10% bei Drehende, 10% bei Rohschnitt sowie 5% bei Abnahme. Die vom WFF verlangte Kinoschutzfrist beträgt 18 Monate.[180]

Rückzahlungen aus Erlösen erfolgen nach Abdeckung des Eigenanteils des Produzenten anteilig zur Finanzierungsquote des WFF. Sie bilden wieder einen Teil der neu zu vergebenden Mittel.

---

[177] Vgl. Kapitel VERÄNDERUNGEN DER FAKTOREN KAPITAL BZW. (MEDIEN-) INFRASTRUKTUR, S 259; Illetschko, P. (1994): S 3.

[178] Wiener Filmfinanzierungsfonds (1995): S 2ff; Wiener Filmfinanzierungsfonds (1994): S 5ff.

[179] Wiener Filmfinanzierungsfonds (1994): S 3.

[180] Wiener Filmfinanzierungsfonds [Hrsg.] (1992): S 9.

Beispiele geförderter Projekte (Produzent)	Herstellungsförderung
Der Fall Lucona (Wega Film/Tele München)	7 Mio. ATS
Kommissar Rex (Mungo Film/Taurus Film)	10 Mio. ATS
Before Sunrise (Filmhaus Sunrise Wien)[181]	5 Mio. ATS
The Three Musketeers (Filmbüro Odelga)[182]	18 Mio. ATS

Abbildung 15: Förderungsbeispiele Wiener Filmfinanzierungsfonds

FILMFÖRDERUNG IN IRLAND NACH *SECTION 35*

Die Filmförderung in Irland und Luxemburg sind Beispiele für indirekte, steuerliche Filmförderungen.[183] Seit den 70-er Jahren hat die Anzahl der steuerlichen Begünstigungen für Filmproduktionen in Europa stark abgenommen. Durch die Einführung direkter Förderungen (als Ablöse der „tax incentives") sollte verhindert werden, daß Filme nur noch wegen der Verlustabschreibemöglichkeit produziert werden, wie dies teilweise der Fall war. In Österreich konnten Filmproduktionen im ersten Jahr zu 164% abgeschrieben werden.[184]

Als Vorteil steuerlicher Subventionen wird immer wieder genannt, daß in der Regel der Antragsweg kürzer und einfacher zu bewältigen ist, als bei außersteuerlichen Subventionen. „Häufig ist bei steuerlichen Subventionen sogar kein gesonderter Antrag notwendig, statt dessen reicht dafür eine Beantragung auf den ohnehin auszufüllenden Vordrucken der Steuererklärung aus."[185]

Section 35 des irischen *Finance Act 1987* erlaubt Steuerermäßigungen für Investments in irische Filmproduktionen, die mindestens zu drei Viertel in Irland

[181] Zusammen mit *Castle Rocks/Sunrise Productions.*

[182] Als österreichischer Partner von *One For All* (Disney Productions).

[183] Weitere europäische Länder, die Steuerbegünstigungen für Filmproduktionen anbieten sind Frankreich, Italien und die Niederlande. Vgl. KPMG [Hrsg.] (1994); Schweiger, F. (1995); Sinclair, N., Gerse, S. (1983); Kopple, R. C. (1988).

[184] Persönliches Interview mit F. Antel (Neue Delta Film). Melzack, J. (1991): S 14.

[185] Vgl. Reige, J. (1989): S 105. In Kanada, einem Land das ebenfalls wirtschaftlich ausgerichtete, steuerliche Mediensubventionen bietet, nimmt man an, daß eine Förderung der Filmindustrie mit dem gegenwärtigen Steuersystem wesentlich günstiger kommt, als ein direkter Förderungsmechanismus. „Although the great advantage of the tax incentive is that it is relatively automatic and requires minimal interference in private decisions, the increasing complexity and restrictiveness of the tax incentive over time and the associated bureaucratisation of the certification procedure have attenuated this prime virtue." Bird, R. M. et al. (1985): S 415.

ausgeführt werden, d.h. es müssen entweder über 75% der Ausgaben in Irland getätigt werden oder mehr als 75% der Aufnahmen in Irland gemacht werden. Filmbudgets dürfen maximal zu 60% unter Zuhilfenahme von *Section 35* finanziert werden. Ein besonderer Antrag ist dazu nicht nötig, *Section 35* hat unbeschränkte Gültigkeit für den Investor. Die Projekte selbst müssen vom Kulturministerium genehmigt werden.

Firmen dürfen im Laufe von drei Jahren Filminvestments bis zu 1,050.000 Irische Pfund (IEP) vom Gewinn vor Steuer abziehen. Diese Möglichkeit ist hauptsächlich für institutionelle Investoren von Interesse, die dem hohen Körperschaftssteuersatz von 40% unterliegen (Gewerbebetriebe zahlen nur 10% Körperschaftssteuer). *Section 35* wurde 1993 auch für physische Personen geöffnet. In jedem Fiskaljahr dürfen pro Person bis zu 25.000 IEP vom steuerbaren Einkommen abgezogen werden. Bei einem Einkommenssteuersatz von bis zu 48% stellt dies eine attraktive Investitionsmöglichkeit dar.[186]

FILMFÖRDERUNG IN LUXEMBURG: BESCHEINIGUNGEN FÜR KAPITALANLAGEN

Ein interessantes selektives Förderungssystem auf steuerlicher Basis führte Luxemburg 1988 mit seinem zeitlich begrenzten Steuersystem (bis 1997) ein. Durch die Ausstellung von Bescheinigungen für Kapitalanlagen im audiovisuellen Bereich soll die Bereitstellung von Risikokapital für audiovisuelle Produktionen in Luxemburg gefördert werden. Mit den Geldern dürfen audiovisuelle Werke (Spiel- oder Dokumentarfilme) finanziert werden, die durch oder mit Beteiligung einer in Luxemburg ansässigen Firma hergestellt werden.

Filmproduzenten können bei einem „gemeinsamen Ausschuß", der aus Vertretern vier verschiedener Ministerien[187] besteht, um die Ausstellung von *Bescheinigungen* für konkrete Projekte ansuchen. Die Bescheinigungen können maximal in Höhe des eingezahlten Gesellschaftskapitals ausgestellt werden, welches für die Finanzierung einer audiovisuellen Produktion vorgesehen ist. Durch einmaliges Indossament können die Bescheinigungen an Kapitalgesellschaften übertragen werden, d.h. verkauft werden, um mit dem Erlös die Pro-

---

[186] Vgl. Cox, A. [Hrsg.] (1993): S 2 ff; Dublin Chamber of Commerce [Hrsg.] (1992): Appendix; Corrigan, K. (1992): o.S.; KPMG [Hrsg.] (1994): S 69 ff; Flynn, R. (1995): S1-5.

[187] Finanzministerium, Wirtschaftsministerium, Kulturministerium und das für den audiovisuellen Bereich zuständige Ministerium.

duktion zu finanzieren. Sie berechtigen den Inhaber am Ende des Besteuerungsjahres zu einer Ermäßigung seines steuerbaren Einkommens (allerdings beschränkt auf 30% des steuerbaren Einkommens).[188]

WETTBEWERB ZWISCHEN FÖRDERUNGSINSTITUTIONEN: BEISPIEL DEUTSCHLAND

Nach außen hin herrscht zwischen den verschiedenen Förderungsinstitutionen gewissermaßen das Bild der Eintracht: Auf dem Filmfestival in Cannes 1994 präsentierten sich die deutschen „wirtschaftlichen" Filmförderer[189] unter einem Dach als „FOCUS GERMANY" dem Fachpublikum.

In der Fachpresse wurden jedoch Vorfälle gemeldet, wonach z.B. der Berliner Wirtschaftssenator Norbert Meisner die Filmstiftung NRW wegen „massiver Abwerbungsversuche" kritisierte. Mit zweistelligen Millionensubventionen sollen ARD-Serien, die für Berlin geplant waren, nach NRW abgeworben worden sein.[190] Es werde damit ein „sinnloser Subventionswettlauf der deutschen Medienregionen angeheizt", meinte er. [191] NRW-Chef Kosslick entgegnete zu diesem Thema (bei einer anderen Gelegenheit): „I am not walking around in German cafés and restaurants with a gun trying to hijack producers to come to North Rhine-Westfalia."[192]

„Derzeit ist ein regionalistischer Subventionswettbewerb zur Sicherung einzelner Produktionsstandorte im Gang und nichts anderes, der sich im Ergebnis gegenseitig neutralisiert (also nichts bringt) [...]. Mit regionaler Wirtschaftsförderung hat dies nichts zu tun [...]," kann man von Kritikern der deutschen Förderungsszene hören.[193]

---

188 Gesetz vom 15. März 1993 betreffend die Verlängerung und Änderung des Gesetzes vom 13. Dezember 1988 zur Einführung eines zeitlich begrenzten Steuersystems für die Bescheinigung der Kapitalanlagen im audiovisuellen Bereich, Artikel 1.

189 Filmstiftung NRW, Filmboard Berlin-Brandenburg, Filmfonds Hamburg und Bayern gemeinsam mit der Exportunion des deutschen Films.

190 O.A. (1994c): S 3.; O.A. (1994j): o.S.

191 Meisner, N. zitiert in: O.A. (1994k): o.S.

192 Kosslick, D. zitiert in: Ulmer, J. (1994): o.S.

193 Lahnstein, M. (1992): S 40.

Für die Filmstiftung NRW wird „ab 2004 ein harter Verteilungskampf mit dem Konkurrenten Berlin“[194] prognostiziert. So verwundert es nicht, daß auch die anderen deutschen Bundesländer unter Zugzwang kommen. Die baden-württembergische Kultusministerin kündigte die Schaffung einer Filmförderung für ihr Land nach Filmstiftung NRW Vorbild an, um die Abwanderung von Absolventen der jüngst geschaffenen Filmakademie in Stuttgart zu stoppen.[195]

Auch Bayern erhöhte seinen Förderungsetat wesentlich. Ebenfalls nach Filmstiftung NRW Vorbild wurden dabei der Bayerische Rundfunk (mit 6 Mio. DEM) sowie die Bayerische Landeszentrale für Neue Medien (mit 4 Mio. DEM) zur Kasse gebeten. Damit sollen in Hinkunft jährlich 38,3 Mio. DEM zur Verfügung stehen, davon 32 Mio. DEM für Herstellungsförderungen.[196]

Die Umstrukturierung in Hamburg (Zusammenfassung kultureller und wirtschaftlicher Förderung in eine GmbH) erfolgte ebenfalls aus wettbewerbspolitischen Gründen.

Erst in jüngerer Zeit ließen sich Anstrengungen der Förderungsinstitutionen erkennen, gemeinsam auf eine Verbesserung der audiovisuellen Industrie hinzuwirken. Die geplanten Felder der Kooperation umfassen etwa die Vereinheitlichung der vorzulegenden Unterlagen (z.B. dieselben Kalkulationsrichtlinien) und gemeinsame Förderungsabkommen.

---

[194] O.A. (1994e): o.S.

[195] O.A. (1993a): S 6.

[196] O.A. (1994f): o.S.; O.A. (1994g): o.S.

ZUSAMMENFASSUNG: SUBVENTIONEN IM MEDIENPRODUKTIONSBEREICH

„Subventionen sind Sondervergünstigungen, die einzelnen Unternehmungen oder ganzen Gruppen von Unternehmungen, die sich in bezug auf bestimmte Merkmale, wie Produktionsrichtung, Produktionsweise, Standort oder Betriebsform gleichen, vom Staat oder seinen Unterverbänden oder in deren Auftrag von öffentlichen Unternehmungen und Anstalten oder – bei staatlicher Vermittlung und Sanktionierung – auch von privater Seite zugewendet werden. Diese Begünstigungen können durch die Hingabe von Geld oder von geldwerten Leistungen oder durch Erlaß von Abgaben gewährt werden. Anstelle einer Gegenleistung wird ein bestimmtes Verhalten der begünstigten Unternehmer bei der Bestimmung von Standort, Verfahren, Richtung und Programm oder Umfang ihrer Produktion oder bei der Bestimmung ihrer Absatz- oder Beschaffungsmärkte erwartet, das die Durchsetzung bestimmter wirtschaftspolitischer Zielsetzungen ermöglichen soll.“[197]

Eine besondere Subventionsart sind Medienproduktionsförderungen (Herstellungsförderungen), die durch Förderungsinstitutionen an Produktionsunternehmen gewährt werden. Es handelt sich dabei um Projektförderungen und nicht um Unternehmensförderungen.[198]

Diese Arbeit beschäftigt sich mit der „wirtschaftlichen Filmförderung“, einer Medienproduktionsförderung, deren Vergabekriterium die Höhe der zu tätigenden Regionalausgaben ist. In Europa gibt es zahlreiche Institutionen, die derartige Subventionen anbieten (z.B. in Bayern, Berlin, Nordrhein-Westfalen, Wien).

---

[197] Gundlach, H.-J. (1965): S 7 f.

[198] Ziethen, M. (1987): S 105.

Illustration „Kosten-Nutzen Analyse" von Ali Janka

KOSTEN-NUTZEN ANALYSE

Als Methode zur Beurteilung der Umwegrentabilität wurde in dieser Untersuchung die Kosten-Nutzen Analyse gewählt. Sie stellt eine Synthese finanzwissenschaftlicher Inhalte mit der Theorie der Wohlfahrtsökonomie (als theoretische Wirtschaftspolitik) dar, deren grundlegende Gedanken der Wohlfahrtstheorie des 19. Jahrhunderts entstammen.

In diesem Kapitel soll ein kurzer Überblick über die Kosten-Nutzen Analyse vermittelt werden, um ihre Grundkonzeption und die wichtigsten Fragen aufzuzeigen, die bei einer empirischen Anwendung zu beantworten sind. Da die Kosten-Nutzen Analyse in dieser Untersuchung am konkreten Investitionsobjekt „wirtschaftliche Medienproduktionsförderung" (Filmförderung) angewandt wird, kann die Erörterung von (Detail-) Fragen, die zwar zum Problemkreis der Kosten-Nutzen Analyse zählen, aber für die gegebene Problemstellung irrelevant sind, unterbleiben.

BEGRIFFSABGRENZUNG

Zur Lösung staatlicher Entscheidungsprobleme sind von Seite der Wirtschaftswissenschaften verschiedene Verfahren entwickelt worden, mit deren Hilfe die Vorteilhaftigkeit von Investitionsvorhaben ermittelt bzw. überprüft werden kann:

- Kosten-Nutzen Analyse[199]

[199] Als erstes Werk der Kosten-Nutzen Analyse gilt die Schrift von Dupuit, J. (1844): De la mesure de l´utilité des travaux publics. Englische Übersetzung in: International Economic Papers, Vol. 2 (1952), London/New York 1952. Wichtig wurde die Kosten-Nutzen Analyse im 20. Jahrhundert in der amerikanischen Verwaltung, die v.a. im Bereich der Wasserwirtschaft einen exakten Nachweis der ökonomischen Vor- und Nachteile von Projekten errechnen sollte. „Im Jahr 1902 wurde im River and Harbour Act verlangt, daß eine Gruppe von Fachleuten über die Zweckmäßigkeit bestimmter militärischer Fluß- und Hafenprojekte unter Berücksichtigung aller ökonomischen Vor- und Nachteile befinde. Dabei wurde der Anstoß für die Entwicklung ökonomischer Bewertungskriterien gegeben." Zunächst be-

- Nutzwertanalyse[200]
- Kosten-Wirksamkeitsanalyse[201]
- Kostenvergleichsrechnung[202]

Diese vier Verfahren unterscheiden sich sowohl hinsichtlich ihrer Zielformulierung als auch in ihrer Anforderung an die Informationsbeschaffung und Informationsverarbeitung. Vergleichsweise geringe Anforderungen stellt das Verfahren der Kostenvergleichsrechnung; die umfangreichsten Untersuchungen und Auswertungen fallen im allgemeinen bei der Kosten-Nutzen Analyse an. Ausschlaggebend für die Wahl der aufwendigsten Methode für diese Untersuchung ist die Tatsache, daß die Kosten-Nutzen Analyse als einzige von ihnen Aussagen über die *absolute Wirtschaftlichkeit* der untersuchten Projekte erlaubt. Dies ist nötig, da nicht nur eine Reihung möglicher Projekte durchgeführt werden soll, sondern sich in manchen fällen die Frage stellt, ob überhaupt gefördert werden soll (oder es „wirtschaftlicher" ist, wenn eine Subventionierung unterbleibt). Die anderen der genannten Methoden können lediglich Auskunft über *relative Effizienzen* geben; dem geforderten Beurteilungsmaßstab können sie daher nicht gerecht werden.

Der Terminus Kosten-Nutzen Analyse (*cost-benefit-analysis*) hat sich in der einschlägigen Literatur als Überbegriff für Versuche der umfassenden Bewertung öffentlicher *Investitionsmöglichkeiten* (*Projekte, Investitionsalternativen*) entwik-

schränkte man sich auf die unmittelbar quantifizierbaren Kosten und Nutzen – entscheidend vorangetrieben wurde die Kosten-Nutzen Analyse in den 30-er Jahren im Rahmen des *New Deal.* Hier wurden für die staatlichen Projekte gesamtwirtschaftliche Rechtfertigungsversuche unternommen. Vgl. auch Hanley, N., Spash, C. (1993): S 4.

200 Die *Nutzwertanalyse* ist ein Verfahren zur Alternativenbewertung, wobei Alternativen auch an solchen Bewertungskriterien gemessen werden, die nicht in Geldeinheiten ausdrückbar sind (etwa technische, soziale oder psychologische Bewertungskriterien, die sich an quantitativen und qualitativen Merkmalen orientieren). Vgl. Zangenmeister, C. (1970); Bechmann, A. (1978); Knigge, R. (1975); Strassert, G. (1973); Nicolai, C. (1994); Thormälen, T. (1977); Eckhoff, J. (1973).

201 Die *Kosten-Wirksamkeitsanalyse* verbindet Elemente der Kosten-Nutzen Analyse (kostenseitig) mit der Nutzwertanalyse (nutzenseitig). Gesucht wird nach jener Handlungsalternative, bei der entweder für einen vorgegebenen Nutzwert die geringsten Kosten anfallen oder bei der ein vorgegebener Kostenrahmen den höchsten Nutzwert erzielt. Vgl. Knigge, R. (1975); Kaupa, H. (1976).

202 Die *Kostenvergleichsrechnung* ist eine Wirtschaftlichkeitsrechnung, die die Einnahmeseite (Nutzenseite) unbeachtet läßt. Sie kann daher nur zur Beurteilung von solchen Projektalternativen herangezogen werden, die ein ähnliches Nutzenniveau stiften.

kelt.[203] Die Kosten-Nutzen Analyse versucht, die Grundprinzipien der für den privaten Unternehmensbereich entwickelten Investitionsrechnung auf staatliche Ausgabenprojekte zu übertragen. Im Unterschied zur Wirtschaftlichkeitsrechnung von kommerziellen Investitionen bewertet die Kosten-Nutzen Analyse *öffentliche Güter*. An die Stelle der *privaten* treten daher die *sozialen* Nutzen und Kosten.

Mit Hilfe der Kosten-Nutzen Analyse läßt sich auf vorteilhafte Weise abschätzen, ob ein Vorhaben zum gewünschten Erfolg führen wird, wobei eine grundsätzliche Vorschau (auf die Auswirkungen in ferner wie in naher Zukunft) und eine Umschau (im Sinne einer Prüfung verschiedenster Nebenwirkungen auf eine Reihe von Personen, Industrien, Regionen) notwendig sind. Mit ihrer Anwendung soll die Rationalität der Mittelverwendung im öffentlichen Bereich erhöht werden, indem versucht wird, „die Rationalität des Preissystems – sie besteht in der vergleichbaren Bewertung der Folgen alternativer Handlungen – auch bei der Lösung von Aufgaben zu erreichen, die aus technischen Gründen von der Marktwirtschaft per se nicht befriedigend gelöst werden können."[204]

Wesentlich für die Konzeption der Kosten-Nutzen Analyse ist der Rekurs auf das Prinzip des „Mit-und-ohne-Vergleichs" (*with-and-without-principle*). Danach gelten nur jene Projektkonsequenzen als berücksichtigenswert, die ausschließlich deshalb eintreten, weil ein öffentliches Vorhaben verwirklicht wird, und die nicht einträfen, würde man auf dessen Realisierung verzichten. Die Feststellung der Wirkung einer Maßnahme erfolgt, indem die Entwicklung der Volkswirtschaft mit dem Projekt der Entwicklung ohne dieses gegenübergestellt wird; dann darf die Differenz zwischen den beiden Situationen als vom Projekt induziert angesehen werden. Kein Einfluß auf die Bewertung und Auswahl sollte solchen Wirkungen zukommen, die auch ohne die jeweils betrachtete Maßnahme – also auch im sogenannten „*Nullfall*" – auftreten würden.[205]

Hat man alle Vor- und Nachteile eines öffentlichen Projekts für einen bestimmten Zeitraum erfaßt, müssen diese monetär bewertet werden. Man kann

---

[203] Die Begriffe *Nutzen-Kosten Analyse*, *Kosten-Erfolgsanalyse* u.ä. werden in der Regel synonym mit dem Begriff *Kosten-Nutzen Analyse* verwendet.

[204] Stohler, J. (o.J.): o.T. zitiert in: Hansmeyer, K., Rurüp, B. (1975): S 65.

[205] Nach Ansicht von *Hofmann* müssen die Unterschiede zwischen zwei verschiedenen Entwicklungslinien verglichen werden, nicht aber die Unterschiede zwischen „*vorher*" und „*nachher*" (*before-and-after-principle*). Vgl. Hofmann, J. (1981): S 14 f.

die verschiedenen in Geld ausgedrückten Nutzen und Kosten auch auf einen Zeitpunkt diskontieren, wobei die Ungewißheit soweit wie möglich mitberücksichtigt wird. Im Vergleich mit Alternativprojekten wird dann jenes ausgewählt, das nach dem jeweiligen Effizienzmaß am meisten zur sozialen Wohlfahrt beiträgt.[206]

„Die Kosten-Nutzen Analyse stellt somit eine normative Entscheidungstechnologie zur Feststellung der Priorität verschiedener, aber auf das gleiche Ziel gerichteter Projekte dar, d.h. sie soll zur Ermittlung einer optimalen Handlungsstrategie führen."[207]

Das Einsatzgebiet der Kosten-Nutzen Analyse liegt vor allem dort, wo die Unteilbarkeit eines Gutes eine marktwirtschaftliche Effizienz verhindert oder wesentlich einschränkt, damit sie die Wirtschaftlichkeit im Angebot und in der Nachfrage kollektiver Güter zu erhöhen hilft und damit die gesamtwirtschaftliche Wohlfahrt (wie auch immer definiert) steigert und deren Verteilung verbessert.[208] Derartige Untersuchungen wurden deshalb mit zunehmender Staatstätigkeit sukzessive wichtiger. Das Vorliegen hoher (positiver) *Externalitäten* und die Herstellung *öffentlicher Güter*, wie dies bei der Vergabe von Herstellungsförderungen für den Mediensektor der Fall ist, erfordern relativ komplexe Untersuchungen, um die Sinnhaftigkeit derartiger staatlicher Ausgaben beurteilen zu können.[209]

Hohe Bedeutung kommt der Kosten-Nutzen Analyse deshalb bis heute zu, da es keine alternativen Verfahren zur Lösung derartiger Probleme gibt. Und dies, obwohl sich bei vielen Untersuchungen in praxi unlösbare Probleme stellen, die die Kosten-Nutzen Analyse aufwirft. In diesen Fällen eignet sich diese Methode hervorragend zur *Systemanalyse.* Der Hauptzweck der Kosten-Nutzen Analyse ist dann nicht so sehr in der Funktion einer eindeutigen, Ergebnis liefernden Investitionsrechnung zu sehen, als vielmehr in ihrer Funktion, die *Entscheidung und ihre zugrundeliegenden Wertungen transparent, nachvollziehbar und unter Umständen kritisierbar zu machen.*[210]

---

[206] Recktenwald, H. C. (1970): S 4.

[207] Hansmeyer, K., Rurüp, B. (1975): S 66.

[208] Vgl. Recktenwald, H. C. (1971): S 40. Kosten-Nutzen Analysen werden v.a. zur Evaluierung von Investitionsprojekten, die im öffentlichen Infrastruktur-, Bildungs- oder Gesundheitsbereich anfallen, eingesetzt.

[209] Vgl. Kapitel FORSCHUNGSFRAGE, S 20.

[210] Knigge, R. (1975): S 124.

Eine wichtige Funktion der Kosten-Nutzen Analyse liegt also in der Darstellung der Projektalternativen, um sie diskussionsfähig zu machen. Dazu gehört eine überschlagsmäßige Errechnung des (monetären) Kosten-Nutzen Verhältnisses als Mittel zur rationalen Lösung staatlicher Allokationsentscheidungen „bei Entscheidungen innerhalb eines Sektors über alternative Projekte, die denselben Zweck erfüllen sollen."[211] Je vergleichbarer die Projekte in der Art der Auswirkungen sind, umso eher kann die Kosten-Nutzen Analyse als Entscheidungsweg herangezogen werden.

WOHLFAHRTSTHEORETISCHE GRUNDLAGEN (1)

Staatliches Handeln ist in der Regel nicht nur auf ein einziges Ziel, sondern auf ein ganzes Zielbündel ausgerichtet: Freiheit, Gerechtigkeit, Sicherheit, Wohlstand etc.. Diese Ziele bedingen sich teilweise gegenseitig, manche davon schließen sich aber aus. Die Wohlfahrtstheorie versucht nun, alle diese Ziele in einer einzigen Funktion, der *Wohlfahrtsfunktion*, zusammenzufassen. Staatliches Handeln ist alsdann darauf zu richten, diese multidimensionale Wohlfahrtsfunktion zu maximieren.[212]

Vereinfachend wird nun davon ausgegangen, daß eine „Wohlfahrtssteigerung" als eine Erhöhung der *ökonomischen Wohlfahrt* verstanden werden soll. Dies läßt sich durch zwei Strategien erreichen: es können (1) Änderungen in der Verteilung der Einkommen vorgenommen werden bzw. (2) die Produktionsfaktoren in einer besseren, effizienteren Art und Weise kombiniert werden.

In einer zweiten, vereinfachenden Annahme soll davon ausgegangen werden, daß die Einkommensverteilung optimal ist. Dann läßt sich eine Wohlfahrtssteigerung nur noch durch eine Verbesserung der Faktorallokation erreichen: Die Wohlfahrt ist dann immer höher, wenn durch die Änderung der Kombination der Produktionsfaktoren entweder alle besser gestellt werden, oder zumindest einer seine Position verbessern kann, ohne daß ein anderer schlechter gestellt wird. Ein Wohlfahrtsoptimum (*Paretooptimum*) ist dann er-

---

[211] Knigge, R. (1971): S 22.

[212] Knigge, R. (1971): S 16.

reicht, wenn durch weitere Änderungen die Position eines Einzelnen nicht mehr verbessert werden kann, ohne gleichzeitig die eines anderen zu verschlechtern.

Da in der Realität eine Wohlfahrtsverbesserung unter der Bedingung, daß „keiner schlechter gestellt wird" kaum vorstellbar ist, vertreten *Kaldor/Hicks* (*Kaldor-Hicks Theorem; Kaldor-Hicks hypothetical compensation test*) den globalen Standpunkt, daß öffentliche Interventionen dann gut sind, wenn die Maßnahmen einen *positiven Nettonutzen* aufweisen. Die aggregierten Nutzen einer Maßnahme müssen höher sein als die aggregierten Kosten, *egal bei wem sie anfallen.* D.h.: Wenn die Gewinner einer Maßnahme die Verlierer dafür kompensierten, stiegen die Gewinner immer noch besser aus, als ohne Durchführung der Maßnahme. Problematisch bei der Anwendung dieses Kriteriums ist, daß die Verteilung unter verschiedenen Personengruppen unberücksichtigt bleibt. Auch ob die Entschädigung durchgeführt wird oder nicht, ist unerheblich – sie muß nur *hypothetisch möglich* sein.[213]

Überträgt man die Überlegungen von *Kaldor/Hicks* auf eine Volkswirtschaft, so kommt eine Wohlfahrtssteigerung in einer *Erhöhung des Sozialprodukts* zum Ausdruck. Jede Aktivität des Staates, die zu einer Erhöhung des Volkseinkommens führt, ist demnach – unabhängig von den sich daraus ergebenden Verteilungswirkungen – als positiv zu beurteilen. Bezogen auf die einzelne staatliche Aktivität bedeutet dies, daß jedes Projekt, bei dem der Ertrag die Kosten übersteigt (unter Berücksichtigung externer Effekte), wohlfahrtssteigernd wirkt. Damit liefert die Wohlfahrtstheorie eine theoretische Begründung für die Kosten-Nutzen Analyse.

Der schwerwiegendste Einwand gegen diese Überlegungen ist ethischer Natur: Er zielt darauf ab, daß es nicht möglich ist, interindividuelle Wohlfahrtsvergleiche vorzunehmen. „Gewinne und Verluste verschiedener Individuen können nicht gegeneinander aufgerechnet werden; ein noch so großer Gewinn des einen rechtfertigt keinen noch so kleinen Verlust des anderen."[214]

---

[213] Gramlich (1990): S 115; Pflügner (1988): S 104; Eine andere Schwierigkeit im Zusammenhang mit diesem Kriterium ist das *Scitowsky Paradoxon.* Scitowsky hat nachgewiesen, daß wenn eine Maßnahme dem Kaldor-Hicks Test entspricht und durchgeführt wird, eine zweite Maßnahme, die die erste wieder rückgängig macht, auch dem Kaldor-Hicks Test entsprechen könnte. Zurückzuführen ist dies auf eine mögliche Veränderung der relativen Preise (aufgrund von verändertem Angebot und verändertem Faktoreinkommen → veränderte Nachfrage), die durch die Durchführung der ersten Maßnahme ausgelöst wird. Vgl. Schofield (1987): S 22 f. Vgl. dazu auch Kapitel BEWERTUNG VON KOSTEN UND NUTZEN, S 123.

[214] Spohler, J. (1967).

Und da es keinen objektiven Maßstab für interpersonelle Nutzenvergleiche gibt, ist die Anwendung des Kaldor-Hicks Kompensationskriteriums durch Werturteile belastet und deshalb nach unserem Wissenschaftsverständnis als „unwissenschaftlich" abzulehnen. Derselbe Einwand gilt übrigens auch für die Annahme, daß die Einkommensverteilung in der Ausgangssituation optimal ist; denn die Frage, welche Verteilung optimal ist, läßt sich auch nicht mit ökonomisch wertfreien Kriterien lösen.

Die Entwicklungen der letzten Zeit zielen darauf ab, die Bewertung und Auswahl staatlicher Maßnahmen nicht mehr nur auf deren ökonomische oder allokative Effizienz zu begrenzen. Die Diskussion geht dahin, daß erweiterte Kosten-Nutzen Analysen unter bestimmten, keineswegs unrealistischen Bedingungen *Nutzen und Kosten umfassender sehen.* Insbesondere die *Verteilung* spielt dabei eine Rolle. Diese neuen Ansätze trachten danach, eine sog. *Gesamteffizienz (grand efficiency)* zu maximieren; dies ist der Fall, wenn Kosten und Nutzen gleichzeitig die Allokations- und Umverteilungswirkungen eines Projekts ausdrücken.[215]

Aussagen über ein modifiziertes, Kosten-Nutzen-analytisches Modell lassen sich jedoch nicht definitiv begründen. Versuche in diese Richtung müssen zwangsläufig entweder in unendliche Regresse einmünden, zu Zirkelschlüssen führen oder auf irgendeiner Stufe der Argumentation willkürlich abgebrochen werden. Von daher kann und soll von vornherein kein Anspruch auf Unumstößlichkeit erhoben werden. Sämtliche nachfolgenden Überlegungen sind ihrerseits kritisierbar und im Lichte der Kritik revidierbar. Aufgabe der Wissenschaft kann es letztlich nur sein, mögliche Positionen zu skizzieren und auf Konsequenzen aufmerksam zu machen. Entscheidungen für oder gegen die eine oder andere Position sollen und dürfen denjenigen, die zu bewerten und auszuwählen haben, nicht abgenommen werden.[216]

---

215 Vgl. Kapitel VERTEILUNG, S 139.

216 Vgl. Hofmann, J. (1981): S 7.

EINSCHRÄNKUNGEN UND ABGRENZUNGEN

Bevor die Durchführung etwaiger Projekte in Erwägung gezogen werden kann, müssen die einschränkenden Nebenbedingungen (*constraints*) erhoben werden. Zu diesen zählen:[217]

- **Physische Nebenbedingungen:** sind Einschränkungen seitens der einzusetzenden Produktionsfaktoren. Besonders die notwendigen technischen Bedingungen sind manchmal nicht in vollem Umfang gegeben: bei der Verfügbarkeit von Facharbeitskräften können Engpässe auftreten. Z.B.: Bietet die fördernde Region ausreichend Filmkulissen bzw. sind Filmstudios vorhanden?

- **Budgetäre Nebenbedingungen:** Die für die durchzuführenden Projekte zu veranschlagenden Budgetmittel werden von den politischen Entscheidungsträgern üblicherweise im Rahmen der allgemeinen Haushaltsplanung festgelegt. Die Kosten der zu untersuchenden Alternativen dürfen sich dann nur im Rahmen der fiskalisch vorgegebenen Budgetansätze bewegen. Z.B.: Ist das vorhandene Budget groß genug, so daß die Errichtung einer eigenen Förderungsinstitution Sinn macht?

- **Gesetzliche Nebenbedingungen:** Öffentliche Vorhaben dürfen nicht gegen geltendes Recht verstoßen bzw. müssen, wenn nötig, für das Projekt *zuvor* die notwendigen gesetzlichen Bedingungen geschaffen werden. Z.B.: Darf der Förderungsgeber auch indirekt fördern (Steuererleichterungen gewähren) – wenn ja, bis zu welchem Ausmaß?

- **Administrative Nebenbedingungen:** Administrative Einschränkungen ergeben sich u.U. aus limitierter Kapazität und Fähigkeit des staatlichen Verwaltungsapparates. Z.B.: Können die Förderungen von der bestehenden Bürokratie verwaltet werden oder ist (im Sinne einer Entpolitisierung der Förderungsvergabe) die Etablierung einer Förderungsstelle mit eigener Rechtspersönlichkeit angebracht?

---

[217] Vgl. Eckstein, O. (1958): S 227; Obermann, G. (1973): S 47 f.

- **Politische Nebenbedingungen:** Entschieden wird in der Kosten-Nutzen Analyse anhand wohlfahrtsökonomischer Kriterien. Weitere Elemente, die Teil des politischen Zielspektrums sein können, wie z.B. „Förderung strukturschwacher Regionen“, vernachlässigt sie gänzlich. Z.B.: Soll ein Projekt mit geringer Umwegrentabilität gefördert werden, das gegen Ausländerfeindlichkeit eintritt und im Fernsehen zur Hauptsendezeit vor vielen Menschen ausgestrahlt würde?

- **Distributive Nebenbedingungen:** Neben ökonomischer Effizienz ist auch die Wirkung auf die Einkommensverteilung zu berücksichtigen (vgl. Kapitel VERTEILUNG, S 139). Z.B.: Werden bei einer Produktion mehrere Schauspieler gut bezahlt (und viele Komparsen eingesetzt) oder setzen sich die Personalkosten nur aus drei Stargehältern zusammen?

Weiters sollte der Geltungsbereich der Kosten-Nutzen Analyse in *zeitlicher* und *räumlicher* Hinsicht abgegrenzt werden:

Zeitliche Abgrenzung

Bei der zeitlichen Abgrenzung sind zu unterscheiden:

- **Physische Lebensdauer des Projekts:** Sie ist im wesentlichen von der technischen Ausführung bestimmt; bei Finanzinvestitionen entspricht sie dem Zeitraum, in dem Förderungen vergeben werden.

- **Ökonomische Lebensdauer:** Diese entspricht der *Nutzungsdauer* des Projekts, während der die gewünschten ökonomischen Effekte der Subventionen anhalten.

- **Analysezeitraum:** Die Wahl der zeitlichen Begrenzung der Analyse wird primär beeinflußt durch Güte bzw. Verläßlichkeit der verfügbaren Prognosen bzw. Projektionen.[218]

Räumliche Abgrenzung

Im allgemeinen gilt die räumliche Begrenzung der positiven und negativen Wirkungen nach dem *to-whom-soever-they-may-accrue-Prinzip* auf den nationalen Rahmen, d.h. auf die Angehörigen des jeweiligen Staates, als selbstverständ-

[218] Vgl. Obermann, G. (1973): S 45. Auch kann die Auswahl und Bewertung allokativer Projekte alleine auf die lebende Generation abstellen, sie kann aber auch sämtliche nachfolgenden Generationen in die Betrachtungen mit einbeziehen.

lich.[219] Sofern eine regionale Beschränkung der Untersuchung erfolgen soll, wie im Falle dieser Untersuchung auf die Gebietskörperschaft des Förderungsgebers, bietet sich eine Untersuchung auf dieser regional begrenzten Ebene an.

Versucht man das Konzept der Kosten-Nutzen Analyse regional anzupassen, stellt sich weniger die Frage nach Einbeziehung oder Nichtberücksichtigung von einzelnen Nutzen und Kosten nach der Art dieser, als vielmehr nach dem Ort ihres Anfallens sowie nach ihrer umfangmäßigen Einbeziehung. Nur innerhalb der Untersuchungsregion anfallende Nutzen sind ausschlaggebend; ob diese in einer anderen Region kompensiert werden oder nicht, ist irrelevant. Vom regionalen Standpunkt aus sind gewisse Nutzenarten auch überhaupt nicht zu berücksichtigen, wenn sie außerhalb der Untersuchungsregion anfallen.[220] Das *with-and-without-Prinzip* bedarf daher einer Neuinterpretation: Der Anwendungsbereich dieses Prinzips ist auf die Untersuchungsregion zu reduzieren, so daß bei Unterstellungen der Situation „ohne“ Projekt allein die potentiellen regionsinternen Effekte in Rechnung zu stellen sind.

Ähnliche Konsequenzen ergeben sich auch auf der Kostenseite. Es sind nur jene Kosten zu berücksichtigen, die für die jeweilige Region eine reale Belastung im Sinne eines Entzugs von Produktionsfaktoren aus alternativer Verwendung darstellen.[221]

Im Verhältnis zur gesamtwirtschaftlichen Effizienz handelt es sich dabei um eine suboptimale Effizienz. Die Vornahme der Investition bedeutet zwar für die einzelne Region einen Nettogewinn, nicht mehr aber unbedingt für die Gesamtwirtschaft; denn die gleiche Investition hätte möglicherweise in einer anderen Region einen höheren Nettogewinn stiften können.

Zusammengefaßt ergeben sich folgende Besonderheiten bei einer regional modifizierten Kosten-Nutzen Analyse:[222]

---

[219] Vgl. Hofmann, J. (1981): S 27. Nur selten wird für Analysen der internationale Rahmen herangezogen – obwohl ein derartiges ganzheitliches Denken in vielerlei Hinsicht (v.a. im Umweltschutz) sicherlich wünschenswert wäre!

[220] Vgl. Lerch, B. (1970): S 112 f.

[221] „Es scheiden von vornherein jene potentiellen Alternativen aus, die nur außerhalb der Region realisierbar sind; denn darüber besitzt der autonome regionalpolitische Aktor keine Entscheidungsgewalt. Die regionale Begrenzung in der Anwendung der Alternativkostenmethode bedeutet einerseits eine Erschwernis in der Nutzenmessung, andererseits verhindert diese Begrenzung, daß mit Hilfe sehr regionsferner, oft verhältnismäßig relativ unrealistischer Alternativen die Rechtfertigung staatlicher Projekte angestrebt wird.“ Lerch, B. (1970): S 114 f.

[222] Vgl. Lerch, B. (1970): S 105 ff.

- Die projektbedingten Wirkungen müssen differenziert werden, je nachdem, ob sie innerhalb oder außerhalb der Region anfallen.[223]
- Es ist unerheblich, ob projektbedingte Nutzeneffekte in einer anderen Region kompensiert werden oder nicht.
- Alternative Projekte können nur in derselben Region angesiedelt sein.
- Vorleistungen aus anderen Regionen müssen aus der Nutzenberechnung ausgeklammert werden.
- Die Region muß genau abgegrenzt sein.

VORGANGSWEISE DER KOSTEN-NUTZEN ANALYSE

Die in der Literatur vorgeschlagenen Vorgangsweisen zur Durchführung einer Kosten-Nutzen Analyse ähneln sich bei den verschiedenen Autoren relativ stark; sie differieren lediglich in ihrem Detaillierungsgrad.

Kohli, Autor eines Handbuchs für die Praxis, wählt drei pragmatische Schritte: „This analysis basically involves three steps: (1) identification, (2) valuation and (3) comparison of project's costs and benefits to determine its viability."[224]

---

[223] Ein Problem kann dann entstehen, wenn der Investor eine überregionale Gebietskörperschaft ist, z.B. das Land, das im Rahmen der regionalen Wirtschaftsförderung tätig wird, da in diesem Fall die Kosten nur zum Teil der Region zugerechnet werden können, weil nur ein Teil der Steuereinnahmen aus der Region stammt. Gleichermaßen schwierig gestaltet sich die Abgrenzung von Erträgen, die in der Region bleiben, da oftmals keine in geographisch passender Form abgegrenzten Input-Output Tabellen vorliegen und die Höhe der Vorleistungen, die außerhalb der Region einkommenswirksam werden, kaum feststellbar ist.

[224] Kohli, K. N. (1993): S 34; Auch nach *Hesse* stellen sich bei der Kosten-Nutzen Analyse drei Fragen: (1.) Welche Kosten und Nutzen sind in die Analyse einzubeziehen? (2.) Wie sind die Kosten und Nutzen zu bewerten? (3.) Wie ist der Diskontierungssatz festzulegen? Vgl. Hesse, H. (1969): S 47; *Prest/Turvey* stellen die Hauptgrundsätze der Kosten-Nutzen Analyse in vier Schritten dar: (1.) Welche Kosten und welche Nutzen sollen berücksichtigt werden? (2.) Wie sind sie zu bewerten? (3.) Zu welchem Zinssatz soll diskontiert werden? (4.) Welche sind die entsprechenden Einschränkungen? Vgl. Prest, A. R., Turvey, R. (1970): S 105.

Etwas differenzierter gehen *Hanley/Spash* vor. Sie teilen die Kosten-Nutzen Analyse in folgende Schritte ein: „Defining the project, identifying the impacts which are economically relevant, physically quantifying impacts, calculating a monetary valuation, discounting, weighting, and sensitivity analysis."[225]

Am ausführlichsten, nämlich in sieben Schritten, teilt *Hanusch* die Teilaufgaben bei der Durchführung der Kosten-Nutzen Analyse ein:[226]

1. Bestimmung der relevanten Nebenbedingungen.
2. Formulierung und Vorauswahl von Alternativen.
3. Bestimmung der Projektwirkungen; erfassen und bewerten von positiven und negativen Wirkungen alternativer Projekte in Form ihrer monetären Nutzen und Kosten.
4. Zeitliche Homogenisierung der Nutzen und Kosten auf dem Wege der Diskontierung.
5. Gegenüberstellung von Nutzen und Kosten für die verschiedenen Alternativen; Synthese zu eindimensionalen Güte- oder Entscheidungsmaßen.
6. Berücksichtigung von Risiko und Unsicherheit, eventuell Modifizierung der Entscheidungsmaße.
7. Aufstellen einer Rangordnung der Alternativen anhand der Entscheidungsmaße und Empfehlung einer oder mehrerer Alternativen.

ERFASSUNG VON KOSTEN UND NUTZEN

Die Durchführung von Projekten verursacht regelmäßig eine unendliche Vielfalt von Wirkungen, aber nicht alle sind bewertungs- und entscheidungsrelevant. „Als bedeutsam erweist sich vielmehr lediglich ein Ausschnitt aus den komplexen Folgen des Spektrum, nämlich den Konsequenzen, die „günstig" (positiv) und „ungünstig" (negativ) genannt werden können: die Nutzen (Vorteile) und Kosten (Nachteile)."[227] Eine strikte Beschränkung auf soge-

---

[225] Hanley, N., Spash, C. (1993): S 8.

[226] Vgl. Hanusch, H. (1987): S 6 f.

[227] Hofmann, J. (1981): S 14, 20. „Gegenstand sind prinzipiell nicht nur Veränderungen der *economic welfare*, sondern umfassender, Zuwächse und Einbußen an *general welfare*. Materielle Aspekte der Bedürfnisbefriedigung sollten ebenso in den staatlichen Entscheidungskalkül einbezogen werden wie immaterielle oder ideelle Gesichtspunkte (*psychic incomes*)."

nannte *ökonomische* Einflußgrößen sieht die Konzeption der Kosten-Nutzen Analyse aber grundsätzlich nicht vor.

Für die Einteilung ökonomischer Effekte hat sich in der Literatur folgende Systematik herausgebildet: *reale–pekuniäre* Effekte, *direkte–indirekte (primäre–sekundäre)* Effekte, *tangible–intangible* Effekte, *intermediäre–finale* Effekte und *interne–externe* Effekte. Diese Systematisierung überlappt sich teils, manche Begriffe schließen sich gegenseitig aus.

Reale Effekte – Pekuniäre Effekte

Als *reale Effekte* werden alle Auswirkungen bezeichnet, die sich in irgendeiner Form verändernd auf die gesellschaftliche Wohlfahrt auswirken, indem sie eine Veränderung in der Versorgung von Haushalten und Individuen mit Gütern und Dienstleistungen verursachen.

Pekuniäre Effekte sind zusätzliche Gewinne, die aufgrund einer Projektrealisierung entstehen. Es handelt sich dabei lediglich um eine Verschiebung der individuellen Einkommen, so es sich um eine vollbeschäftigte Volkswirtschaft handelt, die die gesamtwirtschaftliche Wohlfahrt nicht verändern. Wegen ihres redistributiven Charakters müssen die reinen Transferzahlungen oder Verteilungsfolgen ausgesondert werden; es soll der Wert des Produktionszuwachses aus einer gegebenen Investition und nicht die Wertsteigerung bestehenden Vermögens betrachtet werden.

Die Einbeziehung pekuniärer Effekte ist nur möglich, wenn Unterbeschäftigung herrscht und immobile Ressourcen im Zuge der Geschäftsausweitung, die auf das Projekt folgt, in den komplementären Wirtschaftszweigen eingesetzt werden oder wenn bereits beschäftigte Produktivkräfte via Investition einer produktiveren Faktorkombination zugeführt werden. Einer der wichtigsten Effekte dieser Art ist der Multiplikatoreffekt, ein sekundärer Nutzen, der bei realen Kosten-Nutzen Analysen praktisch immer einbezogen werden kann. Außerdem verwandelt die regionale Abgrenzung dieser Untersuchung viele volkswirtschaftliche pekuniäre Effekte zu realen Effekten, indem Medienproduktionen in eine Region „geholt" werden.[228]

Direkte (primäre) Effekte – Indirekte (sekundäre) Effekte

Diese Unterscheidung stellt auf die Intention ab, die der Entscheidungsträger mit der Wirkung verbindet. Während *indirekte* (*sekundäre*) Effekte nicht bewußt angestrebt werden, sondern gewissermaßen als unbeabsichtigte Neben-

---

[228] Vgl. Kapitel EINSCHRÄNKUNGEN UND ABGRENZUNGEN, S 110.

folgen anfallen, werden Projekte in der Regel wegen ihrer *direkten* (*primären*) Wirkungen angestrebt. Diese Wirkungen müssen, sofern sie realer Natur sind, unbedingt in die Kosten-Nutzen Analyse eingehen.

Zu den *direkten Effekten* (Nutzen) zählen an erster Stelle alle intendierten Outputs, die finale Güter darstellen und damit den Konsum von Gesellschaftsangehörigen in qualitativer/quantitativer Hinsicht erhöhen. Z.B. werden „wirtschaftliche Filmförderungen" eingesetzt, um Arbeitsplätze zu sichern. Es gibt aber auch direkte Nutzen, die nicht notwendigerweise unmittelbar in Anspruch genommen werden müssen, wie z.B. der Optionsnutzen.[229]

Tangible Effekte – Intangible Effekte

Tangible und *intangible Effekte* werden nach dem Kriterium der Meßbarkeit unterschieden, wobei die *intangiblen Effekte* (*intangibles;* „unmeßbare" Effekte) sich in ökonomische und außerökonomische Effekte unterteilen lassen.[230] Unabhängig vom Grad ihrer Meßbarkeit sollten diese Effekte aber unbedingt in die Kosten-Nutzen Analyse aufgenommen werden!

Intermediäre Effekte – Finale Effekte

„Finale Projektwirkungen führen unmittelbar zu einer Erhöhung oder Senkung individueller Nutzenniveaus. Intermediäre Effekte fallen dagegen zunächst im privaten Produktionsbereich in Form von Kostenveränderungen an."[231] Medienproduktionsförderungen wenden sich nicht an Konsumenten, von ihnen gehen daher nur intermediäre Effekte aus, die von den Betrieben in finale Effekte transformiert werden (z.B. Nachfrage nach Arbeit).

Interne Effekte – Externe Effekte (Drittwirkungen)

Unter *externen Effekten* werden solche Kosten und Nutzen verstanden, welche am Projekt nicht beteiligten Dritten entstehen – sie kommen durch Marktversagen zustande. Diese bilden einen wichtigen Teil der ökonomisch relevanten Wirkungen von Medienproduktionen (z.B. touristische Werbewirkung von Filmen).

Die eigentliche Problematik von Drittwirkungen besteht darin, daß für sie kein Markt existiert und sie daher in einer Marktwirtschaft auch nicht erfaßt und abgegolten werden. Dies gilt sowohl für externe Vorteile wie auch für externe Nachteile.

---

229 Vgl. Kapitel OPTION VALUE (OPTIONSWERT), S 293.

230 Knigge, R. (1971): S 28.

231 Hanusch, H. (1987): S 10.

Sonstiges

Hanusch unterscheidet in der Analyse von Projektauswirkungen zwischen großen Vorhaben und kleinen Vorhaben, wobei sich die großen Vorhaben dadurch auszeichnen, daß sie das relative Preisgefüge verändern und infolgedessen ein weiteres Wirkungsspektrum in die Analyse einzubeziehen ist.[232] Bei kleinen Projekten sind die Auswirkungen auf die betreffende Region beschränkt. Auf die Marktpreise, die sich aufgrund von Angebot und Nachfrage in der gesamten Volkswirtschaft bilden, haben diese keinen meßbaren Einfluß; nur lokale, in vielen Fällen fragmentierte Märkte, reagieren auf die Durchführung kleiner Projekte.

Bei der Subventionierung von Medienproduktionen kann davon ausgegangen werden, daß es sich um *kleine* Projekte handelt – nationale Märkte werden durch sie nur marginal verändert.[233] Dadurch ergibt sich, daß im Bewertungsansatz nicht länger auf Preisänderungen Rücksicht genommen werden muß; in das Bewertungskalkül gehen nunmehr lediglich Mengenänderungen ein, die auch bei kleinen Projekten beobachtbar sind.

Weiters wird in der Literatur auch regelmäßig auf den *Einfluß verschiedener Projekte aufeinander* hingewiesen. Dabei kann es sich um direkten oder indirekten Einfluß handeln, der jeweils die entstehenden Kosten und Nutzen der gewählten Alternative verändert (z.B.: werden zwei große Filmproduktionen gleichzeitig in einer Region hergestellt, kann es zu Engpässen bei den Produktionsmitteln kommen, weswegen Ressourcen von auswärts beschäftigt/angemietet werden müssen). Wenn starke Abhängigkeiten auf der Angebots- und der Nachfrageseite bestehen, muß man sie in der Kosten-Nutzen Kalkulation berücksichtigen.[234]

---

[232] Vgl. Hanusch, H. (1987): S 22 ff.

[233] Vgl. dazu auch Kapitel FORSCHUNGSFRAGE, S 20. Lediglich wenige, hochspezialisierte Märkte werden durch die Subventionierung spürbar beeinflußt, z.B. die für Filmstudios oder Filmlabors.

[234] Prest, A. R., Turvey, R. (1970): S 107.

KOSTEN

Unter Kosten wird der Wert aller Güter und Dienstleistungen verstanden, die bei der Durchführung eines Projektes verzehrt werden. Die finanziellen Mittel, mit denen das staatliche Projekt finanziert wird, stammen aus anderen Teilen der Volkswirtschaft, nämlich vom privaten Sektor, und können dort nicht mehr nutzenbringend eingesetzt werden.

Stammen die Mittel von Privaten (Haushalten) und kann angenommen werden, daß diese Mittel nur für konsumtive Zwecke verwendet worden wären, würde der entgangene Nutzen bei den Privaten genau dem ihnen entzogenen Geldbetrag entsprechen. Man kann aber davon ausgehen, daß ein Teil dieser Mittel von den Privaten investiert worden wäre. Eine solche private Investition würde in der Zukunft einen Ertrag bringen, der zum Teil konsumiert, zum anderen Teil aber auch reinvestiert werden könnte usw.

Im Laufe der Zeit verwandelt sich eine Investition in einen zeitlichen Konsumstrom, denn jede ökonomische Aktivität endet letztlich in Konsumtion. Zinst man diesen Konsumstrom mit einer sozialen Zeitpräferenzrate ab, so erhält man den Gegenwartswert der privaten Investition.[235]

Infolgedessen ist es falsch, wenn man bei einer Kosten-Nutzen Analyse nur die monetären Kosten (nur die effektiven Ausgaben) berücksichtigt. Richtigerweise muß man diese Position mit dem Gegenwartsnutzen der durch die staatliche Intervention verdrängten Möglichkeiten (privater Konsum, private Investition) einsetzen. Diese Kosten, die den Nutzen der bestmöglichen alternativen Investition ausdrücken, werden auch als *Opportunitätskosten* bezeichnet.

Zu den Opportunitätskosten eines Projekts können im einzelnen zählen: Forschungs- und Entwicklungskosten, Kosten der Entscheidungsvorbereitung (einschließlich Kosten der Kosten-Nutzen Analyse), Investitionskosten, Betriebs- und Unterhaltungskosten, Desinvestitionskosten, administrative Kosten der Beschaffung der erforderlichen Finanzmittel. Nicht darunter fallen historische Kosten (*sunk cost*), die nicht mehr vermieden werden können.[236]

---

[235] Die soziale Zeitpräferenzrate ist die normative gesellschaftliche Grenzrate der Substitution von zukünftigen in gegenwärtige Güter. Vgl. Feldstein, M. (1964): S 118; Prest, A. R., Turvey, R. (1970): S 106.

[236] Vgl. auch die Aufzählung von Kostenarten in: Black, G. (1969): S 67 ff.

NUTZEN

Ergänzend zur Einteilung in direkte und indirekte Nutzen soll festgehalten werden:

Direkte Nutzen

Direkte Nutzen können als „individuelle Konsumzuwächse bezeichnet werden, die aus dem Output resultieren, um dessentwillen öffentliche Entscheidungsträger allokative Vorhaben primär realisieren."[237] Die angebotenen Leistungen müssen aber nicht unbedingt konsumiert werden, sondern können sich auch aus dem „beruhigenden Gefühl" ergeben, jene Leistungen gegebenenfalls in Anspruch nehmen zu können (z.B. Optionsnutzen).

Direkte Nutzen, die aus Medienproduktionsförderungen erwachsen sind aber großteils als „intermediärer Output" allokativer Projekte aufzufassen. Sie fallen als materielle und immaterielle Vorleistungen bei privaten Unternehmen und anderen öffentlichen Institutionen an und führen dort zu Kosteneinsparungen und dadurch zu einer Ausweitung der Produktion. Eine Mehrproduktion erhöht das Konsumgüterangebot unmittelbar oder geht in Gestalt von Investitionsgütern oder Zwischenprodukten in andere Produktionsprozesse ein und bewirkt so indirekte Konsumsteigerungen.

Zu den direkten Vorteilen lassen sich auch angestrebte Verbesserungen in den objektiven und subjektiven Arbeitsbedingungen rechnen, und zwar in dem Maße, in dem diese zu höherer Arbeitszufriedenheit und dementsprechend zu einem „Mehrkonsum an Arbeitsfreude" führen. Bei Regionen mit Arbeitslosigkeit in der Medienbranche dürften Subventionen derartige Nutzen stiften. Weiters zählen Nutzen dazu, die primär die Arbeitsproduktivität von Individuen steigern und auf Grund dessen im Laufe der Zeit zu höherem (qualitativen/quantitativen) Endverbrauch führen (z.B. der Bildungsbereich, der von Förderungsinstitutionen indirekt mitbedacht wird).

Nicht zuletzt zählen auch reale Kostenersparnisse in Folge primärer öffentlicher Leistungen zum Komplex der direkten Nutzen. Staatliche Vorhaben bewirken aufgrund substitutiver Prozesse häufig nur eine Freisetzung von Produktionsfaktoren. Als Nutzen ist dies deshalb aufzufassen, weil, Vollbeschäftigung unterstellt, jeder freigesetzte Faktor nunmehr anderen privaten

[237] Hofmann, J. (1981): S 41.

oder öffentlichen Produktionen zur Verfügung steht und dort zu einer mittelbaren oder unmittelbaren Verbesserung des Konsumgüterangebots beiträgt.[238]

Die primären Nutzen sind demnach gleich dem zusätzlichen Output, der unmittelbar aus dem Projekt herrührt, für welches die Ausgaben getätigt werden. Ähnlich wie bei den Kosten können aber viele dieser Größen streng genommen der Forderung, gesamtwirtschaftlicher Nutzenmaßstab zu sein, nicht genügen. Denn z.B. besteht der Output zahlreicher staatlicher Investitionen aus Kollektivgütern, für die es, da hier das für das Funktionieren des Marktmechanismus konstitutive Ausschlußprinzip nicht gilt, keinen Marktpreis geben kann.

Die Wissenschaft verfügt gegenwärtig noch über kein Instrumentarium, mit dem sich diese Probleme lösen lassen. Hieraus folgt, daß bei der Berechnung regelmäßig „mehr Kosten als Nutzen berücksichtigt werden, woraus sich wiederum durchwegs negative Kapitalwerte der zu untersuchenden Projekte ergeben. Zu dieser gängigen Auffassung wird man allerdings dann nicht gelangen können, wenn man sich den Opportunitätskostencharakter jedweder Kosten vor Augen hält; denn wenn Kosten Nutzenverzichte sind, können natürlich Kosten problemlos als Nutzen erfaßt werden.“[239]

Indirekte Nutzen

Indirekte oder *sekundäre Nutzen* sind die Gesamtheit der Effekte eines Projektes, die über den direkten Nutzen hinaus die Wohlfahrtspositionen von Individuen berühren; bei der Abgrenzung der Nutzen von Medienproduktionsförderungen ist der Übergang allerdings ein unscharfer. Im Gegensatz zu den direkten Nutzen werden diese nicht primär von den öffentlichen Entscheidungsträgern intendiert, sondern fallen gewissermaßen als eine Art „unbeabsichtigte Neben- oder Kuppelprodukte“ im Zuge einer Projektdurchführung an.

Insbesondere versteht man darunter sämtliche Nebenwirkungen der Leistungsabgabe und Leistungsnutzung, die nicht bei den intendierten Nutznießern anfallen, sondern Dritte begünstigen. „Derartige positive Seiteneffekte können erstens konsumtiver Natur sein und damit sofort das Nutzenniveau

[238] Vgl. auch Hofmann, J. (1981): S 42 ff. Eine weitere Nutzenkategorie der Kosten-Nutzen Analyse (v.a. im Umweltschutzbereich wichtig) ist die gezielte Verhinderung von Schäden, beispielsweise Verluste an Menschenleben, Gesundheitliche Einbußen, Verschlechterungen der Umweltbedingungen, die ohne die Realisierung eines Projekts eintreten würden.

[239] Hansmeyer, K., Rurüp, B. (1975): S 71.

von Haushalten erhöhen, oder sie steigern, zweitens, die Arbeitsproduktivität von Individuen, oder sie erweisen sich, drittens, zunächst für bestehende Unternehmen und andere öffentliche Institutionen als vorteilhaft und führen über Verbesserungen der Produktionsbedingungen durch Produktionsausweitungen oder Kosteneinsparungen zu gesamtwirtschaftlichen Konsumsteigerungen."[240]

In der Literatur wird beim indirekten Nutzen eines Projekts zwischen *pekuniären, monetären und technologischen Spillovers* unterschieden:

- **Pekuniäre Spillovers:** Diese verändern zwar die Wohlfahrt einzelner Individuen/Unternehmen, da es sich aber um reine Umverteilungseffekte handelt, wirken sie sich volkswirtschaftlich gesehen nicht wohlfahrtssteigernd aus.[241]
- **Technologische Spillovers**: In diesem Fall verändern sich die Produktionsbedingungen privater Unternehmer direkt und nicht erst über die Änderung der Preise von Gütern und Produktionsfaktoren.
- **Monetäre Spillovers**: „Mit ihnen werden die Gewinne oder Verluste bezeichnet, die bei privaten Unternehmen als Folge eines Projekts entstehen. Sie haben ihre Ursache nicht in einer durch die staatliche Maßnahme bewirkten realen Produktivitätsänderung, sondern in einer Preisänderung der benutzten Produktionsmittel oder produzierten Güter."[242]

Die klassische Kosten-Nutzen Analyse geht von der zentralen Prämisse aus, daß alle Produktivkräfte in einer Volkswirtschaft vollbeschäftigt sind. Sie unterscheidet sich hiermit in konzeptioneller Hinsicht von den jüngeren Ansätzen, die auch als *erweiterte Kosten-Nutzen Analyse* bezeichnet werden. Diese verzichtet nämlich bewußt darauf, auf den Faktormärkten ein Gleichgewicht zwischen Angebot und Nachfrage zu unterstellen. Das Wirtschaftsgeschehen in hochentwickelten Industriestaaten ebenso wie in Entwicklungsländern ist vielmehr, so eine der Grundthesen, durch Ungleichgewichte gekennzeichnet. Dies trifft in heutiger Zeit v.a. für den Arbeitsmarkt zu, wo nicht alle Wirt-

---

240 Hofmann, J. (1981): S 47.

241 Zur Problematik der regionalen Abgrenzung der Kosten-Nutzen Analyse und der daraus resultierenden Transformation nationaler Umverteilungseffekte in (*nutzenstiftende*) regionale Einkommenseffekte wurde in Kapitel EINSCHRÄNKUNGEN UND ABGRENZUNGEN, S 110, Stellung genommen.

242 Hesse, H. (1969): S 48.

schaftssubjekte, die eine Stelle suchen, in absehbarer Zeit ihren Vorstellungen und Kenntnissen gemäß beschäftigt werden können.[243]

Deshalb gehören zu den wichtigsten *indirekten Nutzen*, die in folgender Untersuchung betrachtet werden, die durch die *Ausgabentätigkeit i.e.S.* erzeugten. Regelmäßig führt die Durchführung allokativer Vorhaben zu sekundären Nutzen infolge von *Multiplikatoreffekten*: Staatsausgaben erhöhen uno actu die Einkommen von Faktorbesitzern. Abhängig von der marginalen Sparneigung der Einkommensempfänger wird ein mehr oder weniger großer Teil des zusätzlichen Einkommens seinerseits zur Nachfrage nach Konsumgütern verwendet. Führt die solchermaßen induzierte Nachfrage nicht nur zu Preiserhöhungen, sondern auch zu realen Konsumzuwächsen, so sind letztere abzüglich etwaiger Opportunitätskosten als zusätzliche Projektnutzen prinzipiell zu berücksichtigen. Entsprechendes gilt für alle weiteren multiplikativen und akzelerativen Folgewirkungen, sofern sie zu Steigerungen des realen gesamtwirtschaftlichen Konsums führen.[244]

Derartiger Nutzen fällt insbesondere unter folgenden Bedingungen an:

1. Es herrscht ausgeprägte konjunkturelle Unterbeschäftigung.
2. Der Staat tätigt zusätzliche Ausgaben, schichtet also nicht lediglich Ausgaben zugunsten eines Projektes um.
3. Die Projektoutputs bewirken keine Substitution privater Güter.
4. Sickereffekte durch induzierte Importe erweisen sich als unbedeutend.
5. Die Finanzierung zusätzlicher Ausgaben erfolgt nicht via Steuererhöhungen, sondern über Notenbankkredite.

Werden die Bedingungen 2.-5. verletzt, so stellen sich indirekte Kosten in Form von multiplikativen Entzugseffekten ein, die die expansiven Wirkungen der Projektausgaben mehr oder weniger kompensieren und im Extremfall sogar übersteigen können. Dieser Fall könnte dann eintreten, wenn beispielsweise ein Projekt andere staatliche Ausgaben verdrängt, die bei Faktorbesitzern mit niedrigeren Sparneigungen zu zusätzlichen Einkommen geführt hätten.[245] Sobald Vollbeschäftigung herrscht, wird derartiger indirekter Nutzen ausgeschlossen. Bei Hochkonjunktur sind ferner die wohlfahrtsmindernden Auswirkungen von Preissteigerungen zu bedenken.

---

[243] Vgl. Hanusch, H. (1987): S 4.

[244] Vgl. Hofmann, J. (1981): S 49 f.

[245] Vgl. Hofmann, J. (1981): S 50 ff.

BEWERTUNG VON KOSTEN UND NUTZEN

Die wichtigsten Aufgabenbereiche der Kosten-Nutzen Analyse bei der Bewertung sind: „(1) Predict prices for value flows extending into the future, (2) correct market prices where necessary, (3) calculate prices (relative values in common units, where none exist).[246]

THEORIE DER BEWERTUNG – WOHLFAHRTSTHEORETISCHE GRUNDLAGEN (2)

Zunächst soll auf die theoretischen Grundlagen der Bewertung eingegangen werden. Diese sind durch zwei methodische Prämissen gekennzeichnet:

1. Die grundlegende Beurteilung der Vor- und Nachteile eines öffentlichen Projekts vollzieht sich auf der Ebene der davon betroffenen Individuen oder Haushalte. Sie basiert auf den Präferenzen, die diese solchen Gütern/Dienstleistungen entgegenbringen, deren Versorgungssituation sich durch ein Vorhaben der öffentlichen Hand verändert. Eingeschlossen sind darin sowohl die positiven Wirkungen in Form von Nutzen als auch die negativen Wirkungen in Form von Kosten.
2. Die gesamtwirtschaftliche Bewertung eines Projekts erfolgt durch Aggregation dieser individuellen Präferenzen.[247]

Prinzipiell kann die Bewertung mittels kardinalem oder ordinalem Ansatz erfolgen. Mit Hilfe des *ordinalen* Nutzenkonzeptes kann man die Ordnung zum Ausdruck bringen, die ein Haushalt den von ihm begehrten Güterbündeln gibt. Andere Fragen, ob z.B. ein Individuum auch Änderungen seines Nutzenniveaus bewerten kann, können damit nicht beantwortet werden. Der *ordinale* Bewertungsansatz fragt auf individueller Ebene nach, ob der Einzelne durch die Durchführung des Projekts ein höheres Nutzenniveau erfährt. Eine gesellschaftliche Nutzensteigerung ergibt sich nach diesem Konzept dann, wenn sich der Nutzen eines Einzelnen oder einer Vielzahl von Wirtschaftssubjekten

---

[246] Hanley, N., Spash, C. (1993): S 11.

[247] Vgl. Hanusch, H. (1987): S 15 f.

vermehrt, ohne daß er zugleich auch nur bei einem einzigen Individuum absinkt. Dieses Konzept wird in der Literatur als *Pareto-Kriterium* bezeichnet.[248]

Ohne Zweifel bietet das Pareto-Kriterium den Vorteil, auf die bestrittene Annahme der *kardinalen* Meßbarkeit des Nutzens verzichten zu können. Die zentrale Frage in Zusammenhang mit der Bewertung lautet nämlich, ob Nutzen auch kardinal meßbar ist, oder ob er lediglich ordinaler Natur ist. „Der kardinale Bewertungsansatz versucht, die mit jeder Änderung von Gütermengen einhergehende Änderung der individuellen Nutzenniveaus anzugeben und dafür jenen Geldausdruck zu finden, der diese Nutzenänderung in der Einschätzung eines Haushalts widerspiegelt. Für die grundlegende Bewertung auf der Ebene der einzelnen Haushalte verwendet er dabei das Konzept der *Konsumentenrente* oder das der *individuellen Zahlungsbereitschaft.* Die gesamtwirtschaftliche Bewertung erfolgt analog für alle vom Projekt betroffenen Haushalte. Schlußendlich werden alle Nutzenänderungen gegeneinander aufgerechnet, mit einem Ergebnis, das die Nettowirkung eines Projekts auf die Wohlfahrt der Gesellschaft, ausgedrückt in Geldeinheiten, darstellt."[249] Nutzenänderungen lassen sich also nur mittels der *kardinalen* Nutzentheorie analysieren. Denn sobald man Änderungen im Nutzenniveau eines Individuums betrachtet, impliziert dies eine Einschränkung der möglichen Transformationen im Vergleich zum ordinalen Ansatz. Zulässig sind nunmehr lineare Transformationen.

Zurück zum (ordinalen) Pareto-Kriterium: Bei genauerer Analyse dessen bemerkt man, daß sein Anwendungsbereich für eine nutzenmäßige Bewertung beträchtlich eingeschränkt ist: Das Kriterium setzt nämlich voraus, daß es überhaupt ein öffentliches Projekt gibt, das bei keiner einzigen Person zu einer Nutzeneinbuße führt, was in der Realität bei kaum einer öffentlichen Maßnahme der Fall sein dürfte.

Aus diesem Grunde schlugen *Kaldor/Hicks* ein Konzept vor, das sich an *potentiellen* Pareto-Verbesserungen der Gesellschaft orientiert. Solche Verbesserungen sind nach ihrer Vorstellung immer dann gegeben, wenn die durch eine Maßnahme begünstigten Wirtschaftssubjekte in der Lage sind, die durch die Maßnahme Benachteiligten zu entschädigen und dennoch einen Vorteil daraus zu ziehen (d.h.: ihr eigenes Nutzenniveau zu steigern). Dieses Konzept ist auch als *Kaldor-Hicks-Kriterium* (Theorem) bekannt.

---

[248] Das *Pareto-Optimum* bezeichnet die Situation, in der kein Individuum mehr sein Nutzenniveau verbessern kann, ohne daß sich dadurch das Nutzenniveau eines anderen Individuums verschlechtert.

[249] Vgl. Hanusch, H. (1987): S 18 f.

Ob die mit einem Projekt verbundenen Ausgleichszahlungen, die theoretisch gefordert werden, dann auch tatsächlich erfolgen, ist für dieses Konzept völlig belanglos. Nach diesem Kriterium kann es Sinn machen, Projekte zu realisieren, die Reiche auf Kosten von Armen noch reicher machen. Den Reichen muß es nur möglich sein, die Armen für ihre Verluste finanzielle zu kompensieren – *ohne daß das in Wirklichkeit je zu geschehen hat.*

Solche Kompensationsbeträge bezeichnet *Hicks* auch als *Kompensationsvariationen* (*compensating variations*).[250] Addiert man die monetären Beträge der Kompensationsvariation für alle betroffenen Individuen auf, so erhält man einen aussagefähigen Indikator, der die Wohlfahrtswirkung öffentlicher Projekte im Sinne von potentiellen Pareto-Verbesserungen oder Pareto-Verschlechterungen in Geldeinheiten angibt; er entspricht dem sozialen Wert (*social value*) eines Projekts:

$$social\ value = \sum_{j=1}^{n} V_j$$

Legende:
V...... compensating variation
j........ member of population
n....... population

Abbildung 16: Sozialer Wert eines Projekts

Problematisch bei der praktischen Ermittlung der Kompensationsvariationen ist, daß man auf die kompensierten Nachfragefunktionen zurückgreifen muß, die auf Märkten nicht direkt zu beobachten sind: sie entziehen sich der unmittelbaren ökonometrischen Schätzung.[251] Auch bei einer Ermittlung durch Befragung stößt man auf Probleme. Erstens wegen der Unzahl der zu befragenden Personen, zweitens, weil Personen falsche Angaben machen würde (vgl. dazu weiter unten: *öffentliche Güter*).

Die Kompensationszahlung ist also die in Geld ausgedrückte Nutzenänderung, die ein Individuum leisten/empfangen müßte, um nach einer Wohlfahrtsänderung auf demselben Wohlfahrtsniveau verbleiben zu können. Müßten die

250 Sinn und Zweck dieses Ansatzes kann es nicht sein, Kosten-Nutzen Analysen unabhängig von Verteilungsfragen durchzuführen, sondern die Verteilungsfrage von der Frage der Höhe des Nettonutzens klar zu trennen.

251 Erst Approximationen über Taylor-Entwicklungen machen sie einer empirischen Erfassung zugänglich. Vgl. Hanusch, H. (1987): S 48 ff.

Begünstigten also tatsächlich entsprechend ihrer maximalen Zahlungsbereitschaft zahlen, so würden die daraus resultierenden Wohlfahrtsverluste ihre Wohlfahrtszuwächse aus dem betreffenden Projekt exakt kompensieren et vice versa.

Der Aussagekraft des Indikators Kompensationsvariation lassen sich verschiedene Zweifel anmerken: Zum einen stellt sich die Frage, ob ein derartiges Geldmaß als util-äquivalente Größe interpretierbar ist, d.h. als eine Größe, die das quantitative Ausmaß interpersonaler Wohlfahrtsveränderungen zuverlässig anzuzeigen vermag. Weiters erhebt sich das Problem, inwieweit additiv verknüpfte maximale individuelle Zahlungsbereitschaften und Mindestentschädigungen den Umfang der Gewinne und Verluste an gesamtgesellschaftlicher Bedürfnisbefriedigung korrekt signalisieren.[252]

Scitovsky wies weiters darauf hin, daß die paradoxe Situation eintreten kann, bei der sowohl das Durchführen wie das Rückgängigmachen eines öffentlichen Projekts dem *Kaldor-Hicks-Theorem* genügen können. Der Grund hierfür liegt darin, das dieses lediglich die *Möglichkeit* von Kompensationszahlungen voraussetzt, ihre tatsächliche Entrichtung aber keineswegs erfordert, und infolgedessen zu einer Veränderung der Struktur der relativen Preise führen kann.[253]

Wenn also die Ermittlung der Kompensationsvariationen schwierig ist, wie sollen dann die zuvor physisch erfaßten Größen bewertet, d.h. in Geldeinheiten ausgedrückt werden? Dem Bewertungsaspekt kommt insofern eine zentrale Bedeutung zu, „als erst durch die Bewertung, in dem in Geldeinheiten ausdrücken, ein gemeinsamer Nenner aller „Inputs" und „Outputs" einer Maßnahme, und damit die Voraussetzungen für die notwendige Aggregation der verschiedenen Einflußfaktoren, geschaffen wird."[254]

---

[252] „Insbesondere die simple Summation gleich gewogener individueller Wertschätzungen, wie sie sich in Kompensationsvariationen manifestieren, stößt auf Bedenken, denn ein derartiges Vorgehen impliziert die aus der Sicht des *net-utility*-Ansatzes fragwürdige Annahme, daß gleiche Kompensationsvariationen bei unterschiedlichen Individuen die gleiche quantitative Veränderung an Bedürfnisbefriedigung indizieren." Hofmann, J. (1981): S 35; vgl. auch Mühlenkamp, H. (1994): S 46 ff.

[253] *Scitovsky* entwickelte deshalb ein Wohlfahrtsmaß, das Scitovsky-(Doppel)kriterium, nach dem ein öffentliches Projekt dann die Wohlfahrt der Gesellschaft erhöht, wenn erstens das Kaldor-Hicks-Kriterium gilt und zweitens ein Rückgängigmachen geplanter Maßnahmen nicht zu Wohlfahrtssteigerungen führt. Vgl. Scitovsky, T. (1941); Vgl. auch Hanusch, H. (1987): S 20 ff.

[254] Hansmeyer, K., Rurüp, B. (1975): S 72.

BEWERTUNG MIT MARKTPREISEN

Wenn vorhanden, dienen *Marktpreise* der Bewertung der Kosten und Nutzen eines Projektes. Aber nur wenn folgende Bedingungen gegeben sind, entsprechen die Nominalkosten den gesamtwirtschaftlichen Kosten:[255]

- Die Preise der Volkswirtschaft entsprechen den marginalen Kosten (ist bei vollständiger Konkurrenz der Fall).
- Es treten keine externen Effekte in Produktion und Konsumtion auf.
- Der betreffende Ressourceneinsatz ist quantitativ nicht so bedeutend, daß er das Preisniveau beeinflußt.
- Es liegen keine unteilbaren Kollektivgüter und keine eine optimale Allokation verhindernden Etatbeschränkungen vor.

In der Realität aber liegen oft folgende Problembereiche vor, die eine marktpreisliche Bewertung problematisch erscheinen lassen:[256]

- Der in der Wirklichkeit vorgefundene Markt spiegelt nicht die echten (natürlichen) Preise wieder, da sein Mechanismus durch viele Faktoren (Subventionen, Steuern, Monopole, gesetzlich fixierte Preise, Einfuhr- und Ausfuhrbeschränkungen, mangelnde Mobilität der Faktoren, unzureichende Flexibilität der Preise, usw.) zu sehr gehemmt wird.[257]
- Das aus den Projekten resultierende Güterangebot umfaßt vielfach öffentliche bzw. kollektive Güter, auf die das für den Markt geltende Ausschlußprinzip (*exclusion principle*) nicht anwendbar ist, so daß es für diese Leistungen auch keine Marktpreise geben kann. Dies ist insbesondere bei öffentlichen (kollektiven) Gütern der Fall, wo alle Individuen die gleiche Menge konsumieren und jede Einheit von allen verbraucht wird, obwohl die Grenzbewertung einer gegebenen Menge des Gutes für die einzelnen unterschiedlich sein kann.[258] Es ist unmöglich, die Konsumenten zu veranlassen,

---

[255] Hansmeyer, K., Rurüp, B. (1975): S 68.

[256] Vgl. Hansmeyer, K., Rurüp, B. (1975): S 73.

[257] „Abweichungen vom Pareto Optimum entstehen, wenn monopolistische Elemente auf den Güter- oder Faktormärkten einen solchen Grad erreichen, daß die relativen Ausstoßmengen von jenen abweichen, welche sich unter Konkurrenz ergeben würden." Prest, A. R., Turvey, R. (1970): S 112.

[258] Verwendet man die Unterscheidung in private Güter (*private goods*) und in kollektiv-öffentliche Güter (*pure public goods*), so können die von einem staatlichen Infrastrukturprojekt

ihre Präferenzen für Kollektivgüter offenzulegen. Dies scheitert an dem Umstand, daß das rationale Verhalten jedes Konsumenten ihn zu einer Minderschätzung seiner Nachfrage veranlaßt, wobei er erwartet, auf diese Weise von seinem Kostenanteil entbunden zu werden, ohne damit die empfangene Menge zu beeinträchtigen.[259]

- Die Realisation eines Projekts kann kaum prognostizierbare Veränderungen des Wirtschaftskreislaufes (*spillover effects*) nach sich ziehen; das bedeutet, die Maßnahmen verändern die vorhandenen Preisrelationen, an denen die Effizienz des öffentlichen Projekts gemessen wurde, dadurch, daß sie durchgeführt werden. Solche, die Marktpreise verändernden Rückwirkungen sind umso eher zu erwarten, je länger der Betrachtungszeitraum und je umfangreicher, d.h. Produktionsfaktor absorbierender, das Projekt selbst ist.

Zusammenfassend kann festgestellt werden, daß vorhandene Marktpreise zumindest dann problemlos für eine Kosten-Nutzen Analyse herangezogen werden können, wenn (1.) auf allen betrachteten Märkten vollständige Konkurrenz herrscht, (2.) keine Produktionsprozesse mit steigenden Skalenerträgen auftreten und (3.) der Staat sich über ein System differenzierter Kopfsteuern finanziert.[260] Da diese Idealbedingungen in der Realität nur selten zutreffen, der Einfluß dieser Marktunvollkommenheiten auf die Preisbildung jedoch nicht allzu stark sein dürfte, schlägt das US-amerikanische *Subcommittee on Evaluation Standards* vor, die Nominalkosten als repräsentativ für die gesamtwirtschaftlichen Kosten anzusehen.[261]

BEWERTUNG MIT SCHATTENPREISEN

In Situationen aber, die durch „(1) imperfect competition, (2) government intervention in the market, (3) the absence of a market“[262] gekennzeichnet

bereitgestellten Güter zwischen diesen Extremformen eingereiht werden. Beispiele für klassische öffentliche Güter: Leuchtturm, öffentliche Verteidigung.

[259] Die Problematik liegt darin, daß Güter unentgeltlich (oder zu Preisen unter den Marktpreisen) angeboten werden, welche keinen Bezug zu den Präferenzen der Konsumenten haben. „Entscheidend ist, daß einige vom Staat angebotene Güter und Dienste kollektiver Natur sind, d.h. die angebotene Menge für irgendein Mitglied der begünstigten Gruppe kann nicht unabhängig verändert werden.“ Prest, A. R., Turvey, R. (1970): S 116.

[260] Vgl. Hanusch, H. (1987): S 59.

[261] Hansmeyer, K., Rurüp, B. (1975): S 68.

[262] Hanley, N., Spash, C. (1993): S 13.

sind, ist man in jedem Fall gezwungen, ebenso wie im Falle der Bewertung von Externalitäten und öffentlichen Gütern (für die überhaupt keine Marktpreise vorliegen), künstliche Verrechnungspreise zuzuordnen. Diese werden auch als *Schattenpreise* bezeichnet und dienen zur Ermittlung gesellschaftlicher oder sozialer Werte. Und zwar wird in solchen Fällen der Marktmechanismus simuliert, mit einem Ergebnis, das im Bereich zwischen individuellen Präferenzen und gesellschaftlicher Bewertung liegen sollte.[263]

Ein einfaches Verfahren zur Schätzung der Schattenpreise ist etwa die direkte Schätzung der Verbraucherpreise durch Marktforschung. In vielen Fällen gibt es für den Gemeinschaftskonsum auch nah verwandte Substitutionsgüter. Zur Beurteilung müssen Preise aus den jeweils bestehenden Märkten (z.B. für Erziehung, Ausbildung, Erholung) herangezogen werden. Eine umfassende Untersuchung dieser Märkte könnte die notwendige Preisinformation liefern. Problematisch ist, daß sich in vielen Fällen die privaten von den öffentlichen Gütern unterscheiden.

Schattenpreise, die über Korrekturen an den tatsächlich zu beobachtenden Marktpreisen zustande kommen, beinhalten in der Regel ein mehr oder weniger hohes Maß an Willkür. Ähnliches gilt auch für die Zusatzlast der Besteuerung. „Bedeutende Theoretiker der Kosten-Nutzen Analyse, v.a. aber auch jene Vertreter des Faches, die sich mit ihrer praktischen Umsetzung beschäftigen, argumentieren daher, daß Marktpreise – sofern vorhanden – besser unkorrigiert in die Bewertung einfließen sollten."[264]

Wenn aber die Nominalkosten zu stark von den gesamtwirtschaftlichen Kosten abweichen, oder überhaupt keine Marktpreise vorhanden sind, muß auf andere Bewertungsmethoden zurückgegriffen werden. Diese lassen sich in *direkte* und *indirekte* unterscheiden, wobei erstere aufgrund von Befragungen die „willingness to pay" oder die „willingness to sell" ermitteln, wohingegen die

---

[263] Vgl. Hautau, H. (1987): S 19. Grundlegend geht man davon aus, daß man aus verschiedenen technischen Gründen für externe Effekte und öffentliche Güter die Marktwirtschaft durch staatliche Produktion und staatliche Verteilung ergänzen muß. „Im Kern verlangt eine solche Funktion, daß Preise festgelegt werden, die sich aus dem Marktverhalten ergeben würden, wenn man nur die technischen Grenzen, die der Grund für den staatlichen Eingriff sind, überwinden könnte und ein Markt der vollkommenen Konkurrenz funktionieren würde." Margolis, J. (1970): S 135.

[264] Hanusch, H. (1987): S 67. Eine weitere Begründung für diese Position ist der riesige Informationsaufwand, der entsteht, sobald man auf die Produktions- und Kostenfunktionen von Unternehmen zurückgreifen muß, um in korrigierter Form die Bewertung von Projektwirkungen durchzuführen.

indirekten Methoden Schlüsse aus dem Anpassungsverhalten der Betroffenen ziehen oder diese aus Marktdatendivergenzen ableiten.

Direkte Methoden

- **„willingness to pay"/„willingness to sell" Ansatz (Zahlungsbereitschaftsanalyse):** Wenn durch staatliche Maßnahmen eine Vielzahl von Individuen direkt betroffen ist, sind diese am ehesten in der Lage, Auskunft über ihr individuell verändertes Nutzenniveau zu geben. Daher liegt in solch einem Fall auch der Versuch nahe, Information über die jeweilige Zahlungsbereitschaft (Zahlungsforderung) mittels Befragung zu erhalten. Dem liegt die Vorstellung zugrunde, daß einzelne Individuen auf Befragung hin ihre auf bestimmte Umweltzustände gerichteten Präferenzen offenlegen. Dabei wird genau ermittelt, wieviel jeder für die Durchführung einer gewissen Maßnahme (eines Projekts) zu zahlen bereit ist; d.h. es wird ein Nachfrageverhalten für einen hypothetischen Fall erhoben, nämlich für den, daß die öffentlichen Leistungen unter marktwirtschaftlichen Bedingungen angeboten würden – obwohl ein derartiger Markt gar nicht existiert. Diese sog. maximale Zahlungsbereitschaft kann als Indikator für den Nutzen angesehen werden, den der Konsum eines Gutes bei einem Individuum stiftet. Ein rational handelndes Individuum wird nämlich höchstens soviel Geld für das Gut ausgeben, wie es aus dem Konsum desselben an Nutzen erfährt.[265]

Indirekte Methoden[266]

- **Methode der abgeleiteten Preise**: Die preislichen Veränderungen auf angrenzenden Märkten werden ersatzweise herangezogen. Beim „property value approach" wird z.B. die Veränderung von Grundstückspreisen in Gewerbegebieten als Wert für die Verbesserung der wirtschaftlichen Rahmenbedingungen herangezogen.

- **Bewertung über Wertänderungen von Besitzrechten**: Führt die Durchführung einer Maßnahme zu preislichen Veränderungen bei Besitzrechten (z.B. Veränderungen von Firmenwerten), so kann die erhobene preisliche Differenz als Kosten/Nutzen dieser Maßnahme angesetzt werden.

- **Kostenveränderung als Maßgröße:** Öffentliche Vorhaben führen sowohl bei den privaten Haushalten als auch bei Unternehmen regelmäßig zu Kostenersparnissen. Durch diese werden Ressourcen freigesetzt/reduziert, die

---

[265] Zur Problematik von Befragungen vgl. u.a. Hanusch, H. (1987): S 75 f.

[266] Vgl. Knigge, R. (1971): S 31 f, Hanusch, H. (1987): S 74 ff.

den Wirtschaftssubjekten für andere Verwendungen zur Verfügung stehen bzw. entzogen werden und dadurch das Nutzenniveau verändern. Hier setzen weitere Bewertungsverfahren an, um monetär quantifizierbare Größen für den Nutzen öffentlicher Güter zu erlangen. Zeitersparnisse oder Betriebskostenänderungen können als Indikatoren für den induzierten Nutzen herangezogen werden.

- **Einkommensveränderung als Maßgröße:** Führen die Wirkungen öffentlicher Maßnahmen zu Einkommensveränderungen, resultieren diese zumeist aus Wirkungen, die den produktiven Bereich der Betroffenen berühren. Die öffentliche Maßnahme verändert dann den Produktionsbereich der Empfänger; „sie ist kein End- sondern ein Zwischenprodukt, das zur Herstellung eines privaten Gutes eingesetzt wird, welches der Markt effizient bewerten kann."[267] Das Niveau der induzierten Einkommensveränderung kann als Maß für den Nutzen herangezogen werden.

- **Bewertung der Güter über komplementäre Privatleistungen:** Zur Bewertung werden Preise von Privatleistungen herangezogen, die zu dem betrachteten staatlichen Angebot in einer komplementären Beziehung stehen. Ein öfters verwendeter Schattenpreis ist etwa der der Anfahrtskosten, die private Nutzer aufzubringen bereit sind, um in den Genuß eines öffentlichen Gutes zu gelangen.[268]

- **Theorie der Analyse impliziter Preise**: Bei dieser Bewertungsmöglichkeit werden bereits implizit vorhandene Kompensationen für Veränderungen des persönlichen Nutzenniveaus extrahiert und zur Wertfeststellung herangezogen.

- **Vermeidungskosten als Maßgröße:** Besonders zur Erhebung von Nutzenminderungen, die für einige oder mehrere Individuen von einem Projekt ausgehen können, wurde dieses Verfahren entwickelt. Dabei sollen die Kosten erhoben werden, die der Träger einer öffentlichen Maßnahme aufwenden müßte, um entstandene negative Maßnahmen vollständig zu unterdrükken. Die Höhe des negativen Nutzens orientiert sich bei diesem Verfahren nicht an der individuellen Zahlungsforderung, sondern an den Kosten der Maßnahme.[269]

---

[267] Zwehl, W., Schmidt-Ewig, W. (1981): S 68.

[268] Vgl. Hanusch, H. (1987): S 78 ff.

[269] Zwehl, W., Schmidt-Ewig, W. (1981): S 75 f.

Um ein optimales Ergebnis zu erhalten, sollte nach *Sassone/Schaffer* bei der Bewertung von Externalitäten in der Kosten-Nutzen Analyse wie folgt vorgegangen werden:[270]

1. Eine Befragung der *willingness-to-pay* durchführen und hoffen, daß die wahren Präferenzen angegeben werden bzw. daß übertriebene Angaben die Understatements ausgleichen.

2. Als Ersatz für die zu errechnende *willingness-to-pay* werden die Kosten ausgerechnet, die durch eine Vermeidung der negativen Externalitäten bzw. durch eine Erzeugung der positiven Externalitäten entstünden (problematisch, da es sich oft um nicht vergleichbare Substitute handelt: z.B. Arbeitsplatz in der Medienwirtschaft – „Arbeitsplatz" in einem öffentlichen Umschulungsprogramm für Arbeitslose).

3. Den kritischen Wert der Externalität errechnen: alle sozialen Nutzen werden mit allen *anderen* sozialen Kosten aufgerechnet – ergibt sich hier bereits ein negativer Wert, so kann die Analyse an dieser Stelle abgebrochen werden; ansonsten kann die Differenz herangezogen werden um zu beurteilen, wieviel für die Externalitäten maximal angesetzt werden kann.

4. Eine vierte Möglichkeit besteht darin, eine qualitative Beschreibung der externen Effekte anzufertigen, und diese dem Entscheidungsträger vorzulegen. Damit wird das Problem vom Analysten an den Entscheidungsträger weitergeleitet; es ist zwar nicht empfehlenswert, aber immer noch die beste Lösung, wenn die anderen Methoden nicht funktionieren.

BESONDERHEITEN BEI DER BEWERTUNG DER KOSTEN

Die Bewertung der Kosten ist in der Praxis gewöhnlich wesentlich unproblematischer als die der Nutzen. „Im Prinzip wird der Input danach bewertet, was man mit ihm an anderer Stelle hätte herstellen können und deshalb führt uns dies sofort zur Bewertung der Leistung. In der Praxis nimmt man gewöhnlich an, der Marktpreis des Inputs spiegle alternative Verwendungsmöglichkeiten. Man könne mit diesem Preis deshalb den Inputwert messen."[271]

[270] Vgl. Sassone, P. G., Schaffer, W. A. (1978): S 88 f.

[271] Margolis, J. (1970): S 132.

Die wichtigste Kostenkategorie ist deshalb die des *entgangenen Nutzen* (*Opportunitätskosten*). Werden Güter und Dienstleistungen im Rahmen einer öffentlichen Maßnahme eingesetzt, so stehen sie entweder ganz (Verbrauchsgüter) oder wenigstens für die Zeit und im Umfang ihres Einsatzes (Gebrauchsgüter, menschliche Arbeitskraft) für anderweitige Verwendungszwecke nicht mehr länger zur Verfügung. Der Nutzen aus der realisierten Maßnahme wird somit stets mit dem Verzicht auf den Nutzen der nun nicht mehr realisierbaren Alternative erkauft. Für die Kosten-Nutzen Analyse bedeutet dies, daß eine Maßnahme nicht ohne Kenntnis der verdrängten Alternative beurteilt werden kann. Je nach seiner Verwendungsart stiftet auch Geld unterschiedlichen Nutzen. Soll es der „besten" Verwendungsart zugeführt werden, so ist es gemäß dieser Konzeption mit dem höchsten Nutzenentgang zu bewerten. Der Wert des einzusetzenden Geldes unterscheidet sich somit von seinem Nominalwert, „eine Tatsache, die mit dem Empfinden des Entscheidungsträgers arg zuwiderlaufen dürfte".[272] Im Falle einer Finanzierung des Projekts durch Steuern stellte *Pigout* schon 1947 fest, daß dies die Privatwirtschaft mehr kostet, als den nominalen Betrag.[273]

Eine Bewertung der Kostengüter in Höhe der entgangenen Nutzen der besten nicht verwirklichten Verwendungsart setzt voraus, daß diese Alternative bekannt ist. Das ist aber nur möglich, wenn alle anderen Verwendungsarten bekannt, und hinsichtlich ihrer Nutzenbeiträge untersucht worden sind. „Wenn aber alle Alternativen analysiert sind, und ihre Nutzenbeiträge – von den Schwierigkeiten ihrer Ermittlung einmal abgesehen – für einen gegebenen Geldmitteleinsatz feststehen, dann kann das Optimierungsproblem auch ohne diese Art der Bewertung der Kostengüter gelöst werden.[274]

... UND WENN KEINE BEWERTUNG MÖGLICH IST?

Recktenwald schlägt vier verschiedene Arten vor, wie *intangible* und *inkommensurable Werte* ins Konzept der Kosten-Nutzen Analyse integriert werden können: „(a) Man beschreibt sie in einem Addendum (bislang die häufigste, weil bequemste Art) oder (b) man behandelt sie als Einschränkung oder Nebenbedingung (nur das Projekt wird gewählt, das voll oder teilweise Rücksicht auf

[272] Zwehl, W., Schmidt-Ewig, W. (1981): S 82.

[273] Vgl. Pigout, A. C. (1947).

[274] Koch, E. (1980): S 83.

Nerven und Ruhe der Anwohner nimmt) oder (c) man bezieht sie unmittelbar in die eigene Zielfunktion ein oder (d) man läßt sie völlig unberücksichtigt, da sie vernachlässigbar erscheinen oder (möglicherweise) anderweitig (von einer anderen Behörde) korrigiert oder kompensiert werden (Umverteilungseffekte eines öffentlichen Projektes).“[275]

ENTSCHEIDUNGSKALKÜL

Zunächst soll darauf hingewiesen werden, daß die Beurteilung einer Maßnahme (Projekt) weder allein anhand rechnerischer Ergebnisse, noch allein auf der Basis der nicht gerechneten Größen erfolgen darf. Eine wohlbegründete Beurteilung einer Maßnahme erfordert vielmehr die Zusammenschau aller Analyseergebnisse, also sowohl der rechnerischen als auch der nicht rechenbaren. Für die rechenbaren Ergebnisse gilt, daß versucht werden muß, alle durch das Projekt verursachten Kosten und Nutzen einem Zeitpunkt zuzuordnen. Fallen in verschiedenen Perioden Nutzen/Kosten an, müssen diese zunächst vergleichbar gemacht werden, indem diese Beträge auf einen einheitlichen Betrachtungszeitpunkt umgerechnet werden. Die Kosten-Nutzen Analyse bedient sich hierfür derselben Methoden wie die privatwirtschaftliche Wirtschaftlichkeitsrechnung; als Operationalisierungskriterium dient der Maßstab der Wirtschaftlichkeit bzw. Effizienz, und zwar:[276]

- **Kapitalwertmethode (Diskontierungsmethode):** Errechnet man die Differenz der diskontierten Kosten- und Nutzenwerte, ergibt die Höhe der (positiven) Differenz das Auswahlkriterium. Dieses Entscheidungskriterium wird auch *net present value test* genannt. Es stellt die Frage, ob die Summe der diskontierten Kosten-/Nutzenströme positiv oder negativ ist, d.h. ob der *net present value* (NVP) größer oder kleiner 0 ist:[277]

[275] Recktenwald, H. C. (1971): S 25 f.

[276] Vgl. auch Obermann, G. (1973):S 48 ff.

[277] Quelle: Hanley, N., Spash, C. (1993): S 17.

$$NPV = \sum B_t(1+i)^{-t} - \sum C_t(1+i)^{-t}$$

Legende:

B ...... Nutzen (*benefits*)
t........ Zeit (*time*)
C...... Kosten (*cost*)
i........ Zinssatz (*interest rate*)

Abbildung 17: Net Present Value

Diese Formel baut auf dem *Kaldor-Hicks Theorem* der neoklassischen Wohlfahrtsökonomie auf. Unter diesen Bedingungen wird angenommen, daß jedes Projekt, das den *NPV*-Test besteht, zu einer Verbesserung der sozialen Wohlfahrt führt.

- **Verhältnismethode:** Ermittelt man den Quotienten aus den Gegenwartswerten von Kosten und Nutzen, so ist das Projekt mit dem höchsten Quotienten das vorteilhafteste.

- **Interne Zinsfußmethode:** Zu bestimmen ist der Zinssatz, bei dem der Gegenwartswert der Nutzen genau dem der Kosten entspricht. Das Projekt ist vorteilhaft, wenn der errechnete Zinssatz größer als der Kalkulationszinsfuß (Diskontrate) ist. [278]

- **Annuitätenmethode:** Errechnet man, wie bei der Kapitalwertmethode, den Gegenwartswert von Nutzen und Kosten, und aus diesen konstante Annuitäten gleicher Laufzeit, so sind jene Projekt vorteilhaft, bei denen die Annuität der Nutzen jene der Kosten übersteigt.

Alle dieser Entscheidungskriterien („Wahlverfahren") sind ökonomisch-monetäre Abstimmungsverfahren (eine Geldeinheit – eine Stimme), die in krassem Gegensatz zu politisch-demokratischen Wahlverhältnissen (ein Wähler – eine Stimme) stehen. Während im demokratischen Wahlverfahren alle Stimmen unabhängig vom Ansehen der Person gleich zählen, werden im marktwirtschaftlichen Wahlverfahren alle Geldeinheiten gleich bewertet, unabhängig davon, wer sie bezahlt oder bekommt.[279] Es soll daher festgehalten

[278] Bei der Internen Zinsfuß Rechnung gilt: *NVP*=0.

[279] Ausschlaggebend daran ist, daß das ökonomische Wahlverfahren die *Intensität* der Präferenzen bzw. der individuellen Vor- und Nachteile zum Ausdruck bringt. Vgl. Mühlenkamp, H. (1994): S 16 ff.

werden, daß die Entscheidung für einen derartigen „Wahlmechanismus“ ein Werturteil darstellt.

Eine Maßnahme, die nach dem Ergebnis der quantitativen Analyse als vorteilhaft/unvorteilhaft bezeichnet wird, muß in der Gesamtbeurteilung durch den Entscheidungsträger nicht dieselbe Beurteilung erfahren. Denn dieser sollte in seiner Entscheidung auch die nicht in der quantitativen Analyse berücksichtigten Wirkungen gleichermaßen mit einbeziehen.

Je höher die Effizienz einer staatlichen Aktivität ist, umso näher ist man dem Ziel der optimalen Allokation der Produktionsfaktoren; im Optimum wäre ein Höchstmaß an Effizienz verwirklicht. Das Effizienzkriterium erlaubt zwar keine Aussage über die absolute Effizienz, weil in einer nicht optimalen Welt das Höchstmaß an Effizienz nicht bekannt ist. Es erlaubt jedoch Aussagen über die relative Effizienz alternativer Handlungen.[280]

DISKONTIERUNG

Da es sich bei der Beurteilung längerfristiger Investitionsmöglichkeiten um die volkswirtschaftliche Rentabilität im Sinne des sozialen Nettoertrages handelt, ist im Hinblick auf eine echte Vergleichbarkeit von Nutzen- bzw. Kostenströmen die Festlegung einer sozialen Diskontrate erforderlich. Dieser Diskontfaktor läßt sich als jener Maßstab interpretieren, der für die Gesellschaft den relativen Nutzen des Konsums zu verschiedenen Perioden im Sinne einer sozialen Zeitpräferenzrate angibt. Bisher ist es allerdings noch nicht gelungen, aus den Konsumentenpräferenzen einen derartigen Diskontsatz abzuleiten.

Die üblicherweise diskutierten Ansätze sind folgende:

- **Verwendung der Ertragsrate privater Investitionen**: Gegen diesen Ansatz läßt sich die Tatsache einwenden, daß eine derartige Ertragsrate privatwirtschaftliche Überlegungen und Fakten widerspiegelt, aber keine volkswirtschaftlichen Aspekte hinsichtlich der Zeitpräferenzrate der Gesellschaft als ganzes.
- **Verwendung des Zinssatzes öffentlicher Anleihen**: Da nicht alle öffentlichen Projekte über den Kapitalmarkt finanziert werden, läßt sich auch die-

[280] Knigge, R. (1971): S 19.

ser Ansatz einer volkswirtschaftlich relevanten Diskontrate nur bedingt verwenden, zumal die Unvollkommenheiten des Kapitalmarkts korrigiert werden müßten. Weiters existieren in der Praxis unterschiedliche Zinssätze, entsprechend den verschiedenen Risikograden der Anleiheformen; da in der Kosten-Nutzen Analyse das Risiko auf andere Weise gehandhabt wird, wirft dies ein weiteres Selektionsproblem auf.

- **Verwendung einer gesellschaftlichen Opportunitätskostenrate**: Diese Rate soll einen Zinssatz auf einem vollkommenen Kapitalmarkt (hypothetischer Kapitalzinssatz) reflektieren und damit die Zeitpräferenz der Wirtschaftssubjekte erfassen, die über ein Einkommen das Staatsprojekt finanzieren. *Krutilla/Eckstein* haben in einer empirischen Studie für die USA im Jahre 1957 einen Zinssatz in der Größenordnung von 5%-6% errechnet.[281]

Vor allem bei Projekten mit starken langfristigen Wirkungen ist die Festlegung der Diskontrate ein implizites Werturteil, welches letzten Endes von der entscheidenden Instanz zu fällen ist. In der Praxis wird diesem theoretischen Defizit Rechnung getragen, indem in Sensitivitätsanalysen durch Variation des Zinssatzes und der angenommenen Nutzungsdauer auf die Relativität des Diskontierungsergebnisses hingewiesen wird.

Im Falle der vorliegenden Untersuchung spielt das Problem der Diskontierung aber keine allzu große Rolle. Praktisch alle Kosten erstrecken sich über einen kurzfristigen Zeitraum, so daß Ergebnisse nur durch massive Zinssatzmanipulationen grob zu beeinflussen wären. Ähnlich verhält es sich bei den Nutzen. Soweit langfristige Nutzen vorliegen (z.B. Ansiedlung eines Medienclusters) stellen sich durch Unsicherheit und Risiko größere Bewertungsprobleme als durch den Diskontsatz.

RISIKO UND UNSICHERHEIT

Viele der Annahmen, die vom Analytiker getroffen werden, sind mit Unsicherheit behaftet; durch die Vielzahl der Faktoren, die kaum oder nicht zu beeinflussen ist, unterliegen durchzuführende Projekte immer einem gewissen Risiko. Auch wenn der Analytiker nicht über alle zukünftigen Entwicklungen

[281] Vgl. Krutilla, J.V., Eckstein, O. (1958).

informiert sein kann, kann er zumeist Einschätzungen über Risiko und Unsicherheit treffen:

1. Mit Datenmaterial, das von ähnlichen Projekten vorhanden ist, die in der Vergangenheit durchgeführt wurden, lassen sich in verschiedenen Werten die jeweiligen objektiven oder statistischen Wahrscheinlichkeiten zuordnen (*Entscheidung bei objektivem Risiko*).
2. Liegen keine meßbaren Wahrscheinlichkeiten vor, ist der Analytiker auf seine persönliche Einschätzung der Lage angewiesen und kann je nach Bedarf subjektive Wahrscheinlichkeiten zuordnen (*Entscheidung bei subjektivem Risiko*).
3. Wenn weder auf objektive noch auf subjektive Wahrscheinlichkeiten zurückgegriffen werden kann, heißt das noch lange nicht, daß die Konsequenzen des Vorhabens nicht mit *Unsicherheiten* (i.e.S.) behaftet wären.

Die Berücksichtigung von Risiko und Unsicherheit kann in der empirischen Kosten-Nutzen Analyse auf verschiedene Arten erfolgen:[282]

- Entweder korrigiert der Analytiker Kosten und Nutzen um Sicherheitszuschläge oder -abschläge (vorsichtige Annahmen), oder
- er setzt die ökonomische Nutzungsdauer geringer an, als der Erwartung entspricht, oder
- er erhöht den Diskontsatz zur Berechnung der Gegenwartswerte von Kosten und Nutzen um eine „Risikoprämie".

Davis nennt zwei primäre Quellen für Unsicherheit und Risiko. Erstens unvorhersehbare Änderungen im Umfeld eines Projekts (Veränderungen der Produktionstechnologie, der Konsumentenpräferenzen, der Regierungspolitik und Preise für Inputs und Outputs). Zweitens kann Unsicherheit auch bezüglich des wirklichen Outcome eines Projektes entstehen. Zwischen Planung und Durchführung können grobe Veränderungen stattfinden.[283]

Eine gute Möglichkeit zur Handhabung von Risiko und Unsicherheit stellt die Sensitivitätsanalyse dar. Diese entspricht der Berechnung des *net present values* unter verschiedenen Bedingungen, d.h. nach Änderung verschiedener Parameter: discount rate, physical quantity and quality of inputs, shadow prices of these inputs, physical quantities and qualities of outputs, shadow prices of

---

[282] Vgl. Obermann, G. (1973): S 46.

[283] Vgl. Davis, H. C. (1990): S 141

these outputs, project life span. Kritische Parameter können damit herausgefiltert und genauer analysiert werden.[284]

VERTEILUNG

Eine weitere Frage im Rahmen einer Gesamtstrategie stellt die *Verteilung von Kosten und Nutzen* eines Förderungsprogramms dar.

Kosten

Wer die Kosten des Subventionsprogramms zu tragen hat, sollte theoretisch davon abhängen, *warum* subventioniert wird, oder mit anderen Worten gesagt, welche Förderungsstrategie verfolgt wird.[285] Die finanzielle Last sollte strenggenommen von jener Körperschaftsebene getragen werden, in deren Kompetenzbereich der jeweilige Subventionsgrund fällt – und nicht die Körperschaft, der der Nutzen zugute kommt. In der Praxis wird aber die Finanzierung des Subventionsprogramms eher entsprechend der Verteilung der anfallenden Nutzen aufgeteilt.[286]

Nutzen

Jegliche Arten von Subventionen stellen Umverteilungsmaßnahmen dar. Medienproduktionssubventionen intendieren primär eine sektorale und regionale Umverteilung. Wie alle an Unternehmen gerichteten Subventionen, beeinflussen sie aber auch die *personale* Verteilung (*Distribution*), selbst wenn dies selten ihr primäres Ziel ist. Transfers würden sich hierfür viel besser eignen.

Im Rahmen einer Subventionspolitik stellt sich die Frage, ob sich diese auf die Erreichung eines Verteilungsziels positiv oder negativ auswirkt. Wenn die personale Einkommensverteilung nach der offiziellen Begründung nicht zu den Zielen eines Subventionsprogramms gehört, kann ihr Effekt auf die Einkommensverteilung als relevante Nebenwirkung angesehen werden.

Im Falle von Kunstsubventionen meint *Russell* sogar, daß diese explizit als Redistributionsmaßnahmen der Regierung zu werten sind.[287] Dem ist entge-

---

284 Hanley, N., Spash, C. (1993): S 20.

285 Vgl. Kapitel ZIELE DER SUBVENTIONSPOLITIK, S 312.

286 Vgl. Blaug, M. [Hrsg.] (1976): S 32 f, Moore, T. (1968): S 38 f.

287 Russell, M. (1980): S 76.

genzuhalten, daß die Politik in der Regel nicht darauf abzielt, das Einkommen von Künstlern per se zu erhöhen, sondern ihren künstlerischen Output.[288]

Eine Mediensubventionspolitik könnte auch deshalb nicht nur als Verteilungspolitik gewertet werden, da sie nicht global für die ganze Bevölkerung, keinesfalls aber sektorübergreifend konzipiert ist. Es ist aber angebracht, die distributiven Nebeneffekte zu beachten. Produktionssubventionen entsprechen nämlich Realeinkommenszuflüssen an Individuen, die die anvisierte Einkommensverteilung tangieren und entsprechende verteilungspolitische Anpassungen erforderlich machen können.[289]

In der klassischen Kosten-Nutzen Analyse wird dieser Tatsache nicht Rechnung getragen. Sie geht davon aus, daß ein Nutzen immer derselbe ist, egal für wen er entsteht: „The implication is that whether benefits accrue to Government, firms, or private individuals rich or poor, all are given a weight of unity.“[290]

Der Ansatz der erweiterten Kosten-Nutzen Analyse berücksichtigt auch neben der allokativen Beurteilung von Projektauswirkungen distributive Aspekte. Die distributive Analyse hätte zu diesem Zweck zunächst jene Gruppe von Haushalten zu identifizieren, die von den öffentlichen Maßnahmen entweder positiv oder negativ tangiert werden. In einem zweiten Schritt müßte sie sodann versuchen, die Nutzenänderungen der betroffenen Haushalte im einzelnen zu quantifizieren.

In jedem Falle stellt die Frage, ob distributive Aspekte berücksichtigt werden oder nicht, und wenn ja, in welcher Form, ein politisches Werturteil dar. Hier kann nur eine Empfehlung zur Analyse und Offenlegung gegeben werden – vor allem der zugrundegelegten Postulate (Werturteile). Jeder weitere Schritt bedarf des politischen Konsenses.

Möglichkeiten der Integration

In welcher Form die unterschiedlichen Nutzenänderungen berücksichtigt werden sollen, darüber herrscht geteilte Meinung. Prinzipiell wartet die Literatur mit folgenden theoretischen Ansätzen auf, um diesen Aspekt in die Analyse zu integrieren:[291]

---

288 Vgl. Molloy, S., Burgan, B. (1993): S 74.

289 Vgl. Horlacher, F. (1984): S 54; Zimmermann, H. (1976): S 9f.

290 Irvin, G. (1978): S 138.

291 Vgl. Weisbrod, B. (1968): S 53 ff.

1. **Integration von Effizienz und Verteilung in eine gemeinsame Zielfunktion** (Gesamteffizienz; *grand efficiency*): Dieser Ansatz erscheint am anspruchvollsten, da die Belastungen und Begünstigungen unterschiedlicher Einkommensschichten mit unterschiedlich hohen Verteilungskoeffizienten gewichtet werden, und als gewichtete Werte ins Entscheidungskalkül eingehen. Eine gewisse Problematik stellt die Festlegung der Gewichte dar, hier wurde beispielsweise vorgeschlagen, Gewichte aus früheren impliziten Entscheidungen, wie dem Einkommenssteuersatz, abzuleiten, d.h. versteckte Verteilungsgewichte zu extrahieren. *Eckstein* schlug vor, den reziproken Wert des Einkommenssteuersatzes als Gewicht heranzuziehen.[292] *Musgrave* hingegen ist für eine ausdrückliche Zuteilung von Gewichten, die auf der Abweichung des Einkommens von einer Norm beruhen.[293]

2. **Entscheidung unter verteilungspolitischer Nebenbedingung** (*constraint*): Verteilungsüberlegungen kann man in die Zielfunktion einbeziehen, indem Beschränkungen in Bezug auf Verteilungswirkungen gesetzt werden, oder indem man nach einer Gesamteffizienz strebt, in der einzelne Verteilungsergebnisse gewichtet sind.[294]

3. Das Ziel der Umverteilung wird unter der **einschränkenden Auflage der Effizienz** angestrebt.

Unter Punkt 2. und 3. wird ein Minimum einer Nutzenart politisch festgelegt. Der andere Effizienz- oder Distributionsnutzen wird maximiert, indem man iterativ vorgeht und die Auflage nach und nach ändern kann. Tatsächlich sind beide Wege für den Entscheider bequemer, da er sich nicht konkret festlegen muß.

Einige Theoretiker der erweiterten Kosten-Nutzen Analyse, wie *Recktenwald*, sind der Ansicht, daß die Verteilungsfrage besser getrennt von der Allokation zu bewerten ist.[295] Auch *Sassone/Schaffer* schlagen vor, die Verteilungsfrage unabhängig von der Kosten-Nutzen Analyse zu behandeln: „On the most abstract level, the equity issue can never be adequately resolved by economic reasoning because at its heart is the modern or ethical issue of how to compare the relative importance (or value) of different persons."[296] *Margolis* prognosti-

[292] Vgl. Eckstein, O. (1958).

[293] Vgl. Musgrave, R. A. (1970): S 34.

[294] Vgl. Musgrave, R. A. (1970): S 36.

[295] Vgl. Recktenwald, H. C. (1970): S 12.

[296] Sassone, P. G., Schaffer, W. A. (1978): S 23 f.

ziert, daß es eins Tages möglich sein wird, mit dem Konzept des Volkseinkommens (d.h. mit monetärer Bewertung) den Grad der Wohlfahrt eindeutig zu bestimmen[297]

PROBLEMBEREICHE DER KOSTEN-NUTZEN ANALYSE

Neben den bereits erwähnten Diskrepanzen zwischen den Anforderungen und dem verfügbaren bzw. beschaffbaren Datenmaterial treten noch einige Vorbehalte hinzu, die bei der Beurteilung der generellen Anwendbarkeit dieser Technik in Betracht zu ziehen sind.

Hender führt zahlreiche Probleme auf die Grundlagen der Kosten-Nutzen Analyse zurück: „The answer is because, although the principles of cost-benefit-analysis are extremely easy to understand, its practical application is fare more difficult and it involves the identification and measurement of items normally treated as unmeasurable and for which the techniques are either non existent – or extremely arbitrary."[298] Es besteht also die Gefahr, daß Projekte, deren positive Wirkungen v.a. im Bereich der *intangibles* liegen, im rechnerischen Kalkül der Kosten-Nutzen Analyse nur unvollkommen erfaßt werden. Weitere Gefahren liegen im absichtlichen Mißbrauch der Kosten-Nutzen Analyse durch willkürliche oder spekulative Annahmen bei der Bewertung von Kosten oder Nutzen.

Die Kritik bezieht sich weiters häufig auf die Zielfunktionen staatlicher Maßnahmen, da diese in der Realität nicht eindimensional auf eine Steigerung des Sozialprodukts im Sinne einer Konsumsteigerung gerichtet sind. Die Rationalität einer Politik kann nicht notwendigerweise anhand ihrer begrenzten ökonomischen Effizienz gemessen werden: „Genau hier tritt die Schwachstelle der Kosten-Nutzen Analyse zu Tage; sie bemüht sich, solche Güter zu bewerten, die durch den Allokationsmechanismus am Markt nicht produzierbar sind, obgleich hier das Ausschlußprinzip nicht gilt und es mithin keine Rationalität des Preissystems geben kann."[299]

---

297 Margolis, J. (1970): S 128.

298 Hender, J. D. (1971): S 7 f.

299 Hansmeyer, K., Rurüp, B. (1975): S 76.

Prest/Turvey nennen zwei wesentliche theoretische Einschränkungen. Erstens sind Entscheidungen innerhalb eines Rahmens zu fällen, den man im vorhinein selbst abzustecken hat und zweitens können allzu große Projekte damit nur schlecht beurteilt werden, sobald ihre Durchführung (aufgrund der Projektgröße) das Gefüge der relativen Preise und Mengen für die gesamte Wirtschaft ändert.[300]

Campen faßt die größten Schwachpunkt der Kosten-Nutzen Analyse zusammen als: „(1) The omission of certain types of information which should be included, (2) inappropriateness of the concept of potential pareto-improvement as a criterion for social well-being, (3) the shortcomings of market data, (4) the difficulty and frequent failure of benefit-cost analysis to consider other impact on people's welfare such as cultural, social or political values."[301]

Abschließend sei nochmals darauf hingewiesen, daß Entscheidungen über staatliche Projekte *politische* Entscheidungen sind. Die Kosten-Nutzen Analyse kann zwar wertvolle Hilfe leisten, keinesfalls aber die politische Entscheidung ersetzen. „Cost-benefit analysis is merely a tool to debate decision-making, not a decision making tool."[302]

---

[300] Vgl. Prest, A. R., Turvey, R. (1970): S 103 f.

[301] Campen, zitiert in: Welle, P. G. (1990): S 81.

[302] Welle, P. G. (1990): S 83.

ZUSAMMENFASSUNG: KOSTEN-NUTZEN ANALYSE

Entwickelt wurde das Verfahren der Kosten-Nutzen Analyse zur Beurteilung öffentlicher Maßnahmen; es wird auch vornehmlich dafür eingesetzt. Die Kosten-Nutzen Analyse ist durch den Anspruch geprägt, daß möglichst alle Wirkungen eines Projekts quantifiziert und in einer einheitlichen Dimension, und zwar in Geldeinheiten, bewertet werden sollen. Im Sinne einer Wirtschaftlichkeitsrechnung soll, nach ihrem ursprünglichen Ansatz, unter verschiedenen Investitionsalternativen die beste herausgefunden werden, indem man jeweils alle zu erwartenden Nutzen und Kosten einander gegenüberstellt und dann mit Hilfe eines Effizienzkriteriums auswählt.

In dieser Untersuchung wurde das Verfahren der Kosten-Nutzen Analyse deshalb gewählt, da der Erfolg wirtschaftlicher Medienproduktionsförderungen anhand des Zielkriteriums der ökonomischen Effizienz bewertet werden soll. Dadurch ist die Kosten-Nutzen Analyse auch mit zahlreichen Werturteilen beladen. Dem Analysten kommt somit die wichtige Funktion zu, den Entscheidungsträger darauf hinzuweisen, und ihm Alternativen aufzuzeigen.

Neben der Verrechnungsfunktion kommt der Bewertung durch die Kosten-Nutzen Analyse eine zweite wesentliche Aufgabe zu, die *Lenkungsfunktion.* „Benefit-cost analysis is a framework for organising thoughts, or considerations: nothing more and nothing less. For any real world choice, there will always be some considerations that cannot easily be enumerated or valued, and where the analysis becomes quite conjectural. Benefit-cost analysis does not, and should not, try to hide this uncertainty.“[303]

[303] Gramlich, E. M. (1981): S 5.

OHNE TITEL S 24.000,--

TEIL II: ERFASSUNG UND BEWERTUNG VON KOSTEN UND NUTZEN

In den nun folgenden Kapiteln soll eine Quantifizierung und Bewertung der durch Medienproduktionsförderungen ausgelösten Effekte unter Kosten-Nutzen-analytischen Gesichtspunkten erfolgen. Dazu bedarf es zunächst eines theoretischen Rahmens, in den die einzelnen Effekte logisch zusammenhängend eingebettet werden können.

Die theoretische Literatur zur Kosten-Nutzen Analyse mißt dieser Problematik relativ wenig Bedeutung bei. Wenn überhaupt, werden nur sehr globale Konzepte zur Systematisierung von Kosten/Nutzen dargelegt. Die meisten Theoretiker halten sich an das Konzept der Unterscheidung zwischen „direkten", „indirekten" und „intangiblen" Projektwirkungen.[304] Für konkrete Studien ist diese Einteilung aber nur von beschränkter Brauchbarkeit, da solche Attribute den verschiedenen Auswirkungen künstlich zugewiesen werden müssen und in vielen Fällen eine eindeutige Zuordnung unmöglich ist. Ein etwas breiter angelegtes Spektrum zur Beurteilung von Projektwirkungen als das obengenannte wird von *Fischhoff/Cox* vorgeschlagen. Ihrer Ansicht nach sollten Projektwirkungen in wirtschaftliche, physische, ökologische politische/ethische und psychologische Dimensionen eingeteilt werden.[305] Aber auch dieser Aufbau erscheint für die vorliegende Untersuchung unbrauchbar, da die meisten Effekte diese genannten Dimensionen zugleich beinhalten (z.B. die Schaffung von Arbeitsplätzen ist wirtschaftlich *und* psychologisch wichtig).

Da die Theorie keine brauchbaren Ansätze bietet, liegt es nahe, sich an „praktischen" Studien zu orientieren. Für den Medienproduktionsbereich lie-

---

304 Vgl. Mühlenkamp, H. (1994): S 191.

305 Fischhoff, B., Cox, L. A. Jr. (1986): S 57.

gen aber keinerlei Untersuchungen vor, so daß auf nächstliegende Gebiete ausgewichen werden muß.[306]

Ein Bereich, für den seit Anfang der 70-er Jahre umfassende Untersuchungen durchgeführt wurden und dessen Effekte z.T. denen des Medienproduktionssektors ähneln, ist die darstellende Kunst. Die meisten der Untersuchungen für diesen Sektor versuchen die direkten und indirekten wirtschaftlichen Wirkungen der betrachteten Institutionen (Opernhäuser, Festivals, Bundestheaterverband etc.) zu quantifizieren. Sie beschränkten sich aber zumeist auf die Durchführung von Input-Output Rechnungen und Multiplikatoranalysen, wenngleich sie auch bezüglich der Untersuchungsobjekte (einzelne Einrichtungen, Festivals, Festspiele, gesamter öffentlicher und/oder privatwirtschaftlicher Kunstsektor), der Untersuchungsregion (vom Gemeindegebiet bis zum gesamten Staatsgebiet), des Umfangs der empirischen Erhebungen, der Definition der wirtschaftlichen Effekte oder auch der zur Berechnung der Gesamtwirkung verwendeten Methodiken stark unterschiedlich sind. Einige der qualitativ ausgerichteten Untersuchungen betrachten zusätzlich die Größe des Sektors im Vergleich zur Gesamtwirtschaft sowie die sektorale Verflechtung. Von Wichtigkeit für die meisten Studien ist die Analyse der Nebenausgaben der Besucher. Dieser Aspekt kann im Falle dieser Untersuchung gänzlich vernachlässigt werden.

Hummel/Berger stellten in einer vergleichenden Kritik von Kosten-Nutzen Analysen des Kultursektors fest, daß bei allen Studien die Finanzierung der Förderungen nicht in ausreichendem Ausmaß berücksichtigt wurde. Weiters kritisieren sie die Tatsache, daß die unweigerlich auf derartige wirtschaftspolitische Eingriffe folgenden mittel- und langfristigen Wirkungen nicht berücksichtigt wurden. [307] Ein Grund dafür scheint in der Tatsache zu liegen, daß diese Studien der Konzeption der Wirkungserfassung kaum Bedeutung ein-

---

[306] Lediglich mehrere Studien, die sich mit der Einkommens- und Steuerinzidenz (und z.T. mit der Arbeitsmarktanalyse) befassen, wurden von verschiedenen Organisationen und Verbänden der Medienbranche in Auftrag gegeben: vgl. Kapitel EFFEKTE DER AUSGABENREALISIERUNG, S 167.

[307] Eine vergleichende Übersicht der Studien für New York/New Jersey, Amsterdam, Zürich, Bremen und Salzburg befindet sich in: Hummel, M., Berger, M. (1988): S 43 ff. Im Ergebnis kommen die Studien weitgehend übereinstimmend zu einem für die kulturellen Institutionen positiven Ergebnis: „Der betrachtete künstlerische Sektor leistet einen die erhaltenen öffentlichen Mittel übersteigenden beträchtlichen Beitrag zum Einkommen und zur Beschäftigung der Untersuchungsregion." Solf, G. (1992): S 223; vgl. auch Abele, H., Bauer, H. (1984): S 130.

räumen. Diesem Kritikpunkt soll in vorliegender Studie Rechnung getragen werden.

Da also weder Theorie noch Praxis brauchbare Konzepte zur Erfassung und Systematisierung der Wirkungen von Produktionsförderungsaktivitäten anbieten, muß versucht werden, eine neue, solide, systematische theoretische Basis für die Untersuchung der empirischen Gegebenheiten zu erstellen. Um auch die Überschneidungsproblematik gut bewältigen zu können und für die folgende Gesamtbeurteilung in Teil III eine flexible Ausgangsbasis zu schaffen, soll der Aufbau dieser Analyse an einem alten, einfachen Modell der Volkswirtschaftslehre ausgerichtet werden, dem *Kreislaufmodell*.[308] Solch eine modellmäßige Abbildung bietet nämlich sowohl den Vorteil der Einbettung des Untersuchungsgegenstandes in größere Zusammenhänge, wie auch die Möglichkeit der Dekomposition in die lokalen Geltungsbereiche verschiedener Ergebnisse.

Kreislaufmodelle

Genau genommen benötigt diese Untersuchung zwei verschiedene Kreislaufmodelle: erstens ein *Kreislaufmodell der Zahlungsströme*, welches die wichtigsten monetären Bewegungen zu erfassen versucht, und zweitens ein *Kreislaufmodell der Güter-/Leistungsströme*, das die Gegenleistungen für die Zahlungsströme erfaßt. Da sich die Zahlungsströme und die Güter-/Leistungsströme gegenseitig bedingen, treten sie immer gleichzeitig, jedoch in entgegengesetzter Richtung, auf.

[308] Eine Ausrichtung am Kreislaufmodell erscheint deshalb sinnvoll, da es – wie später gezeigt wird – zu „Ausfällen" im Kreislauf kommen kann bzw. nur Teile des Kreislaufs in bestimmten Anwendungsfällen „aktiviert" werden, wodurch gänzlich differente Wirkungsspektren zur Geltung kommen. Das erste ökonomische Kreislaufmodell wurde 1758 vom Arzt *Françoise Quesnay* in seinem Werk „Tableau économique" dargestellt; inspiriert wurde er dazu angeblich durch den Aufbau des menschlichen Kreislaufs.

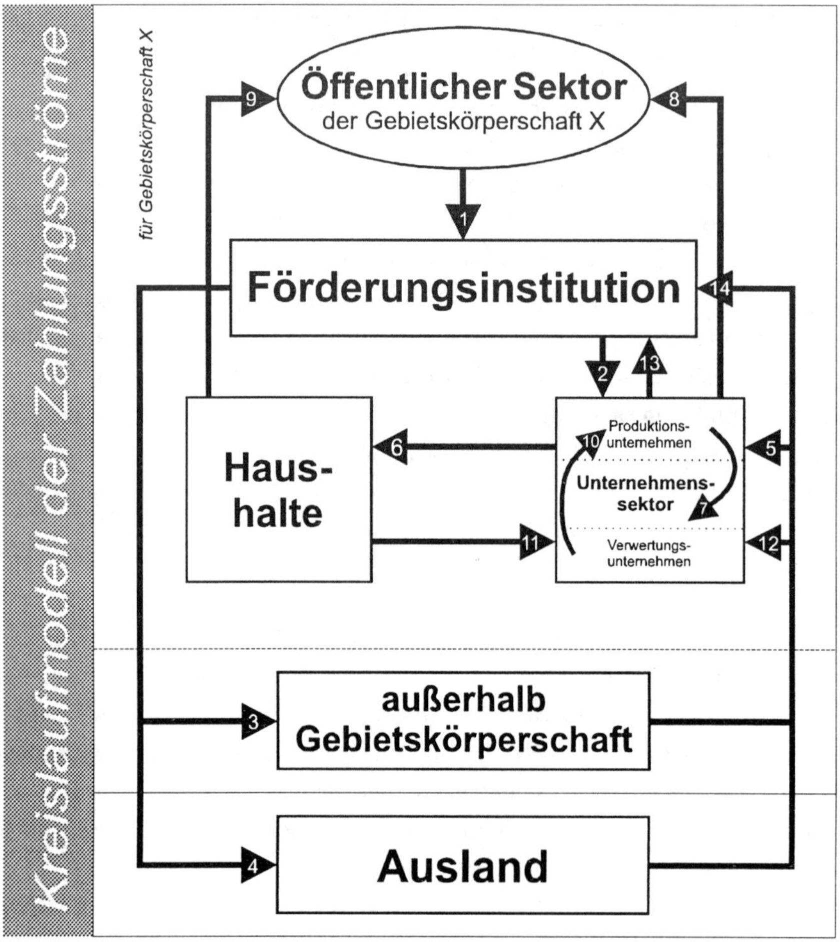

Abbildung 18: Kreislaufmodell der Zahlungsströme

Initiiert wird der Geldkreislauf (vgl. *Abbildung 18*) durch die Bereitstellung öffentlicher Mittel an eine Förderungsinstitution [1]. Diese Förderungsinstitution entscheidet sodann über die Vergabe der Mittel an Produktionsunternehmen. Prinzipiell können heimische Produzenten [2], Produzenten aus einer anderen Region des Inlandes [3] oder im Ausland ansässige Produzenten [4] Empfänger dieser Gelder sein. Da die Produktionsbranche kleine, flexible Strukturen aufweist, und Förderungsgelder nur unter der Bedingung der Mittelverwendung in der fördernden Region vergeben werden, werden im Rahmen einer geförderten Produktion zumeist auch andere Produktionsunternehmen innerhalb der fördernden Region beschäftigt [5].[309]

Produktionsunternehmen wiederum müssen Gehälter an ihre Angestellten bezahlen bzw. erwirtschaften Gewinne [6] und müssen Rechnungen anderer Unternehmen für die Erbringung diverser Leistungen bezahlen [7]. Das dadurch geschaffene Einkommen (bzw. die erzeugten Umsätze der Unternehmen) führen wiederum sowohl im Unternehmenssektor [8] als auch bei den Haushalten [9] zu Steueraufkommen.[310]

Verwertungsunternehmen entrichten Lizenzgebühren an Produktionsunternehmen, um die Verwertung der Produktionen durchführen zu dürfen [10]. Haushalte wiederum verwenden einen Teil ihres Budgets auch dazu, um audiovisuelle Produkte zu konsumieren: sie kaufen Kinokarten, entrichten Videotheksgebühren etc. und lassen auf diese Art und Weise dem Verwertungssektor Geld zukommen [11]. Wenn der Film im Inland Erfolg hat, so sind ausländische Verwertungsfirmen auch daran interessiert, Verwertungsrechte an der geschaffenen Produktion zu erwerben [12].

Konnte eine Produktionsfirma ihr subventioniertes Produkt gut absetzen, so ist das Unternehmen unter gewissen Umständen verpflichtet, die gewährte Subvention zumindest teilweise zurückzuzahlen [13] bzw. [14]. Die entstandenen Einkommen und das induzierte Steueraufkommen verstärken sich im übrigen noch durch auftretende Multiplikatoreffekte.[311]

Dem Geldfluß entgegengesetzt verlaufen die Güter- bzw. Leistungsströme, wie *Abbildung 19* zeigt.

---

[309] Insbesondere Produzenten von auswärts engagieren oft zahlreiche Firmen der fördernden Region mit der Durchführung von Dienstleistungen (z.B. Beleuchtungsfirmen, Filmlabors).

[310] In der Abbildung wurde nicht berücksichtigt, daß die Steuerhoheit in manchen Fällen bei einer übergeordneten Gebietskörperschaft liegt und die entrichteten Steuern z.T. erst über den Finanzausgleich der fördernden Gebietskörperschaft zugute kommen. Genaueres dazu vgl. Kapitel STEUERLICHE EFFEKTE, S 237.

[311] Multiplikatoreffekte entstehen dadurch, daß erhöhte Einkommen einerseits zu erhöhtem Konsum und andererseits zu höheren Ersparnissen (und diese infolge zu erhöhtem *zukünftigem* Konsum) führen; Konsum wiederum schafft (in derselben Periode) Einkommen.

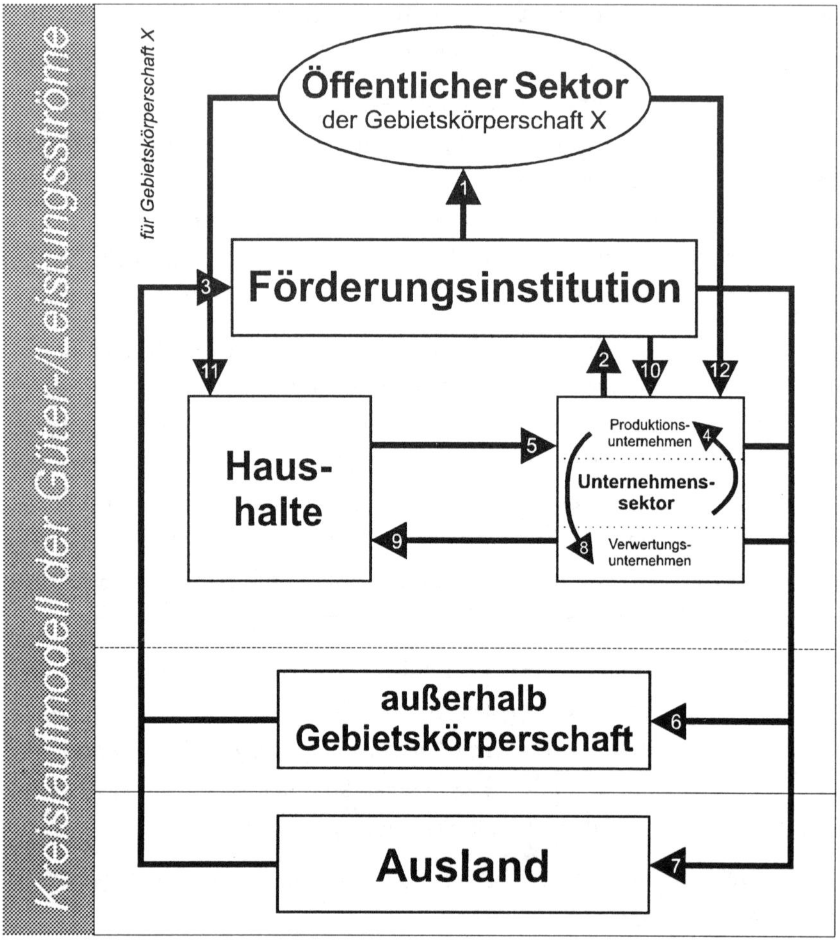

Abbildung 19: Kreislaufmodell der Güter-/Leistungsströme

Die Leistung, die die Förderungsinstitution im Auftrag des öffentlichen Sektors (d.h. der Politik) erbringt, besteht in der Organisation, Auswahl und Verwaltung der Subventionen [1]. Wird ein Produzent mit einer Förderung bedacht, so verpflichtet er sich gegenüber der Förderungsinstitution zu einem bestimmten Verhalten [2] (z.B. ein Vielfaches des Förderungsbetrags auszugeben; der Förderungsinstitution Einsicht in die Buchhaltung zu gewähren). Dasselbe gilt auch für Produktionsunternehmen, die ihren Sitz außerhalb der fördernden Region bzw. im Ausland haben [3].

Um eine Produktion durchführen zu können, bedarf es der Leistung verschiedener Firmen des Unternehmenssektors [4]. Weiters erbringen diverse Mitglieder der Haushalte Leistungen für den Produktionssektor [5].

Wenn der Förderungsempfänger seinen Sitz außerhalb der Region [6] bzw. im Ausland hat [7], kommt es zu einem Leistungsexport. Das fertiggestellte Medienprodukt kann aber auch an Verwertungsfirmen innerhalb der Region geliefert werden [8] (u.U. über einen Zwischenhändler im Ausland). Die Verwertungsunternehmen wiederum liefern die konsumgerecht aufbereitete Ware an die Haushalte (Pay-TV, Video on Demand, Kino etc.) [9].

Als Gegenleistung für die Rückbezahlung von (Teilen) der Förderung erhalten Produzenten in vielen Fällen automatisch Subventionen für ihre nächste Produktion [10].

Zu den umfassenden Leistungen, die der öffentliche Sektor für Haushalte [11] und Unternehmen [12] erbringt, zählt u.a. die Einführung von Medienproduktionsförderungen, die zu einer allgemeinen Wohlfahrtssteigerung der Region führen sollen.

Untersuchungsablauf

Der Ablauf der folgenden Wirkungserhebung von Medienproduktionsförderungen ist an den oben geschilderten Modellen ausgerichtet, wobei zuerst der Geldfluß und danach der Güter- und Leistungsfluß analysiert wird.

Die *Analyse der Zahlungsströme* wird in drei verschiedene Kapitel unterteilt: Zunächst werden die aus der Förderung erwachsenden direkten Kosten erhoben [Kapitel DIREKTE SUBVENTIONSKOSTEN (S 157) /*Abbildung 18*; Pfeil 1].[312] Anschließend folgt die Einkommensanalyse [Kapitel EINKOMMENSEFFEKTE (S 200)/*Abbildung 18*; Pfeile 1-7, 10-14] sowie die Betrachtung der Auswirkungen auf das Steueraufkommen [Kapitel STEUERLICHE EFFEKTE (S 237) /*Abbildung 18*; Pfeile 8, 9].

In drei weiteren Kapiteln werden die regionalen Auswirkungen der induzierten *Güter- und Leistungsströme analysiert*: Veränderungen der regionalen Beschäftigung werden hinsichtlich quantitativer und qualitativer Änderungen betrachtet [Kapitel ARBEITSMARKTEFFEKTE (S 210) /*Abbildung 19*; Pfeil 5]. Weiters werden die längerfristig kapazitätserweiternden Wirkungen der erhöhten Nachfrage an Vorleistungen analysiert [Kapitel WACHSTUMSNUTZEN – KAPAZITÄTSEFFEKTE (S 244) /*Abbildung 19*; Pfeil 4]. Zuletzt sollen Kosten und Nutzen, die aus dem Konsum der Medienprodukte entstehen, be-

[312] An dieser Stelle sei darauf hingewiesen, daß sämtliche *indirekten* Kosten, die der Regionalwirtschaft erwachsen – soweit existent – ihrer logischen Zugehörigkeit nach in den folgenden Kapiteln als „negative Nutzen" behandelt werden (da sie ja von der Entstehung des jeweiligen Nutzens unmittelbar abhängig sind).

handelt werden [Kapitel EFFEKTE DES MEDIENKONSUMS (S 267) /*Abbildung 19*; Pfeile 9, (6, 7, 8)]. Dies beinhaltet eine Verwertungsanalyse (Kino, Video, ...), die Betrachtung der entstehenden Auswirkungen auf die Region (Tourismus, Regionsimage im allgemeinen sowie die indirekten Wirkungen auf andere Branchen) und eine Beurteilung des Nutzens von Kunst und Kultur.

Illustration „Direkte Subventionskosten“ von Barbara Eichhorn

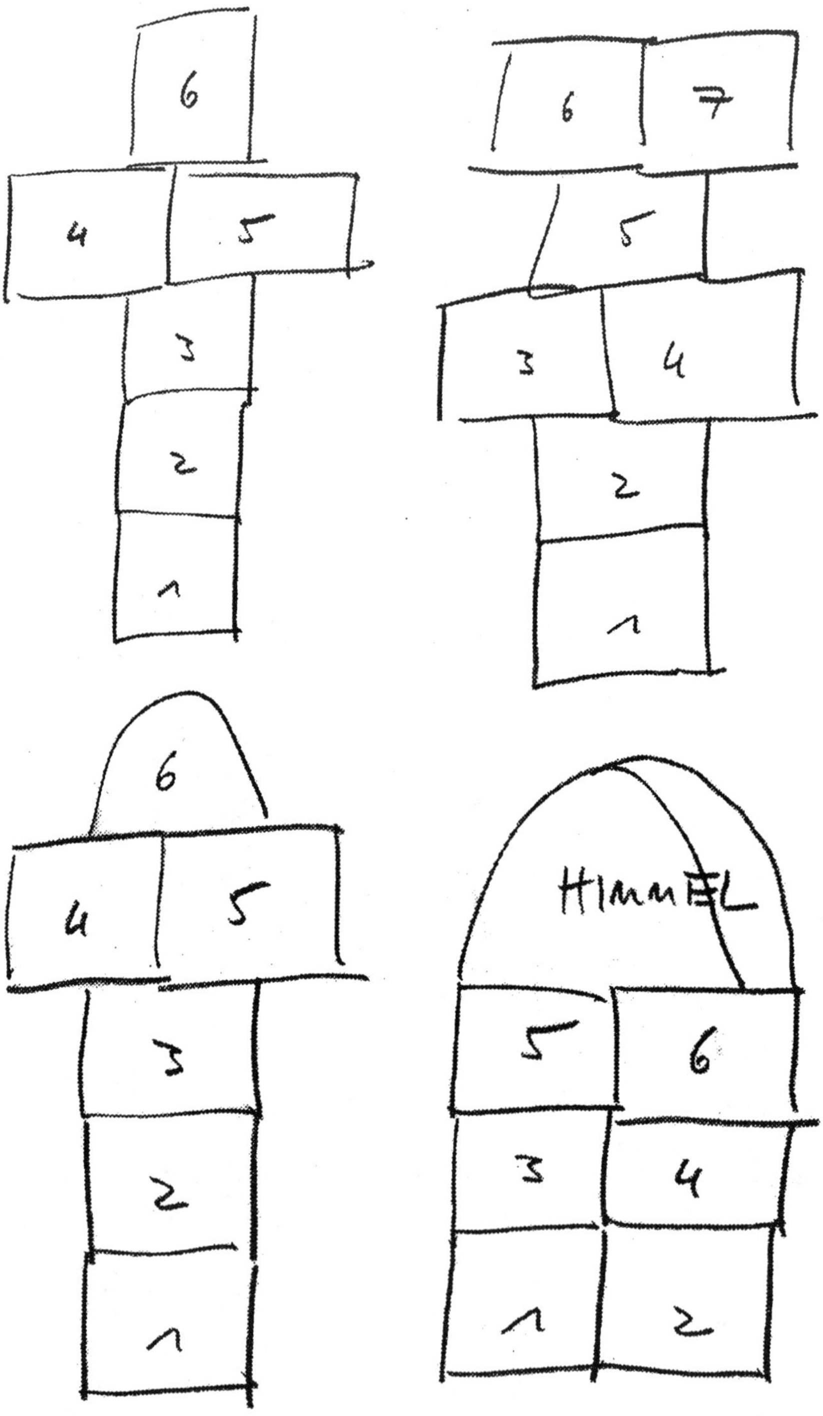

DIREKTE SUBVENTIONSKOSTEN

Will eine Region Medienproduktionsförderungen anbieten, so fallen für sie und ihre Bewohner Kosten an. Handelt es sich um ein direktes Förderungsmodell, so entsteht der Großteil der Kosten durch die finanzielle Ausstattung einer Förderungsorganisation. Abgesehen von der Tatsache, daß der öffentliche Sektor auch durch die Privaten getragen wird, fallen weiters auch unmittelbar im privaten Sektor Kosten an, wenn auch in wesentlich geringerem Ausmaß.[313]

In diesem Kapitel werden die *direkten Kosten* behandelt, die durch die Aufbringung der finanziellen Mittel durch den öffentlichen Sektor verursacht werden.[314] Dazu zählt der Betrag, der vom öffentlichen Sektor an die Förderungsinstitution überwiesen wird, sowie die Kosten der Aufbringung dieses Betrages.[315] Beim Geld, das der Förderungsinstitution zur Verfügung gestellt wird, kann weiters unterschieden werden zwischen dem einen Teil, der effektiv als Subvention das Firmenkonto eines Produzenten erreicht, und dem anderen Teil, der für den Betrieb der Förderungsinstitution aufgewandt wird.[316]

Unter Bezugnahme auf das oben dargestellte *Kreislaufmodell der Zahlungsströme* (*Abbildung 18*) wird bei der Kostenanalyse unterschieden in: „Kosten der vergebenen Förderungsbeträge" (Pfeil 2), „Gemeinkosten der Förderung" (Pfeile 1, 14 abzüglich Pfeil 2) und „Kosten der Förderungsfinanzierung" (Pfeile 9, 11).

---

[313] Ein Beispiel für Kosten, die im privaten Sektor anfallen, sind Unannehmlichkeiten die durch die Durchführung von Dreharbeiten auf öffentlichen Plätzen (Straßen) verursacht werden (z.B. Verkehrsstau).

[314] Vgl. Fußnote 312.

[315] Der oben erwähnten Kritik, daß die Nebenwirkungen der Finanzierung regelmäßig vernachlässigt werden, soll mit der Behandlung dieses Aspekts Rechnung getragen werden. Zur Kritik vgl. auch Hofmann, J. (1981): S 50 f.

[316] Theoretisch zählen zu dieser Kostenart auch alle projektbezogenen Ausgaben zukünftiger öffentlicher Haushalte; das wären neben den Investitions- und Folgekosten auch solche Aufwendungen, die durch die Einbindung des Projektes in eine vorhandene Infrastruktur notwendig werden und die auch bei anderen öffentlichen Kostenträgern anfallen. Vgl. Gunkel, P. (1983): S 248.

In der folgenden Kostendarstellung werden weiters verschiedene Sichtweisen der Kosten-Nutzen Analyse erwähnt. Je nach Zweckbestimmung der Analyse wird unterschieden zwischen einer zu tätigenden *ex-ante Betrachtung* (Prognose), die über die Sinnhaftigkeit möglicher *zukünftiger* Förderungen Auskunft gibt, und einer *ex-post Betrachtung* (Historische Analyse), die Bilanz über getätigte Förderungsaktivitäten zieht. Entsprechend müssen für die beiden Analysearten auch verschiedene Ausgangsdaten herangezogen werden:

Um ex-post Betrachtungen durchführen zu können, ist historisches Datenmaterial vonnöten. Dieses ist naturgemäß relativ präzise verfügbar. Anders verhält es sich jedoch bei ex-ante Betrachtungen, da hier die (zukünftigen) Werte geschätzt werden müssen. Als Ausgangspunkt für diese Schätzungen dienen historische Werte, die jeweils mit Zu- bzw. Abschlägen versehen werden. Diese verkürzte Vorgangsweise (das Problem der Prognosen hauptsächlich durch Extrapolationen von historischen Werten zu lösen) ist insofern gerechtfertigt, da zumindest der Filmbereich, für den zur Zeit der Großteil der Fördermittel ausgegeben wird, von einer gewissen Kontinuität geprägt zu sein scheint.

KOSTEN DER VERGEBENEN FÖRDERUNGSBETRÄGE

Als „Kosten der vergebenen Förderungsbeträge" sollen hier jene Beträge verstanden werden, die einem Produzenten effektiv für die Durchführung einer Medienproduktion zur Verfügung gestellt werden. Je nach Ansatzpunkt der Analyse ist zu unterscheiden zwischen:

- **Ex-post Analyse** (versucht das Kosten-Nutzen Verhältnis im Nachhinein zu errechnen): Hier sind jene Beträge zu erfassen, mit denen die zu beurteilenden Produktionen gefördert wurden. Die Höhe dieser Beträge ist exakt erfaßbar (z.B. im Haben am Kontoauszug der Förderungsinstitution).
- **Konkrete ex-ante Analyse** (will Kosten bzw. Nutzen für konkret anstehende Projekte zum Ausdruck bringen): Dabei sind jene Beträge als Kosten anzusetzen, die den in Aussicht stehenden Produktionen gewährt werden müßten, damit diese in der Region durchgeführt werden (z.B. wenn ein

konkretes Angebot einer Produktionsfirma vorliegt, die sich eine Förderung in der Höhe X erwartet).

- **Abstrakte ex-ante Analyse** (versucht auf genereller Ebene aufzuzeigen, wie sich etwaige Produktionsförderungen auf eine Region auswirken): Aufgrund der Erfahrungswerte verschiedener Förderungsinstitutionen läßt sich erkennen, daß der Mindestbetrag für eine Förderung bei 1 Mio. ATS (150.000 DEM) liegt. Durchschnittlich aber ist mit mindestens 7-14 Mio. ATS (1-2 Mio. DEM) zu rechnen, die einer mittelgroßen Produktion zugeschossen werden müssen. Der genaue Förderungsbetrag ist natürlich jeweils vom allgemeinen Förderungsniveau abhängig (vgl. auch Förderungsbedingungen im Kapitel „WIRTSCHAFTLICHE FILMFÖRDERUNG, S 81).[317]

Weiters ist zu beachten, daß die jeweilige Form, in der subventioniert wird, Einfluß auf die entstehenden Kosten hat.[318] Die wichtigsten Formen sind:

- **Einfache Zuwendungen** (nicht rückzahlbar): Sie sind in voller Höhe als Kosten anzusetzen.

- **Subventionierte Kredite**: Viele Förderungen werden zinsbegünstigt (oder zinsenfrei) vergeben. Als direkte Kosten ist hier der Kapitalwert der Zinsersparnis anzusetzen, wobei als Vergleichszins der des freien Kapitalmarkts herangezogen werden sollte. Problematisch an diesem Verfahren ist jedoch, daß der Subventionsnehmer am freien Markt in den meisten Fällen keinen Kredit bekommen würde. Die Höhe des Nettonutzens ist dann für das Unternehmen wesentlich höher (und das Risiko für den Kreditgeber wesentlich größer) weswegen etwaige Sicherheiten und andere Solvenz bestimmende Faktoren bzw. ihr Fehlen als Kosten miteinbezogen werden müssen.[319] Auch wenn die zu leistenden Sicherheiten in starkem Ausmaß risikobehaftet sind (z.B. wenn sie abhängig vom kommerziellen Erfolg der Medienproduktion sind), sollte der subventionierte Kredit wie ein „bedingt rückzahlbares Darlehen" behandelt werden.[320]

---

317 „Überdies erhöht der Subventionswettlauf zwischen den einzelnen Regionen die sozialen Kosten bei gleichzeitiger Unsicherheit über die möglichen gesamtwirtschaftlichen Erträge." Richert, R., Thiel, E., Weilepp, M. (1987): S 270.

318 Eine Übersicht der möglichen Subventionsformen wurde in Kapitel FÖRDERUNGSFORMEN, S 78, gegeben.

319 Vgl. Reige, J. (1989): S 86 ff.

320 Eine alternative Methode zur Berechnung der effektiven Subventionshöhe bei Krediten schlägt *Müller-Kutzey* vor. Er sieht die Investition und Finanzierung als Kuppelprozeß und

- **Bedingt rückzahlbare Darlehen:** Werden die Subventionen in dieser Form vergeben, so ist nur der Teil des Darlehens als Kosten anzusetzen, der nicht mehr zurückgezahlt wurde. Bei ex-post Betrachtungen läßt sich dieser Anteil konkret ermitteln; bei ex-ante Betrachtungen ist ersatzweise der Prozentsatz der in der Vergangenheit zurückgezahlten Förderungsmittel zu eruieren und mit der Höhe des zu gewährenden Darlehens zu multiplizieren. Dieser Prozentsatz dürfte bei etwa 5% liegen.[321] Bestehen für bestimmte Projekte besonders gute (schlechte) Verwertungsaussichten bzw. liegen bereits besonders umfassende Verwertungsverträge vor, so kann die Schätzung entsprechend korrigiert werden.

Abzuziehen sind in jedem Fall die Rückzahlungen von Förderungen, die durchschnittlich auf rund 5% geschätzt werden.[322]

GEMEINKOSTEN DER FÖRDERUNG

Die Verwaltung von Subventionen bedarf einer Administration. Diese kann entweder von der regionalen Verwaltung durchgeführt werden oder aber durch eine eigene Organisation. In jedem Fall aber müssen Menschen beschäftigt und eine gewisse Infrastruktur bereitgestellt werden (Büro), was wiederum Kosten verursacht. Versucht man diese Kosten zu klassifizieren, so könnte man zwei verschiedene Kostenkategorien unterscheiden:

- **Handling Kosten:** Diese Kosten entstehen durch das Prüfen der Förderungsansuchen, die Auswahl der besten Förderungsmöglichkeiten, die Durchführung und Überwachung der Subventionszahlung etc..

---

setzt als Höhe der Begünstigung den positiven Kapitalwert einer sonst nicht zu realisierenden Investition an. Vgl. Müller-Kutzey, P. (1977): S 149.

[321] Vgl. persönliches Interview mit W. Ainberger (Wiener Filmfinanzierungsfonds). Der Prozentsatz der in der Vergangenheit zurückgezahlten Förderungsmittel errechnet sich als Quotient von Rückzahlungen und gewährten erfolgsbedingt rückzahlbaren Krediten. Der Autor schließt sich übrigens nur bedingt der Meinung von *Reige, Alewell* u.a. an (vgl. Reige, J. (1989): S 87 f), wonach eine ex-ante Betrachtung das einzig wissenschaftlich zulässige Verfahren zur Ermittlung dieser Wahrscheinlichkeiten ist. Da die Werte der verschiedenen Förderungsorganisationen relativ ähnlich liegen, müßten schwerwiegende Gründe vorliegen, die ein wesentliches Abgehen von diesen Werten begründen.

[322] Vgl. persönliches Interview D. Kosslick, W. Ainberger.

- **Marketingkosten:** Je größer die Anzahl von Förderungsansuchen ist, desto wahrscheinlicher befinden sich darunter für die Region interessante Projekte. Und um eine möglichst große Auswahl an Förderungsmöglichkeiten zu erhalten, müssen sich Förderer publik machen: die Teilnahme an Fachmessen und Kongressen, die Bereitstellung attraktiver Förderungsunterlagen, Inserate in den Fachmedien etc. helfen dabei.

  Eine Sonderform des Marketing stellen die *Zusatzservices* dar, die bereits von einigen Förderungsinstitutionen angeboten werden: Location Datenbanken, Produktionsführer u.ä.m. Im zunehmenden Förderungswettbewerb müssen Förderungsinstitutionen versuchen, sich nicht nur durch höhere finanzielle Angebote von den Mitbewerbern zu unterscheiden, sondern durch derartige Fachservices die Attraktivität der Region als Produktionsort zu erhöhen.[323]

  In diesem Zusammenhang spielen auch andere Förderungsformen eine Rolle: Praktisch keine einzige Förderungsinstitution bietet *nur* Herstellungsförderungen an; fast alle Institutionen haben Entwicklungsförderungen, Vertriebsförderungen u.ä.m. im Sortiment. Vor allem mit Development-Förderungen soll eine Erhöhung des Anteils der Regionalausgaben erreicht werden. Die Filmstiftung Nordrhein-Westfalen wendet 4-5% ihres Budgets für derartige Zusatzförderungen auf; vom Wiener Filmfinanzierungsfonds werden pro Jahr durchschnittlich drei Development-Förderungen vergeben.[324]

Eine direkte Zurechnung der Kosten zu einzelnen Projekten erscheint relativ schwierig und ist auch nur bei den „Handling Kosten“ in bedingtem Umfang möglich. Deshalb sollten die Kosten in Form von *Zuschlagssätzen* verrechnet werden. Dazu muß zunächst die gesamte Höhe der „Gemeinkosten“ bestimmt werden. Handelt es sich bei der Förderungsinstitution um einen ausgegliederten, selbständigen Rechtsträger (z.B. eine GmbH), so lassen sich diese Kosten aus der Buchhaltung relativ einfach ableiten.[325] Auch ist eine Zuschlagssatz-Näherungslösung denkbar, deren Höhe sich aus der Differenz zwischen den jährlich ausbezahlten Förderungsbeträgen (+ verbleibende Gelder) und den jährlichen Überweisung des Förderungsgesellschafters (d.h. Gebiets-

---

323 Vgl. auch Kapitel FILM COMMISSIONS, S 303.

324 Persönliche Interviews mit D. Kosslick (Filmstiftung NRW) und W. Ainberger (WFF).

325 Zu beachten ist, daß Förderungsinstitutionen vielfach günstig/kostenlos öffentliche Leistungen beziehen (z.B. in öffentlichen Gebäuden untergebracht sind) und hier natürlich die Opportunitätskosten in die Rechnung einzubeziehen sind.

körperschaft) dividiert durch die jährlich ausbezahlten Förderungsbeträge errechnet. Inklusive aller Nebenkosten liegt dieser Gemeinkostenanteil bei ca. 10% des Förderungsbudgets.[326]

Einen Sonderfall stellt die Beurteilung von solchen Förderungsinstitutionen dar, an deren Finanzierung andere öffentlich-rechtliche Institutionen (v.a. public sector Fernsehveranstalter) beteiligt sind. Ein Beispiel dafür ist die 50%ige Beteiligung des Westdeutschen Rundfunks (WDR) an der Filmstiftung Nordrhein-Westfalen GmbH. Da in diesem Falle der WDR Ausstrahlungsrechte als Gegenleistung für seine Beteiligung erhält, ist der jährliche Finanzierungsanteil des WDR keinesfalls in voller Höhe als indirekte Subvention aufzufassen. Vielmehr müßte der Marktwert der Gegenleistung (also der Ausstrahlungsrechte) bestimmt werden und nur die Differenz als „indirekte Subvention" Kostencharakter erhalten.[327]

KOSTEN DER AUFBRINGUNG DER FÖRDERMITTEL

Die in der Einleitung erwähnten Studien über öffentliche Kulturinstitutionen (vergleichend dargestellt in der Untersuchung von *Hummel/Berger*) vernachlässigen alle die Kosten der Aufbringung der Fördermittel. Dies wäre nur unter der theoretischen Annahme korrekt, daß die finanzielle Belastung der öffentlichen Haushalte keinerlei nachfragedämpfende Wirkung hat.[328]

De facto bedingt die Realisierung eines Förderungsvorhabens aber einen Transfer von realen Produktivkräften, z.B. mit Hilfe des Besteuerungs-/Ausgabenmechanismus, aus dem privaten in den öffentlichen Bereich.[329] Der dadurch verursachte Konsumentgang im privaten Bereich drückt die sozialen Opportunitätskosten der im Staatsbereich eingesetzten ökonomischen Hilfsquellen aus. „Die Opportunitätskosten beschränken sich aber nicht nur auf den unmittelbaren Entgang an Konsum, sondern sie umfassen auch den aus

---

[326] Persönliche Interviews mit D. Kosslick (Filmstiftung NRW) und W. Ainberger (WFF).

[327] Aufgrund der regionalen Abgrenzung müssen für die Region keine Kosten entstehen.

[328] Hummel, M., Berger, M. (1988): S 49.

[329] Andere mögliche Formen der Subventionierung wurden in Kapitel FÖRDERUNGSFORMEN, S 78, dargestellt.

einem Rückgang der Investitionstätigkeit im privaten Sektor bedingten weiteren Konsumverlust."[330]

Die Höhe der Opportunitätskosten beinhaltet daher nicht nur die oben als „Kosten der Förderungsbeträge" und „Gemeinkosten der Förderung" beschriebenen Positionen, sondern weiters den Nutzenentgang in Höhe der *potentiellen Investitionsressourcen*, die im privaten Sektor eingesetzt worden wären (ermittelt mit Hilfe des Investitionsmultiplikators).[331]

Zusatzlast der Besteuerung

Es wird zunächst angenommen, daß die Finanzierung der Förderung durch die Einhebung von Steuern erfolgt. Beim Nutzenentgang handelt es sich in diesem Falle um eine volkswirtschaftliche Kostenart, die auch als „Zusatzlast der Besteuerung" (*excess burden*) bekannt ist. Im Falle einer Mengensteuer (vgl. *Abbildung 20: Zusatzlast der Besteuerung*), die der Staat zur Finanzierung einhebt, steigt durch die Besteuerung der Preis für den Konsumenten, wodurch am Markt nur geringere Mengen umgesetzt werden können. Ähnliches gilt natürlich auch für andere Steuerarten oder gemischte Steuern.

---

330 Lerch, B. (1970): S 33 f.

331 Vgl. Lerch, B. (1970): S 34.

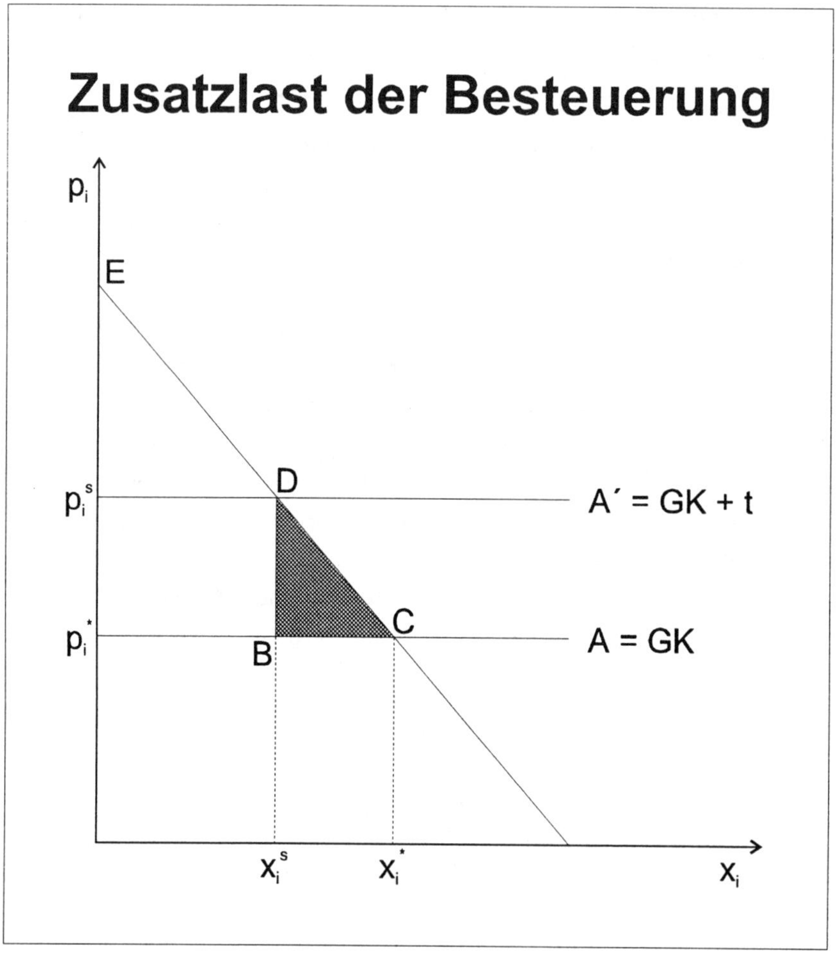

Abbildung 20: Zusatzlast der Besteuerung[332]

Die Wohlfahrtswirkungen, die davon auf den Haushaltssektor ausgehen, können sowohl mit dem Konzept der maximalen Zahlungsbereitschaft als auch mit dem der Konsumentenrente erfaßt werden, wobei letzteres in Abbildung 20 dargestellt ist. Angenommen wird, daß der Staat zur Finanzierung des öffentlichen Vorhabens die Besteuerung des Konsumgutes *i* mit einem Steuersatz der Höhe *t* pro abgesetzter Mengeneinheit einführt. Weiters wird unterstellt, daß die Angebotskurve für das betrachtete Gut horizontal verläuft (konstante Skalenerträge). Durch die Besteuerung verschiebt sich die Angebotskurve von *A* nach *A´*. Ohne Steuer wäre die Menge x_i^* zum Preis p_i^*

[332] Quelle: Hanusch, H. (1987): S 65.

umgesetzt worden; Punkt *C* stellt das Marktgleichgewicht dar. Durch Einhebung der Steuer *t* wird Punkt *D* realisiert, da die geringere Menge x_i^s zum höheren Preis von p_i^s umgesetzt wird. Der Staat erzielt dadurch Einnahmen in der Höhe von $t \cdot x_i^s$, was in der Abbildung dem Rechteck p_i^* *B D* p_i^s entspricht.

„Die Haushalte verfügen ursprünglich über eine Konsumentenrente in der Höhe von p_i^* *C E*. Durch die Besteuerung reduziert sich diese auf das Dreieck p_i^s *D E*. Den damit verbundenen Verlust an Konsumentenrente gibt die Fläche p_i^* *C D* p_i^s wieder. Wie man sieht, übertrifft diese die Steuerzahlungen der Haushalte als gewollte Maßnahme des Staates, und zwar um die schraffierte Fläche *B C D*. Genau diese Fläche entspricht der Zusatzbelastung, die von den Haushalten über ihre Steuerzahlungen hinaus zu tragen ist. Eine Zusatzbelastung fällt also in dem Umfang an, in dem der Verlust an Konsumentenrente die Steuerzahlungen übersteigt.“[333]

Derartige Zusatzbelastungen treten auf, da die Haushalte auf veränderte relative Preise mit einer Änderung ihrer konsumierten Gütermenge reagieren. Hierbei kommt es zu Substitutionseffekten, deren Höhe durch das Ausmaß, in dem Haushalte ihre nachgefragten Gütermengen dem veränderten Preisgefüge anpassen, bestimmt wird. Solche steuerbedingte Verzerrungen können etwa hinsichtlich der Wahl zwischen unterschiedlichen Konsumgütern, zwischen gegenwärtigem oder zukünftigem Konsum (Sparen) oder zwischen Einkommen (Arbeitsangebot) und Freizeit auftreten.[334]

Von welcher realen Zusatzbelastung für den Steuerzahler kann nun ausgegangen werden? Zu dieser Frage gibt es bisher relativ wenige empirische Untersuchungen, weshalb es schwierig ist, für diesen speziellen Fall konkrete Angaben zu machen. Eine von *Ballard*, *Shoven* und *Whalley* durchgeführte Untersuchung für die Vereinigten Staaten belegt jedoch, daß der Zusatzlast eine signifikante Bedeutung als sozialer Kostenfaktor zukommt. In der Untersuchung wurde gezeigt, daß eine gleichmäßige Erhöhung aller Steuern um 1% zu einem „excess burden“ führt, der für ein zusätzliches Aufkommen von einem

333 Hanusch, H. (1987): S 66.

334 „Bestehen auf der anderen Seite im Nullfall bereits Ineffizienzen, die durch die zusätzliche Besteuerung teilweise oder vollständig korrigiert werden, dann lassen sich entsprechende indirekte Nutzen konstatieren.“ Hofmann, J. (1981): S 51; vgl. auch Musgrave, R. A., Musgrave, P. B., Kullmer, L. (1977): S 114 ff.

Dollar minimal mit 17 Cent anzusetzen ist, wobei in der Berechnung von bis zu 55 Cent möglich erscheinen.[335]

Da das Steuererhöhungsausmaß von 1% für diese Studie viel zu hoch ist, kann eher die untere Grenze von rd. 20% excess burden angenommen werden. Dieser Betrag wäre also auf die vom öffentlichen Sektor aufgebrachten Mittel aufzuschlagen.

Im Gegensatz zu dieser Ansicht vertreten manche Theoretiker, wie z.B. *Eckstein*, die Auffassung, daß Marktpreise, wenn vorhanden, *unkorrigiert* in die Bewertung einfließen sollten.[336] Dem ist aber das Argument von *Hanusch* entgegenzuhalten, daß die Kosten öffentlicher Projekte deshalb pauschal mit einem Aufschlag, der etwa bei 20% liegen sollte, zu versehen sind, damit einer systematischen Unterschätzung der Kosten entgegengesteuert wird. „Selbstverständlich ist die Festsetzung eines solchen Betrages immer Willkür. Doch mag der Fehler aus wohlfahrtsökonomischer Sicht, den man auf diese Weise begeht, geringer sein als jener, den ein Verzicht auf jede Korrektur der anfallenden Kosten beinhaltet."[337]

---

[335] Vgl. Ballard, C. L., Shoven, J. B., Whalley, J. (1985).

[336] Eckstein, O. (1958): S 57.

[337] Vgl. Hanusch, H. (1987): S 67.

ZUSAMMENFASSUNG: DIREKTE SUBVENTIONSKOSTEN

Die direkten Subventionskosten setzen sich zusammen aus dem gewährten Subventionsbetrag zuzüglich der Kosten der Förderungsorganisation („Gemeinkosten") abzüglich der erwarteten Rückzahlungen. Dem Saldo dieser drei Posten muß der Excess Burden, am einfachsten in Form eines Zuschlags, hinzugerechnet werden. Es ergibt sich die in *Abbildung 21* dargestellte Stapelrechnung.

Berechnung der „direkten Förderungskosten"		
+	Gewährte Förderung	(= an Produzenten überwiesene Beträge)
+	Gemeinkosten (GK)	(= GK Zuschlagssatz × Gewährte Förderung)
–	Rückzahlungen	(= rückbezahlte Förderungsdarlehen)
=	*Zwischensumme*	
+	Excess Burden	(= *Zwischensumme* × 20%)
=	Direkte Kosten	

Abbildung 21: Berechnung der „direkten Förderungskosten"

Illustration „Effekte der Ausgabenrealisierung" von Florian Reither

EFFEKTE DER AUSGABENREALISIERUNG

Nach der Analyse der Kosten der Subventionierung wendet sich diese Arbeit nun der Analyse der Nutzen zu. Die wichtigsten Nutzen entstehen durch die Realisierung des Produktionsbudgets: die Förderung zieht fremde Gelder in eine Region (bzw. verhindert das Abwandern von Geldern in eine andere Region), die zu Umsätzen in der Region führen und somit verschiedene Formen von Nutzen verursachen.

Im folgenden Kapitel werden zur Illustration mehrere Beispiele der „Förderungsregionen" Berlin, Hamburg, Nordrhein-Westfalen, Wien und Irland zitiert. Die quantitativen Darstellungen wurden verschiedenen Jahresberichten, Tätigkeitsreports, aber auch speziellen Studien, die den ökonomischen Impact analysieren, entnommen. Für einige Regionen waren Datenreihen für mehrere Jahre verfügbar. In diesen Fällen wurde versucht, aus den Zahlen das aktuellste Jahr zur Analyse heranzuziehen, und zusätzlich die gesamten Datenreihen für eine Langzeitbetrachtung zu kompilieren.

- Geppert, K., et al. (1992): **Kultur als Wirtschaftsfaktor in Berlin.** Eine Studie des Deutschen Instituts für Wirtschaftsforschung DIW im Auftrag der Senatsverwaltung für kulturelle Angelegenheiten. Berlin 1992.
- Hamburger Filmbüro [Hrsg.] (1994): **Hamburger Filmbüro – Filmförderung und Produktionszentrum 93/94.** Broschüre. Hamburg 1994.
- Ziethen, M. (1987): **Förderung von Medienwirtschaft und Film in Hamburg.** Baden-Baden, Hamburg 1987.
- Filmstiftung Nordrhein-Westfalen GmbH [Hrsg.] (1995): **Eine Bilanz der Filmstiftung NRW.** Düsseldorf 1995.
- Otruba, H. (1994): **Umwegrentabilität der Wiener Filmproduktion.** Studie im Auftrag des Wiener Filmfinanzierungsfonds. Wien 1994. Unveröffentlicht.
- Wiener Filmfinanzierungsfonds [Hrsg.] (1994): **Informationen WFF.** Broschüre. Wien 1994.

- Irish Business and Employers Confederation IBEC [Hrsg.] (1995a): **Economic Impact of Film Production in Ireland 1993.** Dublin 1995.
- Irish Business and Employers Confederation IBEC [Hrsg.] (1995b): **Economic Impact of Film Production in Ireland 1994.** Dublin 1995.

Weiters liegen interessante Vergleichswerte für die USA bzw. Kalifornien vor:

- Arthur Andersen Economic Consulting [Hrsg.] (1995): **The Economic Consequence of Independent Film Making.** Prepared for the American Film Marketing Association (AFMA) by C. Cicchetti, W.B. Peale, S. Boedeker, J. Dubin and J. Truitt. Los Angeles 1995.
- KPMG Peat Marwick [Hrsg.] (1989): **Economic Impact Study of the Film Industry in California.** Prepared for the California Chamber of Commerce and the California Film Commission. Los Angeles 1989.

Nochmals sei darauf hingewiesen, daß in dieser ausgabenseitigen Analyse die Frage der Betriebsergebnisse von Produktionsunternehmen nicht behandelt werden kann. Abgesehen von steuerlichen Aspekten ist diese Frage auch in vielen Fällen unerheblich, da Produktionsunternehmen ihren Sitz außerhalb der fördernden Region haben. Für den Fall, daß der Sitz von Produktionsunternehmen innerhalb dieser Region liegt, muß davon ausgegangen werden, daß diese Unternehmen im Schnitt volkswirtschaftlich ausgeglichen bilanzieren (d.h. mit mäßigen betriebswirtschaftlichen Gewinnen, die das Einkommen der Unternehmenseigentümer darstellen).

ABGRENZUNG DER AUSGABEN

Ausgaben für Medienproduktionen sind eigentlich nichts anderes, als unsichtbare Exporte, da sie ein Fluß von außerregionalen (ausländischen) Geldern in die Wirtschaft einer Region (eines Landes) darstellen. Wie auch bei anderen Exportformen führen die erreichten Einnahmen zu zusätzlichen Umsätzen des Unternehmenssektors, zu Haushaltseinkommen und zu Steueraufkommen. Die initialen Produktionsausgaben (*initial spending*) erhalten Produktionsfirmen, Filmdienstleistungsanbieter und diverse andere Geschäfte. So führt z.B. 1 Mio. USD zusätzlicher Produktionsausgaben in einer Region zu 1

Mio. USD direktem Umsatz. Der Betrag wird jedoch nicht in voller Höhe zu Einkommen. Produktionsfirmen, Geschäftsinhaber und sonstige Umsatzempfänger müssen reinvestieren, Vorräte anschaffen, Gebäude erhalten, neue Geräte anschaffen bzw. alte ersetzen, usw. Außerdem fallen Steuern, Lizenzgebühren, Versicherungsgebühren u.ä. an.

Einige der genannten Beträge werden außerdem an Personen oder Organisationen außerhalb der Untersuchungsregion bezahlt. Also selbst wenn ein Unternehmen den erhaltenen Umsatz in voller Höhe wieder ausgibt, kommt es zu gewissen Sickereffekten (*leakages*).

Vom regional verbleibenden Geld werden die Löhne und Gehälter von Beschäftigten bezahlt und Käufe bei anderen Firmen dieser Region getätigt. Dadurch erhöhen sich die Umsätze anderer Unternehmen dieser Region. Um der erhöhten Nachfrage gerecht zu werden, muß z.T. zusätzliches Personal eingestellt werden bzw. müssen den Beschäftigten höhere Löhne gezahlt werden. Die regionalen Firmen, die die sekundären Empfänger der Produktionsausgaben sind, geben wiederum das Geld aus und lösen damit eine weitere Welle ökonomischer Aktivität aus, usw.

Als grundlegendes Datenmaterial zur Erfassung der Ausgaben dienen die Buchungsbelege der Medienproduktion; nur sie geben über die tatsächliche Höhe der Positionen Aufschluß. Üblicherweise wird jede Medienproduktion getrennt abgerechnet, so daß eine projektweise Betrachtung der Zahlungsströme relativ leicht möglich ist.[338]

Um die einzelnen Buchungsbelege in eine übersichtliche Form zu bringen, kann das (zum Förderungsantrag gehörende) Planbudget mit den effektiven Werten aktualisiert werden. Wie ein (aktualisiertes) Musterbudget aussehen könnte, zeigt Abbildung 22 anhand einer Low-Budget-Produktion.

[338] Für manche Produktionen wird aus steuerlichen bzw. betriebswirtschaftlichen Gründen sogar eine bzw. mehrere eigene Produktionsgesellschaften (GmbHs) gegründet.

Low Budget Feature Film Budget

A. Story and Script		
Story and Script	16.000 $	
Copies	400 $	
Postage/Messengers	450 $	
Script Timing	350 $	
Storyboards	5.000 $	22.200 $
B. Talent		
Executive Producer	0 $	
Producer	26.000 $	
Director	17.500 $	
Lead Actor	20.000 $	
Lead Actor	10.000 $	
Supporting Actors (2)	8.000 $	
Supporting Actors (3)	5.000 $	
Extras	3.750 $	90.250 $
C. Production Personnel		
Production Manager	8.400 $	
Assistant Director	7.000 $	
Cameraman	11.200 $	
Assistant Cameraman	5.600 $	
Soundman	6.300 $	
Gaffer	3.675 $	
Grip (2)	6.900 $	
Production Assistant	1.950 $	
Script Supervisor	4.200 $	
Make-up Artist	3.325 $	
Stylist	600 $	
Prop Man	1.400 $	
Art Director	3.500 $	
Location Scout	875 $	
Still Photographer	750 $	
Production Secretary	6.000 $	
Researcher	500 $	
Pension, Welfare, Insurance	14.435 $	86.610 $
D. Location Expenses		
Crew Meals/Catering	8.980 $	
Location Fees	3.500 $	
Petty Cash	12.600 $	
Equipment/Prop Cartage	1.400 $	
Misc. Expenses/Permits	4.200 $	
Cast Minibus	1.155 $	
Car Rentals (2)	1.470 $	
Wagon Rentals (2)	2.208 $	
Gas & Tolls (5)	840 $	
Miles per Day (15)	63 $	36.416 $
E. Field Equipment		
Camera Package	5.400 $	
Lens Kit	3.600 $	
Camera Supplies	1.500 $	
Walkie Talkies	660 $	
Sound Package	3.000 $	
Misc. Sound Gear	210 $	
Grip Truck	3.150 $	
Miles per Day (30)	315 $	
Lighting	3.000 $	
Grip Equipment	3.000 $	
Dolly	3.000 $	
Small Crane	500 $	
Helicopter	2.400 $	
Tyler Mount	500 $	
Props (Rentals & Purchase)	4.550 $	
Wardrobe (Rentals & Purchase)	2.100 $	
Make-up Supplies	1.000 $	
Sets	10.000 $	
Special Effects Riggings	3.000 $	
Misc. Equipment Rentals	250 $	51.135 $
F. Studio		
Studio Rental	20.000 $	20.000 $
G. Rawstock and Lab		
Negative (Rolls)	10.800 $	
Developing	5.940 $	
Workprint	9.180 $	
Edge Nos./Coding	1.620 $	
1/4" Tape Stock	1.080 $	
Magnetic Stock	1.458 $	
Magnetic Transfers	656 $	
Still Film & Processing	1.000 $	31.734 $
H. Looping/Dubbing/Foley		
Studio & Audio Stock	1.550 $	1.550 $
I. Sound and Music		
Composer	10.000 $	
Recording Studio	5.700 $	
Audio Stock	400 $	
Copyist	540 $	
Musicians (7)	18.669 $	
Instruments Rentals (2)	1.200 $	
Sound Effects	500 $	
Sound Mix	7.500 $	
Transfer Costs	360 $	
Magnetic Stock	518 $	
Composer's Videotape	263 $	45.650 $
J. Titles & Opticals		
Main Titles & Photography	1.500 $	
Art Cards	1.100 $	
Optical Photography	5.000 $	7.600 $
K. Editing & Finishing		
Editor	17.000 $	
Assistant Editor	9.350 $	
Syncing Editors (3)	5.250 $	
Editing Supplies	850 $	
Editing Facilities	3.400 $	
Editing Table Rental	5.950 $	
Screenings	200 $	
Negative Cutting	2.500 $	
Dissolves	450 $	
Answer Prints (2)	1.856 $	
Reels, Can & Cases	66 $	
16mm to 32mm Blow-Up	15.750 $	62.622 $
L. Office		
Office Rent	1.750 $	
Telephone	2.100 $	
Freight & Shipping	700 $	
Messengers	700 $	
Xerox	280 $	
Postage	490 $	
Office Supplies	1.400 $	
Office Equipment	2.450 $	
Accounting Fees	3.000 $	
Storage Fees	600 $	13.470 $
Negative Cost		**469.238 $**
Legal Fees	9.385 $	
Insurance	14.359 $	
Contingency	*98.596 $*	122.340$
Total		**591.577 $**

Abbildung 22: Low-Budget Musterbudget[339]

[339] Quelle: Wiese, M. (1984): S 171 ff.

Eine Aufgliederung der Ausgabenpositionen sollte nach volkswirtschaftlichen Gesichtspunkten erfolgen, wobei grundlegend unterschieden werden muß zwischen:

- **Abflüsse** in andere Regionen (*import leakages*)
- **Steuern** (*government revenue*)
- **Einkommen** – Löhne & Gehälter (*local income*)
- **Käufe** – Güter & Dienstleistungen (*local purchases*)

ERMITTLUNG DER ABFLÜSSE IN ANDERE REGIONEN

In einem ersten Schritt sollte eine regionale Abgrenzung der Ausgaben (Feststellung der Abflüsse in andere Regionen) erfolgen. Als Abgrenzungskriterium kann der wirtschaftliche Sitz (Wohnsitz) des Rechnungslegers (Zahlungsempfängers) herangezogen werden;

d.h. für die Abgrenzung sollte das in der volkswirtschaftlichen Gesamtrechnung übliche *Inländerprinzip* gelten.[340]

Die Summen der regional relevanten Umsätze (*Regionalausgaben*) alleine geben aber wenig Auskunft über die ökonomischen Effekte, die sie verursachen. Interessant erscheint eine Betrachtung der Regionalausgaben in Relation zu den Gesamtherstellungskosten der Medienproduktionen sowie zu den (nominellen) Förderungsbeträgen.

Deswegen wurden in *Abbildung 23* die „Rohdaten" verschiedener Förderungsregionen einander gegenübergestellt. Für Nordrhein-Westfalen liegt eine Erhebung der Ausgaben von 106 Projekten der ersten fünf Förderungsjahre 1991-1995 vor (*NRW*); in einer Aufgliederung wurden diese Ausgaben nach regulären Förderungsentscheidungen (*NRW-reg.*) und den v.a. zu Beginn der Förderung gefällten „Ausnahmeentscheidungen" (*NRW-Ausn.*) unterschie-

[340] Im Gegensatz zum *Inländerprinzip* würden beim *Inlandsprinzip* die Tätigkeit eines Ausländers (z.B. Schauspielers) mitgerechnet, da die Wertschöpfung im Inland erfolgt, obwohl er das verdiente Geld umgehend exportiert.

den.[341] Von der wirtschaftlichen Filmförderung in Berlin liegen Daten für die Zeitspanne 1987-1991 vor (*Berlin/1987-1991*); das Förderungsjahr 1991 wurde ebenfalls separat angeführt (*Berlin/1991*). Die Produktionsaktivitäten in Wien spiegeln sich in den Zahlen der 1992-1994 geförderten Projekte (*Wien/WFF*). Weiters behandelt eine Spezialstudie zehn im Jahr 1994 subventionierte Projekte (*Wien/Otruba*). Unter diesen Projekten sind auch zwei US Produktionen (*Wien-US*), die gesondert von den europäischen Produktionen (*Wien-Euro*) betrachtet werden.

Die 1980-1985 sowie 1991-1993 von der *kulturellen* Filmförderung in Hamburg subventionierten Projekte müssen etwas differenziert betrachtet werden, da es sich um kulturelle Projekte handelt (*Hamburg*). Ebenfalls nicht direkt vergleichbar sind die beiden Datenreihen für 1993 und 1994 der irischen Förderung; als Förderungsbetrag wurde hier der Steuerentgang des Staates durch die Steuerbegünstigung nach *Section 35* angegeben (*Irland 1993* bzw. *1994*).

Die *Regionalquote* bezeichnet den Anteil der Gesamtherstellungskosten, der an Empfänger in der Förderungsregion bezahlt wurde. Bei den betrachteten Beispielen liegt sie im Schnitt zwischen rund 40% und 70%, wobei sie in jüngerer Zeit tendenziell gefallen sein dürfte. Dies ist u.a. auf den zunehmenden Förderungswettbewerb zurückzuführen. Mehr Wettbewerb zwischen den Regionen wiederum ermöglicht den Produzenten eine bessere „Aufteilung" der Produktionen auf mehrere Regionen. Vor allem bei größeren Produktionen lassen sich die Produzenten die Zusammenarbeit mit den besten Betrieben aus verschiedenen Regionen subventionieren, indem eine regionale Aufteilung der einzelnen Produktionsschritte erfolgt (z.B. Teile der Dreharbeiten, aber auch Teile der Vor- und Nachproduktion).

Liegen detaillierter aufgegliederte Regionalquoten vor (z.B. nach Schema von *Abbildung 22*), kann daraus abgeleitet werden, welche Produktionsteilbereiche in einer Region offensichtlich besonders wettbewerbsfähig sind bzw. welche kaum vorhanden sind.[342]

---

[341] „Ausnahmeentscheidungen" der Filmstiftung NRW wurden v.a. in den ersten beiden Geschäftsjahren des Fonds bei Vorliegen folgender Umstände gefällt: Beteiligung an qualitativ hochwertigen Projekten und/oder Projekten nordrhein-westfälischer Produktionsfirmen; Projekte nordrhein-westfälischer Nachwuchsproduzenten oder Regisseure, die z.B. aus inhaltlichen Gründen im Ausland produziert werden mußten; Fehlen der notwendigen filmtechnischen Infrastruktur in Nordrhein-Westfalen. Vgl. Filmstiftung Nordrhein-Westfalen GmbH [Hrsg.] (1995): S 9.

[342] Aus der Untersuchung für Berlin sind folgende Regionalquoten der Ausgaben bekannt: Vorkosten (Motivsuche): 25%, Rechte (Verfilmungsrechte, Manuskripte, Drehbücher, ...):

Regionalausgaben
in Verhältnis zu Gesamtherstellungskosten und Förderung

Förderungsregion	NRW	NRW-reg.	NRW-Ausn.	Berlin	Berlin
Quelle	Filmstiftung	Filmstiftung	Filmstiftung	Geppert	Geppert
Zeitraum	1991-1995	1991-1995	1991-1995	1987-1991	1991
Projektanzahl	106	72	34	115[343]	23[344]
Währung	Mio. DEM	Mio. DEM	Mio. DEM	Mio. DEM	Mio. DEM
Produktionskosten	-	-	-	459	146
Regionalausgaben	146,66	121,17	25,49	236,00	79,00
Förderungsbetrag	97,91	68,98	29,94	98,40	24,90
Regionalquote	-	-	-	*51%*	*54%*
Förderungsquote	*150%*	*176%*	*85%*	*240%*	*317%*

Förderungsregion	Wien	Wien	Wien-Euro	Wien-US
Quelle	WFF	Otruba	Otruba	Otruba
Zeitraum	1992-1994	1994	1994	1994
Projektanzahl	35	10	8	2
Währung	Mio. ATS	Mio. ATS	Mio. ATS	Mio. ATS
Produktionskosten	-	1310,89	727,99	582,9
Regionalausgaben	860,60	517,02	295,18	221,84
Förderungsbetrag	184,96	80,10	57,10	23,00
Regionalquote	-	*39%*	*41%*	*38%*
Förderungsquote	*465%*	*645%*	*517%*	*965%*

Förderungsregion	Hamburg	Hamburg	Irland	Irland
Quelle	Ziethen	Filmbüro	IBEC	IBEC
Zeitraum	1980-1985	1991-1993	1993	1994
Projektanzahl	-	-	16	61
Währung	Mio. DEM	Mio. DEM	Mio. IEP	Mio. IEP
Produktionskosten	38,5	-	50,5	133,1
Regionalausgaben	26,40	23,60	30,50	57,00
Förderungsbetrag	11,70	10,20	11,70	42,50
Regionalquote	*69%*	-	*60%*	*43%*
Förderungsquote	*226%*	*231%*	*261%*	*134%*

Abbildung 23: Regionalquoten und Förderungsquoten

Eine weitere wichtige Kenngröße stellt die *Förderungsquote* dar, die den sog. „Regionaleffekt“ als Verhältnis der Regionalausgaben zum Förderungsbetrag

31%, Gagen: 50%, Atelier (Dekorationsbau im Atelier, Außenbau, ...): 59%, Ausstattung/Technik: 56%, Reise/Transport: 38%, Film 68%, Versicherung: 19%, Allgemeine Kosten: 40%. Vgl. Geppert, K., et al. (1992): S 236 f. Aus der Untersuchung für Hamburg ist bekannt, daß zwar 75% der Produktionsausgaben für Gagen und 60% der Ausgaben für Film-, Tonmaterial und -bearbeitung regional getätigt werden, aber nur 20% der Apparate- und Gerätemieten. Vgl. Ziethen, M. (1987): S 180 ff.

343 Diese Projektanzahl berücksichtigt nicht die geförderten Low-Budget Projekte, die mit 15,4 Mio. DEM gefördert wurden und zu 27,5 Mio. DEM Berlinausgaben führten.

344 Diese Projektanzahl berücksichtigt nicht die geförderten Low-Budget Projekte, die mit 4,9 Mio. DEM gefördert wurden und zu 11 Mio. DEM Berlinausgaben führten.

angibt. Dieses Verhältnis beeinflußt wesentlich die Kosten-Nutzen Relation, wenn auch erst die Kosten der Finanzierung einbezogen werden müssen (die jedoch linear zu den nominellen Förderungsbeträgen verlaufen; vgl. Kapitel KOSTEN DER VERGEBENEN FÖRDERUNGSBETRÄGE, S 158). Dazu einige Details:

- In **Nordrhein Westfalen** beträgt diese Förderungsquote interessanterweise (über alle Projekte gerechnet) exakt 150%, was genau der von der Filmstiftung geforderten Mindestquote entspricht.

- Bemerkenswert ist die hohe Quote in **Wien**, die u.a. auf die hohe Attraktivität Wiens als Kulisse zurückzuführen ist (vgl. die Quoten von *Wien-US*). Praktisch alle vom WFF geförderten europäischen Projekte (*Wien-Euro*) erhielten ebenfalls relativ hohe Fördermittel des Österreichischen Filmförderungsinstituts, des österreichischen Film-Fernseh-Abkommens etc.. Aber selbst wenn man die anderen österreichischen Fördermittel miteinbezieht, ergibt sich immer noch eine Förderquote von 470% bzw. für die „europäischen" Produktionen (*Wien-Euro*) eine Quote von 340%.

- Interessant ist, daß die Quote für die von der kulturellen Filmförderung in **Hamburg** subventionierten Projekte mit rund 230% vergleichsweise hoch liegt. Berücksichtigt man, daß die Projekte des Zeitraums 1991-1993 rund 6,5 Mio. DEM der wirtschaftlichen Filmförderung von Hamburg erhielten, reduziert sich die Quote auf 140%.

- **Irland** hingegen mußte während des vergangenen Jahres durch die rapide Zunahme an Produktionstätigkeit ein Absinken der Förderungsquote von 261% (1994) auf 134% (1993) in Kauf nehmen. Ausschlaggebend an der stark zunehmenden Produktionstätigkeit war eine steuergesetzliche Änderung, die nunmehr auch physischen Personen die Investitionsmöglichkeit nach *Section 35* ermöglicht, welche früher juristischen Personen vorbehalten war. [345]

---

[345] Da die Investoren unter *Section 35* die Filminvestition von ihrem besteuerbaren Einkommen abziehen dürfen – wobei die Körperschaftssteuer 30% und die maximale Einkommenssteuer 48% beträgt – entgingen dem Staat durchschnittlich 46% der *Section 35* Investments als Steuereinnahmen. Diese Quote ist im Laufe eines Jahres von 46,2% (1993) auf 45,6% (1994) gefallen, da immer mehr (d.h. auch „ärmere", nicht dem Höchststeuersatz unterliegende) Individuen Gebrauch von dieser steuerbegünstigten Investitionsmöglichkeit machen. Mit einem weiteren Fallen dieser Quote wird gerechnet, was zu einem besseren Kosten-Nutzen Verhältnis für den Staat führt. (Dieser Prozentsatz ergibt, multipliziert mit dem *Section 35* Finanzierungsanteil, den Steuerentgang des Staates). Vgl. Irish Business and Employ-

Es sei angemerkt, daß die hier angegebene Anzahl der geförderten Medienprojekte (*Projektanzahl*) höchstens als Faktor der „Risikostreuung" Bedeutung hat (z.B. die Subventionsrückzahlung betreffend). Wie vielen oder welchen Medienproduktionen die Ausgaben zuzurechnen sind, ist vom Standpunkt der ökonomischen Wirkungen größtenteils unerheblich.

ERMITTLUNG DER STEUERN

Der Betrag der direkten Steuern sollte auf dem Zahllastkonto-Finanzamt der Produktionsbuchhaltung ausgewiesen sein. Die Ermittlung der indirekten Steuern und induzierten Steuern wird in Kapitel STEUERLICHE EFFEKTE, S 237, behandelt.

ERMITTLUNG DER EINKOMMEN UND KÄUFE

Die verbleibenden Beträge müssen grundlegend unterschieden werden in:

- **Personalausgaben**, die zunächst den Beschäftigten des Projektes zufließen und von denen nur der zum Kauf von Gütern verwendete Teil unmittelbar nachfragewirksam wird.
- **Sachausgaben**, die unmittelbar den regional ansässigen Unternehmen zufließen. Diese entsprechen den Umsätzen der liefernden Unternehmen in genau gleicher Höhe.

Beide dieser Positionen sollten weiter untergliedert werden, wobei die volkswirtschaftliche Dynamik der Ausgabenpositionen das wichtigste Unterscheidungskriterium darstellt. Als Ausgangspunkt hierfür kann wiederum die Systematik des detaillierten Produktionsbudgets herangezogen werden (vgl. *Abbildung 22*). Unter Umständen macht auch eine Anlehnung an betriebswirtschaftliche Konzepte Sinn, beispielsweise an Schemata, die sich am Buchhaltungs-Einheitskontenplan orientieren. *Pichert* etwa löst das Medienprodukti-

---

ers Confederation IBEC [Hrsg.] (1995b): S 13 und Kapitel FILMFÖRDERUNG IN IRLAND NACH *SECTION 35*, S 97.

onsbudget in die grundlegenden Faktoren Werkstoffe, Betriebsmittel, Arbeit, Fremdleistungen und verschiedene Kosten auf (vgl. *Abbildung 24*).

Faktor- und Kostenarten		**Preis**
Werkstoffe	Waren, die verbraucht werden	Anschaffungspreis
Betriebsmittel	Güter, die benutzt werden	Abschreibungen
– Studiogebäude inkl. technischer Ausstattung		
– Aufnahmeaggregate für Bild und Ton		
– Spielelemente wie Bauelemente, Requisiten, Kostüme		
Arbeit	Personen, die beschäftigt werden	Löhne, Gehälter
– ausübende Künstler		*„Gagen"*
– Filmurheber (denen Urheberrechte am Film erwachsen)		*Tantiemen*
Fremdleistungen		Honorare
Verschiedene Kosten		Diverse

Abbildung 24: Faktor- und Kostenarten der Filmproduktion[346]

Bei den verschiedenen vorliegenden Untersuchungen erfolgte die Aufgliederung, wenn überhaupt, sehr unterschiedlich. Die *KPMG* Studie für Los Angeles trifft wohl die eigenartigste Einteilung, da teils eine inhaltliche Zuordnung getroffen wird (wardrobe/make-up) und teils eine betriebswirtschaftliche (rentals) – der Personalaufwand wird in dieser Studie vernachlässigt.[347] Eine geringe Aufgliederungstiefe wurde in den beiden Studien für **Irland** erreicht, wo nur zwischen „labour" und „goods & services" unterschieden wird. Die Studie für **Hamburg** hält sich ebenfalls kurz und differenziert „Gagen", „Film-, Tonmaterial und -bearbeitung", „Apparate- und Gerätemieten" sowie „Sonstige Kosten".

Relativ detailliert sind die Ausgabenaufgliederungen der Studien für Wien, NRW und Berlin (vgl. *Abbildung 25*).

---

[346] Vgl. Pichert, D. (1975): S 40 ff.

[347] In der Studie von KPMG Peat Marwick [Hrsg.] (1989) wird unterschieden zwischen: Equipment rental, location, transportation, rentals, purchases, wardrobe/makeup.

Wien-Studie	
Personal	Künstlerisches, technisches, administratives Personal
Verkehr	Innerstädtischer Verkehr, Transporte, Mietautos, ...
Gastronomie	Tagesdiäten, Catering, ...
Nächtigung	Hotel, Nächtigungsgelder
Käufe	Anschaffung von Investitions- & Gebrauchsgütern[348]
Mieten	Miete von Räumen und Drehorten, Gerätemieten, ...
Organisation	Allgemeiner Organisationsaufwand[349]
Technische Geräte	Miete von Kameras, elektronischen Geräten, ...
Telekommunikation	Telefon, Postgebühren, Fax, ...

Abbildung 25: Ausgabenaufgliederung der Wien-Studie

Für die Studien über NRW und Berlin ist die genaue Abgrenzung der Positionen leider teilweise nicht ganz nachvollziehbar (vgl. *Abbildung 26*).

Nordrhein-Westfalen Bericht	**Berlin Studie[350]**
Gagen	Vorkosten (Motivsuche usw.)
Atelier/Studio	Rechte[351]
Ausstattung/Technik	Gagen
Allgemeine Kosten	Atelier[352]
Transport & Diäten	Ausstattung/Technik[353]
Finanzierungskosten	Reise/Transport
Filmmaterial & Bearbeitung	Film[354]
Endfertigung	Versicherung
Versicherungen	Allgemeine Kosten[355]
HU	
Vorkosten (Rechte)	

Abbildung 26: Ausgabenaufgliederung der NRW und Berlin Studie

348 Kulissenbau, Kostüme, Filmmaterial, Filmentwicklung, Einrichtungsgegenstände, diverses Büromaterial, ...

349 Repräsentation, Sicherheit, Feuerwehr, Müllabfuhr, Energiekosten, ...

350 Die Studie für Berlin trifft noch eine weitere Einteilung nach „Produktion", „Synchronisation" und „Ateliers".

351 Verfilmungsrechte, Manuskripte, Drehbücher, usw.

352 Dekorationsbau im Atelier und Außenbau.

353 Requisiten, Kostüme, Kamera, Tonapparate, Scheinwerfer, usw.

354 Filmmaterial, Kopierwerk, Schnitt, Synchron, Mischung, usw.

355 Büro, Telefongebühren, Überschreitungsreserve, Handlungskosten, FKT-Gebühren.

Wie anhand dieser Beispiele gesehen werden kann, ist die Aufteilung der Budgets in den verschiedenen Untersuchungen bzw. Berichten sehr unterschiedlich, eine exakte Gegenüberstellung ist daher praktisch unmöglich. Die beste Analysemöglichkeit bietet daher eine grafische Gegenüberstellung der Proportionen der Ausgabenpositionen, wie sie in den folgenden sieben Kreisdiagrammen erfolgt. Der Versuch einer numerischen Gegenüberstellung befindet sich in ANHANG B: AUFTEILUNG DER REGIONALAUSGABEN IM VERGLEICH, S 361.

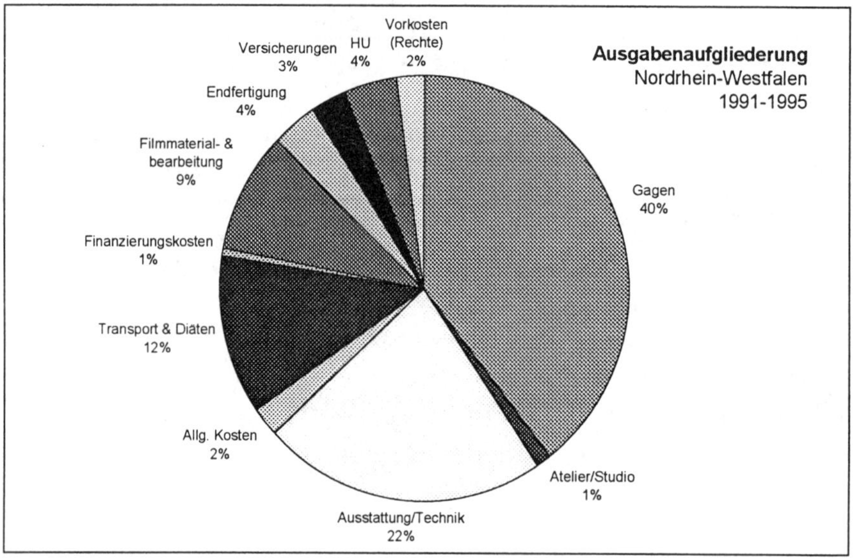

Abbildung 27: Ausgabenaufgliederung in NRW (1991-1995)

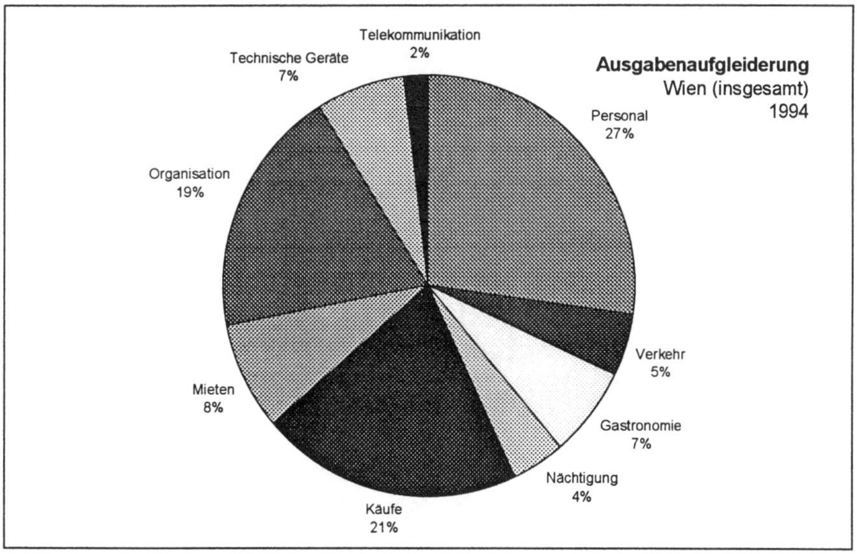

Abbildung 28: Ausgabenaufgliederung in Wien/insgesamt (1994)

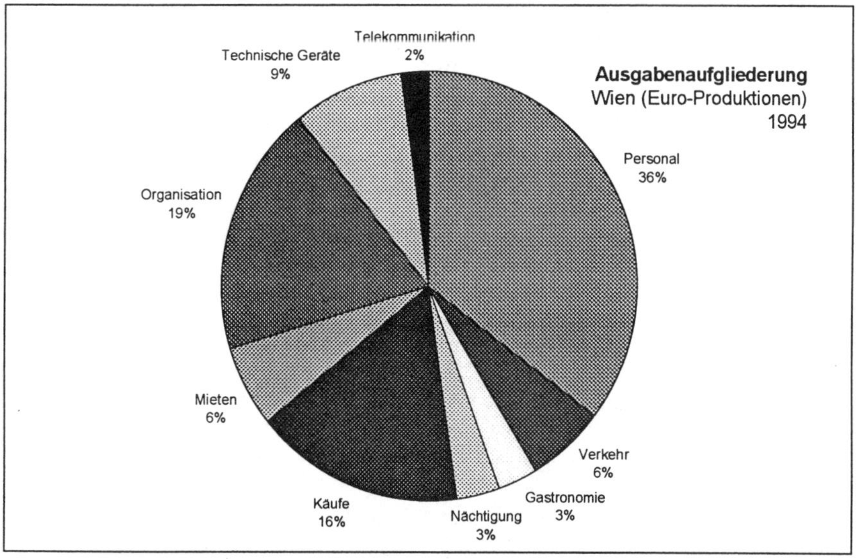

Abbildung 29: Ausgabenaufgliederung in Wien/Euro-Produktionen (1994)

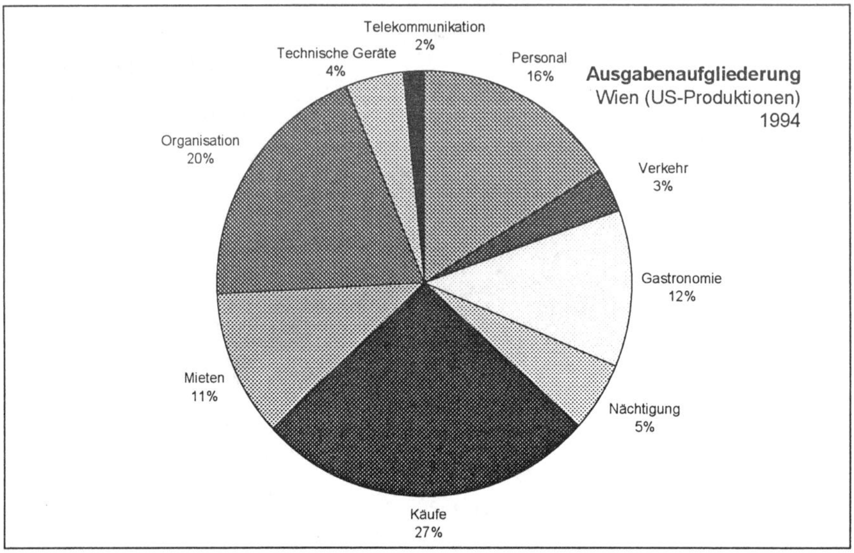

Abbildung 30: Ausgabenaufgliederung in Wien/US-Produktionen (1994)

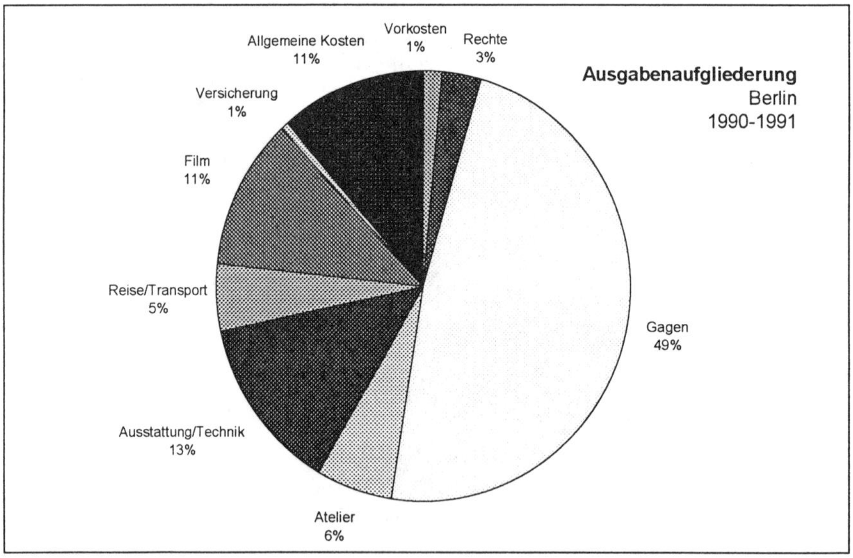

Abbildung 31: Ausgabenaufgliederung in Berlin (1990-1991)

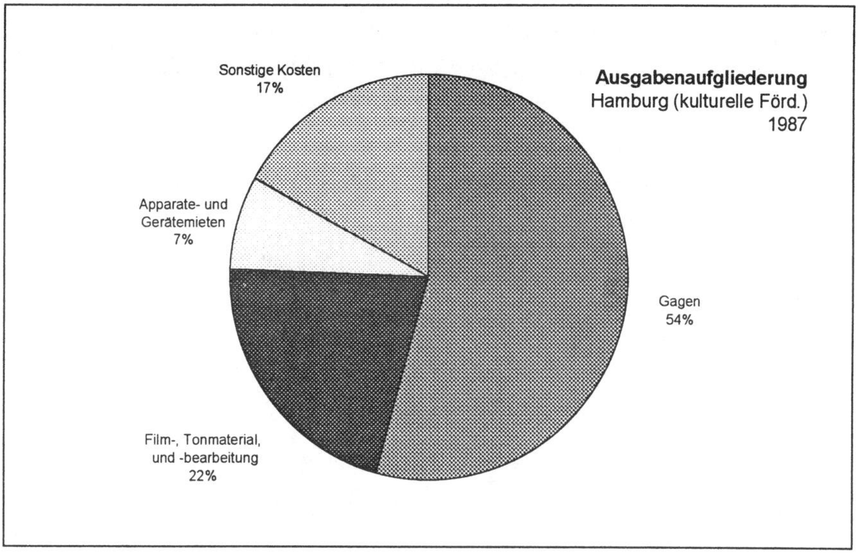

Abbildung 32: Ausgabenaufgliederung in Hamburg (1987)

Zum Vergleich soll hier auch die Untersuchung von *KPMG Peat Marwick* über die durchschnittlichen Filmproduktionsausgaben in Los Angeles erwähnt werden (Achtung: Personalkosten nicht ausgewiesen!).

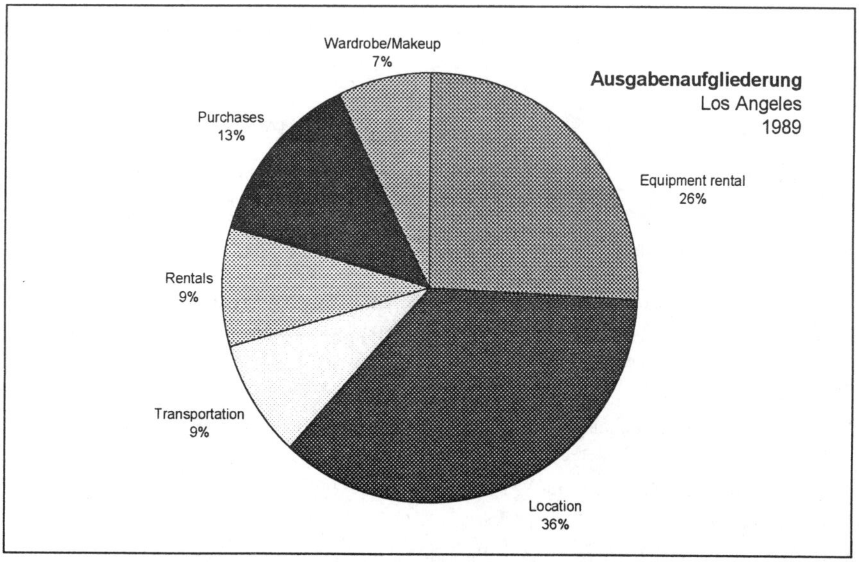

Abbildung 33: Ausgabenaufgliederung in Los Angeles (1989)

Die einzige annähernd vergleichbare Ausgabenposition in obigen Aufgliederungen ist die der Personalausgaben: diese betrugen im Schnitt 30% bis 50%.[356] Besonders niedrig scheint ihr Anteil bei in Europa durchgeführten US-Produktionen zu sein (vgl. *Wien-US*: 16%), was darauf zurückzuführen ist, daß bei diesen Produktionen v.a. die hochbezahlten Positionen (Regie, Stars) mit Amerikanern besetzt werden. Bestätigt wird diese Annahme durch die *Arthur Andersen* Studie, wonach der Anteil des Personalaufwands an den Herstellungskosten ca. 30% bei unabhängigen US-Produktionen und 35% bei US-Major Produktionen beträgt.[357] Die *KPMG* Studie kommt zum Schluß, daß der Personalkostenanteil von US-Filmproduktionen durchschnittlich bei 33% liegt.[358]

Weiters läßt sich feststellen, daß bei den in Hamburg von der „kulturellen Filmförderung" subventionierten Projekten der Anteil der Gagen besonders hoch ist (vgl. *Hamburg:* 54%).

In den klassischen Filmstädten (d.h. mit intaktem Filmgroßstudio) sind nicht nur die Ausgaben für Studio/Atelier höher als in anderen Regionen, sondern auch andere auf Filmtechnik bezogene Ausgabenpositionen (z.B. Ausstattung/Technik, Film, Apparate- und Gerätemieten, ...). Dies dürfte wohl auf die größere Anzahl von Filmdienstleistungsunternehmen zurückzuführen sein, die sich rund um die großen Studios angesiedelt haben. Wie sehr sich diese Situation derzeit ändert, wird in Kapitel VERÄNDERUNGEN DER FAKTOREN KAPITAL BZW. (MEDIEN-) INFRASTRUKTUR, S 259, erläutert.[359]

Eine Unterscheidung zwischen Zahlungen an die Filmbranche und sonstigen Zahlungen wird nur in der Studie für Wien getroffen. Demnach wurden 42% der Produktionsumsätze mit Firmen innerhalb der Branche getätigt und die restlichen 58% mit Firmen anderer Sektoren.[360]

Die Ausgabenaufgliederungen weichen nicht nur von Region zu Region stark voneinander ab, sondern auch von Projekt zu Projekt. Wie besonders

---

356 Aber auch die Personalausgaben wurden uneinheitlich abgegrenzt: z.B. wurden die Tagesdiäten unterschiedlich zugerechnet.

357 Vgl. Arthur Andersen Economic Consulting [Hrsg.] (1995): S 11.

358 Vg. KPMG Peat Marwick [Hrsg.] (1989): S II-9.

359 Während der jeweils betrachteten Periode verfügte weder Wien noch Nordrhein-Westfalen über ein funktionierendes Großstudio.

360 Bei den *Wien-Euro* Produktionen belief sich der Anteil der Ausgaben an Unternehmen der Filmbranche auf 47% und bei den Wien-US Produktionen auf 35%.

anhand der diesbezüglich detaillierten Untersuchung für Irland festgestellt werden konnte, ist es aus zwei Gründen kaum möglich, vom Produktionstyp (Low-Budget-Produktion, Dokumentation, Trickfilm, ...) auf die Ausgabenstruktur zu schließen. Erstens werden zunehmend nur Teile von (internationalen) Produktionen in den verschiedenen Regionen durchgeführt bzw. wird eine Produktion in mehreren Regionen produziert. Zweitens hängen die Budgetpositionen stark vom genauen Inhalt der Produktion ab: z.B. bedingt die Produktion eines Kostümfilms eine andere Faktorkombination als die Herstellung eines Films mit vielen „Special Effects" – obwohl es sich in beiden Fällen um Low-Budget Spielfilme handeln kann, die gänzlich in einer Region hergestellt werden.

Die Conclusio muß daher lauten, daß bei ex-post Betrachtungen unbedingt eine genaue Analyse der Produktionsbuchhaltungen erfolgen muß. Bei ex-ante Untersuchungen können die oben genannten Beispiele als Richtwert herangezogen werden; eine Orientierung kann entweder inhaltlich, anhand der geförderten Produktionen erfolgen, oder aber anhand von Ähnlichkeiten in der Regionsstruktur.

ANALYSE DER AUSGABEN: MULTIPLIKATORMODELLE

Die ursprünglichen Produktionsausgaben führen zu einem generell höheren Output in der Untersuchungsregion, Beschäftigungsmöglichkeiten entstehen und das Einkommensniveau steigt.[361] Regionale Umsätze führen also zu *direkten positiven Wirkungen.*

Wie oben beschrieben, führen diese Initialumsätze (*initial spending*) teils zu Folgeumsätzen in der Region, wodurch weitere Effekte entstehen, die als *indirekte* Auswirkungen zu klassifizieren sind. Der Wirkungsgrad der *indirekten Effekte* ist primär von dem Ausmaß abhängig, in dem sich Firmen dieser Region gegenseitig mit Gütern und Dienstleistungen beliefern.[362]

---

[361] Diese Arbeit geht davon aus, daß ausreichende Ressourcen vorhanden sind.

[362] Die indirekten Wirkungen entstehen dadurch, daß zur Produktion der zusätzlichen Nachfrage auch zusätzliche Vorprodukte mit zusätzlichen Arbeitskräften hergestellt werden müssen, zur Herstellung der zusätzlichen Vorprodukte wieder deren Vorprodukte produziert

Wenn das Einkommen der Region steigt, führt dies zu erhöhten Konsumausgaben, was wiederum einen positiven Anstoß für die regionale Wirtschaft gibt. Die zusätzlichen Geschäftsumsätze erzeugen weiteres Einkommen und weitere Beschäftigungsmöglichkeiten. Dieser sogenannte *induzierte Effekt* kann erheblich sein und Einkommenseffekte, die ein Vielfaches des indirekten Effekts betragen, hervorrufen.

Der *indirekte* und der *induzierte* Effekt zusammen werden manchmal auch als *sekundärer Effekt* bezeichnet.

Der *Gesamteffekt* beruht auf einem Zusammenwirken vielfältiger verhaltens- und regionsspezifischer Faktoren, welche im folgenden analysiert werden. *Abbildung 34* versucht, die Entstehung dieses „multiplikativen" Gesamteffekts darzustellen.

Unter *Multiplikatorwirkung* versteht man die sich vervielfachende Wirkung einer ursprünglich autonomen Ausgabe bei Berücksichtigung der gesamten Kreislaufwirkungen. Diese autonomen Ausgaben stellen zugleich Einkommen bei einem anderen Wirtschaftssubjekt dar; verausgabt auch dieses Wirtschaftssubjekt zumindest einen Teil des zusätzlichen Einkommens für die Güternachfrage, so entsteht ein multiplikativer Einkommens- und Nachfrageeffekt in einer weiteren „Runde".

---

werden müssen, usw. Der Gesamteffekt wird um so größer, je weniger Vorprodukte importiert werden. Vgl. Kyrer, A. (1987): S 39.

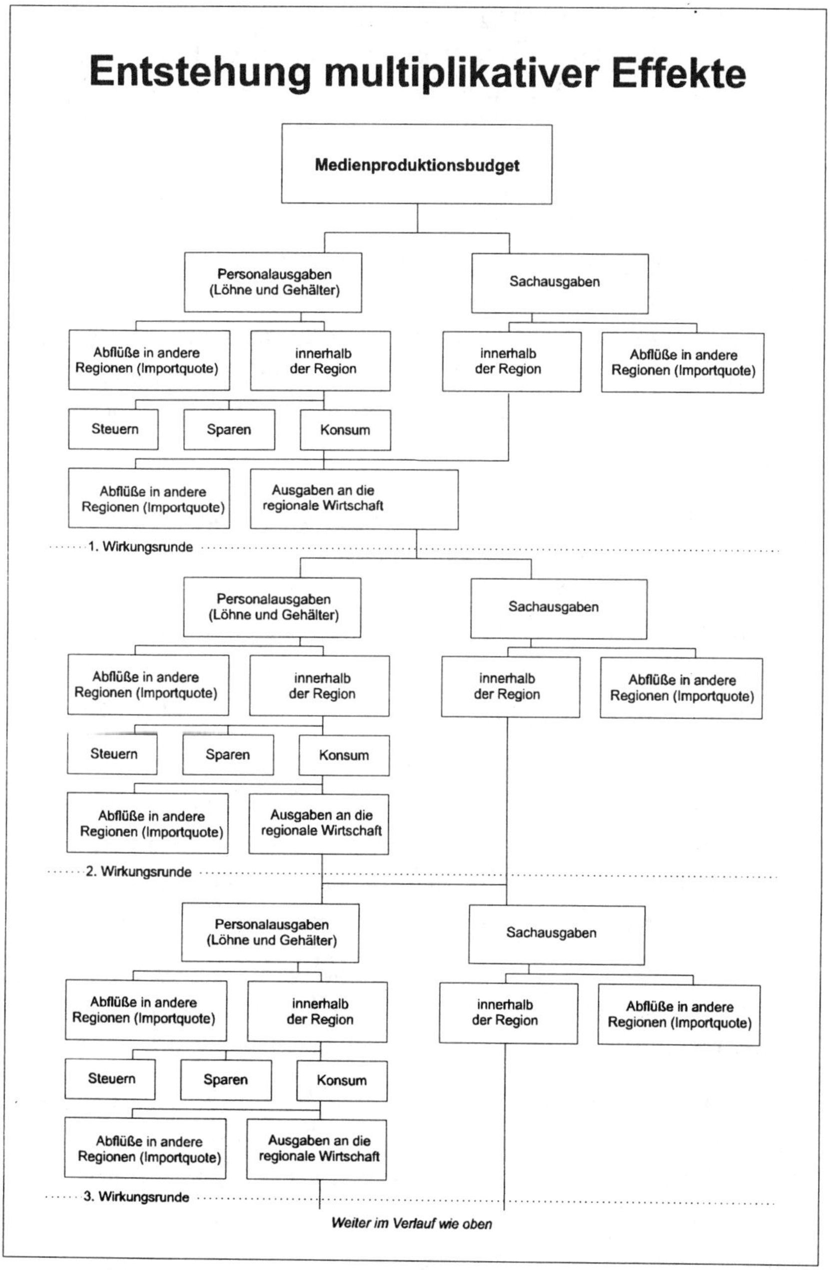

Abbildung 34: Entstehung multiplikativer Effekte[363]

[363] Quelle: Solf, G. (1992): S 241, abgeändert.

Verglichen mit den ursprünglichen Nachfragesteigerungen kann der Gesamteffekt ein Vielfaches an Erhöhung von Einkommen bzw. Gesamtnachfrage ausmachen. Er beruht auf in immer neuen Wirkungsrunden analogen Teileffekten, wächst in jeder Folgerunde an, und nähert sich letztendlich einem Grenzwert.

Eine exakte Ermittlung der effektiven Zahlungsströme, wie dies zur Wirkungsanalyse wünschenswert wäre, ist aber nicht möglich. Es bedürfte eines enormen Aufwandes, um diese Zahlungsströme über eine hohe Anzahl von Wirkungsrunden zu verfolgen. Deshalb sind Modellannahmen und Plausibilitätsüberlegungen unentbehrlich. Die volkswirtschaftliche Technik, die zur Messung dieser Ströme herangezogen wird, nennt man *Multiplikatormodell.*

Multiplikatormodelle

Multiplikatormodelle sind ökonomische Analyseinstrumente, mit deren Hilfe qualitative bzw. quantitative Aussagen darüber gemacht werden können, wie sich eine Größe bei der Veränderung einer anderen im Zusammenhang der gesamtwirtschaftlichen Verflechtung ändert. Als *Multiplikatoren* bezeichnet man die Koeffizienten, die kumulative Veränderungen einer Gesamtgröße – nach einer anfänglichen Veränderung eines Teils dieser Gesamtgröße – zum Ausdruck bringen.

Hinsichtlich der untersuchten Zusammenhänge kann man zwischen *realen* und *monetären* Multiplikatoren unterscheiden; erstere betrachten wirtschaftliche Zusammenhänge, die von Preiseffekten (monetären Einflüssen) bereinigt sind, letztere beziehen sich auf finanzielle Transaktionen.

Zu den wichtigsten Multiplikatorkonzepten zählen der Umsatzmultiplikator, der Outputmultiplikator, der Einkommensmultiplikator und der Beschäftigungsmultiplikator:[364]

1. **Umsatzmultiplikator** (*sales/transactions multiplier*): ist der Effekt einer zusätzlichen Geldeinheit, die in einer Regionalwirtschaft (Volkswirtschaft) ausgegeben wird. Dieser Multiplikator setzt die Produktionsausgaben in Beziehung mit den Geschäftsumsätzen, die er hervorruft.

2. **Outputmultiplikator** (*output multiplier*): stellt eine Beziehung zwischen einer Geldeinheit Produktionsausgaben und dem daraus resultierenden Outputlevel einer Wirtschaft her. Der Unterschied zum oben genannten Multiplikator liegt darin, daß der Umsatzmultiplikator nur den direkten und sekun-

[364] Vgl. Archer, B. H. (1982): S 237 f.

dären Effekt der Ausgaben beinhaltet, der Output-Multiplikator aber sowohl die Umsätze als auch Veränderungen des Lagerbestands (Investitionen) beinhaltet.

3. **Einkommensmultiplikator** (*income multiplier*): zeigt die Beziehung zwischen einer zusätzlichen Geldeinheit Produktionsausgaben und den Veränderungen des Volkseinkommens in einer Wirtschaft. Das Einkommen von Personen, die ihren Wohnsitz nicht in der betrachteten Region haben, wird üblicherweise abgezogen, da die Region keinen Nutzen daraus zieht. In den sekundären Runden und Folgerunden sollten allerdings auch die Ausgaben von nicht in dieser Region Ansässigen berücksichtigt werden.
4. **Beschäftigungsmultiplikator** (*employment multiplier*): gibt entweder das Verhältnis der direkten und sekundären Beschäftigungseffekte im Verhältnis zum direkten Beschäftigungseffekt an, oder aber die durch einen gewissen Ausgabenbetrag geschaffene Arbeit (Arbeitsplätze pro Geldeinheit).

Bei den Modellen, mit denen die genannten Multiplikatoren errechnet werden können, handelt es sich teilweise um hochkomplexe Modelle, die in dieser Arbeit nicht ausführlich betrachtet werden können. Die vorliegenden Ausführungen beschränken sich auf die Grundkonzepte zweier verschiedener Multiplikatormodelle: den Keynes'schen Multiplikator und die Input-Output Analyse.

KEYNES'SCHER MULTIPLIKATOR

Dieser auf Überlegungen von *J. M. Keynes* zurückgehende Multiplikatoransatz basiert auf dem Grundgedanken, daß das Einkommen und die Beschäftigung innerhalb einer betrachteten Region (im Grundmodell auf nationaler Ebene) eine Funktion der Nachfrage nach intraregional produzierten Gütern und Dienstleitungen sind. Die autonome Veränderung einer oder mehrerer exogener Variablen des Modells bewirkt die Veränderung einer abhängigen Variablen in einem den autonomen Impuls in der Regel übersteigenden Ausmaß.

Der Multiplikator gibt also an, um welchen Betrag sich das Gleichgewichtseinkommen verändert, wenn eine im Modell exogene Größe um eine Betragseinheit verändert wird. Als exogene Variable kommen alle Bestandteile der gesamtwirtschaftlichen monetären Nachfrage in Betracht. Den Ausgangspunkt bildet eine stark reduzierte Gleichung:[365]

$$Y = C + S + G + X - M$$

Legende:

Y...... Regionaleinkommen (*income*)
C...... Konsum (*consume*)
S....... Ersparnisse (*savings*)
G ..... Staatsausgaben (*government*)
X...... Export (*eXport*)
M..... Import (*iMport*)

Abbildung 35: Keynes'scher Multiplikator

Als endogene Modellvariable gilt das Einkommen *Y*. Es handelt sich somit um Multiplikatormodelle, die auf die Veränderung des Einkommens als abhängige Variable abzielen.

Vorteilhaft an diesem Modell ist, daß es explizit die Abflüsse berücksichtigt, die durch Steuern, Sparen, Importe etc. entstehen. Die weitere Spezifizierung des Modells erfolgt je nach Bedarf. Beispielsweise könnten die Konsum-, Steuer- und Importfunktion wie folgt definiert werden:

$$C = \overline{C} + b(Y - T)$$
$$T = \overline{T} + tY$$
$$M = \overline{M} + m(Y - T)$$

Legende:

$\overline{C}$ ..... Exogen bestimmte Konsumausgaben (d.h. unabhängig vom Regionaleinkommen)
b....... Marginale Konsumneigung (bezogen auf das versteuerte Einkommen)
$\overline{T}$ ..... Mindesteinkommenssteuer (income tax floor)
t........ Marginaler Einkommenssteuersatz
$\overline{M}$ .... Endogene Importe
m ..... Marginale Importneigung

Exporte, Investition und Staatsausgaben werden zunächst als *exogen* beeinflußt angenommen:

---

365 Solf, G. (1992): S 246.

$$I = \overline{I}$$
$$G = \overline{G}$$
$$X = \overline{X}$$

Setzt man diese Gleichungen nun in die ursprüngliche (Regional-) Einkommensfunktion ein, so erhält man:

$$Y = \frac{\overline{C} - (b+m)\overline{T} + \overline{I} + \overline{G} + \overline{X} - \overline{M}}{1-(b-m)(1-t)}$$

Leitet man diese Gleichung nun nach einer autonomen Größen wie Staatsausgaben oder Investition ab, so erhält man den jeweiligen Multiplikator. z.B.:

$$Staatsausgabenmultiplikator = \frac{1}{1-(b-m)(1-t)}$$

Dieses Gleichungsmodell ist lediglich ein Beispiel; die Variablen können beliebig genau bestimmt werden.[366] In der Praxis aber stellt die Verfügbarkeit der notwendigen Daten eine große Restriktion dar.

Die wichtigsten Annahmen dieses Modells sind:[367]

1. Die Koeffizienten des Multiplikators sind konstant; der Steuersatz, die Konsumneigung und die Importneigung verändern sich im Laufe der Betrachtungsperiode nicht; weiters impliziert die Annahme der konstanten Koeffizienten, daß das Ausgabenschema der ersten Multiplikatorrunde in den Folgerunden fortgesetzt wird.
2. Es wird unterstellt, daß der Produktionssektor homogen ist; d.h. es ist im Modell unerheblich, für welche Art von Produkten oder Dienstleistungen die Nachfrage steigt. In Wirklichkeit jedoch beeinflußt der Ursprung der Inputfaktoren dieser Produkte/Dienstleistungen den Multiplikator stark.
3. Dieses Modell geht von keinerlei Kapazitätsbeschränkungen aus.

---

366 „By extending the scope of the model, for instance by endogenizing investment spending and exports it is possible to introduce respectively induced investment (accelerator) effects – the so-called „super-multiplier" – and inter-area feedback effects. Feedback effects capture the impact of increased area income and hence imports on the income and imports of other areas and the resultant repercussionary effect on the exports and income level on the area in question." Dieser Effekt dürfte insbesondere für *import leakages on induced investment* und für *initial increase in area spending* gelten. Vgl. Schofield, J. (1987): S 184.

367 Vgl. Davis, H. C. (1990): S 24.

4. Es wird davon ausgegangen, daß interregionale Rückwirkungen vernachlässigbar sind. Die empirische Erfassung dieser Rückwirkungen ist äußerst schwierig.

Bei der praktischen Umsetzung dieses Konzepts sind folgende Punkte zu beachten:[368]

- Bei allen Ausgabekategorien ist zu überprüfen, ob die Ausgaben *als zusätzliche Ausgaben wirken* und ohne Subventionierung nicht in der jeweiligen Region zur Verausgabung gelangt wären. Da also nur der Nettoeffekt interessiert, muß ein Teil der Ausgaben in Abzug gebracht werden.
- Das gleiche gilt für Vorleistungen bzw. Importe, die ebenfalls eliminiert werden müssen, um *Doppelzählungen* zu vermeiden.
- Für verschiedenen Nutzenbereiche, die sich überlappen, muß ein *regionaler Gesamtnutzen* bestimmt werden.
- Die *Sparquote* dürfte zunächst vom Entwicklungsgrad der Region abhängig sein, vor allem aber von den persönlichen Einkommensverhältnissen der Empfänger des zusätzlichen Einkommens.[369]
- Die Annahme relativ stabiler *Konsumquoten* ist problematisch. *Taubmann/Behrens* erhoben 1986 eine Konsumquote von 73-83%, *Gerwien/Holzhauser* errechneten aus derselben statistischen Erhebungsreihe für 1988 bereits eine Konsumquote von 87%.[370] Auch ist die Ermittlung der marginalen Konsumquote nicht unproblematisch. Bisher wurden hauptsächlich Verfahren angewandt, die sich grundsätzlich an der (durchschnittlichen) gesamtwirtschaftlichen Konsumquote orientieren (und darüber hinaus die durchschnittliche Einkommenshöhe im betrachteten Gebiet mit der gesamten Volkswirtschaft in Verbindung setzen). Aufgrund der Wirtschaftsrechungen der Haushalte und der Schätzungen der verschiedenen Konsumquoten für einzelne Einkommensgruppen können hier Korrelationen einen sinnvollen Dienst erweisen. *Thiel* erwähnt in diesem Zu-

---

368 Vgl. Kyrer, A. (1987): S 40 f.

369 Vgl. Kapitel EINKOMMENSVERHÄLTNISSE, S 216.

370 Vgl. Taubmann, W., Behrens, F. (1986): S 40; Gerwien, J., Holzhauser, I. (1988): Regionalwirtschaftliche Wirkungen öffentlicher Ausgaben für Infrastruktur – eine Inzidenzanalyse am Beispiel des Alfred-Wegener-Instituts in Bremerhafen. Universität Bremen, Materialien und Manuskripte, Heft 12. Bremen 1988. Zitiert in: Solf, G. (1992): S 255.

sammenhang Konsumquoten für deutsche Regionen zwischen 83% und 90%.[371]

- Wieviel vom zusätzlich geschaffenen Einkommen aufgrund von Importen wieder in andere Regionen fließt, hängt neben der Größe der Region (je kleiner die Region, desto größer die Importquote) v.a. vom Entwicklungsstand und von der Wirtschaftsstruktur der Untersuchungsregion ab. „Tendenziell bedingt ein niedriger Entwicklungsstand sowie eine monostrukturierte Wirtschaft eine hohe regionale Importquote. Zusätzliche Konsum-/Investitionsgüter müssen dann zum Teil aus höher entwickelten Regionen bezogen werden."[372] Bei steigendem Einkommen wird außerdem mit höheren Importquoten zu rechnen sein, wenn die Industriestruktur der Region den Bedarf an gehobenen Konsumgütern nicht befriedigen kann. *Thiel* zitiert in seiner Arbeit Untersuchungen, die von marginalen Importquoten zwischen 0,5 und 0,7 ausgehen.[373] *Henrichsmeyer* geht in seiner Untersuchung von einer Importquote – in Anlehnung an kleinregionale Untersuchungen – von 0,6 aus.[374]

- Ein besseres Ergebnis kann erreicht werden, indem verschiedene Multiplikatoren für verschiedene Bevölkerungsgruppen errechnet werden, da verschiedene Bevölkerungsgruppen verschiedene *prospensities to consume locally* aufweisen, verschieden hohen Steuersätzen unterliegen und ev. durch die neu geschaffenen Arbeitsplätze keine Transferzahlungen mehr erhalten. Eine denkbare Unterscheidung wäre hier zwischen Personen, die vorher beschäftigt waren, die vorher unbeschäftigt waren und die neu in die Region gezogen sind.[375]

---

[371] Vgl. Thiel, E. (1975): S 88.

[372] Lerch, B. (1970): S 138.

[373] Vgl. Thiel, E. (1975): S 88.

[374] Vgl. Henrichsmeyer, W., Britz, W., Rau, T. (1989): S 34. Insgesamt wurde oft anstatt der marginalen (Konsum-, Spar-) Neigung die durchschnittliche Neigung herangezogen, wobei unterstellt wird, daß der Unterschied zwischen den beiden vernachlässigbar sei. *Davis* ist der Ansicht, daß oftmals sogar Schätzungen der marginalen Quoten realitätsnäher sind als ihr durchschnittlicher Wert. Vgl. Davis, H. C. (1990): S 126.

[375] Eine Möglichkeit ist etwa die Unterscheidung zwischen Arbeitsimmigranten und alteingesessenen Einkommensempfängern. Während das induzierte Einkommen für erstere ein Grundeinkommen darstellt (und für diese Gruppe daher die durchschnittliche Neigung herangezogen werden kann), erhöht sich bei der letzteren Gruppe das ursprüngliche Einkommen zumindest teilweise, weswegen explizit die marginale Konsumneigung neu bestimmt werden muß.

- Wenn durch die staatlichen Maßnahmen Arbeitsplätze in anderen Teilen der Region oder in anderen Sektoren der gleichen Region negativ berührt werden, so ist eine Einkommensminderung aufgrund dieser Maßnahme mit in die Analyse einzubeziehen. Daraus ist zu ersehen, daß weniger die Schaffung anderer Arbeitsplätze, als die Schaffung zusätzlicher Arbeitsplätze große Wirkungen zeigt (u.U. ist versteckte Arbeitslosigkeit zu berücksichtigen).

Prinzipiell besteht zwischen Multiplikatoren, die sich auf die Volkswirtschaft als Ganzes beziehen und solchen, die regional ermittelt werden, kein grundsätzlicher Unterschied. Lediglich eine unterschiedliche Verflechtungsintensität unterscheidet die nationalen von den interregionalen Ansätzen.[376]

Da es aber kaum regionalwirtschaftliche Gesamtrechnungen gibt, ist die Ermittlung des Keynes'schen Regionalmultiplikators schwierig. Zu seiner Schätzung werden zwei verschiedene Methoden herangezogen: eine, die sich auf die Sekundäranalyse von Daten stützt, die andere, die auf direkten Erhebungen aufbaut.[377]

Auch hier gilt: „Zur quantitativen Bestimmung der Höhe des regionalen Einkommensmultiplikators ist es notwendig, die marginale regionale Spar- und Importquote empirisch zu ermitteln sowie bei Nichtkonstanz dieser Werte ihre Entwicklung zu prognostizieren. Abgesehen vom Prognoseproblem liegt die Schwierigkeit der Bestimmung beider Größen darin, daß es alleine auf die marginalen Werte und nicht auf die aus der amtlichen Statistik eher zu entnehmenden durchschnittlichen Werte ankommt."[378]

Der Anwendungsbereich des regionalen Multiplikators liegt primär in der Ermittlung jener regionalen Einkommenssteigerungen, die infolge von Projektdurchführungen anfallen, sowie jener Projektwirkungen, die vornehmlich einem einzelnen Wirtschaftssektor zugute kommen. Eine Verwendung dieses Instrumentes scheitert aber für jenen Fall, in dem induzierte Einkommenseffekte sehr breit gestreut sind, so daß eine Berechnung aller anfallenden einkommenswirksamen Investitionsausgaben nicht mehr durchführbar ist. Für den Bereich der induzierten Einkommenswirkungen, die von einem Projekt ausgehen, ist es deshalb nötig, auf direkte Weise die regionalen Einkommenseffekte in den Griff zu bekommen.

---

[376] Vgl. Solf, G. (1992): S 247 f.

[377] *Archibald* gilt als wichtiger Wegbereiter des *non-survey approachs*. Seinen Erhebungen nach beträgt die *marginal prospensity to consume and to import* für alle Regionen des Vereinigten Königreichs ca. 1,2. Vgl. Archibald, G. C. (1967).

Kritik am Keynes'schen Multiplikator

Neben den obengenannten Problembereichen ist die empirische Schwäche ein entscheidender Kritikpunkt am Multiplikatorkonzept. Es stellt enorme Anforderungen an das regionalstatistische Datenmaterial, welche in der Realität oft nicht zu erfüllen sind. Deshalb kommt das Konzept nicht ohne gröbere Annahmen und Schätzungen aus, was wiederum im Gegensatz zur numerischen Klarheit der letztlich ermittelten Werte steht. „Dabei wird davon ausgegangen, daß Preise, Löhne und technischer Fortschritt konstant sind, das Angebot vollkommen elastisch ist, und keine Veränderung der Verteilung von Einkommen und Ressourcen erfolgt. Die Struktur der Wirtschaft wird damit als konstant unterstellt. Nur so ist es möglich, den Effekt der Instrumentgröße, einem Hebel gleich, auf die Zielgröße zu übertragen."[379]

Vertretbar scheinen diese Modellannahmen nur, wenn der exogene Stimulus relativ gering im Verhältnis zur betrachteten Regionalwirtschaft ist und von nicht ausgelasteten Kapazitäten ausgegangen wird. In der Praxis kann die Situation vorkommen, daß keine unterbeschäftigten Ressourcen vorhanden sind, sondern diese entweder von anderen Beschäftigungen abgezogen werden müssen (mit der Konsequenz, daß der Output in anderen Bereichen fällt) oder der Import steigt und daher mehr Geld aus der Wirtschaft abfließt. Im Falle der Medienwirtschaft sind jedenfalls in manchen Bereichen (z.B. Studioauslastung) die Kapazitätsgrenzen schnell erreicht (z.B. wegen anhaltenden Schlechtwetters), weswegen Preissteigerungen teils als unvermeidliche Folgeerscheinung auftreten.

Das Modell unterscheidet nur zwischen der betrachteten Region X und dem „Ausland". Eine Berücksichtigung von Agglomerationsgürtel um die betrachtete Region (Pendler, Vorleistungsverflechtungen) oder eines Finanzausgleichs durch übergelagerte Körperschaften (in mehreren Stufen) ist nicht vorgesehen. Auch mögliche Rückkoppelungseffekte werden vernachlässigt.

---

378 Lerch, B. (1970): S 136.

379 Vgl. Solf, G. (1992): S 254; Abele, H., Bauer, H. (1984): S 27 f. Es wird auch ein konstantes relatives Preisgefüge unterstellt. Vgl. Archer, B. H. (1982): S 239.

INPUT-OUTPUT ANALYSE[380]

Um der spezifischen regionalen Wirtschaftsstruktur Rechnung zu tragen, sollten für die verschiedenen Ausgabenkategorien separate Multiplikatoren abgeleitet werden. Eine Möglichkeit der Erfassung sektorspezifischer Multiplikatoren bietet ein *Multiplikatormodell vom Leontief-Typ*. Im Gegensatz zum Keynes'schen-Modell liegt die Intention dieses Ansatzes in der Festlegung des Niveaus des gesamten Güterkreislaufs.

Drei Schritte sind zur Errechnung dieser Multiplikatoren notwendig:

1. Schritt

Die Input-Output Analyse ist eine Methode zur tabellarischen Darstellung einer Volks- oder Regionalwirtschaft. In Matrixform hält sie die Input-Output Beziehungen (die exakten regionalen Liefer- und Leistungsverflechtungen) einer Regionalwirtschaft in Form von Geldströmen fest. In der Praxis wird hierzu eine hypothetische Transaktionsmatrix angelegt.

Entscheidend für eine solche Quantifizierung ist die genaue Kenntnis der „Produktionsstruktur" der Audiovisionsbranche; d.h. es müssen genaue Angaben über den Anteil der Personalausgaben und der Sachausgaben – gegliedert nach einzelnen Waren- und Dienstleistungsgruppen – vorliegen.

Drei verschiedene Bereiche der Transaktionsmatrix müssen unterschieden werden, wie *Abbildung 36* zeigt: Sektorale Verflechtung, Endnachfrage und Wertschöpfung.

Angenommen, der Medienproduktionssektor wird in obiger Abbildung von Sektor 1 repräsentiert: In der Zeile 1 müssen dann der Output des Sektors eingetragen werden, wobei das Feld 1/1 den Eigenverbrauch darstellt, das Feld 1/2 die wertmäßige Lieferung an den Sektor 2, usw. bis hin zum Feld 1/n, das die Lieferung an den Sektor n bezeichnet. In der darauffolgenden Σ-Spalte sind die intersektoralen Lieferungen summiert, gefolgt von den Spalten 2 bis m, die die Lieferung der einzelnen Sektoren an die Endnachfrage (v.a. Haushalte und Ausland) beziffern. Die letzte Spalte beinhaltet den Bruttoproduktionswert des Medienproduktionssektors. Analog sind alle anderen Wirtschaftssektoren in die Zeilen einzutragen.

---

380 Die Input-Output Analyse wurde in den 60-er Jahren in den USA – vor allem durch *Leontief* – entwickelt. Leontief, W. (1966): Input-Output Economics. New York 1966.

Schema der Input-Output Analyse

	1	2	...	n	Σ	1	2 ... m	B
1	1/1	1/2		1/n				
2	2/1							
.								
.	Sektorale Verflechtung						Endnachfrage	
.								
n	n/1							
Σ					V			
1								
.								
.	Wertschöpfung							
.								
B								

Abbildung 36: Schema der Input-Output Analyse[381]

Umgekehrt sind in der Spalte 1 alle Leistungen einzutragen, die der Medienproduktionssektor von den anderen Wirtschaftssektoren erhält. Das Feld 1/1 gibt die selbsterzeugten Vorprodukte an, das Feld 2/1 die Vorleistungen, die der Medienproduktionssektor vom Sektor 2 bezieht usw.. Die Σ-Zeile enthält den Wert der Vorleistungen, die in den Medienproduktionssektor eingehen. Die Summe aller Vorleistungen muß der Summe der intersektoralen Lieferungen entsprechen (Feld V).

Verfolgt man die Spalte 1 der sektoralen Wertschöpfung weiter, so folgen nun die Inputs der Produktionsfaktoren, d.h. die Wertschöpfungskomponenten (z.B. Löhne, Gehälter, Abschreibungen, ...). Die abschließende Zeile B beinhaltet die Bruttoproduktionswerte der einzelnen Sektoren, die wiederum jeweils den B-Werten der Zeilen entsprechen.

2. Schritt

Das Schema stellt eine für die Betrachtungsperiode konstante Abbildung der Wirtschaft dar. Aufbauend auf Input-Output Tabellen versucht die Input-Output Analyse nun Aussagen darüber zu machen, wie die Veränderungen makroökonomischer Größen, z.B. Subventionen als Teil der Staatsausgaben,

[381] Quelle: Pöll, G. (1983): S 31.

die Produktion und damit Einkommen und Beschäftigung einer betrachteten Region beeinflussen. Der ökonomische Effekt einer Nachfrageerhöhung des Medienproduktionssektors, wie sie durch Förderungen induziert wird, kann mit Hilfe der Tabellen leicht nachvollzogen werden:

Die zusätzlich benötigten Vorleistungen des Medienproduktionssektors (Spalte 1) werden proportional auf die verschiedenen liefernden Sektoren bzw. Produktionsfaktoren aufgeteilt (direkter Bruttoproduktionswerteffekt).

Durch eine Umformulierung der Transaktionsmatrix erhält man die Inputkoeffizientenmatrix. Sie gibt in jeder Spalte an, wie viele Geldeinheiten an Vorleistung jeweils für eine Geldeinheit an Mehroutput des betrachteten Sektors vonnöten sind. Die Inputkoeffizienten entsprechen also dem proportionalen Anteil der Zahlungen, die an andere Sektoren fließen.[382]

3. Schritt

Die *Leontief-Inverse Matrix* gibt über die durch die Mehrproduktion induzierten Nachfrageströme Auskunft. Sie ist nichts anderes als eine Tabelle, aus der man die direkten und indirekten Nachfragesteigerungen aller Sektoren ablesen kann, die auf eine Geldeinheit zusätzliche Nachfrage in einem Sektor zurückzuführen ist – diese Koeffizienten beinhalten die direkte wie auch die indirekte Nachfrage.

Input-Output Modelle erlauben somit die Ableitung einer ganzen Reihe von Multiplikatoren, die berücksichtigen, daß der Impact auf Einkommen, Output oder Beschäftigung in Abhängigkeit zum jeweiligen Sektor, dem Geld zufließt, steht: [383]

- **Output Multiplier:** ist die Summe der Spalten der Leontief-Inversen; er gibt die Veränderung des Gesamtoutputs von Zwischen- und Endprodukten an.
- **Type I Income Multiplier:** ist das Verhältnis der indirekten und direkten Einkommensänderungen zu den direkten Einkommensänderungen. Die direkte Einkommensänderung läßt sich in der Haushaltsspalte der Koeffizientenmatrix ablesen; direkte und indirekte Einkommensveränderungen entsprechen dem Produkt der Spaltensummen der Leontief-Inversen und dem

---

382 Eine umfassende Darstellung der Input-Output Analyse und der Tabellenkonstruktion bietet etwa Miller, R. E., Blair, P. D. (1985).

383 Vgl. Schofield (1987): S 189 f.

Haushaltskoeffizienten des entsprechenden Sektors, der die Outputsteigerung verursacht.

- **Type II Income Multiplier:** ist das Verhältnis von direktem, indirektem und induziertem Einkommen zur Änderung des Einkommens im betroffenen Sektor. Die direkten, indirekten und induzierten Einkommenseffekte werden durch die Summe der Haushaltsspalte der Leontief-Inversen wiedergegeben. Dieser Multiplikator enthält die Folgeeffekte der Konsumausgaben der Multiplikator-Folgerunden, ähnlich dem Keynes'schen Multiplikator.[384]

Regionalisierung der Input-Output Analyse

Obgleich zwischen regionaler und nationaler Input-Output Analyse formal kein Unterschied besteht, ist die Durchführung regionaler Analysen ungleich schwieriger. Als kritisch gilt die Konstruktion der regionalen Input-Output Tabellen, da regionales Datenmaterial zumeist nicht von offizieller Seite erhoben wird.

Die einfachste Möglichkeit, trotz ungenügender Datenbasis eine Input-Output Tabelle zu erstellen, ist die *derivative Methode*. Dabei wird zwischen nationalen und regionalen Transaktionen eine ähnliche Struktur unterstellt. Mit Hilfe von Grobdaten wird eine regionale Tabelle erstellt, wobei Unstimmigkeiten anhand von Originaldaten oder durch Fehlerverteilungsverfahren bereinigt werden. Diese relativ einfache Methode kann zu erheblichen Verzerrungen bei den ermittelten Multiplikatoren führen. Je kleiner die betrachtete Region ist, desto größer werden die Abweichungen, da die Außenabhängigkeit meist entsprechend zunimmt.[385]

Der einzige Ausweg scheint – soll eine Input-Output Tabelle auf verläßlichen Daten beruhen – diese originär zu erheben. Die benötigten Daten über intraregionale Verflechtungen sowie sektorspezifische Importquoten sind nur aus einer Befragung der ansässigen Unternehmen zu erfahren. Abgesehen vom Problem der statistischen Signifikanz einer derartigen Erhebung stellt sich die

---

384 „The direct, indirect and induced changes are represented by the household column of an expanded Leontief inverse matrix after inclusion of households in that matrix with the processing sector." Schofield (1987): S 190.

385 Vgl. Solf, G. (1992): S 262; Davis, H. C. (1990): S 58 ff.

Frage, inwiefern die Unternehmen überhaupt in der Lage sind, diese Daten bereitzustellen.[386]

Problembereiche der regionalen Input-Output Analyse

Die Probleme bei der Erhebung der Ausgangsdaten wurden bereits erwähnt. Ein zweiter Problemkreis liegt in der Tatsache, daß auch dieses Modell von fixen Koeffizienten ausgeht (vgl. Problembeschreibung des Keynes'schen Multiplikators).[387] Außerdem kommt bei regionalen Betrachtungen noch stärker als bei nationalen Analysen der wirtschaftsstrukturelle Wandel durch Ab- und Zuwanderung von Unternehmen hinzu.[388]

Mit Hilfe von Multiplikatoren, die durch Input-Output Modelle gewonnen wurden, sollen die Produktionsausgaben nun detaillierter analysiert werden. Folgende Bereiche werden untersucht:

- Einkommenseffekte
- Arbeitsmarkteffekte
- Steuerliche Effekte
- Kapazitätseffekte

EINKOMMENSEFFEKTE

Zur volkswirtschaftlichen Messung von Einkommenseffekten dienen verschiedene Größen. Die in der Regionalpolitik am meisten verwendete Maßzahl ist das *Bruttoinlandsprodukt* (BIP) bzw. früher das *Bruttosozialprodukt* (BSP). Ein Grund, warum diese Größen so oft genannt werden, ist, daß sie auf disaggregiertem Niveau erfaßt werden (Städte, Regionen).

---

[386] An dieser Stelle kann leider nicht näher auf die Konstruktion der regionalen Input-Output Tabellen eingegangen werden. Zahlreiche Publikationen setzen sich mit dieser Problematik auseinander. Vgl. u.a.: Geppert, K., Görzig, B. (1988); Glickman, N. J. (1980); Harris, C. C. Jr. (1980); Jensen, R. C. (1980); McMenamin, D. G., Haring, J. E. (1974); Ortmann, F. (1973); Schaffer, W. A. (1980); Stevens, B. H., Trainer, G. A. (1980); West, G. R. (1990).

[387] Auch kurzfristige Schwankungen sind denkbar (z.B. hervorgerufen durch technischen Fortschritt). Vgl. Schofield (1987): S 188 f.

[388] Vgl. Solf, G. (1992): S 262.

Diese Kennziffern sind aber nur von bedingter Aussagekraft, was die Höhe der produzierten Einkommen für die Produktionsfaktoren in der betreffenden Region angeht. Die *Wertschöpfung* hingegen ist ein Ausdruck für die Gesamtheit der produzierten Lohn- und Gewinneinkommen. Das *persönlich verfügbare Einkommen* wiederum ist eine Größe, die zur Berechnung von ökonomischen Folgeeffekten von Bedeutung ist.[389]

Bruttoinlandsprodukt, Wertschöpfung und persönlich verfügbares Einkommen gehen aber im Falle der vorliegenden Untersuchung nicht unmittelbar als Nutzen in die Analyse ein. Sie stellen für die Region als Förderungsgeber keinen direkten Nutzen dar. Allerdings können auf Grundlage dieser Zahlen andere Größen errechnet werden, die einen unmittelbaren Nutzen für die Region darstellen: Arbeitsmarkteffekte, steuerliche Effekte und Kapazitätseffekte.

Die Erfassung des Einkommenseffekts kann in dieser Analyse vergleichsweise präzise erfolgen, da in diesem Falle die monetären Effekte größtenteils kurzfristiger Natur sind. Die (Produktions-)ausgaben beeinflussen vorerst unmittelbar die Höhe des regionalen Einkommens, aber nach einigen wenigen Perioden (nachdem der Multiplikatoreffekt ausgelaufen ist) hat ceteris paribus das regionale Einkommen seinen ursprunglichen Stand wieder erreicht.[390] Für die Errechnung des Gegenwartswerts des Einkommenseffekts werden deshalb weder Prognosen der langfristigen Konjunkturentwicklung benötigt, noch muß ein Diskontsatz angewandt werden.

Wesentlich zur Errechnung des Einkommenseffekts ist die Höhe des Regionalmultiplikators. Auf Grundlage der Wirtschaftsverflechtung gibt er an, um wieviel das regionale Einkommen durch zusätzliche autonome Ausgaben steigt.

Eine ungefähre Vorstellung über Größenordnungen von Regionalmultiplikatoren sollen folgende Ergebnisse unterschiedlicher Studien für unterschiedliche Regionen geben, die in *Abbildung 37* gegenübergestellt wurden.

---

389 Vgl. Ortmann, F. (1973): S 72 f.

390 Vgl. Lerch, B. (1970): S 134.

Multiplikatoren in regionalökonomischen Analysen	
Archibald (1967) [391]	1,2-1,7
Brown et al. (1967) [392]	1,24-1,28
Allen (1969) [393]	1,3-1,5
Steele (1969) [394] (für UK ohne Schottland)	1,19-1,57
Steele (1969) (Schottland)	1,7-1,92
Archer und Owen (1971)	1,25
Greig (1971)	1,44-1,54
Österreichisches Institut für Wirtschaftsforschung (1971)	2,23
Steele (1972) (für 1964)	1,09-1,32
Steele (1972) (für 1967)	1,24-1,30
Brownrigg (1973)	1,45-1,8
Davis (1976)	1,08-1,35
Festspielstudie (1979)	1,6
Davis (1980)	1,04-1,12
Marquand (1980) [395]	1,1-1,7
Messetourismus SHZ (1980)	1,8
Grand-Prix Studie (1981)	1,5
McGuire (1983)	1,25-1,4
Airportstudie (1984)	1,6
Bundestheaterstudie (1984)	1,5

Abbildung 37: Multiplikatoren in regionalökonomischen Studien[396]

In den meisten Studien wurde ein Multiplikator rund um 1,5 veranschlagt, wobei die Bandbreite sich vornehmlich zwischen 1,2 und 1,8 und erstreckt. Daß bei jüngeren Untersuchungen aufgrund wachsender internationaler Wirtschaftsverflechtungen ein geringerer Multiplikator angewandt wurde, scheint nicht zuzutreffen. Die Bandbreite ist vielmehr auf andere Faktoren zurückzuführen, die bereits in den vorangegangenen Kapiteln besprochen wurden. So

[391] *Archibald* geht von 1,25 als Wert für die typische Durchschnittsregion aus. Vgl. Archibald, G. C. (1967).

[392] Brown, A. J. (1972): The Framework of regional Economics in the United Kingdom. Cambridge 1973. Zitiert in Marquand, J. (1980): S 52 ff.

[393] Vgl. Allen, K. J. (1969): o.S.; Zitiert in Marquand, J. (1980): S 52 ff.

[394] *Steele* berechnete kurzfristige (1-2 Jahre) Multiplikatoren für Schottland (1,2), Wales (1,3) und Northern Region (1,2). Vgl. Steele, D. (1972): o.S.

[395] Vgl. Marquand, J. (1980): S 52.

[396] Quellen: Kyrer, A. (1987): S 15 ff; Schofield (1987): S 186; u.a.

ist in der Regel die Multiplikatorhöhe stark vom Beobachtungszeitraum abhängig. *Brown* geht in seiner Untersuchung von 1,4 für mittelfristige Multiplikatoren (1-2 Jahre) und 1,6 bis 1,9 für langfristige Multiplikatoren (4-5 Jahre) aus.[397] Sensitivität ist auch gegenüber dem Steuersatz und der Konsumneigung, insbesondere aber gegenüber der Importneigung gegeben.

Im Falle dieser Untersuchung dürfte der Unterschied zwischen mittelfristigem und langfristigem Multiplikator gegen null gehen; zurückzuführen ist dies auf die kurze Periode, während der die Regionalausgaben getätigt werden.

Wie eingangs aufgezeigt, muß der Ursprung der Regionalausgaben in Betracht gezogen werden, wenn es um die Berechnung der zusätzlichen Effekte geht. Stammt das ausgegebene Geld aus der Region, handelt es sich um keine autonome Nachfrageänderung. Die Höhe etwaigen Nutzens von regional finanzierten Medienproduktionen könnte nur dann berechnet werden, wenn die Alternativverwendung dieser Gelder bekannt ist (nach dem Opportunitätskostenkonzept).

Es kommt also darauf an, wo tatsächlich der Einkommenseffekt der Ausgaben zu lokalisieren ist. Daher muß man prüfen, wo exakt die Wertschöpfung anfällt, d.h. woher die durch die Förderung induzierte private Aktivität ihre benötigten Vorleistungen bezieht, und wo später die Einkommensänderungen aufgrund des Konsumverhaltens der Empfänger zusätzlichen Einkommens anfallen.

Um einen möglichst präzisen und wahrheitsgetreuen Multiplikator zu erhalten, sollte die regionale Einkommenssteigerung deshalb als Summe der Steigerungen der verschiedenen Sektoren berechnet werden. Für die Erstellung einer spezifischen Kosten-Nutzen Analyse ist es keinesfalls unproblematisch, die oben genannten, in allgemeinen empirischen Studien gefundenen Durchschnittswerte der Analyse zugrunde zu legen. Jedes Untersuchungsprojekt weist spezifische Eigenheiten auf, die in Durchschnittswerten nicht berücksichtigt sein können.[398]

---

[397] Vgl. Brown, A. J. (1972): The Framework of regional Economics in the United Kingdom. Cambridge 1973. Zitiert in Marquand, J. (1980): S 53.

[398] Soll eine Kosten-Nutzen Analyse ein Urteil über ein Einzelprojekt entsprechend der Gesamtheit der regionalen Besonderheiten erlauben, ist der Analytiker gehalten, eine ausgesprochene regionalbezogene Untersuchung, die den in der Untersuchungsregion existierenden ökonomischen und sozialen Gegebenheiten und Voraussetzungen Rechnung trägt, durchzuführen. Vgl. Lerch, B. (1970): S 141 ff. Auch *Solf* kritisiert ausführlich, daß sich alle Studien des Theatersektors auf den Multiplikator von *Abele/Bauer* stützen (Abele, H., Bauer, H. (1984)), anstatt eigene Erhebungen durchzuführen.

Hier soll zunächst auf die beiden wichtigsten Bereiche, aus denen sich der Multiplikator konsolidiert (Ausgaben für Löhne & Gehälter, Güter & Dienstleistungen), eingegangen werden, bevor die Vorgangsweise in den einzelnen Untersuchungen erläutert wird.

EINKOMMENSEFFEKT DER LÖHNE UND GEHÄLTER

Erhöhtes Einkommen führt – bei unveränderten Konsumgewohnheiten – zu erhöhter Nachfrage. Die erhöhte Nachfrage kann real befriedigt werden, wenn hierfür der entsprechende Angebotsspielraum zur Verfügung steht: sei es, daß vorher die Kapazität nicht voll ausgenützt war oder daß die Kapazität erweitert wird. Ist diese Bedingung auf allen Stufen erfüllt, entsteht eine sich abschwächende Kettenreaktion von Nachfrageimpulsen und Einkommenssteigerungen. Die genaue Höhe dessen läßt sich errechnen, wenn die Summe der persönlich verfügbaren Einkommen und die Struktur der Nachfrage bekannt ist.

Das persönlich verfügbare Einkommen entspricht der regionalen Wertschöpfung plus den aus anderen Regionen transferierten Einkommensbestandteilen. Es versteht sich nach Abzug der direkten Steuern und der Arbeitnehmerbeiträge zu Kranken- und Sozialversicherung bzw. unter Hinzurechnung von Transfers an Haushalte aufgrund gesetzlicher Pensionsversicherungen u.ä.. Von dem verbleibenden, verfügbaren Einkommen wird ein Teil gespart, der bei weitem überwiegende Teil wird jedoch für den Kauf von Gütern und Dienstleistungen verwendet.

Die Struktur dieser Ausgaben sollte für mehrere Einkommensklassen separat erhoben werden, da die Höhe des Einkommens ein wichtiger Faktor in der Zusammensetzung der Ausgaben ist. Aber auch regionale, kulturelle, u.a. Faktoren beeinflussen ihre Zusammensetzung.

Wie so eine Multiplikatorberechnung (mittlere Einkommensklasse) aussehen kann, zeigt *Abbildung 38*.[399]

---

[399] In einer Untersuchung der Angestellten der Bonner Staatsoper wird der Großteil der Angestellten in die mittlere Einkommensklasse (Haushalt Typ II) des deutschen Statistischen Bundesamts definiert; es ergibt sich daraus eine Konsumquote von 0,65 wobei davon ausgegangen wird, daß die Bezieher von höheren Einkommen (im wesentlichen die künstlerischen

Multiplikator für den Privaten Verbrauch				
Ausgabengruppe	*Budgetanteil*	*Interdependenzkoeffizient*		*Multiplikatoranteil*
Nahrungs- und Genußmittel	27%	1,48	(Einzelhandel)	0,40
Kleidung, Schuhe	9%	1,7	(Textil/Leder)	0,16
Mieten	16%	1,39	(Vermietung)	0,23
Energiekosten	6%	1,7	(Elektrizität, Gas)	0,11
Haushaltsführung sonst	9%	1,7		0,16
Verkehr und Nachrichten	15%	1,6	*gewichteter Durch-*	0,24
Körper und Gesundheit	3%	1,48	*schnitt mehrerer*	0,05
Bildung und Unterhaltung	9%	1,7	*Koeffizienten*	0,15
Reisen, Schmuck etc.	5%	1,9		0,09
Summe	*100%*		*Multiplikator*	*1,58*

Abbildung 38: Multiplikator für den privaten Verbrauch[400]

Ein nicht unerheblicher Teil der Löhne und Gehälter wird für die (gesetzliche) Sozialversicherung (Pensions-, Kranken- und Arbeitslosenversicherung) aufgewandt. Insbesondere die Arbeitslosenversicherung ist in der Analyse zu berücksichtigen, da ihre Auszahlungshöhe durch die induzierte Änderung der Beschäftigtenzahl berührt wird (vgl. Kapitel NUTZEN AUS ÄNDERUNGEN BEI TRANSFERLEISTUNGEN, S 232). In jedem Fall ist der Betrag, der vor einer Einkommenssteigerung als Arbeitslosentransfer ausbezahlt wurde, bei der Berechnung des Einkommenseffekts *abzuziehen* (der Einkommenseffekt entstand zuvor durch die Ausgabe der Arbeitslosentransfers)!

EINKOMMENSEFFEKT DER AUSGABEN FÜR GÜTER UND DIENSTLEISTUNGEN

Die Struktur der Ausgaben von Filmproduktionen wurde bereits in Kapitel ANALYSE DER AUSGABEN: MULTIPLIKATORMODELLE, S 185, behandelt. Der Multiplikatoranteil jeder Ausgabenposition sollte anhand seines Budgetanteils und des Multiplikators für die jeweilige Ausgabenkategorie be-

Spitzenkräfte) eine Konsumquote von 0,6 aufweisen. Vgl. Henrichsmeyer, W., Britz, W., Rau, T. (1989): S 17. Zur Redistribution von Einkommen vgl. auch: Vaughan, R. J. (1977).

400 Quelle: Eigene Berechnung auf Basis Henrichsmeyer, W., Britz, W., Rau, T. (1989): S 33.

urteilt werden. Exemplarisch sei dies an der Berechnung des Multiplikators einer Theaterproduktion in *Abbildung 39* dargestellt.

Multiplikator für Sachausgaben				
Haushaltsposten	*Budgetanteil*	*Interdependenzkoeffizient*		*Multiplikatoranteil*
Werkstättenbedarf	30%	1,96	(Bearbeitung von Holz)	0,59
Gebäudeunterhaltung	13%	1,39	(Vermietung)	0,18
Energiekosten	14%	1,88	(Elektrizität)	0,26
Technische Anlagen	6%	1,68	(E-Technik)	0,10
Urheberrechtsvergütung	4%	1,93	(Verlage etc.)	0,08
Versicherungen	4%	1,84	(Versicherungen)	0,07
Sonstige Sachausgaben	29%	1,48	(Sonstige Dienstleitungen)	0,43
Summe	*100%*		*Multiplikator*	*1,71*

Abbildung 39: Multiplikator für Sachausgaben[401]

Bereich	**Leistungsanteil**	**Wertschöpfung**
Filmproduktionsfirmen	170 Mio. DEM	45%
Synchronisation	50 Mio. DEM	80%
Ateliers	30 Mio. DEM	80%

Abbildung 40: Wertschöpfungsquoten der Berliner Filmwirtschaft[402]

Je höher die Wertschöpfung, d.h. je geringer der Anteil der Vorleistungen des gekauften Produkts, desto höher ist tendenziell der Multiplikator. Die Höhe der Wertschöpfung wiederum korreliert stark mit dem Einsatz von Personal bei der Produkterzeugung.

BERECHNUNG DER MULTIPLIKATOREN IN DEN STUDIEN

Nur wenige der Untersuchungen (Berlin, Wien, Irland, Kalifornien/USA), die sich mit dem Medienproduktionssektor beschäftigen, beinhalten auch die Berechnung von Einkommenseffekten:

---

401 Quelle: Eigene Berechnung auf Basis Henrichsmeyer, W., Britz, W., Rau, T. (1989): S 32.

402 Vgl. Geppert, K., et al. (1992): S 230.

BERLIN

Geppert versucht in seiner Untersuchung die Wertschöpfung der Berliner Filmproduktion zu errechnen, welche er in Summe auf ca. 50% schätzt.[403] Da sich seine Berechnungen aber auf die Filmwirtschaft insgesamt (Umsatz 1990: 300 Mio. DEM) beziehen, müssen die angegebenen Zahlen nicht unbedingt für die geförderten Projekte, die ja nur einen Teil aller Medienproduktionen ausmachen, gelten.

Der hohe Wertschöpfungsanteil der Synchronisationsstudios und der Ateliers ist auf die besondere Bedeutung des Produktionsfaktors Arbeit zurückzuführen. Vor allem wird in diesen beiden Bereichen normalerweise auch mit ortsansässigem Personal gearbeitet, was sich positiv auf den Regionalmultiplikator auswirkt.

WIEN

Otruba zieht als Analysegröße für den Einkommenseffekt das induzierte Bruttoinlandsprodukt (BIP) heran. In der zehn Produktionen umfassenden Studie kommt er zum Schluß, daß der Multiplikator für die Produktionsausgaben – je nach Zusammensetzung – zwischen 1,23 und 1,35 liegen dürfte, wobei ein Durchschnitt von 1,28 errechnet wird.[404]

Position (in Mio. ATS)	Insgesamt	Wien-Euro	Wien-US
Multiplikator	1,284	1,276	1,296
Regionalausgaben	517,02	295,18	221,84
Bruttoinlandsprodukt	664,11	376,64	287,47

Abbildung 41: Multiplikatoren der Wien-Studie

Der Multiplikator für US-Produktionen ist trotz niedriger Personalkosten geringfügig höher als der für Euro-Produktionen; die Ausgaben für Gastronomie, Käufe und Mieten überkompensieren in diesem Falle die Personalausgaben (vgl. auch *Abbildung 29*, *Abbildung 30*).

Schwierigkeiten bei der Beurteilung bereitete eine US-Großproduktion (*The Three Musketeers*), die für enorme regionale Ausgaben verantwortlich war, genau

---

403 Vgl. Geppert, K., et al. (1992): S 31 ff.

404 Vgl. Otruba, H. (1994).

genommen aber teilweise in der näheren Umgebung von Wien produziert wurde. Ein Großteil der Ausgaben kam angrenzenden Gemeinden zugute. Aufgrund der starken wirtschaftlichen Verflechtung dieser Region wurde von positiven Rückwirkungen auf die Gemeine Wien ausgegangen.

IRLAND

Als Analysegröße wurden in den beiden *IBEC*-Studien für Irland das Bruttosozialprodukt (BSP) herangezogen. Der für beide Studien herangezogene Multiplikator stammt von *Prof. E. Henry*, welcher diesen anhand seines Input-Output Modells für Irland errechnete.[405]

Die Struktur seines Modells entspricht den gemäß NACE (41) [406] definierten Sektoren, in dem der Mediensektor nur kumuliert unter „Other Market Services" (Recreational, Cultural and Sporting Activities) ausgewiesen ist. Der BSP Multiplikator liegt in vier Stufen vor: für den direkten, indirekten, induzierten und „government"[407] Effekt. Eine Aufteilung der Produktionsausgaben erfolgt nicht, vielmehr wird pauschal ein Multiplikator für alle Produktionsausgaben veranschlagt.

Da die irische Förderung auch irische Investitionen bedingt (vgl. Kapitel FILMFÖRDERUNG IN IRLAND NACH *SECTION* 35, S 97) wurde für den irisch finanzierten Anteil ein geringerer Multiplikator (0,7354: direct + indirect) als für den extern finanzierten Anteil (0,9284: direct + indirect + induced) angenommen. Aufgrund der konservativen Annahmen (vgl. *Fußnote 407*) und der anscheinend geringen Vorleistungsverflechtung ist sogar der Multiplikator für autonome Ausgabensteigerungen geringer als 1.

---

405 Vgl. Irish Business and Employers Confederation IBEC [Hrsg.] (1995a); Irish Business and Employers Confederation IBEC [Hrsg.] (1995b).

406 NACE ist das statistische Klassifikationsmodell von EUROSTAT (EU).

407 „The effect of *government* may be added if it is assumed that government responds fully all income received, with full interaction between government current outgoing and all economic activities. If this assumption is invalid and the government decides its expenditure before its revenue is clearly known, the additional government effect on the multiplier becomes less certain. As a result, the government effect on the multiplier has been omitted with the result that the multiplier effects shown are, if anything, understated." Vgl. Irish Business and Employers Confederation IBEC [Hrsg.] (1995b): S 14.

Entsprechend der Finanzierungsanteile wurde ein gewichteter Multiplikator angewandt (vgl. *Abbildung 42*).[408]

Multiplier	Direct	Direct + Indirect	Direct + Indirect +Induced	Direct + Indirect +Induced +Government
Gross National Product	0,5064	0,7354	0,9284	1,2558
Jahr		**1993**		**1994**
Multiplikator		0,8820		0,8550
Regionalausgaben		30,5 Mio. IEP		57 Mio. IEP
Bruttosozialprodukt		26,9 Mio. IEP		48,7 Mio. IEP

Abbildung 42: Multiplikator der Irland-Studien

In der irischen Untersuchung erscheint die Wahl des Multiplikators nicht besonders präzise zu sein. Auch wenn er niedrig geschätzt wurde, hätte dieser wesentlich genauer durch eine Analyse der Produktionsausgaben unter Heranziehung ausgabenspezifischer Multiplikatoren ermittelt werden können.

USA, KALIFORNIEN

In der Analyse von *Arthur Andersen Consulting* wurde sowohl für die USA als auch für Kalifornien derselbe Multiplikator von 2,21 herangezogen. Der Wert wurde regionalökonomischen Analysen des *US Department of Commerce* entnommen.[409] Warum kein Unterschied zwischen dem Gesamtmultiplikator für die USA und dem Regionalmultiplikator für Kalifornien besteht ist unerklärlich, zumal letzterer theoretisch geringer sein sollte.

Die Höhe des Multiplikators läßt sich darauf zurückführen, daß praktisch alle Teilleistungen der Medienproduktionen „regional" bezogen werden. Auch die Größe, der Diversifikationsgrad und die Produktionstiefe der US-Wirtschaft tragen dazu bei.

---

408 „Expenditure which is domestically financed does not have an induced effect as the money has already been circulating within the economy." Irish Business and Employers Confederation IBEC [Hrsg.] (1995b): S 14 f.

409 Vgl. Arthur Andersen Economic Consulting [Hrsg.] (1995): S 5.

ARBEITSMARKTEFFEKTE

Die Messung und Bewertung der Arbeitsmarkteffekte steht unter einem besonderen Vorzeichen: An sich kennt die klassische Kosten-Nutzen Analyse keine unterbeschäftigten Ressourcen. Unter diesen Annahmen kann Schaffung von Arbeit nicht zu Nutzen führen – allerhöchstens zu Kosten (z.B. wegen Verteuerung des Angebotspreises für Arbeit).

Anders aber sieht die Realität aus, der die „erweiterte Kosten-Nutzen Analyse" Rechnung trägt. Allerdings wird auch hier einschränkend festgestellt, daß Beschäftigungseffekte nur dann gesondert zu erfassen sind, wenn diese für einen überschaubaren Zeitraum auftreten, in dem Unterbeschäftigung herrscht.[410] Für die AV-Industrie trifft dies zu (nach heutigem Stand leider auch die Unterbeschäftigung), wie im folgenden gezeigt wird.

Zu den verschiedenen Nutzen, die in Betracht zu ziehen sind, zählen – aus der Sicht des Förderungsgebers – direkte und indirekte Nutzen:

- Von **direktem Nutzen** ist das durch die Beschäftigungseffekte induzierte Steueraufkommen sowie eine allfällige Reduktion der zu zahlenden Arbeitslosigkeitsunterstützung (und anderer Transfers).
- **Indirekte Nutzen** erwachsen vornehmlich den Einwohnern der Region, v.a. den zuvor unfreiwillig arbeitslosen, die nunmehr Beschäftigung finden.

Da sich die von Medienproduktionen tangierten Arbeitsmärkte zum Teil erheblich von sonstigen Arbeitsmärkten unterscheiden, soll zunächst die Struktur der Beschäftigung und der betroffenen Arbeitsmärkte erörtert werden.

STRUKTUR DER BESCHÄFTIGUNG

Eine Analyse der Beschäftigungsverhältnisse im europäischen Medienproduktionsbereich ist mit zahlreichen praktischen und methodischen Problemen verbunden. Zu dieser Thematik liegen keine harmonisierten und vollständigen

---

410 Um die Opportunitätskosten der Arbeit über eine lange Frist hin zu schätzen, benötigt man langfristige Prognosen über die Situation auf den verschiedenen Arbeitsmärkten. Vgl. Hanusch, H. (1987): S 138.

europaweiten Untersuchungen vor.[411] In den wenigen nationalen Untersuchungen wurden unterschiedliche Methodiken und Abgrenzungen angewandt, so daß ein Vergleich nur schwer möglich ist.[412]

Lediglich *EUROSTAT* gab eine Schätzung ab, die im Weißbuch der europäischen Kommission publiziert wurde. Danach sollen in der EU Anfang der 90-er Jahre 1,8 Mio. Menschen im Bereich der audiovisuellen Dienstleistungen beschäftigt gewesen sein. Das Arbeitsplatzpotential dieser Branche bis zum Jahr 2000 wurde auf zwei Millionen neuer Stellen geschätzt.[413] Diese Zahlen sind in Fachkreisen auf viel Skepsis gestoßen und scheinen nicht auf einer gründlichen Recherche zu beruhen.[414] *London Economics* hält eine Beschäftigtenzahl von 1,8 Mio. dann für möglich, wenn es sich nicht um vollbeschäftigte Arbeitsplätze handelt, sondern um „freie Mitarbeiter" (vgl. unten).[415]

Die folgende Analyse kann sich aufgrund der schlechten Datenlage nur auf das Aufzeigen der wichtigsten Gegebenheiten und Tendenzen beschränken. Zitierte Ergebnisse von nationalen Untersuchungen sind zwar nicht für alle europäischen Staaten repräsentativ, tendenziell aber ähneln sich die Strukturen der europäischen Medienproduktionsbranche (vgl. Kapitel STRUKTUREN DER EUROPÄISCHEN PRODUKTIONSBRANCHE, S 49).

BESCHÄFTIGUNGSVERHÄLTNISSE

Die Anzahl an festen Arbeitsplätzen in der Medienproduktionsbranche ist sehr gering, der Anteil von sogenannten „freien Mitarbeitern" dagegen überdurchschnittlich hoch. Praktisch für jede Produktion wird das Mitarbeiterteam frei zusammengestellt. Eine Sonderform ist die des sogenannten „festen freien Mitarbeiters", die sich nach Kriterien der Beschäftigungsfrequenz und -dauer und nach arbeitsrechtlichen Kriterien definieren läßt.

---

411 Der Versuch einer europäischen Bestandserfassung wurde von *London Economics* unternommen; vgl. London Economics [Hrsg.] (1994).

412 Vgl. u.a. Ministerium für Wirtschaft, Mittelstand und Technologie des Landes Nordrhein-Westfalen [Hrsg.] (1995): S 27; Europäische Audiovisuelle Informationsstelle [Hrsg.] (1995): S 50 ff, 68 ff, 106 ff, 126 ff.

413 Vgl. Kommission der Europäischen Gemeinschaften [Hrsg.] (1993).

414 Vgl. Europäische Audiovisuelle Informationsstelle [Hrsg.] (1994): S 71.

415 Vgl. London Economics [Hrsg.] (1994): S 1.

Produktionsfirmen erwarten, daß ihnen „Freie" ständig einsatzbereit zur Verfügung stehen, wollen sich aber nicht die finanziellen Verpflichtungen aufhalsen, die aus regelmäßigen Beschäftigungsverhältnissen erwachsen. Dies soll eine bestmögliche Anpassungsfähigkeit an die Auftragslage gewährleisten.[416]

Eine Erklärung dieser Tendenz gibt die „Theorie der flexiblen Spezialisierung", wonach sich immer mehr Firmen auf die Erbringung einer hochspezialisierten Dienstleistung festlegen, jedoch nicht auf eine gewisse (fixe) Outputhöhe.[417]

Beispiel Deutschland

Quantitativ läßt sich dieses Phänomen anhand einer über die Beschäftigungsverhältnisse deutscher Fernsehproduktionsfirmen durchgeführten Untersuchung darstellen. Danach arbeiteten im ersten Halbjahr 1994 in diesem Bereich 988 feste Mitarbeiter, 1.419 feste freie Mitarbeiter und 10.834 freie Mitarbeiter (Mehrfachnennungen wahrscheinlich). Bei den festen Mitarbeitern wurden auch Volontäre und Praktikanten mitgezählt (vgl. *Abbildung 43*).[418]

Vor allem im künstlerischen und produktionstechnischen Bereich wurden großteils freie Mitarbeiter engagiert. In Summe hatten 84% der Mitarbeiter diesen Beschäftigungsstatus inne. Weitere 7% waren als „feste freie" Mitarbeiter beschäftigt, nur 9% der Personen waren fix angestellt.[419]

---

416 Vgl. Arbeitsgruppe Kommunikationsforschung München AKM [Hrsg.] (1995): S 11.

417 Diese instabile Beschäftigungslage führt nach *Storper/Christopherson* dazu, daß es zu einer regionalen Konzentration von Arbeitnehmern kommt, damit diese ihre Arbeitsmöglichkeiten optimal wahrnehmen können: „Employers agglomerate to maintain access to a large, highly specialised and skilled labour force; this allows them to avoid having to retain unneeded labour in downturns." Vgl. Storper, M. C., Christopherson, S. (1987): S 113 bzw. Kapitel STRUKTUREN DER PRODUKTIONSWIRTSCHAFT, S 47.

418 Einzelne Fernsehprogrammanbieter beschäftigen bis zu 30 Volontäre und Praktikanten; diese Zahl scheint tendenziell im steigen zu sein, da reguläre Ausbildungsmöglichkeiten rar sind. Vgl. Arbeitsgruppe Kommunikationsforschung München AKM [Hrsg.] (1995): S 25.

419 Aus einer Untersuchung von 1991 ist hierzu folgendes bekannt: „Die größte Berufsgruppe der Filmwirtschaft sind nach der Statistik der sozialversicherungspflichtigen Beschäftigten die Künstler und die zugeordneten Berufe der Bühnen-, Bild- und Tontechnik (dazu zählen Bild-, Toningenieure, Filmcutter Filmvorführer). Sie stellten 1987 rund ein Viertel der Sozialversicherungspflichtigen. Die beiden nächstgrößten Berufsfachgruppen sind die Bürofachkräfte (einschließlich der Bürohilfskräfte) sowie die Warenkaufleute (v.a. Verkäufer)." Nekkermann, G. (1991): S 33.

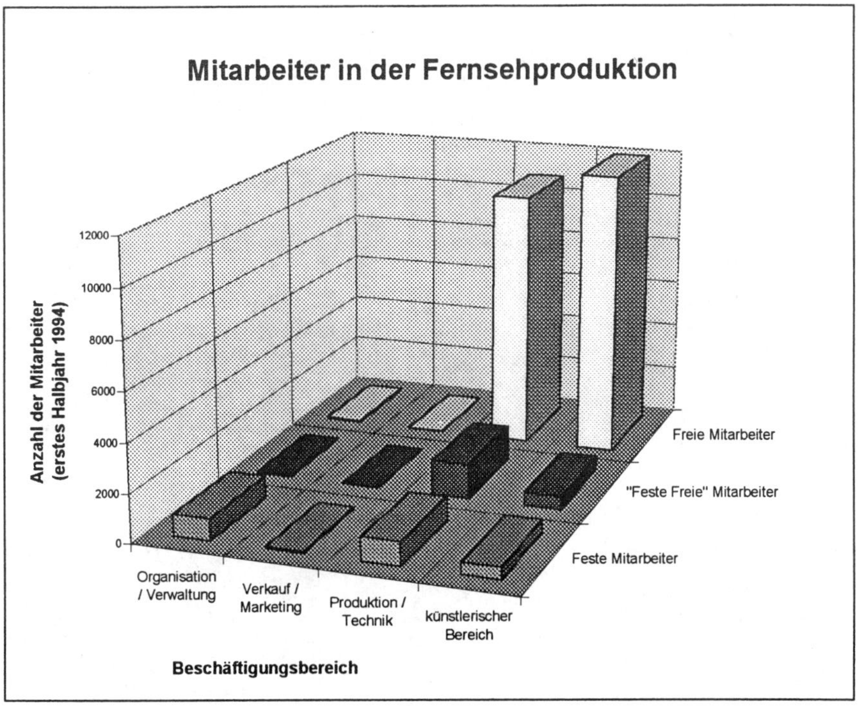

Abbildung 43: Mitarbeiter in der Fernsehproduktion[420]

Aus einer ähnlichen Untersuchung für den Raum Hamburg geht hervor, daß dort 1985 im AV-Medienbereich 460 tätige Inhaber, 6.053 fest angestellte, 980 feste freie und 7.623 freie Mitarbeiter beschäftigt waren. Bei der genannten Anzahl der freien Mitarbeiter muß von bis zu 50% Doppelzählungen ausgegangen werden; der vergleichsweise höhere Anteil von festen Mitarbeitern ist darauf zurückzuführen, daß dieser nicht nur die Mitarbeiter des Medienproduktionssektors umfaßt, sondern auch die der Kinos, Verleih- und Vertriebsunternehmen etc..[421]

---

420 Die Anzahl der festen Mitarbeiter beinhaltet ca. 15% Volontäre und Praktikanten. Mehrfachnennungen bei den freien Mitarbeitern sind möglich. Quelle: Arbeitsgruppe Kommunikationsforschung München AKM [Hrsg.] (1995): S 57.

421 Der Anteil der Doppelzählungen ist in der zuvor genannten gesamtdeutschen Untersuchung wesentlich niedriger, da deren Untersuchungszeitraum nur ein *Halb*jahr ist. Vgl. Richert, R., Thiel, E., Weilepp, M. (1987): S 116 ff.

Beschäftigung und Einkommen in der Medienbranche			
	Personen	*Durchschnittliche Arbeitstage pro Person*	*Durchschnittliches Jahreseinkommen pro Person in FRF*
FÜHRUNGSKRÄFTE			
Regisseur	2.586	91	161.000
Ausführender Produzent	1.492	110	170.000
Regieassistent	1.478	94	107.000
Aufnahmeleiter	1.145	83	138.000
Toningenieur	1.121	94	120.000
Schnittmeister	1.108	110	137.000
Chefdekorateur	1.024	88	100.000
Kameramann	690	89	104.000
Produktionskoordinator	636	90	108.000
Angestellter Produzent	512	146	183.000
Handwerkergruppenleiter	213	100	151.000
Maskenbildner	169	81	108.000
Kostümbildner	83	82	140.000
Bildtechniker	39	114	148.000
Sonstige Führungskräfte	230	117	120.000
TECHNIKER			
Produktionskoordinator	2.567	76	64.000
Videotechniker	2.315	75	59.000
Produktionsassistent	1.970	114	76.000
Requisitenassistent	1.853	81	64.000
Regieassistent	1.138	85	66.000
Schnittassistent	924	100	85.000
Beleuchter	841	81	69.000
Maskenbildner	743	67	63.000
Tontechniker	379	74	65.000
Kameraassistent	368	68	61.000
Garderobiere	332	108	53.000
Ausstatter	283	96	84.000
Sonstige Techniker	1.811	113	77.000
HANDWERKER			
Bühnenarbeiter	1.840	93	83.000
Kulissenarbeiter	461	76	67.000
Sonstige Arbeiter	130	107	87.000
Insgesamt	*30.481*	*97*	*99.000*

Abbildung 44: Beschäftigung und Einkommen in der Medienbranche[422]

[422] Quelle: Ministère de la Culture [Hrsg.] (1995): S 4.

Beispiel Frankreich

Ein ähnliches Bild zeichnet auch eine Kompletterhebung der bei der *Caisse des congés spectacles* (Pflichtversicherung der Unterhaltungsbranche) 1991 versicherten 12.500 Führungskräfte, 15.500 Techniker und 2.400 Arbeiter.[423]

Dieser Untersuchung nach lag die durchschnittliche Beschäftigungsdauer pro Mitarbeiter und Jahr bei 97 Tagen, also bei weniger als einem Drittel eines Ganzjahresjobs. Bemerkenswert ist, daß die durchschnittliche Vertragsdauer für Beschäftigungsverträge von 32,5 Tagen (1985) auf 13,5 Tage (1991) zurückgegangen ist. Die Länge dieser Vertragsdauer ist aber je nach Berufssparte stark unterschiedlich: „Während ein Kameramann jährlich bei höchstens zwei größeren Produktionen beteiligt sein kann und ihm dies bei entsprechender Gage allenfalls ein angemessenes Einkommen bringen könnte, ist ein Tontechniker auf vier bis fünf Produktionen angewiesen."[424]

Kategorie	nur in einem Sektor tätig	sektorübergreifend tätig
Führungskräfte	54%	46%
Techniker	65%	35%
Arbeiter	55%	45%
Summe	*60%*	*40%*

Abbildung 45: Intersektorielle Mobilität[425]

Diese sich verschlechternden Beschäftigungsverhältnisse führen dazu, daß immer mehr Personen Arbeitsverträge zu immer schlechteren Bedingungen eingehen.[426] Auch wird von den Arbeitnehmern in diesem Sektor immer mehr horizontale Mobilität gefordert: 1985 waren rund 70% der Beschäftigten nur in einem Bereich tätig (z.B. Film, TV, Theater), 1991 waren es nur noch 60%. Insgesamt wurden 78% der 1991 von allen Beschäftigten erbrachten Arbeits-

---

[423] In Summe liegen dieser Analyse 1,500.000 Beschäftigungsverträge zugrunde. Vgl. Ministère de la Culture [Hrsg.] (1995): S 1 ff.

[424] Koch, E. (1980): S 144.

[425] Vgl. Ministère de la Culture [Hrsg.] (1995): S 6.

[426] „Most work in the motion picture industry consists of short-term contracts; individual workers experience considerable variation in and uncertainty about the amount of work they are offered from time to time. Many workers are frequently underemployed, and when work is abundant, they accept overtime to hoard wages against an uncertain future." Storper, M. C., Christopherson, S. (1987): S 113.

tage im AV-Sektor geleistet, die restliche Zeit im Bereich der darstellenden Kunst (vgl. *Abbildung 45*).[427]

Die Untersuchung zeigt weiters auf, daß 80% der in diesem Sektor Beschäftigten unter 40 Jahre alt sind. Nur 33% der 1991 gemeldeten Arbeitnehmer waren bereits seit 1985 in dieser Branche tätig.

EINKOMMENSVERHÄLTNISSE

Eine derartige Beschäftigungssituation wirkt sich natürlich auch auf die Einkommensverhältnisse aus. Die Einkommen der Beschäftigten wurden in oben zitierter Studie ebenfalls ausführlich analysiert. Aber auch für die Schweiz und für Deutschland liegen interessante Vergleichszahlen vor, jedoch leider aus etwas älteren Studien. Expertenaussagen zufolge dürfte sich jedoch an der generellen Einkommenssituation nicht allzuviel geändert haben.[428]

In allen drei Ländern ist die Situation ähnlich: Eine relativ große Zahl von Arbeitnehmern muß sich ein relativ geringes Arbeitsaufkommen teilen. Trotz relativ hoher Stundenlöhne ergibt dies für die Mehrzahl der Arbeitnehmer aber nur ein „moderates" Jahresgehalt.

Beispiel Frankreich

Aus oben zitierter Untersuchung für Frankreich geht hervor, daß das durchschnittliche Einkommen aus Tätigkeiten in der Medienproduktionsbranche bei 99.000 FRF liegt. Führungskräfte werden mit 135.000 FRF fast doppelt so hoch entlohnt wie die beschäftigten Techniker (70.000 FRF). Etwas besser wird die als Handwerker in obiger Statistik ausgewiesene Berufsgruppe entlohnt: ihr durchschnittliches Jahresgehalt beläuft sich auf 80.000 FRF (vgl. *Abbildung 44*).

Die unterschiedlichen Durchschnittsgehälter sind hauptsächlich auf das unterschiedliche Gehaltsniveau zurückzuführen, weniger auf die unterschiedliche Arbeitsdauer pro Person bzw. pro Beruf.

---

[427] Diese Studie umfaßt sämtliche Arbeitsverträge für die beiden Bereiche AV-Medien und darstellende Kunst.

[428] Der Mediensektor wird teils sehr unzureichend in der amtlichen Statistik erfaßt. Die in Deutschland geführte „Filmstatistik" wurde vor mehr als einem Jahrzehnt aufgelassen; Einkommenssteuerstatistiken werden nur selten erhoben (Deutschland: alle 4 Jahre) und erfassen den Mediensektor in unzureichender Aufgliederung. Vgl. Interview Statistisches Bundesamt (Wiesbaden), IG Medien (Düsseldorf).

Beispiel Schweiz

Koch führte 1980 eine kleine Untersuchung unter den schweizerischen Filmbeschäftigten durch.[429] Nur ein Drittel der Befragten gab ihr Jahreseinkommen mit 10.000 bis 30.000 CHF an, was ihnen ermöglicht, ihren Lebensunterhalt ausschließlich aus dem Einkommen aus filmerischer Tätigkeit zu bestreiten. Ein weiteres Drittel der Personen gab ihr Jahreseinkommen aus Filmtätigkeit mit unter 5.000 CHF an. Problematisch an den Einkommensverhältnissen sind, so *Koch*, große Schwankungen der Jahresentlohnung. Außerdem sind die meisten in der Filmbranche Tätigen auf einen „Brotberuf" in benachbarten Branchen (primär TV) angewiesen.

Freischaffende Filmtechniker beziehen relativ hohe Tages- bzw. Wochengagen (800-1.500 CHF). Obwohl ihre festangestellten Kollegen wesentlich niedrigere Monatslöhne beziehen, verdienen diese auf das Jahr gerechnet ungleich mehr. Leider konnte diese Tatsache nicht mit konkreten Zahlen belegt werden.[430]

Sowohl die französische wie auch die schweizerische Untersuchung beziehen sich nur auf das durchschnittliche Einkommen aus Tätigkeiten im Medienproduktionssektor oder benachbarten Branchen (insbesondere Theater). In Wirklichkeit aber sind viele dieser Personen aufgrund der schlechten Beschäftigungslage dazu gezwungen, auch in anderen Branchen („e.g. truck driving, lobster fishing, waiting on tables")[431] Geld zu verdienen.

Kennzeichnend für viele Beschäftigte in diesem Bereich ist daher nicht nur die mediale (oder horizontale) sondern auch die (vertikale) Tätigkeitsmobilität. Gleichzeitig werden Tätigkeiten in verschiedenen Arbeitsfeldern ausgeübt, gelegentlich auch in unterschiedlicher Rechtsstellung.

Sowohl *Baumol/Bowen*[432] als auch *Molloy/Burgan* führen psychologische Komponenten an, warum nur wenige (Schauspieler) die Branche verlassen: „Many actors work part-time at other jobs, actors receive a high level of psychic income from their acting work and, in addition, actors are gambling on

---

[429] Vgl. Koch, E. (1980): S 137 ff. Die Untersuchung basiert leider auf einer sehr geringen Stichprobe von 20 Filmschaffenden und ist daher statistisch nicht repräsentativ.

[430] Vgl. Koch, E. (1980): S 141.

[431] Vgl. Baumol, W. J., Bowen, W. G. (1965): S 495.

[432] „In actual fact the live performing arts constitutes a rather special labour market – a market in which the need for great native ability and extensive training limits the supply, but in which the psychic returns to those who meet these tests often offers a very substantial inducement to remain in the field." Baumol, W. J., Bowen, W. G. (1965): S 501.

the possibility that they may reach a level of success which puts them amongst the very few very high income earners."[433] Auf diese Besonderheit wird weiter unten näher eingegangen.

Aber selbst wenn man das durchschnittliche Gesamtjahreseinkommen (inkl. in anderen Branchen verdientes Geld) in Betracht zieht, das Beschäftigte dieser Branche verdienen, ändert sich das Bild kaum.

Beispiel Deutschland

In Deutschland stellten die künstlerischen Berufe, denen ein Großteil der Arbeitnehmer der Medienbranche zuzurechnen ist, in Summe 1% aller Erwerbstätigen dar.[434] Aus der Einkommenssteuerstatistik Deutschlands (1983) geht hervor, daß das Einkommen in der Berufsgattung „Freier Künstler" mit durchschnittlich 35.500 DEM unter dem Durchschnitt aller Einkommenssteuerpflichtigen (49.970 DEM) liegt und von den Durchschnittseinkommen der Freiberufler (108.000 DEM) weit entfernt liegt.[435]

Anteil des Einkommens aus Filmproduktionen am Gesamteinkommen	
Schauspieler	22%
Komponisten	21%
Künstlerisch-technische Mitarbeiter	21%
Regisseure	13%
Fotodesigner, Bildjournalisten	13%
Unterhaltungsmusiker	11%

Abbildung 46: Bedeutung der Filmproduktion am Gesamteinkommen[436]

„Darüber hinaus ist das Einkommen der Selbständigen in den freien künstlerischen Berufen außerordentlich ungleich verteilt. So zeigt die Einkommenssteuerstatistik des Jahres 1983, daß über 80% der Künstler weniger als 50.000 DEM pro Jahr durch ihre künstlerische Arbeit verdienten. Das Durchschnitts-

433 Molloy, S., Burgan, B. (1993): S 74.

434 1% der Erwerbstätigen sind 246.000 Personen, davon sind rund 160.000 sozialversicherungspflichtige Beschäftigte – dies entspricht 0,8% aller sozialversicherungspflichtigen Beschäftigten zu diesem Zeitpunkt. Vgl. Hummel, M., Berger, M. (1988): S 60.

435 Vgl. Hummel, M., Berger, M. (1988): S 66 f.

436 Quelle: Bundestagsdrucksache 7/3071 vom 13. Jänner 1975: Bericht der deutschen Bundesregierung über die wirtschaftliche und soziale Lage der künstlerischen Berufe (Künstlerbericht). Zitiert in: Neckermann, G. (1991): S 10 ff.

einkommen dieser unteren 80% lag bei 16.100 DEM. 1,5% der Künstler erzielten dagegen Spitzeneinkommen von durchschnittlich 444.000 DEM."[437]

BESONDERHEITEN DER ARBEITSMÄRKTE

Beschäftigungsstruktur und Einkommensverhältnisse sind nicht zuletzt auch auf einige Eigenheiten der Arbeitsmärkte zurückzuführen:

Künstlerisches Personal

Auf dem „Schauspielerarbeitsmarkt" ergibt sich als generelle Tendenz nicht Nachwuchsmangel, sondern ein Überangebot an Schauspielern. In Deutschland wird geschätzt, daß ca. doppelt so viele Schauspieler nicht tätig sind, als die ca. 5.000 tätigen Schauspieler, die von ihrem erlernten Schauspielerberuf leben können. Die anderen beziehen Arbeitslosenunterstützung oder leben von berufsfremden Arbeiten. Für jede freiwerdende Position stehen je nach Fach 5-50 Bewerber zur Verfügung.[438] Auch wenn theoretisch das Angebot an künstlerischem Personal relativ unelastisch ist (v.a. kurzfristig), ist aufgrund des momentanen Überangebots auch langfristig mit Elastizität zu rechnen.[439]

Aber nicht nur die Schauspieler sind in der Regel auf eine (Fix-) Anstellung außerhalb des Medienproduktionsbereichs angewiesen, z.B. im Theater. Auch viele Beschäftigte der meisten anderen künstlerischen Berufsgattungen üben andere „Brotberufe" aus, wenngleich auch der Filmproduktion eine erhebliche wirtschaftliche Bedeutung für diese Personengruppe zukommt, die nur zeitweise an der Herstellung von Filmen mitwirkt (z.B. Darsteller, Synchronsprecher, Kameraleute).

Die rund 66.000 Künstler in Deutschland (1970) beziehen durchschnittlich nur 5% ihrer Einkünfte aus der Filmproduktionstätigkeit. Für manche Berufsgruppen liegt dieser Anteil aber wesentlich höher, wie *Abbildung 46* zeigt.

Für diese Berufsgruppen hat die Ausweitung/Einschränkung des Produktionsvolumens erhebliche wirtschaftliche Folgen, die sich im übrigen auch auf

[437] Hummel, M., Berger, M. (1988): S 67. Diese Daten entstammen einer Sonderauswertung und sind für spätere Jahre leider nicht verfügbar.

[438] Aus diesem Grund ist das Arbeitsangebot dieser Berufsgattung auch relativ unabhängig vom Lohnniveau. Vgl. Wahl-Ziegler, E. (1978): S 171 f.

[439] Vgl. Wahl-Ziegler, E. (1978): S 168 ff.

die künstlerische Versorgung von Fernsehen, Hörfunk, Theater und angrenzende Branchen auswirken.

Technisches Personal

Langfristig ist das Angebot an technischem Personal wesentlich flexibler als dies beim künstlerischen Personal der Fall ist. Techniker können aus benachbarten Branchen (temporär) abgeworben werden bzw. arbeitslose Medientechniker können z.T. in anderen Branchen Beschäftigung finden (z.B. Toningenieure, Beleuchter).

Die Gründe der Unterauslastung des technischen Personals liegen neben der zu geringen Anzahl an realisierten Produktionen im organisatorischen Bereich. Die Produktionszeiten der Projekte sind vielfach unberechenbar. Zusagen von Filmtechnikern zur Mitarbeit an einem bestimmten Projekt zwingen sie zur Absage an andere. Die Verschiebung der Produktionszeiten (Dreharbeiten) einmal zugesicherter Projekte oft um Monate stellt den Filmtechniker unversehens vor lähmende Arbeitslosigkeit. Lange Wartezeiten auf neue Aufträge sind nicht selten. Dasselbe gilt natürlich auch für die künstlerischen Beschäftigten.

Vor allem in Produktionsgegenden ohne Großstudios, d.h. wo ein Großteil der Aufnahmen unter freiem Himmel durchgeführt wird, massiert sich die Zahl der Dreharbeiten innerhalb der Monate April bis September. Nicht nur klimatische, sondern auch lichttechnische Gründe sind dafür ausschlaggebend. Außerdem können einige auf Theaterarbeit angewiesene Schauspieler nur für diese Zeit engagiert werden. Dadurch wird häufig eine Überschneidung der verschiedenen Realisationen bewirkt. Da Filmtechniker meist nur an einer Produktion mitwirken können, wird in solchen Fällen bei den übrigen Produktionen teils weniger qualifiziertes oder aus anderen Regionen stammendes Personal herangezogen, was zu einem Verlust qualifizierter regionaler Arbeitsplätze führen kann.[440]

---

[440] Vgl. Koch, E. (1980): S 143 ff.

ERFASSUNG DER BESCHÄFTIGUNGSEFFEKTE

Medienproduktionen rufen Beschäftigungseffekte hervor, die als direkte, indirekte und induzierte klassifiziert werden können. Lediglich der direkte Beschäftigungseffekt läßt sich relativ präzise aufgrund von Gehaltslisten in den Produktionsbuchhaltungen bestimmen. Indirekte Beschäftigungseffekte, die durch die Ausgaben für Güter und Dienstleistungen entstehen, und induzierte Beschäftigungseffekte, die durch die Multiplikatoreffekte hervorgerufen werden, müssen geschätzt werden.

In der Volkswirtschaftslehre werden Beschäftigungswirkungen üblicherweise mittels partialanalytischen Modellen quantifiziert.[441] Diese bauen auf der Schaffung regulärer „Arbeitsplätze“ (Vollzeit) auf und berücksichtigen die für die Medienbranche spezifische Flexibilität nicht.

Im Falle der Medienproduktionsbranche erscheint daher aufgrund der oben diskutierten Arbeitsverhältnisse eine effektive Zählung von Beschäftigten nicht zielführend. Die Beschäftigungsdauer und -intensität (Überstunden) ist zu unterschiedlich (abgesehen vom Problem der Mehrfachnennungen). [442] Insofern erscheint auch die Heranziehung von klassischen Beschäftigungsmodellen, wie dies etwa *Mehmet* vorschlägt, nicht sinnvoll.[443]

Die Modelle, die *Ortmann* vorschlägt, orientieren sich hingegen weniger an den direkten Beschäftigungsänderungen, als aus einer Umrechnung der bewirkten Einkommensänderung.[444] Sie machen sich die Tatsache zunutze, daß die entstandenen Beschäftigungseffekte in engem Zusammenhang mit den induzierten Einkommenseffekten, etwa dem Bruttoinlandsprodukt, stehen.

Als Kalkulationsgröße wird dazu der Begriff „Ganzjahresarbeitsplatz“ herangezogen. Es ist dies der quantitative Ausdruck für die Menge an Arbeit, die eine ganztags beschäftigte Person innerhalb eines Jahres erarbeitet. Errechnet wird diese Größe in Stunden (z.B. 52 – 7 Wochen Arbeitszeit x 40 Stunden =

---

441 Vgl. Hanusch, H. (1987): S 133 ff.

442 In Kalifornien gibt es – statistisch gesehen – 1,2 Jobs pro Arbeitnehmer in der Medienindustrie. Vgl. KPMG Peat Marwick [Hrsg.] (1989): S III-2.

443 Vgl. Mehmet, O. (1971).

444 Vgl. Ortmann, F. (1973): S 55 ff.

1.800 Stunden; ja nach Beruf leicht unterschiedlich) bzw. in durchschnittlichem Einkommen (je nach Beruf stark unterschiedlich).

Diese „Ganzjahresarbeitsplätze“ sind aber in der Realität der Medienbranche äußerst selten anzutreffen, wie oben gezeigt wurde. Vielmehr bestehen sie aus einer Vielzahl kurzfristiger Arbeitsverträge. In Frankreich teilen sich theoretisch durchschnittlich drei Leute einen „Ganzjahresarbeitsplatz“ (bestehend aus jeweils 15 Arbeitsverträgen im Durchschnitt) – und entsprechend auch das Einkommen.[445]

Direkte Beschäftigung

Um den direkten Beschäftigungseffekt eines Projekts angeben zu können, muß zunächst der gesamte Arbeitskräftebedarf der Produktion ermittelt werden. Die meisten dieser Arbeitsplätze sind unmittelbar der Audiovisionsbranche zuzurechnen.

Es treten aber auch indirekte Beschäftigungswirkungen in der Audiovisionsbranche auf, wenn für das Projekt intermediäre Güter & Dienstleistungen auf vorgelagerten Produktionsstufen hergestellt werden. Dazu zählen die Leistungen von Studiomitarbeitern, spezialisierten Anwälten, Publizisten, Wissenschaftern etc.. Die Quantifizierung dieses Effekts erweist sich jedoch als problematisch.

Ein Ansatz zur Quantifizierung dieses Beschäftigungseffekts ist, ihn als Prozentsatz der Stabsgröße auszudrücken. Der Anteil der in der Medienbranche induzierten Arbeitsplätze kann dabei geschätzt werden als Anteil der Beschäftigten in Produktionsfirmen im Verhältnis zu der Anzahl von Beschäftigten in Vorleistungsfirmen. Nach Berechnungen von *KPMG* entstehen pro 100 Stabsstellen ca. 25 „Overhead“ Positionen in der kalifornischen Filmindustrie.[446]

Wem kommt die neu geschaffene Arbeit zugute?

Für die fördernde Region stellt sich die Frage, inwiefern auch regionales Personal bei den geförderten Produktionen Beschäftigung finden wird. Wie zuvor gezeigt wurde, ist derzeit das Angebot an Arbeitskräften zwar in allen Regionen groß; in der Praxis verteilt sich die Arbeit aber nicht gleichmäßig: „Eine Produktion würde nie an Mitarbeitermangel scheitern. Nur ganz be-

[445] Vgl. zitierte Untersuchung in Kapitel BESCHÄFTIGUNGSVERHÄLTNISSE, S 211. Ministère de la Culture [Hrsg.] (1995).

[446] Vgl. KPMG Peat Marwick [Hrsg.] (1989): S III-10 f.

stimmte Leute sind ständig ausgebucht."[447] Dies kann dazu führen, daß „gefragtes" Produktionspersonal aus anderen Regionen in der fördernden Region beruflich aktiv wird und das Angebot an besser qualifizierten Arbeitsplätzen für regional Ansässige darunter leidet.

Diese Frage ist im übrigen unabhängig von den daraus entstehenden monetären Regionaleffekten zu sehen, denn sobald eine Person aus einer anderen Region engagiert wird, sind ihre Bezüge regional abzugrenzen (vgl. Kapitel Eine Aufgliederung der Ausgabenpositionen sollte nach volkswirtschaftlichen Gesichtspunkten erfolgen, wobei grundlegend unterschieden werden muß zwischen:

- **Abflüsse** in andere Regionen (import *leakages)*
- **Steuern** (government *revenue)*
- **Einkommen** – Löhne & Gehälter (local *income)*
- **Käufe** – Güter & Dienstleistungen (local *purchases)*

ERMITTLUNG DER ABFLÜSSE IN ANDERE REGIONEN, S 172). Die Schaffung von (qualifizierten) Arbeitsplätzen ist aber unabhängig davon ein Ziel der regionalen Förderer.

Prognosen, inwieweit regionales Personal zum Zug kommt, sind nur schwer durchzuführen. Vor allem hängt dies oft davon ab, ob ein Regisseur oder ein Produzent einen gewissen Techniker oder Schauspieler bevorzugt einsetzt.

Ein interessanter theoretischer Ansatz zur Beantwortung dieser Frage stammt von *Haveman/Krutilla.* Sie gehen davon aus, daß die Höhe der Arbeitslosenquote auch die Zahl der regionalen Arbeitskräfte bestimmt, die durch Subventionsbemühungen einen neuen Arbeitsplatz erhalten können (vgl. *Abbildung 47*).[448]

---

[447] Interview mit *Matthias-Johannes Fischer*, zitiert in: Frank, B. (1993): S 94.

[448] Haveman, R. H., Krutilla, J. V. (1968): S 137 ff.

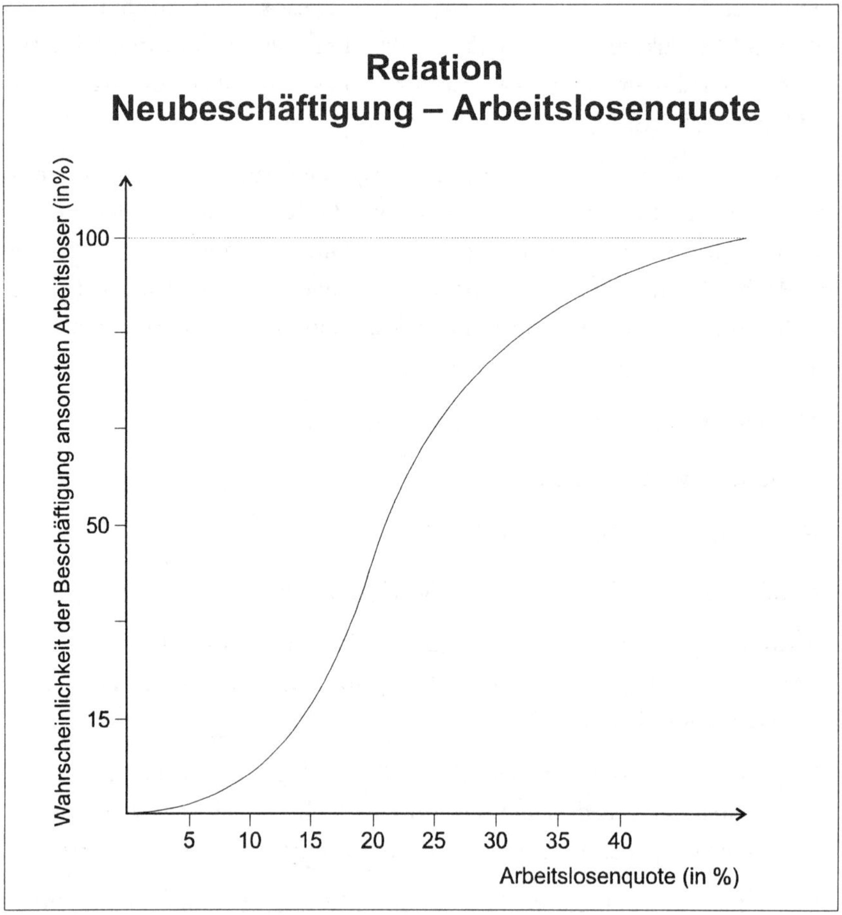

Abbildung 47: Relation Neubeschäftigung – Arbeitslosenquote[449]

Grundannahme ist, daß mit steigender Arbeitslosigkeit auch die Wahrscheinlichkeit der Beschäftigung von Arbeitslosen zunimmt: und zwar zunächst überproportional und dann unterproportional. Um genau auf eine Beschäftigungssituation eingehen zu können, sollte eine sektorale Abgrenzung der Arbeitsmärkte nach inhaltlichen Aspekten (z.B. Schauspieler, Techniker, administratives Personal) erfolgen.

Hanusch beurteilt dieses Verfahren als relativ praktikablen Weg zur Erfassung von Beschäftigungseffekten, der jedoch mit dem Nachteil beladen ist, daß die Methode weder auf theoretisch noch empirisch fundierten Beziehungen

449 Quelle: Hanusch, H. (1987): S 137.

zwischen der Arbeitslosenrate und der Wahrscheinlichkeit ansonsten Arbeitsloser gestützt ist.[450]

Indirekte und induzierte Beschäftigungseffekte

Die Beschäftigung die durch die Ausgaben für Güter und Dienstleistungen verursacht wird („indirekte Beschäftigung"), ist aus der Aufspaltung der Ausgaben ableitbar: unter Zuhilfenahme der regionalen Wertschöpfung für jeden Ausgabenbereich muß sie in Ganzjahresarbeitsplätze umgerechnet werden. Weitere Beschäftigungseffekte (Folgeeffekte der Ausgaben für Güter und Dienstleistungen, Folgeeffekte des Personalaufwands; „induzierte" Beschäftigung) können unter Zuhilfenahme eines Multiplikators errechnet werden, da sie über alle Sektoren ähnlich gestreut sind (bzw. sektorweise Multiplikatoren).

Spätestens hier muß zur Berechnung der oben zitierte Zusammenhang zwischen Bruttoinlandsprodukt und Arbeitsmarkteffekten genützt werden: die Messung muß in Ganzjahresarbeitsplätzen erfolgen. Auch bei den übrigen in der Gesamtwirtschaft geschaffenen „Arbeitsplätzen" ist aufgrund der lediglich temporären Nachfragesteigerung nicht von zusätzlichen Vollzeitarbeitsplätzen auszugehen. Dies wäre lediglich bei einer konstant anhaltenden Nachfragesteigerung vorstellbar.

Die unmittelbare Höhe der Ausgaben für Güter und Dienstleistungen ist bekannt; ebenso die Höhe der Löhne, aus der anhand der durchschnittlichen Konsumfunktion die Aufteilung der Ausgaben abgeleitet werden kann. Zur Berechnung der Folgeeffekte sollten Schätzungen über das induzierte Bruttoinlandsprodukt herangezogen werden, welche wiederum in Ganzjahresarbeitsplätze rückgerechnet werden können (vgl. Kapitel EINKOMMENSEFFEKTE, S 200).

Die Herleitung eines Beschäftigungsmultiplikators erfordert daher immer eine Umrechnung von Einkommensgrößen oder Einkommensbestandteilen bzw. deren Veränderungen in Beschäftigungsveränderungen.

Dabei können grundsätzlich zwei Methoden unterschieden werden:[451]

- Erstens ist es möglich, die auslösende Nachfrageänderung in eine Beschäftigtenänderung umzurechnen und dann mit Hilfe von Relationen, die die Veränderung der Beschäftigtenzahl in den verschiedenen Sektoren aufgrund

---

450 Vgl. Hanusch, H. (1987): S 138.

451 Vgl. Ortmann, F. (1973): S 75 f.

der Nachfrageänderung zu bestimmen ermöglichen, die Gesamtbeschäftigtenänderung zu ermitteln.

- Zum anderen besteht die Möglichkeit, allein das Ergebnis eines Einkommensmultiplikators, das z.B. in einer Veränderung des regionalen Bruttoinlandsprodukts gemessen wird, in eine Veränderung der Beschäftigtenzahl umzurechnen.

Beim Umrechnen des Ergebnisses eines Einkommensmultiplikators in Beschäftigte ist zunächst die der Beschäftigtenzahl am ehesten entsprechende Einkommensgröße zu ermitteln. Da die Beschäftigten die Gesamtheit der in einer Region erstellten Güter- und Dienste produzieren, ist der Ausdruck dieser Tätigkeit das Bruttoinlandsprodukt dieser betreffenden Region. *Ortmann* meint daher, daß es sinnvoll wäre, die Multiplikatorwirkung einer Nachfrageänderung auf das Bruttoinlandsprodukt zu ermitteln und dann aus der Veränderung des Bruttoinlandsprodukts auf die Veränderung der Beschäftigtenzahl zu schließen.[452]

Grundsätzlich ist das Berechnungsschema einfach. Die Summe der induzierten Ganzjahresarbeitsplätze läßt sich errechnen als Quotient des induzierten Bruttoinlandsprodukts und des Durchschnittseinkommens:

$$\frac{\textit{Induziertes Bruttoinlandsprodukt}}{\textit{Durchschnittliches Jahreseinkommen}} = \textit{Ganzjahresarbeitsplätze}$$

Dabei ergibt sich das Problem, daß gleiche Veränderungen des Bruttoinlandsprodukts – aufgrund unterschiedlicher Verteilung der Nachfrageänderungen – auf einzelne mit unterschiedlicher Arbeitsproduktivität arbeitende Sektoren von unterschiedlichen Veränderungen in der Beschäftigung begleitet sein können. Wichtig bei der Quantifizierung von Beschäftigungseffekten ist daher, die (sektorale) Struktur der Arbeitsnachfrage einzubeziehen. Hierzu erscheint es notwendig, eine branchenmäßige Differenzierung nach Art der Ausgaben vorzunehmen, da unterschiedliche Ausgabenarten auch zu unterschiedlichen

[452] *Barfot* geht zur Bestimmung des Multiplikatorparameters von Gesamtgrößen und nicht von Änderungen dieser Größen aus. Er unterscheidet zur Berechnung des Beschäftigungsmultiplikators drei Personengruppen, von denen die erste (H1) dem direkten primären Einkommen entspricht, die zweite (H2) aus dem indirekten primären Einkommen berechnet wird und dir dritte (H3) sich aus dem sekundären Einkommen ergibt. Die Summe von H1 + H2 + H3 ergibt die Zahl der von diesem Betrieb abhängigen Beschäftigten einschließlich der Angehörigen dieser Beschäftigten. Weiters drückt er die Bedeutung dieser Beschäftigtenzahl für die untersuchte Region durch ein Verhältnis zur gesamten Einwohnerzahl in der Region aus. Barfot, zitiert in: Ortmann, F. (1973): S 56.

Einkommen und damit zu sekundären Ausgaben für Konsumgüter und sekundären Beschäftigungswirkungen führen. Auch in der Realität gibt es keinen homogenen Arbeitsmarkt.[453]

In der Theorie ist dies leicht möglich:

$$\sum_{i=1}^{n} \frac{Bruttoinlandsprodukt\ Sektor\ i}{Durchschnittseinkommen\ Sektor\ i} = Ganzjahresarbeitsplätze$$

Weiters müssen verschiedene Bedingungen erfüllt sein, um davon ausgehen zu können, daß eine gleiche Erhöhung des Bruttoinlandsprodukts in einer Region auch zur gleichen Veränderung der Beschäftigtenzahl führt. Es darf z.B. in den einzelnen Sektoren keine unterschiedliche Lohnhöhe bestehen, da bei einer einfachen Umrechnung der Änderung des Bruttoinlandsprodukts in eine Beschäftigtenänderung unbekannt bleibt, welche Sektoren während des Multiplikatorablaufs berührt worden sind, so daß unterschiedliche Lohnniveaus bei verschiedenen Beschäftigtengruppen nicht beachtet werden können.

Erfolgt die zusätzliche Nachfrage überwiegend in Branchen, deren Produktionskapazität nicht ausgelastet ist, besteht die Möglichkeit, daß eine kurzfristige Nachfrageerhöhung bei gleichbleibender Produktionshöhe aus den Lagerbeständen befriedigt wird.

In der Praxis entnimmt man den Statistiken die Anzahl der unselbständig Beschäftigten in sektoraler Gliederung, berechnet die Beschäftigungskoeffizienten, verarbeitet diese nach dem bekannten Schema zu Beschäftigungsmultiplikatoren und ermittelt dann die Beschäftigungseffekte aufgrund einer Nachfrageänderung. In einer differenzierten Wertschöpfungstabelle müssen die in der Praxis aus exogenen Daten errechneten Beschäftigungskoeffizienten gleich den Wertschöpfungskoeffizienten der Lohn- und Gehaltszeile bzw. -matrix sein.[454]

Arbeitsmarkteffekte können aus der Beschäftigungsversion der Input-Output Tabelle berechnet werden, indem Beschäftigungsmultiplikatoren für verschiedene Komponenten der Endnachfrage quantifiziert werden. Wenn die

[453] Vgl. Ortmann, F. (1973): S 57. Die gleichen Überlegungen gelten natürlich auch für das Arbeitskräfteangebot. Erst wenn beide Seiten des Arbeitsmarktes, die Nachfrage und das Angebot, aufeinander bezogen werden können, ist es möglich, Aussagen über das quantitative Ausmaß des Beschäftigungseffektes einer Produktion Auskunft zu geben. Vgl. oben *Direkte Arbeitsmarkteffekte*.

[454] Beschäftigungseffekte sind nur in einem System mit expliziter Behandlung der Importe zu berücksichtigen, andernfalls würde die importanteilige ausländische Beschäftigung eingerechnet werden. Vgl. Pöll, G. (1983): S 40.

Aufstellung einer Beschäftigten Input-Output Tabelle als Grundlage der Umrechnung gewählt wird, werden die obengenannten Schwierigkeiten nicht unwesentlich gemindert. Lediglich das Vorhandensein konstanter Preise und Löhne braucht nicht für den Ablauf des gesamten Multiplikatorprozesses gefordert zu werden, da in diesem Fall allein die ursprüngliche Nachfrageänderung in Beschäftigte umgerechnet wird, für den weiteren Prozeß jedoch praktisch dann die Zahl der Arbeitsstunden bzw. der Beschäftigten als Recheneinheit gewählt wird und damit eine reale Größe der Auswirkungen zugrunde liegt. Die Darstellung dieser Bedingung macht deutlich, daß eine exakte Umrechnung von Nachfrageänderungen bzw. von Änderungen des Bruttoinlandsprodukts aufgrund solcher Nachfrageänderungen in Beschäftigtenänderungen in der Praxis nicht möglich ist.

Eine derartige Umrechnung kann lediglich eine grobe Schätzung der Beschäftigungseffekte sein. Diese Schätzung dürfte bei beiden Verfahren, wenn etwaige Preiseffekte beachtet werden, etwa von gleicher Güte sein, so daß eine besondere Ableitung eines bestimmten Beschäftigungsmultiplikators für *Ortmann* nicht notwendig erscheint. Vielmehr hält er es für hinreichend, die Änderungen des Bruttoinlandsprodukts, die sich als Ergebnis des Multiplikatorprozesses ergeben, direkt in Beschäftigungsänderungen umzurechnen.[455]

Problembereiche

Als die drei wichtigsten Problembereiche bei der Berechnung des Beschäftigungsmultiplikators seien erwähnt:[456]

1. Oft ist es schwierig, den Anteil des lokal ausgegebenen Einkommens in Erfahrung zu bringen.
2. Interregionale Effekte werden im Multiplikatorkonzept nicht berücksichtigt (zusätzliches Einkommen in Region A erhöht den Umsatz in Region B, was wiederum zu erhöhten Verkäufen in Region A führt).

---

455 Vgl. Ortmann, F. (1973): S 75 f.

456 Aus Vollständigkeitsgründen sei zusätzlich erwähnt: „The theory of economic base analysis assumes marginal data (marginal prospensity to consume locally), but available data are usually the average. This is troublesome, if a region produces more of its own inputs and consumption items as it grows. It should not be inferred that external leakage is bad. It depends on the region's comparative advantage. The economic base multiplier reflects all rounds of indirect effects (inputs to export sales, inputs into the inputs, and so on) including respending for consumption. It is assumed that rounds occur instantaneously. If resources were as mobile as the assumptions imply, there would be no need to shadowprice labour in the first place." Vgl. Schmid, A. (1989): S 124.

3. Die Beurteilung der induzierten Arbeitsmarkteffekte stützt sich auf eine kurzfristige Sichtweise und unterstellt gleichbleibende Preise. Theoretisch können längerfristig steigende Exporte auch zu Preissteigerungen der Produktionsfaktoren führen und nicht zu zusätzlicher Beschäftigung.

BEWERTUNG DER ARBEITSMARKTEFFEKTE

Der wichtigste regionale Nutzen, der durch Arbeitsmarkteffekte für die Region entsteht, ist der Nutzen der Schaffung von Arbeitsplätzen per se, der Nutzen des daraus resultierenden Steueraufkommens (vgl. Kapitel STEUERLICHE EFFEKTE, S 237) sowie der Nutzen aus der Veränderung der zu leistenden Transfers (vgl. Kapitel NUTZEN AUS ÄNDERUNGEN BEI TRANSFERLEISTUNGEN, S 232).

NUTZEN NEUER ARBEITSPLÄTZE

Vorab soll festgehalten werden, daß hier nicht die geleistete Arbeit selbst bewertet werden soll. Sie stellt keinen Nutzen für die Region dar, sondern kommt hauptsächlich dem Besitzer der Medienproduktion zugute – ihre unmittelbaren und mittelbaren positiven Effekte auf die Region werden in anderen Kapiteln behandelt. Hier soll nur die Tatsache bewertet werden, daß neue Arbeitsplätze geschaffen werden.[457]

Zwischen Arbeitsplätzen, die in der Medienbranche entstehen und solchen, die in der Gesamtwirtschaft entstehen, soll nicht unterschieden werden.[458] In beiden Fällen handelt es sich um ein temporäres Arbeitsaufkommen, das kaum über die Dauer der Medienproduktion hinausgeht. Genaugenommen halten die Arbeitsmarkteffekte solange an, bis der Multiplikatoreffekt ausgelaufen ist.

---

[457] Vgl. Kapitel EINKOMMENSEFFEKTE, S 200, Kapitel STEUERLICHE EFFEKTE, S 237 und Kapitel NUTZEN AUS ÄNDERUNGEN BEI TRANSFERLEISTUNGEN, S 232. Modelle und Ansätze zur Bewertung der Arbeit vgl.: Johansson, P.-U. (1982); Marchand, M., Mintz, J., Pestieau, P. (1983); Marchand, M., Mintz, J., Pestieau, P. (1984); Mühlenkamp, H. (1994): S 124; vgl. auch Vgl. Rinehart, U. R. (1963): S 300; Margolis, J. (1970): S 132 ff; Prest, A. R., Turvey, R. (1970): S 114.

[458] Vgl. Marquand, J. (1980): S 93 f.

Vor allem bei den Arbeitsmarkteffekten in der Gesamtwirtschaft ist davon auszugehen, daß nur in wenigen Fällen neues Personal (temporär) eingestellt wird. Kurzfristig führt eine erhöhte Nachfrage zunächst zur Auslastung unterbeschäftigter Kapazitäten oder sogar zu temporärer Überauslastung (Überstunden).

Nur durch ein langfristig konstantes Förderungsprogramm oder durch die Entstehung einer förderungsunabhängigen Branche könnten auch langfristig Arbeitsplätze geschaffen werden. Dies trifft sowohl für die Arbeitseffekte in der Medienbranche zu, als auch für die Arbeitseffekte in der Gesamtwirtschaft.[459]

Grundlegend für die Ermittlung des Schattenpreises für Arbeitsplätze ist die Frage nach der bisherigen Beschäftigung bzw. der „Herkunft" der Arbeitnehmer. Grundsätzlich kommen folgende drei Quellen in Frage:

1. Entzug von Arbeitnehmern aus anderen Wirtschaftsbereichen, die dort vorher zu Marktlöhnen beschäftigt waren.
2. Einsatz von Personen, die bisher freiwillig ohne Beschäftigung waren.
3. Einsatz von Arbeitskräften, die vorher unfreiwillig arbeitslos waren.

Für den Mediensektor gilt noch eine vierte Möglichkeit, nämlich, daß die Arbeit – verteilt auf lauter kurzfristige Verträge – zusätzliche Beschäftigung für eine Vielzahl von *zeitweise unterbeschäftigten* Menschen bedeutet (bzw. diese ihre unterqualifizierte Tätigkeit in anderen Branchen reduzieren können). Es sind daher in der Medienbranche oft nicht einzelne Arbeitnehmer, die einen Arbeitsplatz erhalten, sondern es handelt sich um eine marginale Verbesserung der Arbeitssituation für zahlreiche Individuen.

Daher ist zu vermuten, daß mit dem Einsatz von ansonsten Beschäftigungslosen oder Unterbeschäftigten keinerlei Verdrängungswirkungen auf mögliche alternative Tätigkeiten im privaten oder öffentlichen Produktionsbereich verbunden sind. Hieraus resultieren folglich auch keine Konsumeinbußen für die privaten Haushalte.

Schlumberger leitet daraus ab, daß der Schattenpreis zur Bewertung beschäftigungsloser Arbeitskräfte, die nunmehr Arbeit finden, null wäre und daß der Einsatz von Arbeitslosen mit keinen Opportunitätskosten belastet ist.[460]

---

[459] Zur Bewertung der Schaffung von dauerhaften Arbeitsplätzen vergleiche: Willis, K. G. (1985): S 163-177.

[460] Vgl. Schlumberger, M. (1987): S 5 f; Hanusch, H. (1987): S 139.

Besonders in Zeiten hoher Arbeitslosigkeit bzw. in unterbeschäftigten Branchen scheint aber alleine die Schaffung neuer Arbeitsplätze Nutzen zu stiften; weniger ist dies in Zeiten oder Branchen mit Vollbeschäftigung der Fall.[461] Eine Begründung dafür wäre beispielsweise, daß für viele Arbeitnehmer eine länger anhaltende Nichtbeschäftigung zu psychischen Belastungen und Schwierigkeiten in der sozialen Integration führt. Diese können durch die Aufnahme eines Beschäftigungsverhältnisses wieder abgebaut werden.[462] Eine Region kann aus zusätzlichen Arbeitsplätzen weiters Nutzen ziehen, wenn diese in Folge zu einer verbesserten Sozial- und Wirtschaftsstruktur führen.

Es scheint daher überlegenswert, wie *Recktenwald* vorschlägt, ob für die Beseitigung von regionaler Voll- oder Teilzeitarbeitslosigkeit als Nutzen ein „intangibler Wertzuschlag dafür anzusetzen ist, daß Arbeitslose wieder völlig in die Gesellschaft integriert werden."[463] Globaler gesehen kann dieser Wertzuschlag für die Verbesserung der regionalen Sozial- und Wirtschaftsstruktur angesetzt werden.[464]

Zu den Faktoren, die den Wert eines Arbeitsplatzes per se beeinflussen, zählen u.a. Arbeitslosenquote, Einkommenshöhe der geschaffenen Arbeitsplätze, regionale Budgetsituation, Qualifikation der Arbeitsplätze, Sozial- und Gesellschaftsstruktur, Entwicklungspotential der Branche, Regionalstruktur (Urbanisierungsgrad) etc..

Letztlich stellt die Bewertung aber ein politisches Werturteil dar, weswegen an dieser Stelle keine allgemeine Aussage gemacht werden kann – sie ist für jede Region von ihrer Bevölkerung bzw. von ihren politischen Repräsentanten separat zu treffen.

Dies läßt sich beispielsweise anhand der Tatsache argumentieren, daß explizite Arbeitsplatzförderungen (z.B. Betriebsansiedlungsförderungen), die pro geschaffenem Arbeitsplatz gewährt werden, in der Regel niedriger sind, als der zu erwartende Steuerrückfluß. Zieht man den Steuerrückfluß von den Arbeitsplatzkosten ab, erhält man einen negativen Wert. Da aber, wie oben argumen-

---

[461] Vgl. Prest, A. R., Turvey, R. (1970): S 114.

[462] Vgl. Hanusch, H. (1987): S 140 ff; ebenso: Hofmann, J. (1981): S 45 f; Sassone, P. G., Schaffer, W. A. (1978): S 69 ff; Schützinger, H. P. (1988): 63 ff.

[463] Recktenwald, H. C. (1970): S 118.

[464] *Hanusch* argumentiert, daß der Nutzen der geschaffenen Arbeitsplätze in der Praxis lediglich oft deshalb mit Null angesetzt wird, weil sich seine genaue Höhe konkret kaum erfassen läßt, da es keine beobachtbaren Größen gibt, die Anhaltspunkte dafür geben könnten. Vgl. Hanusch, H. (1987): S 138.

tiert wurde, Arbeitsplätze in der Regel einen positiven Wert für die Region besitzen, führt dies zu dem Schluß, daß der Nutzen eines Arbeitsplatzes nicht als Schattenpreis abgeleitet werden kann, sondern als Werturteil festgelegt werden muß.[465]

NUTZEN AUS ÄNDERUNGEN BEI TRANSFERLEISTUNGEN

Neben den Auswirkungen auf das Steueraufkommen hat die Schaffung neuer Arbeitsplätze auch direkte finanzielle Auswirkungen auf das staatliche Sozialversicherungssystem (Unfall-, Kranken-, und Arbeitslosenversicherung). Wenn die neu geschaffenen Stellen mit Personen besetzt werden, die früher aufgrund ihrer Arbeitslosigkeit Transferleistungen bezogen, muß diese Verminderung an zu tätigenden Transferleistungen mitberücksichtigt werden. Hier soll speziell auf die Veränderungen bei der quantitativ bedeutsamen Arbeitslosenversicherung eingegangen werden.

Einen Unterschied zwischen Transferleistungen an Beschäftigte in der Medienbranche und an anderweitig Beschäftigte gibt es nicht. In den meisten Staaten Europas sind, was die Sozialversicherung anbelangt, freie Mitarbeiter anderen abhängigen Beschäftigten gleichgestellt (z.B. Deutschland, Österreich) oder aber sogar im Bereich der Arbeitslosenversicherung bessergestellt (z.B. Frankreich). Insgesamt liegen über den Sozialversicherungsbereich kaum Untersuchungen vor, da Sozialversicherungsdaten vielfach nicht sektorweise erfaßt werden bzw. nicht international vergleichbar sind.[466]

Der Argumentation von *Böhme*, daß viele Filmmitarbeiter Höchstbeiträge an die Sozialversicherungen zahlen und daraus Nutzen entstünde, ist nicht zu folgen.[467] Sicherlich ist richtig, daß die Gagen und Honorare dieser Personen höher als der Durchschnittsverdienst sind. Da die Beschäftigungsverhältnisse aber großteils nur temporär sind, müssen korrekterweise die Jahresbeiträge analysiert werden: Für die nicht beschäftigte Zeit beziehen diese Arbeitnehmer in erheblichem Ausmaß Arbeitslosenunterstützungen (und andere Transferlei-

[465] Auch ist die unterschiedliche Qualität der Arbeitsplätze (Dauer des Arbeitsplatzes, Aufteilung der Arbeit auf mehrere Beschäftigte etc.) in der Bewertung zu berücksichtigen.

[466] Vgl. auch Presse- und Informationsamt der Bundesregierung [Hrsg.] (1994): S 294 f; Krust, M.-M. (1993); Krust, M.-M. (1996); Bironne, C., Querol, Y., Wolmark, Y. (o.J.); Europäische Kommission, DG V (Employment, Industrial Relations and Social Affairs) [Hrsg.] (1994c).

[467] Vgl. Böhme, M. (1994): S 20 f.

stungen). Man kann also lediglich davon sprechen, daß durch zusätzliches Arbeitsaufkommen in dieser Branche sich die sozialen Kosten reduzieren.

Aufgrund dieser Tatsache können Koeffizienten berechnet werden, die eine inverse Beziehung zwischen der Veränderung im regionalen Einkommen und der Veränderung von (Arbeitslosen-) Transfers bezeichnen.[468] Um der Bedeutung der Arbeitslosenversicherung für die Multiplikatoranalyse im Detail gerecht zu werden, ist es aber genaugenommen notwendig, zwei Funktionen für die Transferzahlungen zu entwickeln, von denen eine die Gesetzmäßigkeiten, denen die Leistungen der Arbeitslosenversicherung unterliegen, erfaßt. Ihre Höhe ist definitionsgemäß durch die Zahl der Arbeitslosen und die Leistung pro Kopf bestimmt. Die unterschiedliche Höhe der Leistungen je Arbeitslosen müßte als Funktion des durchschnittlichen Einkommens je Beschäftigten ermittelt werden. Schließlich muß aus den Determinanten der Beschäftigungsänderung gleichzeitig die Höhe der Leistungen der Arbeitslosenversicherung bestimmt werden.

Wird unterstellt, daß es mit Hilfe der Input-Output Tabelle möglich ist, aufgrund von Veränderungen der Endnachfrage (sektoral differenziert) Produktionsänderungen und daraus resultierende Änderungen der Nachfrage nach Produktionsfaktoren zu ermitteln, so besteht damit die Möglichkeit, die Änderungen an eingesetzter Arbeitszeit in jedem Sektor zu bestimmen.

Weiters muß die Gesetzmäßigkeit ermittelt werden, die zwischen der Änderung der eingesetzten Arbeitszeit und der Beschäftigtenzahl in einem einzelnen Sektor im jeweiligen Zeitraum der Nachfrageänderung besteht.[469]

Die übrigen Transfers sind für die gesamte Volkswirtschaft zu einem überwiegendem Teil von der Entwicklung der abhängigen Einkommen insgesamt beeinflußt (dynamische Rente). Wird unterstellt, daß zwischen Lohneinkommen und Bruttoinlandsprodukt ein relativ enger Zusammenhang wegen der Bemessung des Lohnzuwachses nach dem Produktivitätszuwachs besteht, so

---

[468] Wenn im Gefolge der Produktionsförderung neue Arbeitskräfte in die Region ziehen, bleibt die Arbeitslosigkeit davon unberührt bzw. verändert sich die Arbeitslosigkeit nur insofern, als Arbeitslose in „spin-off" Positionen (induzierte Beschäftigung, z.B. in Form lokaler Versorgung mit Gütern und Dienstleistungen) Beschäftigung finden. Vgl. Ortmann, F. (1973): S 80.

[469] Theoretisch ist davon ausgehen, daß sich dieser Zusammenhang im Konjunkturablauf aufgrund möglicher Kurzarbeitszeiten und Überstundenarbeit verändert.

ist damit auch ein Zusammenhang zwischen dem Bruttoinlandsprodukt der Volkswirtschaft und der Höhe der Transferzahlungen gegeben.[470]

Ähnlich aber wie bei der Bewertung des Nutzens des erhöhten Steueraufkommens, ist nicht eindeutig ein regionaler Nutzen abgrenzbar, da der Kompetenzbereich der Sozialversicherungen normalerweise im nationalen Rahmen liegt, d.h. der Einfluß auf die Region nur ein indirekter ist. Der Abgrenzung des Nutzens muß hier in Analogie zu Kapitel STEUERLICHE EFFEKTE, S 237, erfolgen.

BERECHNUNG DER ARBEITSMARKTEFFEKTE IN DEN STUDIEN

Die Berechnungen der Arbeitsmarkteffekte erfolgte in den Studien für Wien und Irland sowie in der Studie für USA/Kalifornien. In allen drei Berichten erfolgte nur eine Quantifizierung der Anzahl der geschaffenen Ganzjahresarbeitsplätze; eine Bewertung der Arbeitsplätze bzw. ihrer Auswirkungen auf das Sozialversicherungssystem erfolgte leider in keiner der Studien.

WIEN

In der Studie für Wien wurde aus dem induzierten Bruttoinlandsprodukt die Anzahl der geschaffenen Ganzjahresarbeitsplätze gefolgert.

Die Unterscheidung zwischen Arbeitsplätzen in der Filmbranche und anderen Arbeitsplätzen erfolgte aufgrund des Anteils der Ausgaben in der Filmbranche am nominellen Bruttoinlandsprodukt (vgl. *Abbildung 48*). *Otruba* schätzt, daß die Angaben über die Arbeitsplätze um bis zu 25% nach unten zu revidieren sind, da darin Künstlergagen enthalten sind, die deutlich über dem Durchschnitt der Filmindustrie liegen.

[470] Vgl. Ortmann, F. (1973): S 115 f.

Arbeitsmarkteffekte	Insgesamt	Wien-Euro	Wien-US
Ganzjahresarbeitsplätze (gesamt)	1.133	649	484
davon Medienbranche	473	304	169
Regionalausgaben (Mio. ATS)	517,02	295,18	221,84
BIP nominell (Mio. ATS)	664,11	376,64	287,47

Abbildung 48: Arbeitsmarkteffekte in der Wien-Studie[471]

IRLAND

In der Studie für Irland wurden die Arbeitsmarkteffekte auf zwei verschiedene Arten ermittelt: erstens durch Berechnung der direkten Beschäftigungseffekte (d.h. im AV-Sektor) und zweitens eine Schätzung der insgesamten Beschäftigungseffekte (direkte, indirekte und induzierte Effekte).

Die unmittelbaren Beschäftigungseffekte wurden anhand der einzelnen Beschäftigungsverträge errechnet. Aufgrund der geleisteten Arbeitsstunden konnte die Zahl der in der Branche geschaffenen Ganzjahresarbeitsplätze relativ exakt errechnet werden (als Berechnungsgrundlage diente: 38 Wochenstunden und 232 Arbeitstage pro Jahr). Daher ist auch bekannt, daß sich in Irland durchschnittlich rund 3,5 Personen einen Ganzjahresarbeitsplatz in der Medienbranche teilen; diese Kennzahl ist übrigens durchaus mit dem Ergebnis der Studie für Frankreich vergleichbar (vgl. Kapitel BESCHÄFTIGUNGSVERHÄLTNISSE, S 211).[472]

Zur Schätzung der gesamten Arbeitsmarkteffekte (inklusive direkte Beschäftigung) wurde ein Multiplikator angewandt, der auf dem für das Bruttosozialprodukt angewandten Multiplikator aufbaut. Der Beschäftigungsmultiplikator betrug 40,3 (1993) bzw. 39,54 (1994) pro 1 Mio. IEP Regionalausgaben. Anders formuliert wurde pro 25.000 IEP Regionalausgaben bzw. 22.000 IEP Bruttosozialprodukt ein Ganzjahresarbeitsplatz geschaffen (vgl. *Abbildung 49*).

---

[471] Quelle: Otruba, H. (1994).

[472] Nach Schätzungen von Tommy McCabe (IBEC, Verfasser der Studie) kommen auf jeden irischen Arbeitnehmer zwischen zwei und drei Arbeitsverhältnisse pro Jahr (Quelle: Persönliches Interview). Die „Summe der direkt beschäftigten Personen" muß daher durch ca. 2,5 dividiert werden.

Arbeitsmarkteffekte	1993	1994
Summe der direkt beschäftigten Personen	4.191	13.858
Geleistete Arbeitsstunden[473]	845.498	2,276.146
in Ganzjahresarbeitsplätzen	480	1.291
Anteil der irischen Beschäftigten	90%	78%
– davon männlich	59%	70%
– davon weiblich	41%	30%
Beschäftigungsmultiplikator (pro 1 Mio. IEP)	40,3	39,54
Ganzjahresarbeitsplätze	1.228	2.253
Regionalausgaben (Mio. IEP)	30,5 Mio.	57 Mio.
Bruttosozialprodukt (Mio. IEP)	26,9 Mio.	48,7 Mio.

Abbildung 49: Arbeitsmarkteffekte in den Irland-Studien[474]

Der Rückgang des Multiplikators ist auf eine Änderung der Finanzierungsverhältnisse zurückzuführen, es handelt sich nämlich um einen gewichteten Multiplikator (Steigerung des irisch finanzierten Anteils; vgl. Kapitel IRLAND, S 208).

Der Anteil der in der Medienproduktion beschäftigten Frauen hat mit der starken Zunahme an Produktionstätigkeit abgenommen. In den Bereichen Garderobe und Maske (*Make-up, Hairdressing*) war der Frauenanteil mit fast 90% besonders hoch; in den Arbeitsbereichen Kamera, Ton, Beleuchtung und Bühnenarbeit betrug er hingegen annähernd null Prozent. Das Produktionsmanagement wurde zu 54% von Frauen übernommen (Werte für 1994). Zum Vergleich: Im „Medienland NRW" lag im selben Zeitraum der Anteil der beschäftigten Frauen im Sektor „Filmproduktion, Verleih, Kinos" bei 54%.[475]

---

473 „Geleistete Arbeitsstunden" umfaßt alle mit Beschäftigungsverträgen der Produktionsfirmen belegten Dienstverhältnisse, jedoch ohne Arbeitsstunden im Bereich Development.

474 Quelle: Irish Business and Employers Confederation IBEC [Hrsg.] (1995a), (1995b).

475 Vgl. Ministerium für Wirtschaft, Mittelstand und Technologie des Landes Nordrhein-Westfalen [Hrsg.] (1995): S 32.

STEUERLICHE EFFEKTE

Der Nutzen, der gerne als Hauptargument für den Subventionsaufwand vorgebracht wird, ist das induzierte Steueraufkommen. Das Verhältnis Steuerrückfluß zu Subventionshöhe wird umgangssprachlich auch als „Umwegrentabilität" bezeichnet.[476]

Beim Steueraufkommen, das durch die Subventionierung von Medienproduktionen induziert wird, läßt sich unterscheiden zwischen den Steuern, die direkt von Produktionsunternehmen bezahlt oder zumindest von ihnen abgeführt werden, sowie dem sonstigen Steueraufkommen, das insbesondere durch die Multiplikatorwirkung ein beträchtliches Ausmaß erreichen kann.

Die vom Produktionsunternehmen abgeführten Steuern umfassen als wichtigsten Posten die Umsatzsteuer, Lohnsteuer, Körperschaftssteuer (bei Kapitalgesellschaften) und Einkommenssteuer (bei Personengesellschaften). Alle diese Positionen sollten in der Buchhaltung der Produktionsunternehmen (Konto Zahllast Finanzamt/Stadtkasse/o.ä.) ausgewiesen sein.

Aber auch durch die Ausgaben der Lohn- und Gehaltsempfänger sowie durch die Produktionsausgaben für Güter und Dienstleistungen wird Steueraufkommen induziert, das durch die erwähnten Multiplikatoreffekte verstärkt wird. Dieses Steueraufkommen kann nur geschätzt werden, da seine direkte Erhebung praktisch unmöglich ist.

Das Steueraufkommen stellt nur in dem Falle einen regionalen Nutzen dar, wenn das Unternehmen seinen Sitz in der Region hat und wenn die Region direkt oder indirekt am Steueraufkommen beteiligt ist. Da die Abgrenzung des Begriffs „Region" eine variable ist (Staat, Verwaltungsprovinz, Gemeinde, Gemeindeverbund, ...) und sich (für Europa) keine generellen Aussagen über die Verteilung der Steuerhoheit machen lassen, können hier auch nur schwer generelle Aussagen über das Steueraufkommen gemacht werden. Mitunter sind regionale Gebietskörperschaften nur durch einen vertikalen Finanzausgleich

---

[476] *Bösenkamp* will in diesem Zusammenhang festgestellt haben, daß durchschnittlich etwa 50% der ausgezahlten staatlichen Finanzhilfen in Form erhöhter Steuereinnahmen wieder an den Fiskus zurückfließen. Vgl. Bösenkamp, E. (1966): S 108 ff; Ewringmann, D., Hansmeyer, K.-H. (1975): S 49.

mit der höherstehenden Gebietskörperschaft am Steueraufkommen beteiligt oder aber sie müssen aufgrund eines horizontalen Finanzausgleichs auf einen Teil etwaiger Mehreinnahmen verzichten. In den meisten Fällen liegt ein Mischsystem bei der Aufteilung der Steuereinnahmen vor, das äußerst komplex aufgebaut ist.

Deshalb muß zur Berechnung des genauen regionalen Steueraufkommens nachvollzogen werden, welche Steuer- und Abgabenarten in welchem Ausmaß der betrachteten Region zugute kommen. Und da die Steuergesetzgebung einer sich ändernden Gesetzgebung auf verschiedenen Verwaltungsstufen unterliegt, muß dies für jede Untersuchung erneut vorgenommen werden.

Konkrete Aussagen zur Bewertung der Höhe des Regionalnutzens aufgrund induzierter fiskalischer Effekte können daher keine gemacht werden. Aufgrund einer zunehmend harmonisierten Steuergesetzgebung kann aber zumindest für die Staaten der EU und Staaten mit vergleichbarem Steuersystem eine Systematik zur näherungsweisen Berechnung des Steueraufkommens dargestellt werden.

BERECHNUNG DES STEUERAUFKOMMENS

Ein Versuch zur spezifischen Ermittlung der Rückflüsse für die einzelnen Steuerarten ist bei der gegebenen Datenlage nur mit vielen Annahmen möglich. Die Zahlungen der Produktionsunternehmen an die verschiedenen zuständigen Finanzämter (Stadtkassen, ...) können zwar in den meisten Fällen genau erhoben werden; zumindest aber das übrige Steueraufkommen muß durch pauschale Schätzung der Steuerrückflüsse auf Grundlage von durchschnittlichen Steueranteilen am Umsatz bzw. an der Bruttowertschöpfung vorgenommen werden. In manchen Fällen muß auch das gesamte Steueraufkommen geschätzt werden.

Folgende Grundstruktur zur approximativen Berechnung des Steueraufkommens bietet sich an:[477]

- **Indirekte Steuern**: sind abhängig von dem vom privaten Bereich produzierten Bruttoinlandsprodukt. Die wichtigste indirekte Steuer ist die Umsatzsteuer (in der Regel eine Allphasen-Netto-Umsatzsteuer), die in ver-

[477] Vgl. auch Ortmann, F. (1973): S 114; Henrichsmeyer, W., Britz, W., Rau, T. (1989): S 25.

schiedenen Höhen (reduzierter, regulärer und erhöhter Steuersatz) auf praktisch alle Güter und Dienstleistungen erhoben wird. Umsatzsteuer auf die Leistungen der Produktionsfirma fällt nur dann an, wenn diese ihren Sitz innerhalb der Europäischen Union hat. Wird eine geförderte Produktion von nicht-EU-Produktionsfirmen durchgeführt, kann sogar ein Umsatzsteuerguthaben für diese entstehen.

Die Festlegung einer durchschnittlichen Besteuerung des Umsatzes ergibt sich insbesondere aus der sektoralen Vorleistungsverflechtung. Am exaktesten ist hierbei der Bezug auf eine Input-Output Tabelle, wenn auch die Umsatzsteuerquote aufgrund der Ausgabenstruktur geschätzt werden kann.

Das Umsatzsteueraufkommen der Lohn- und Gehaltsempfänger ist anhand der Struktur des gesamtwirtschaftlichen Konsums zu bewerten.

- **Direkte Steuern der privaten Haushalte**: sind abhängig von deren Lohn- und Gewinneinkommen vor Steuerabzug. Die beiden wichtigsten Steuern sind die Lohnsteuer und die Einkommenssteuer. Lediglich die Lohnsteuer der Beschäftigten von Produktionsunternehmen kann direkt eruiert werden.

  Bei der Berechnung der (übrigen) Steuerquote sollte unbedingt auf eine nach Einkommensklassen gestaffelte Bevölkerungsstruktur eingegangen werden, notfalls per gewichtetem Mittel. Eine Festlegung von Steuerquoten aufgrund von Annahmen über das durchschnittliche Monatseinkommen bei Beschäftigten und die Heranziehung von marginalen Steuersätzen weist *Solf* als eine unzureichende Vorgangsweise zurück.[478]

  Vor allem bei den Beschäftigten der Filmindustrie ist aufgrund der relativ gut bezahlten, aber nur temporären Beschäftigung („freie Mitarbeiter") mit Vorsicht vorzugehen. In der Regel wird die Lohnsteuer tage- oder wochenweise berechnet, wodurch der von der Produktionsfirma an die (freien) Mitarbeiter auszuzahlende Betrag einer hohen Lohnsteuerprogression unterliegt. Mit dem Jahressteuerausgleich wird aber in vielen Fällen ein großer Teil der Steuer wieder an die Beschäftigten rücküberwiesen – die Jahresdurchschnittsgehälter sind in dieser Branche nicht besonders hoch. Auf der anderen Seite gibt es in dieser Branche aber auch Spitzenverdiener, deren Einkünfte dem Höchststeuersatz unterliegen.

---

[478] Vgl. Solf, G. (1992): S 252.

- **Direkte Unternehmenssteuern**: sind v.a. abhängig vom Unternehmensgewinn. Sie sind der Buchhaltung des jeweiligen Produktionsunternehmens zu entnehmen.

BERECHNUNG DER FISKALISCHEN EFFEKTE IN DEN STUDIEN

Nur in den Studien für Wien und für Irland wurde das Steueraufkommen berechnet. Obwohl diese beiden Studien sich in vielen Punkten voneinander unterscheiden, zeigen sie dennoch eine ähnliche Steuerrückflußquote, gemessen an den Regionalausgaben bzw. am Bruttoinlandsprodukt/Bruttosozialprodukt, auf:

WIEN

Die Berechnung der fiskalischen Effekte erfolgte in der Wiener Untersuchung mittels Input-Output Modell. Es wurden die Steuereinnahmen der drei Gebietskörperschaftsebenen Bund, Länder und Gemeinden separat berechnet und daraus das Steueraufkommen für die Gemeinde Wien abgeleitet (vgl. *Abbildung 50*).[479]

In Österreich erhalten die Gemeinden einen Gutteil ihrer Budgets durch den Finanzausgleich mit dem Bund, so auch Wien. Obwohl in Summe ein Steueraufkommen induziert wurde, das doppelt soviel wie die gewährte Filmförderung betrug, fielen die Einnahmen der Gemeinde Wien vergleichsweise gering aus; die Steuereinnahmen decken rund ein Viertel der gewährten Förderungen.

Jedoch generierten alle Produktionen höhere Steuerrückflüsse an die österreichischen Gebietskörperschaften, als sie an Förderung vom Wiener Filmfinanzierungsfonds erhielten (bis zu 350%, durchschnittlich 203%). Lediglich für eine US Produktion, die nur 8% direkte Steuerrentabilität aufweist, trifft dies nicht zu.

---

[479] Vgl. Otruba, H. (1994): S 16 f.

Steueraufkommen (in Mio. ATS)	Insgesamt	Wien-Euro	Wien-US
Summe Steueraufkommen	162,93	109,45	53,48
– Bund	107,07	72,20	34,87
– Länder	30,33	20,58	9,75
– Gemeinden	25,53	16,67	8,86
davon Wien	*18,93*	*10,93*	*8,54*
WFF Förderung	80,10	57,10	23,00
regionale Produktionsausgaben	517,02	295,18	221,84
Bruttoinlandsprodukt (nominell)	664,11	376,64	287,47
„direkte Rentabilität"	24%	18%	37%
Steuer Wien ÷ reg. Produktionsausgaben	3,7%	3,7%	3,8%
Steuer Wien ÷ Bruttoinlandsprodukt	2,9%	2,9%	3,0%
Steuer insgesamt ÷ reg. Produktionsausgaben	32%	37%	24%
Steuer insgesamt ÷ Bruttoinlandsprodukt	25%	29%	19%

Abbildung 50: Fiskalische Effekte der Wiener Förderung[480]

Stellt man die Steuerrückflüsse an die Gemeinde Wien den nominellen Subventionsbeträgen entgegen, so beträgt die Deckungsquote je nach Produktion zwischen 8% und 45%, wobei beide dieser Extreme von US-Produktionen erreicht wurden. Diejenige, die nur 8% direkte Steuerrentabilität aufweist, wurde vornehmlich wegen ihres „Wien-Bezugs" (Tourismuswerbeeffekt) gefördert. Bei den europäischen Produktionen liegt diese Quote durchschnittlich bei 18,2% (in einer Bandbreite zwischen 11% und 33%).

Wären die beiden US Produktionen von einem inländischen Produzenten durchgeführt worden, hätte der Bund mit zusätzlichen Einnahmen an Umsatzsteuer in der Höhe von rund 33 Mio. ATS rechnen können.[481]

Die geschätzten Steuereinnahmen betrugen 32% der regionalen Produktionsausgaben bzw. 25% des generierten Bruttoinlandsprodukts.

[480] Quelle: Otruba, H. (1994): S 16 f, eigene Berechnungen.

[481] Vgl. Otruba, H. (1994): S 16 f.

IRLAND

Nur schwer vergleichbar mit der Situation der „Region Wien" ist die Lage der irischen Förderung, wo sämtliche Steuereinnahmen (auf allen Körperschaftsebenen) „regionalen Nutzen" darstellen.

Die Berechnung des Steueraufkommens erfolgte in zwei Teilen, wie in *Abbildung 51* dargestellt. Zunächst wurden die direkt von den Produktionsunternehmen abgeführten Steuern erfaßt und die durch die Ausgaben für Güter und Dienstleistungen induzierte Einkommenssteuer geschätzt. Anschließend wurde das restliche induzierte Aufkommen an direkten und indirekten Steuern geschätzt.

Steueraufkommen (in IEP)	**1993**	**1994**
Direkte Steuern	4,300.000	9,100.000
– VAT (Umsatzsteuer)	-10.000	1,900.000
– PAYE (Lohnsteuer)	1,475.000	2,500.000
– PRSI (Sozialversicherung)	1,075.000	1,700.000
– Corporation Taxes (Körperschaftssteuer)	77.000	10.000
– Schedule D (geschätzte Einkommenssteuer)[482]	1,671.000	2,900.000
Direkte & indirekte Steuern der Ausgaben	3,400.000	11,900.000
Summe Steueraufkommen Irland	*7,700.000*	*21,000.000*
Steuerentgang nach *Section 35*	6,100.000	19,900.000
regionale Produktionsausgaben	30,500.000	57,000.000
Bruttosozialprodukt	26,900.000	48,700.000
„direkte Rentabilität"	126%	106% (80%)
Steuer ÷ reg. Produktionsausgaben	25%	37% (28%)
Steuer ÷ Bruttosozialprodukt	29%	43% (33%)

Abbildung 51: Fiskalische Effekte der irischen Förderung[483]

[482] Die Einkommenssteuer wurde anhand eines durchschnittlichen Einkommenssteuersatzes geschätzt.

[483] Die Zahlen in Klammern sind Werte für 1994, die zum Zwecke der besseren Vergleichbarkeit unter Heranziehung der methodischen Grundsätze von 1993 errechnet wurden. Eigene Berechnungen auf Basis: Irish Business and Employers Confederation IBEC [Hrsg.] (1995a); Irish Business and Employers Confederation IBEC [Hrsg.] (1995b); eigene Berechnungen.

Als „direkte Steuern" wurden die angefallene Umsatzsteuer, Lohn- und Einkommenssteuer, Körperschaftssteuer und die Beiträge zur Sozialversicherung subsumiert.

Zur Errechnung der Steuern, die dem irischen Staat 1993 durch die Ausgaben für Güter und Dienstleistungen erwuchsen (3,4 Mio. IEP), wurde pauschal ein Steuermultiplikator von 20% auf die Ausgaben für Güter und Dienstleistungen (17 Mio. IEP) veranschlagt.

Für die Studie für 1994 wurde eine andere Methodik zur Errechnung des Steueraufkommens herangezogen, außerdem wurde der Steuermultiplikator mit 25% angenommen: Es wurde eine größere Basis veranschlagt, auf die dieser Multiplikator angewandt wurde. Sie umfaßt neben den Ausgaben für Güter und Dienstleistungen (33,7 Mio. IEP) auch das um eine 15%ige Sparquote reduzierte Nettoeinkommen der Lohn- und Gehaltsempfänger (16,2 Mio. IEP).[484]

Trotz des höher veranschlagten Multiplikators und der veränderten Methodik sind die errechneten Steuereinnahmen – relativ gesehen – für 1994 niedriger als im Vorjahr.[485] Bezieht man das induzierte Steueraufkommen auf den Steuerentgang nach *Section 35*, beträgt die „direkte Rentabilität" für 1993 126% und für 1994 106%. Zieht man für 1994 dieselbe Methodik zur Berechnung des Steueraufkommens wie 1993 heran, ergibt sich ein fiskalischer Effekt von 15,84 Mio. IEP und dadurch eine „direkte Rentabilität" von lediglich 80%, also weniger Steuereinnahmen als „Förderungsaufwand" (in Form entgangener Einkommenssteuer und Körperschaftssteuer).

Das induzierte Steueraufkommen belief sich 1993 auf 25,2% der regionalen Produktionsausgaben und 1994 auf 36,8%. Auf das induzierte Bruttosozialprodukt bezogen machten die Steuereinnahmen 25% (1993) bzw. 37% (1994) aus. Zieht man allerdings auch hier 1994 dieselbe Methodik zur Berechnung des Steueraufkommens wie 1993 heran, verringert sich der Prozentsatz der Steuereinnahmen an den Produktionsausgaben auf 28% und der Anteil der Steuereinnahmen am Bruttosozialprodukt auf 33%. Die leichte Differenz zum Vorjahr ist hauptsächlich auf den unterschiedlichen Anteil der Personalkosten an den Regionalausgaben zurückzuführen.

---

[484] Nettoeinkommen = Löhne und Gehälter – PAYE – PRSI – Schedule D = 23,3 – 2,5 – 1,7 – 2,9.

[485] Vgl. Begründung in Kapitel IRLAND, S 208.

Versucht man diese beiden Kennzahlen mit der Untersuchung für Wien zu vergleichen (= gesamtösterreichisches Steueraufkommen ÷ regionale Produktionsausgaben[486]), stellt man fest, daß dort der Quotient mit 31,5% nur leicht höher liegt als in Irland. Der Anteil der Steuereinnahmen am Bruttoinlandsprodukt macht allerdings nur 25% aus, was mit dem wesentlich höher veranschlagten Multiplikatoreffekt zusammenhängt. Die Höhe dessen wiederum ist vom Ursprung der Gelder, die in der Region ausgegeben werden, abhängig. Auch wurden in der Untersuchung für Wien die Beiträge zu den Sozialversicherungen nicht berücksichtigt.

WACHSTUMSNUTZEN – KAPAZITÄTSEFFEKTE

Einkommenseffekte können von allen Komponenten der Nachfrage ausgehen, z.B. von zusätzlichen privaten Investitionen, vom interregionalen Handel, von Konsumveränderungen oder von Änderungen der staatlichen Nachfrage. Zur Beeinflussung der Nachfrage in einer Region gibt es also mehrere Ansatzpunkte.

Der Kapazitätseffekt hingegen, ein Wachstumsnutzen, kann nur durch vermehrten und/oder effizienteren Einsatz von Produktionsfaktoren und nicht durch andere regionale Maßnahmen bewirkt werden. Er ist vollständig an den Standort des Faktoreinsatzes gebunden und wird daher in seiner regionalen Wirkung nicht durch Abflüsse beeinträchtigt. Der Kapazitätseffekt ist nichts anderes als eine Veränderung (Vergrößerung) des Angebotsspielraums, v.a. durch eine Ausweitung der bestehenden Kapazitäten sowie durch Neuansiedlungen von Betrieben. Entsprechend wirkt er auch wesentlich langfristiger als der Einkommenseffekt.[487]

In weiterer Folge betrifft dieser Effekt auch eine Reihe vor- und nachgelagerter Wirtschaftsbereiche, die mitexpandieren (z.B. physische Produktion, Distribution, Handel). Letztendlich zeigt sich ein Wachstumseffekt in einem

[486] Genaugenommen müßten die „regionalen Produktionsausgaben" um die Summe der sonstigen, in Österreich getätigten Produktionsausgaben erweitert werden, die leider unbekannt sind.

[487] Vgl. Thoss, R., Strumann, M., Bölting, H. (1975): S 62 ff ; Henrichsmeyer, W., Britz, W., Rau, T. (1989): S 21.

steigenden Beitrag des Medien- und Kommunikationssektors zum Bruttoinlandsprodukt bzw. an einer steigenden Erwerbstätigenzahl.

Eigentlich entstammt der Begriff „Kapazitätseffekt" der klassischen Kosten-Nutzen Analyse, die sich mit staatlichen Infrastrukturinvestitionen oder Investitionsprogrammen beschäftigt. In der Theorie geht man davon aus, daß es deshalb zu Kapazitätseffekten kommt, „weil nunmehr mehr Kapital und Arbeit zur Erzeugung von Gütern und Dienstleistungen eingesetzt werden und weil zugleich der durch die Investition bewirkte technische Fortschritt zu einer Steigerung der Produktivität der Faktoren führt."[488]

Vergleich: Irland – Nordrhein-Westfalen

Wie sich so ein Kapazitätseffekt entwickeln kann, soll anhand eines Vergleichs illustriert werden: Irland und Nordrhein-Westfalen wollen sich seit einigen Jahren als Medienregionen etablieren. In beiden Regionen wurde durch massive Förderungstätigkeit eine starke Zunahme der Produktionstätigkeit ausgelöst, die in unterschiedlichem Ausmaß zu Kapazitätseffekten führte.

In *Irland* ist zu beobachten, daß internationale Produktionsfirmen ihr eigenes Equipment und Personal mitbringen und vor Ort nur wenig qualifizierte Fachleistungen beanspruchen. Trotz hoher Produktionstätigkeit hält sich die Ausweitung der Kapazitäten in Grenzen. Allerdings muß angemerkt werden, daß es erst vor drei Jahren zu dieser Produktionsausweitung kam und das regionale Entwicklungspotential noch bei weitem nicht erschöpft ist.

In *Nordrhein-Westfalen* hingegen werden immer umfassendere Leistungen beansprucht, was v.a. innerhalb der letzten sechs Jahre zu einem gigantischen Kapazitätseffekt durch zahlreiche Ansiedlungen, Verlagerungen und Erweiterungen von Unternehmen führte: Zwischen 1980-1993 konnte eine Steigerung der Beschäftigtenzahl im Medienbereich von 21,2% erreicht werden (Landesdurchschnitt: 6,3%). Ein besonders starkes Wachstum wurde bei den audiovisuellen Medien verzeichnet.[489]

Das Gelingen dieser relativ kurzfristigen Ansiedlung einer ganzen Branche ist auf mehrere Faktoren zurückzuführen: umfassende Förderungstätigkeit,

---

488 Thoss, R., Strumann, M., Bölting, H. (1975): S 61.

489 Vgl. Chef der Staatskanzlei des Landes Nordrhein-Westfalen, Der [Hrsg.] (1994): S 6. Das Umsatzwachstum im Mediensektor lag 1980-1990 bei +97% (zum Vergleich: Medienwirtschaft des Bundesgebiets +86%). Vgl. Ministerium für Wirtschaft, Mittelstand und Technologie des Landes Nordrhein-Westfalen [Hrsg.] (1995) bzw. Informeller Vorbericht dazu S 6.

Förderungskontinuität und die Einbindung der Förderung in ein wirtschaftspolitisches Gesamtkonzept.

Die umfassende Förderphilosophie dieser Region geht dahin, nicht nur die Produktion selbst, sondern auch die vor- und nachgelagerten Bereiche zu subventionieren, also nicht nur die Produktionsvorbereitung, das Marketing und den Vertrieb, sondern auch Einrichtungen, die diese Tätigkeiten ausführen. Ebenso werden Investitionssubventionen an technische Großeinrichtungen wie Labors, Schnittstudios, Untertitelungsfirmen etc. gewährt. Weiters ist die Förderungspolitik nicht nur auf das Filmwesen konzentriert, sondern auch auf das finanziell wesentlich wichtigere Fernsehgeschäft.[490]

Eine umfassende regionalpolitische Strategie, wie sie für Nordrhein-Westfalen ausgearbeitet wurde, enthält auch ein Ausbildungskonzept. Ein ganzes Netz an Institutionen wurde eingerichtet, die künstlerisch-technische Ausbildungen in den verschiedenen Medienformen anbieten.[491]

Förderungskontinuität ist dadurch gegeben, daß diese Ansiedlungspolitik ein wichtiges Regierungsziel darstellt. Im Gegensatz zu anderen Regionen muß eine plötzliche Reduktion der Förderungstätigkeit daher eher nicht befürchtet werden.

STANDORTFAKTOREN

Die Auswahl der Produktionsorte („Locations") ist in der Regel viel weiter gestreut als die Standorte der Firmensitze (und der Beschäftigten). Wie aus dem Vergleich zwischen Irland und Nordrhein-Westfalen hervorgeht, muß daher bei der Nutzenbeurteilung unterschieden werden, ob in einer Region hauptsächlich (Außen-) Drehorte beansprucht werden oder ob sich zunehmend Firmen in einer Region ansiedeln, die für einen (langfristigen) Kapazitätseffekt sorgen.

Ein Unternehmen wählt in der Regel seinen Standort dort, wo es optimale, mindestens aber den Erfordernissen entsprechende Produktions- und Absatzbedingungen vorfindet. Es ist also für kommunale Standortanbieter wichtig, die Entscheidungsparameter und den Entscheidungsprozeß der Unternehmen

---

[490] Vgl. O.A. (1994b): o.S.; O.A. (1994d): S 13 ff.

[491] Vgl. Investitionsbank NRW [Hrsg.] (1994): o.S.

hinsichtlich ihres Standorts zu kennen und richtig einzuschätzen. Dazu müssen die Standortfaktoren analysiert werden, und zwar differenziert nach Neuansiedlung, Verlagerung und Betriebserweiterungen. Bei der Bearbeitung der Faktoren ist darauf zu achten, welche davon überhaupt geändert werden können, welche beeinflußt werden können und welche konstant bleiben.[492]

Hier gilt das Interesse zunächst den Voraussetzungen, die eine Region erbringen muß, um für die Medienbranche als Standort attraktiv zu sein. Interessant ist, daß alle Untersuchungen, die Unternehmungen nach ihrer Standortwahl befragen – unabhängig von der Branche – zu folgenden übereinstimmenden Ergebnissen kommen:[493]

- Die Standortanforderungen von Unternehmungen zeigen bei den vorderen Rangpositionen ein hohes Maß an Übereinstimmung. Die Verfügbarkeit von (qualifizierten) Arbeitskräften, ein ausreichendes und preiswertes Flächenangebot und eine gute Verkehrserschließung werden durchwegs als besonders wichtige Standortanforderung genannt.

- Es gibt Unterschiede in den Standortanforderungen verschiedener Ansiedlungstypen (Neugründung, Betriebsverlagerung, Zweigniederlassung).

- Regionalpolitische Fördermaßnahmen finanzieller Art werden im allgemeinen nicht als ausschlaggebend für die Ansiedlung genannt, so daß sich der Schluß aufdrängt, daß sie nur Einfluß auf die *relative* Vorteilhaftigkeit von solchen Standorten haben, die ohnehin in Erwägung gezogen werden.

Standortfaktoren der Medienbranche

Aus einem Forschungsbericht für Hamburg ist bekannt, daß 80% aller Ansiedlungen von Medienunternehmen in der Region Hamburg zwischen 1971 und 1987 Unternehmensneugründungen waren; 16% waren Unternehmensverlagerungen und 4% waren Gründungen von Zweigniederlassungen. Nur 40% der in diese Region gesiedelten Unternehmen hatten ihren Sitz zuvor nicht in Norddeutschland. Als wichtigster Grund für die Ansiedlung in Hamburg wurde der Wohnort des Firmengründers bzw. andere persönliche Präferenzen angegeben, gefolgt von Argumenten für beschaffungsseitige und absatzseitige Vorteile wie für das Image der Stadt. Anderen Argumenten wurde kaum Gewicht beigemessen.[494] Bei den Verlagerungsgründen wiederum nann-

[492] Vgl. Virgens, M. (1992): S 74 f.

[493] Vgl. Fox, K.-P. (1986): S 44.

[494] Vgl. Richert, R., Thiel, E., Weilepp, M. (1987): S 108 f.

ten rund 30% der Unternehmen Kostengründe und 25% Kunden- und Lieferantennähe am neuen Standort als wichtigste Entscheidungsgrundlage.[495]

Eine Untersuchung für die Region Köln kommt zu folgenden Aussagen über die traditionell wichtigen Standortfaktoren in Bezug auf die Medienbranche:[496]

- **Persönliche Präferenzen:** In erster Linie sind der Wohn- und Freizeitwert eines Standortes für seine Wahl ausschlaggebend.
- **Arbeitsmarktangebot:** 42% der Firmen im Medien- und Kommunikationsmarkt, insbesondere im audiovisuellen Bereich, haben wegen des großen Branchenwachstums Probleme bei der Rekrutierung von qualifizierten Mitarbeitern. Ein besonderer Engpaß besteht bei technischem Personal mit berufspraktischen Kenntnissen im nicht akademischen Aufgabenbereich. (Die Arbeitsmarktsituation dürfte sich aufgrund getroffener Maßnahmen etwas entspannt haben; die Untersuchung wurde 1992 durchgeführt.)
- **Gewerbe und Büroflächen:** Die Medienbranche ist nicht besonders platzintensiv; dieser Faktor spielt keine allzu große Rolle.
- **Markt- und Branchennähe**: Positiv ist eine umfassende regionalwirtschaftliche Verflechtung. Die Nähe zu Absatzmärkten ist nicht so wesentlich, da sie technisch leicht überbrückt werden kann. Selbst große Regionen wie Nordrhein-Westfalen mit 18 Mio. Einwohnern stellen im AV-Geschäft keinen besonders großen Markt dar. Sehr wichtig hingegen ist der sog. „Fühlungsvorteil" – also die Branchennähe (vgl. dazu unten).
- **Verkehrsanbindung**: Nationale und internationale Fluganbindungen sowie ein gutes Eisenbahn- und Autobahnnetz sind eine wesentliche Voraussetzung.
- **Telekommunikationsinfrastruktur**: Dieser Standortfaktor wird noch an Wichtigkeit gewinnen: für die zukünftige Entwicklung von Kommunikationsdienstleistungen sind Breitbandnetze (Glasfasernetze) vonnöten.
- **Behördenkooperation**: Vor allem für den eigentlichen Produktionsvorgang ist die Kooperation der Behörden wichtig (Polizeiabsperrungen, Ar-

---

[495] Vgl. HWWA-Unternehmensbefragung 1985 zitiert in: Richert, R., Thiel, E., Weilepp, M. (1987): S 111.

[496] Vgl. Amt für Stadtentwicklungsplanung, Köln [Hrsg.] (1994): S 13 ff; Richert, R., Thiel, E., Weilepp, M. (1987): S 150 ff.

beitsgenehmigungen für Kinder etc.). Film Commissions sollen hier Hilfe leisten (vgl. Kapitel FILM COMMISSIONS, S 303).

- **Image „Medien- und Kommunikationsstadt"**: 64% der Kölner Unternehmen in der AV-, Audio- und Werbebranche schätzen dieses Image als bedeutenden Faktor ein. Wichtig ist die Erkenntnis der Studie, daß ein Image auch gepflegt werden muß.
- **Steuern und öffentliche Förderungen**: Der alleinige Einfluß dieses Faktors scheint nicht allzu groß zu sein (zumindest nicht für die Ansiedlung von Unternehmen). Nur im Verbund mit anderen Standortfaktoren gewinnt dieser Faktor an Bedeutung, zumal er auch der ausschlaggebende Unterschied zwischen vergleichbaren Regionen sein kann.

Eine Besonderheit der Medienbranche ist, daß Standortentscheidung vom Vorhandensein eines bestimmten Milieus abhängig gemacht werden. Dieses Phänomen ist in der Regionalwirtschaftstheorie auch als „Fühlungsvorteil" bekannt: es bedarf eines permanenten Austauschs an aktueller und kaum kodifizierter Information. Dies gilt nicht nur innerhalb der Branche, sondern auch für andere Bereiche der Kultur- und Medienwirtschaft sowie für angrenzende Bereiche der Gesamtwirtschaft. Diese Tatsache führt – wie anhand der „Medienregionen" nachvollziehbar ist – zu einer kleinregionalen Agglomeration der Branche, die das Arbeiten in Unternehmensnetzwerken ermöglicht. Die Unternehmen suchen eine gewisse räumliche Nähe zueinander. Der Fühlungsvorteil trägt andererseits in starkem Ausmaß zum Image des Mediensektors am Standort bei, was wiederum die Standortwahl stark beeinflußt.[497]

Dies führt dazu, daß sich Unternehmen und Arbeitskräfte auf einige wenige Regionen konzentrieren: „Workers offset the instability of short-term contractual work by remaining close to the largest pool of employment opportunities in the industry. Employers agglomerate to maintain access to a large, highly specialised, and skilled labour force; this allows them to avoid having to retain unneeded labour in downturns."[498] Deshalb scheint es auch besonders schwierig, die Medienindustrie in einer neuen Region anzusiedeln. Dazu sind Mittel in erheblichem Ausmaß vonnöten, um eine gewisse notwendige „Siedlungsdichte" zu erreichen. Hinzu kommt eine starke personelle Verflechtung der Medienindustrie mit anderen Bereichen wie Musikindustrie und

---

[497] Vgl. Maier, G., Tödtling, F. (1992): S 85 ff; Ministerium für Wirtschaft, Mittelstand und Technologie des Landes Nordrhein-Westfalen [Hrsg.] (1995): S 228.

[498] Storper, M. C., Christopherson, S. (1987): S 113.

Theater. Ein umfassendes Förderungskonzept zur Ansiedlung der Medienindustrie muß deshalb auch für solche Branchen attraktiv sein.

Standortanforderungen der AV-Branche

Innerhalb des Mediensektors liegen die Präferenzen der einzelnen Branchen unterschiedlich. Für Unternehmen des Audiovisionsbereichs in Hamburg (inkl. Werbebranche) gilt die in *Abbildung 52* dargestellte Rangfolge der Standortfaktoren.

Standortfaktor	wichtig für % der AV-Unternehmen
Gute Verkehrsanbindung	96,5%
Angebot an Fachkräften	92,1%
Angebot an freien Mitarbeitern	90,7%
Gutes Image der eigenen Branche am Standort	89,4%
Hoher Imagewert des Standorts	83,1%
Lohn- und Gehaltsniveau	82,3%
Kooperationsbereitschaft der Behörden	77,0%
Nähe zu Unternehmen anderer Medienbranchen	71,5%
Grund- und Gewerbesteuerhebesätze	71,4%
Nähe zu Vorleistungslieferanten	58,7%

Abbildung 52: Standortfaktoren im AV-Sektor[499]

Im Bereich der audiovisuellen Medien steht neben der Verkehrsanbindung die Versorgung mit kreativen und technischen sowie mit freien Mitarbeitern in der Bedeutungsskala oben, gefolgt von Imagefaktoren. In Hamburg, mit seinem über Jahrzehnte gewachsenen Mediensektor, spielt die Ausbildungsfrage keine so wichtige Rolle wie in Köln.[500]

Auch aus dieser Untersuchung geht hervor, daß der Gewährung von Subventionen keine Schlüsselfunktion zukommt – die Lage mag sich allerdings seit der Durchführung der Untersuchung geändert haben (Förderungswettbewerb). *Ziethen* zieht in seiner Untersuchung über Hamburg daher folgende Schlüsse, die Förderungstätigkeit betreffend:[501]

---

[499] Quelle: HWWA-Unternehmensbefragung 1985 zitiert in Richert, R., Thiel, E., Weilepp, M. (1987): S 162.

[500] Bei der Beurteilung des Medienstandorts Hamburg fällt weiters auf, daß diese Stadt – im Gegensatz zu anderen – eine hohe Verfügbarkeit von Arbeitskräften und „Fühlungsvorteile“ aufweist. Vgl. Richert, R., Thiel, E., Weilepp, M. (1987): S 191.

[501] Vgl. Ziethen, M. (1987): S 24 ff.

- **Finanzielle Hilfen als Anlaß für Standortentscheidungen**: Die Bedeutung öffentlicher finanzieller Hilfen in ihrer Wirkung auf Standortverlagerungen sollte nicht überschätzt werden. Prinzipiell gehören ja im Handels- und Dienstleistungsbereich finanzielle Hilfen generell nicht zu den Mindestanforderungen an einen Standort. Einen Sonderfall stellen aber sicher die Filmförderungen dar, für die gilt, daß ohne sie kein Projekt verwirklicht werden kann.
- **Finanzielle Hilfen als Entscheidungsfaktor bei gleichwertigen Standortqualitäten**: Bieten sich mehrere potentielle Standorte für ein Unternehmen an, die alle ein gefordertes Mindestniveau an Voraussetzungen gleichwertig erfüllen, geben finanzielle Hilfen im allgemeinen den Ausschlag für die Wahl. *Ziethens* Ansicht nach beschränkt sich der Wettbewerb um die Ansiedlung von Medienunternehmen im wesentlichen auf solche Orte, die die notwendigen medienspezifischen Strukturen aufweisen. In Deutschland dürften dies v.a. Berlin, Hamburg, München, Köln, aber z.T. auch Frankfurt, Stuttgart u.a. sein.
- **Relevanz von Dauerförderungen**: „Eine besonders starke Anziehungswirkung geht von finanziellen Hilfen aus, die permanent genutzt werden können, die also die Kosten der Unternehmen kontinuierlich mindern."[502] Für viele Unternehmen besitzen solche Hilfen eine weit größere Bedeutung bei der Endauswahl eines Standortes als einmalige Investitionszulagen und Zuschüsse. Dies könnte als Indiz für die Wirksamkeit von Medienproduktionsförderungen gewertet werden, da diese in den meisten Fällen gewissermaßen eine Dauerförderung sind.
- **Bedeutung von Investitionshilfen**: Weil die meisten Produktionsunternehmen einen verhältnismäßig geringen Investitionsbedarf aufweisen (vgl. Kapitel STRUKTUREN DER PRODUKTIONSWIRTSCHAFT, S 47), hat diese Subventionsform primär auf investitionsintensive Bereiche der Post-Production (Kopierwerke, Schnittstudios, ...) Einfluß.
- **Potential verlagerungsbereiter Unternehmen**: Welche Bedeutung der finanziellen Förderung letztlich als Ansiedlungsinstrument zukommt, hängt von der Flexibilität der Unternehmen ab. „Charakteristisch für die Medien-

[502] Ziethen, M. (1987): S 27.

und Kommunikationswirtschaft ist dabei der verhältnismäßig hohe Anteil an interregionalen Verlagerungen."[503]

Besonderheiten: Standortfaktoren für Filmproduktionsunternehmen

Für Filmhersteller (Produzenten wie filmtechnische Betriebe) ist das Vorhandensein einer leistungsfähigen Filmwirtschaft am Standort von zentraler Bedeutung. Da Filme nicht mehr in einem Atelier, das alle Leistungen anbietet, hergestellt werden können, ist eine Vielzahl technisch spezialisierter Betriebe notwendig. Die höchsten Kosten im Laufe einer Filmproduktion fallen zumeist während der Drehtage an, da dort der Aufwand an Personal und Filmtechnik am höchsten ist. Bietet ein Standort eine große Motivvielfalt, so können zum einen sehr unterschiedliche Produktionen in der Region gedreht und somit Reise- und Übernachtungskosten niedrig gehalten werden, zum anderen kann innerhalb derselben Produktion mit relativ geringem Zeitaufwand das Motiv gewechselt werden. Durch das Vorhandensein künstlerischen Personals (insbesondere Schauspieler) entfallen nicht nur Reise- und Unterbringungskosten, etliche Schauspieler sind auch nur tagsüber verfügbar, da sie durch vertragliche Bindungen am Abend im Theater auftreten.[504]

Etwas differenzierter äußerte sich das *Deutsche Institut für Wirtschaftsforschung* über die Bedeutung der Subventionen als Standortfaktor. In einer Studie für Berlin wird angenommen, daß durch die Vergabe von Fördermitteln relativ wenig Impulse für die Verlagerung von Standorten ausgehen, zumal diese von allen größeren Filmzentren angeboten werden und viele Produzenten dazu neigen, mit einem eingespielten Team an ihrem eigenen Standort zu produzieren. „Da der weitaus größere Teil des Produktionsvolumens durch Aufträge vom Fernsehen entsteht, sichern die Fördermittel, die im allgemeinen für die Erstellung von Kinofilmen vorgesehen wurden, zudem nur eine Zusatznachfrage bei den filmtechnischen Betrieben. Neben der Schaffung und Sicherung von Produktionsvolumen für Kinofilme hat die Ausgestaltung der Filmförderungsrichtlinie auch Einfluß auf die Struktur der Produzenten. Durch die Vergabe von Fördermitteln für die Produktionen mit niedrigen Herstellungskosten wird tendenziell eher der filmkünstlerische Nachwuchs und das Entstehen von Produktionen, die dem Filmkunstbereich und einer speziellen Publikumsschicht zuzurechnen sind, gefördert. Werden dagegen Produktionen mit hohen Herstellungskosten gefördert – dies ist z.B. in München stärker der Fall als

---

[503] Ziethen, M. (1987): S 29.

[504] Geppert, K., et al. (1992): S 238 f.

(früher) in Berlin –, entstehen eher Filme, die von etablierten Produzenten hergestellt werden und als Nachfrager breitere Publikumsschichten ansprechen."[505]

Ziethen hingegen meint, daß angesichts der Förderungskonkurrenz zu den übrigen Medienstandorten Defizite in der Förderung dazu führen können, daß sich standortsuchende Unternehmen zugunsten solcher Orte entscheiden, die bei ausreichend vergleichbaren sonstigen Rahmenbedingungen die günstigsten Förderungskonditionen bieten.[506]

Besonderheiten: Standortfaktoren für Fernsehproduktionsunternehmen

Für die überregionalen Fernsehveranstalter, die zur Zeit als die wirtschaftskräftigsten Mitglieder der Branche gelten, hat sich die Verfügbarkeit von qualifizierten Arbeitskräften als wichtiger Standortfaktor herauskristallisiert. Die Hauptstandorte der privaten Anbieter in Westdeutschland sind auch jeweils gleichzeitig Standort einer größeren öffentlich-rechtlichen Rundfunkanstalt (WDR, NDR, BR, ZDF). Interessant dabei ist, daß sich zumeist an den Hauptstandorten die Verwaltung, Werbeakquisition und Sendeabwicklung befinden, das eigentliche Programm aber nicht zwingend am selben Ort produziert wird. Vielmehr herrschen flexible Strukturen vor, die dabei helfen sollen, die Produktionskosten gering zu halten. Entsprechend hoch ist auch die „Flexibilität" der Unternehmen, wenn es um die Inanspruchnahme regionaler Subventionen geht.

„Insbesondere die für das Programm wichtigen Unterhaltungssendungen werden zur Zeit entweder gekauft oder als Auftragsproduktionen an Film- und Fernsehhersteller vergeben. Das Vorhandensein von technischen Fernsehproduktionskapazitäten hat damit für die Standortwahl keine wesentliche Bedeutung."[507] Die einzigen Produktionen, die in den meisten Fällen „in-house" hergestellt werden, sind die aktuellen Produktionen (Moderationen, Nachrichten etc.). Für sie ist eine gewisse „Ereignisdichte" im Umfeld des Produktionsstandortes bzw. der Zugang zu Verkehrsinfrastruktur sowie zu moderner Telekommunikationstechnologie(-netzen) ausschlaggebend.

Aus historischer Perspektive ist hinzuzufügen, daß beim Start des Privatfernsehens in Deutschland Distributionsengpässe bestanden, die Anbietern

---

505 Geppert, K., et al. (1992): S 239.

506 Ziethen, M. (1987): S 30.

507 Geppert, K. et al. (1992): S 194.

mit Zugang zu Satellitenkanälen, aber v.a. zu terrestrischen Frequenzen, Wettbewerbsvorteile verschafften (da das durch Werbung erzielte Einkommen der Fernsehanbieter hauptsächlich von der Anzahl der erreichten Zuschauer abhängt). Deshalb konnten in Deutschland jene Bundesländer, die über die größten technischen Distributionskapazitäten verfügten, einen entsprechenden politischen Druck ausüben und eine Ansiedlung in ihrer Region durchsetzen.

MASSNAHMEN ZUR VERBESSERUNG VON STANDORTFAKTOREN

Eine kurzfristige Ansiedlung von Medienunternehmen ist schwierig. Welche konkreten Maßnahmen ergriffen werden können, um einen Standort attraktiv zu machen, soll am Maßnahmenkatalog, der für die Region Nordrhein-Westfalen erstellt wurde, aufgezeigt werden. Inwiefern Kunst als weicher Standortfaktor von Bedeutung ist, wird in Kapitel STANDORTFAKTOR KUNST – „ATTRAKTIONSEFFEKT“, S 297, erläutert.

Eine Analyse attestierte Nordrhein-Westfalen als Standortnachteile offensichtliche Informationsmängel und Vorurteile, mangelnde Informations- und Kommunikationsmöglichkeiten der regionalen Akteure und wenig zielgruppenorientierte Fördermöglichkeiten. Um diese Defizite zu kompensieren, wurden u.a. die in *Abbildung 53* aufgezählten Maßnahmen zur Stärkung der Kultur- und Medienwirtschaft vorgeschlagen.

In einem Handlungskonzept legte die Stadt Köln daher u.a. folgende konkrete Maßnahmen fest: Als Ausbildungsinitiative wurde der verstärkte Ausbau eines dualen Ausbildungssystems und eine Beratung für Berufseinsteiger beschlossen. Begleitend wurde eine Informationskampagne unter dem Stichwort „Medienberufe: Ausbildung–Praktika–Kontakte“ durchgeführt. Weiters wurden einige Events eingeführt (Medienbürgerfest/Medienforum) sowie Filmevents und Medientreffs, wo auch verwandte Branchen Gelegenheit finden, sich in zwanglosen, informellen Gesprächsrunden zu jeweils unterschiedlichen Themenschwerpunkten näherzukommen.[508]

[508] Vgl. Amt für Stadtentwicklungsplanung, Köln [Hrsg.] (1994): S 25 ff; Vgl. Chef der Staatskanzlei des Landes Nordrhein-Westfalen, Der [Hrsg.] (1994): S 7 f.

Informieren: Verbesserung der Informationsgrundlagen
• Durchführung von kultur- und medienwirtschaftlichen Informationsseminaren • Erarbeitung regionaler Entwicklungsstudien „Kultur- und Medienwirtschaft" • Erstellung einer Informationsschrift „Kultur- und Medienwirtschaft NRW" sowie einer thematischen Übersichtskarte • Sammlung erfolgreicher kultur- und medienwirtschaftlicher Projekte, Betriebe und Initiativen aus NRW und anderen Bundesländern • Anstoß zu einer Medieninitiative „Kultur- und Medienwirtschaft" • Erstellung einer Datenbank „Kultur- und Medienwirtschaft NRW/Deutschland" • Erstellung eines Gründerhandbuchs und Förderkatalogs „Kultur- und Medienwirtschaft" • Handbuch „Kultur- und medienwirtschaftlicher Arbeitsmarkt" zur Förderung beschäftigungspolitischer Initiativen • Initiierung einer (Fach-) Zeitschrift „Kultur- und Medienwirtschaft" • Fortschreibung des Kulturwirtschaftsberichts NRW
Informationen und Kenntnisse austauschen und zusammenführen: Schaffung von Kommunikationsgelegenheiten
• Durchführung von Veranstaltungen für Multiplikatoren (Transfer- und Multiplikatorseminare) • Einrichtung eines ständigen Arbeitskreises „Kultur- und Medienwirtschaft NRW" • Durchführung einer internationalen Tagung zur Kultur- und Medienwirtschaft in Europa • Veranstaltung einer Messe oder Börse zur Kultur- und Medienwirtschaft
Hemmnisse beseitigen, fördern und handeln
• Überprüfung der zukunftsrelevanten Handlungsfelder des Landes NRW • Prüfung der steuerrechtlichen Hemmnisse und finanztechnischen Potentiale zur Förderung der Kultur- und Medienwirtschaft • Hilfestellung bei der Nutzung von Programmen der Europäischen Union zur Förderung der Kultur- und Medienwirtschaft in NRW • Förderung kulturwirtschaftlicher Buy-out-Initiativen • Aufgreifen des Themas Kultur- und Medienwirtschaft seitens bestehender Transferstellen • Ermutigung zu „Vor Ort – Projekten" im Bereich „Kulturwirtschaft und Stadtentwicklung" • Förderung bilateraler Kultur- und Medienwirtschaftsinitiativen • Förderung von kultur- und medienwirtschaftlichen Netzwerken in einzelnen Regionen des Landes

Abbildung 53: Maßnahmenkatalog Medienwirtschaft NRW[509]

[509] Vgl. Ministerium für Wirtschaft, Mittelstand und Technologie des Landes Nordrhein-Westfalen [Hrsg.] (1995): S XI f.

Marketing der Wirtschaftsförderung

Derartige Maßnahmen werden im weiteren Sinne auch als „Standortmarketing" bezeichnet. Es handelt sich dabei um den Versuch, durch systematische Planung, Durchführung und Kontrolle neue Betriebsstätten anzusiedeln bzw. bestehende Betriebe abzusichern.

Marketingpolitische Instrumente können zur Behebung von Ineffizienzen der Förderung beitragen.[510] Sie werden von den verschiedenen Förderungsregionen unterschiedlich gehandhabt: während Nordrhein-Westfalen mit einem unglaublichen Marketingbudget für ständige (Fach-) Medienpräsenz sorgt, nennt der (wesentlich geringer dotierte) Wiener Filmfinanzierungsfonds die persönliche Präsenz auf Filmfestivals und -messen als vorrangiges Kommunikationsinstrument.[511]

Die Informationen über die verschiedenen Förderungsmöglichkeiten sind sehr unübersichtlich und vielfältig. Letztendlich bringt es für jede Förderungsregion mehr, nur gewisse Projekte zu fördern. Ein Projekt kann nicht für mehrere Regionen gleichzeitig die beste Alternative sein, da jedes Projekt seine Eigenheiten aufweist. Vor allem Klein- und Mittelbetrieben, die den Großteil der Branche ausmachen, fehlt oftmals die Übersicht im „Förderungsdschungel". Auch haben sie die finanziellen Mittel nicht, um sich Berater zu leisten (z.B. spezialisierte Filmanwälte oder Konsulenten).[512] Als Förderungsgeber sollte man deshalb versuchen, ihnen so weit wie möglich entgegenzukommen – sie bilden den Kern einer zukünftigen Medienlandschaft.

Die Transparenz der Fördermodalitäten hat auch Einfluß auf das Entscheidungsverhalten des potentiellen Subventionsnehmers; bei Intransparenz ist für ihn die Vorteilhaftigkeit der Subventionsinanspruchnahme unklar, was einer Nutzeneinbuße (bei unterstellter Risikoscheu) gleichkommt.

Um sicherzustellen, daß möglichst viele Unternehmen von einzelnen Fördermaßnahmen erfahren, können folgende Informationskanäle bzw. Formen des Informationsvertriebs und der Subventionsberatung gewählt werden:[513]

---

510 Vgl. Virgens, M. (1992): S 182 ff.

511 Vgl. persönliches Interview D. Kosslick und W. Ainberger.

512 Neuerdings bieten auch Banken medienspezifische Beratungen an (z.B. Kölner Stadtsparkasse).

513 Vgl. u.a. Reige, J. (1989): S 159 f.

- Subventionsgeber wird selbst tätig, druckt und verteilt Informationsbroschüren, schaltet Inserate, schafft Beratungsstellen
- vom Subventionsgeber unabhängige Personen bieten Beratung über Subventionen und deren Inanspruchnahme an (z.B. Rechtsanwälte, Banken, Konsulenten)
- Mischformen: Verbände, Kammern u.ä. führen Subventionsberatungen durch

In jedem Falle aber sollte eine Bewerbung der Medienproduktionsförderung erfolgen. Nur so ist gewährleistet, daß sich auch passende Produktionen um die Vergabe der Förderung bewerben. Allein ein kleiner Hinweis im Abspann der geförderten Filme reicht dazu wahrscheinlich nicht aus.[514]

ERFASSUNG DES KAPAZITÄTSEFFEKTS

Es gibt keinen allgemeinen Regeln zur Erfassung des Kapazitätseffekts, da es sich in den meisten Fällen um marginale Veränderungen handelt, die „pro Produktion" kaum feststellbar oder aufrechenbar sind. Dennoch stellt der Kapazitätseffekt einen wertvollen Nutzen dar, da er von langfristiger Natur ist.

Mit einigen theoretischen Überlegungen, die von einer (vereinfachten) Produktionsfunktion für Medien ausgehen, läßt sich dieser Effekt aber auf abstrakte Weise darstellen: Medienproduktionen bedingen das Zusammenwirken von Personal, Kapital und (Medien-) Infrastruktur (Studios, Labors etc.).

Medienproduktion = f (Personal, Kapital, Infrastruktur)

Nun stellt sich die Frage, wie sich die Kapazität dieser einzelnen Faktoren bei fortwährender Durchführung von Medienproduktionen verändert. Wenn man davon ausgeht, daß ein Zusammenhang zwischen der Stärke des Kapazitätseffekts und dem Einkommen besteht, was logisch erscheint, kann die inhaltliche Aufgliederung der Produktionsbudgets (insbesondere der Ausgaben für Güter und Dienstleistungen; vgl. Kapitel ERMITTLUNG DER EINKOMMEN UND KÄUFE, S 177) unter Zuhilfenahme der Vorleistungsverflechtung (Input-Output Tabelle) als Einschätzungsgrundlage dienen.

514 Im Gegensatz dazu vgl. Ziethen, M. (1987): S 202.

Ausnahmen bilden in diesem Zusammenhang Regionen, die Medienproduktionsförderungen anbieten, weil ihre Produktionskapazitäten völlig unterausgelastet sind. Dies ist beispielsweise in Berlin der Fall: nach dem Zusammenbruch der DDR war die um die vormaligen DEFA-Studios in Potsdam angesiedelte Filmbranche arbeitslos geworden (vgl. auch Kapitel KULTURSTRATEGIE, S 327).

VERÄNDERUNGEN DES FAKTORS ARBEIT (PERSONAL)

Die Politik der Medienproduktionsförderung kann als *kostenorientierte Regionalpolitik* verstanden werden. Langfristig macht sie nur dann Sinn, wenn sie mit einer innovationsorientierten Regionalpolitik kombiniert wird, d.h. der Erkenntnis, daß das Wirtschaftswachstum nicht so sehr durch den Einsatz von mehr Arbeit und mehr Kapital, sondern durch mehr Wissen (Know-how) getragen wird. Dies gilt nicht nur für technologische Unternehmungen, sondern auch für Dienstleistungsunternehmungen.[515]

Unter dem Kapazitätseffekt beim Faktor Arbeit soll daher weniger eine Vergrößerung des regionalen Arbeitsangebots verstanden werden, sondern primär eine „qualitative Verbesserung" – also eine Produktivitätssteigerung. Dies ist in den meisten Fällen auch das vorrangige politische Ziel, das mit der Förderung erreicht werden soll: mehr Arbeit für unterbeschäftigte Ressourcen, indem auch durch ein verbessertes Arbeitsangebot die Region als Medienproduktionsort beliebt wird.[516] Auch ein Zuzug von hoch qualifiziertem Personal in diese Region ist als Kapazitätseffekt des Personals aufzufassen, und in manchen Fällen ebenfalls erwünscht.

Sowohl verbesserte Qualifizierung als auch der Zuzug von hochqualifiziertem Personal führt in Folge zur Gründung und Ansiedlung von Medienproduktionsunternehmen und Unternehmen in vorgelagerten Bereichen (Kopier-, Synchronstudios, Geräteverleiher etc.), was wiederum die Attraktivität der Region als Standort und Produktionsort erhöht. Daß das Personal *der* Schlüsselfaktor in der Medienproduktion ist, versteht sich in einer Dienstleistungsbranche fast von selbst. Die räumliche Nähe zum Personal ist daher unabdingbar.

---

515 Vgl. Hansa, C., Huber, S. (1982): S 158.

516 Vgl. Kapitel STRUKTUR DER BESCHÄFTIGUNG, S 210.

Vor allem das technische, aber auch teilweise das kreative Personal wird zum größten Teil von der Branche selbst ausgebildet. Das Volontariat beispielsweise ist eine wichtige Ausbildungsinstitution für Berufsanfänger und Studierende; für viele bleibt es auch der einzige „Ausbildungsweg". Ob dieser Bedeutung verlangen manche Förderer von Produktionsunternehmen verpflichtend die Beschäftigung von Praktikanten und Volontären.[517]

Auch die praktische Aus- und Weiterbildung, das Training-on-the-Job, ist von immanent wichtiger Bedeutung für die Branche. Dies läßt sich primär darauf zurückführen, daß es zahlreiche kaum feste Berufsbilder im Medienbereich gibt, d.h. viele hochqualifizierte Positionen, die nicht genau definiert werden können, da sie sich so schnell weiterentwickeln. Besondere Bedeutung kommt dem Training-on-the-Job auch deshalb zu, da Produktionsfirmen kaum in die (formelle) Fortbildung ihrer Mitarbeiter investieren, zumal es sich ja um freie Mitarbeiter handelt.

VERÄNDERUNGEN DER FAKTOREN KAPITAL BZW. (MEDIEN-) INFRASTRUKTUR

Der Kapazitätseffekt einer Investition erhöht die Produktionskapazität derjenigen Unternehmen oder Bereiche, welche Investitionen durchgeführt haben.[518] Die Frage der Neugründung sowie der Kapazitätserweiterung von Firmen des Medienbereichs hängt stark von den längerfristigen Einschätzungen der Entwicklung der wirtschaftlichen Lage ab (zukünftige Marktchancen). Diese wiederum sind durch die Entwicklung der Förderungslandschaft geprägt (vgl. Kapitel STANDORTFAKTOREN, S 246).

Beispiel Filmstudios

Als ein Beispiel für Kapazitätserweiterungen seien hier die Filmstudios erwähnt, die für jede Medienregion von strategischer Bedeutung sind: Große, besonders teure Filmproduktionen, von denen hohe Regionalausgaben erwartet werden, bedürfen regelmäßig auch eines Großstudios. Dies erklärt im Kern die strategische Bedeutung von Produktionsstudios.

---

[517] Vgl. z.B. Kapitel WIENER FILMFINANZIERUNGSFONDS (WFF), S 95.

[518] Im Infrastrukturbereich kommt diesem Kapazitätseffekt nicht die gleiche Bedeutung zu wie im privaten Produktionsbereich. Er spielt eindeutig keine Rolle bei Ausbildungs-, Forschungs- und Gesundheitsinvestitionen der öffentlichen Hand, d.h. überall dort nicht, wo das Ausschlußprinzip nicht anwendbar ist oder nicht angewandt wird.

Derartige Studios sind enorm investitionsintensiv; sie sind derzeit auch kaum wirtschaftlich zu führen – eine Ausnahme dürfte das Münchner Bavaria Studio sein. Studios sind daher vielfach Objekt staatlicher Intervention und Investition; auch waren sie vielfach Grund gröberer interregionaler Auseinandersetzungen.

In Berlin wurde das ehemalige DEFA Spielfilmstudio (46 ha Gelände) 1992 von der deutschen Treuhand an die französische CIP Gruppe verkauft. Und zwar weit unter seinem Marktwert, jedoch unter einer festgeschriebenen Bedingung: Es soll dort der Aufbau eines internationalen Medienstandorts (inkl. Medienpark) erfolgen. Diese Zweckbestimmung des Filmstudios wurde vertraglich auf 10 Jahre (bis 2002) festgelegt.[519]

In Wien begann vor einigen Jahren eine umfassende Revitalisierung der Rosenhügelstudios, einem 32 ha großen Areal, das dem Österreichischen Rundfunk gehört. Gestützt auf Prognosen über den TV-Programmbedarf wurde ein enormer Investitionsplan gerechtfertigt. Bund (40 Mio. ATS) und Gemeine Wien (30 Mio. ATS) bezahlen die Revitalisierung der Bausubstanz, die über Jahrzehnte hinweg brach lag. Weitere Investitionen werden von einer privaten Investorengruppe getragen. 60% des Areals sollen als Gewerbepark genutzt werden und 40% als Studio. Mittelfristig wird eine 40%ige Auslastung erwartet.[520]

Nordrhein-Westfalen indessen ist eine Förderregion ohne (altes) Großstudio. Zwar besteht um Köln herum bereits ein beachtliches Angebot an Studios (Maxima Studios, Hürth-Kalscheuren; Studio Köln-Ossendorf; WDR Gelände Köln-Bocklemünd); keines dieser ist aber für Großproduktionen tauglich. Nichts desto trotz wollte man sich die Potentiale eines Wachstumsmarktes unter keinen Umständen entgehen lassen und plante die größten Studios Mitteleuropas auf 540 ha Gelände an der holländischen Grenze (auf dem ehemaligen britischen Militärflughafen Wildenrath):[521] „Der Aufbau von Filmstudios, die nach der derzeitigen Auftragssituation nicht kostendeckend betrieben werden können, ist landesweit zur Förderung der Filmwirtschaft notwendig.“[522] Insgesamt wären Investitionen in der Höhe von 500 Mio. DEM dafür nötig – das Projekt liegt im Moment jedoch „auf Eis“.[523]

---

519 Vgl. Richter, E., Schreiber, E. (1992c): S 10 f.

520 Vgl. O.A. (1993c): S 1, 3.

521 Vgl. Investitionsbank NRW [Hrsg.] (1994): o.S.

522 Amt für Stadtentwicklungsplanung, Köln [Hrsg.] (1994): S 25.

523 Vgl. Ulmer, J. (1994): o.S.; persönliches Interview D. Kosslick.

Hamburg besitzt ein altes Produktionsstudio. Da dessen Kapazitäten wohl ebenfalls nicht ausgenützt sind, verlieh das Filmbüro seinem Ärger über die geplanten Aktivitäten in Nordrhein-Westfalen im Jahresbericht darüber Ausdruck: „Unsinnig wird all dies, wenn trotz bestehender Überkapazitäten der Studios von München, Hamburg und Babelsberg nun auch noch ein ausgedienter Flugplatz im Westen Deutschlands zum europäischen Filmstudio umfunktioniert werden soll. Während auf Kongressen und in Thesenpapieren beteuert wird, man wolle eine gemeinsame deutsche Filmpolitik und bessere Finanzierungszusammenhänge, wird tatsächlich mancherorts der regionale Wirtschaftseffekt zum Maß aller Dinge erklärt; oft zu Lasten anderer Filmförderungen und auf den Schultern der Produzenten."[524] Ähnliche Kritik war übrigens auch vom Geschäftsführer der Studios in Berlin-Babelsberg, Volker Schlöndorff, zu vernehmen.[525]

BEWERTUNG DES KAPAZITÄTSEFFEKTS

Zur Bewertung des (langfristigen) Wachstumsnutzens müßten folgende grundlegende Fragen geklärt sein:

- Welche Vorteile haben sich für Unternehmer in der fördernden Region gebildet (verglichen mit privaten Unternehmen in anderen Regionen)?
- Wie wirkt sich die langfristige Produktionssteigerung auf die Nachfrage nach Arbeit und Kapital aus? Bei Unterbeschäftigung ist von Beschäftigungssteigerungen und nicht von Faktorpreiseffekten auszugehen.
- Welche zusätzliche Nachfrage an Vor- und Zwischenprodukten resultiert aus der langfristigen Produktionssteigerung auf allen Produktionsstufen?
- Wie wirkt sich ein erhöhtes Faktoreinkommen auf die Struktur der Endnachfrage aus? Welches Maß an Investitionstätigkeit dürfte dadurch wiederum induziert werden?
- Wie verhalten sich die Sickerverluste (*leakages*)?

---

524 Hamburger Filmbüro/Film Fonds Hamburg [Hrsg.] (1994): S 12.

525 Vgl. Payne, J. (1993): o.S.

Da genaue Daten darüber nur schwer erfaßt werden können, schlägt *Lerch* folgende zwei Vorgangsweisen zur Einschätzung vor:[526]

1. **Analogieschluß**: Liegen bereits Erkenntnisse für andere Regionen vor, so können diese durch eine Art Analogieschluß übertragen werden. Problematisch sind eventuelle Unzulänglichkeiten in der Methode und Konzeption bei der Bestimmung der Richtwerte. Außerdem können in einem allgemeinen Richtwert keine ökonomischen oder sozialen Besonderheiten einer Region berücksichtigt werden – was wohl der wichtigste Einwand sein dürfte.
2. **Detaillierte Strukturanalyse**: Dabei handelt es sich um eine umfassende regionale Branchenanalyse, die sowohl eine Bestandsaufnahme der gegenwärtigen wirtschaftlichen Situation als auch eine Abschätzung der künftigen Entwicklungsmöglichkeiten in der Untersuchungsregion beinhaltet. Dabei muß der Einfluß der geplanten Investitionsart auf das Wachstum herausgearbeitet werden. Es läßt sich damit ein Anhaltspunkt über das regionale Entwicklungspotential gewinnen, das gleichzeitig eine Grundlage für die quantitative Abschätzung des regionalen Wachstumsnutzens bildet.[527] Derartige Studien wurden z.B. für Berlin, Hamburg und Nordrhein-Westfalen angefertigt.[528]

Natürlich gibt es noch die Möglichkeit der groben Korrektur der Richtwerte entsprechend plausibler Vorstellungen hinsichtlich der ökonomischen und sozialen Besonderheiten der Untersuchungsregion.

---

526 Vgl. u.a. Lerch, B. (1970): S 142 f.

527 *Lerch* empfiehlt eine solche Studie insbesondere dann, wenn die Investitionen zur Sicherung und Aufrechterhaltung einer weiteren nachhaltigen wirtschaftlichen Entwicklung einer Region dienen. Vgl. Lerch, B. (1970): S 146.

528 Ministerium für Wirtschaft, Mittelstand und Technologie des Landes Nordrhein-Westfalen [Hrsg.] (1995); Geppert, K., et al. (1992); Ziethen, M. (1987).

ZUSAMMENFASSUNG: EFFEKTE DER AUSGABENREALISIERUNG

Für eine überschlagsmäßige ex-ante Einschätzung der Kosten und Nutzen von Medienproduktionsausgaben sind hier *unter höchster Vorsicht anwendbare* Richtsätze zusammengefaßt. Die angegebenen Parameter beziehen sich auf eine fiktive durchschnittliche europäische Förderungsregion, die direkte Produktionssubventionen anbietet. *Bei jedem konkreten Beurteilungsfall sind die Parameter unbedingt regionalspezifisch zu erheben!*

Die Kosten der direkten Förderung setzen sich zusammen aus der Höhe der erteilten Subventionen abzüglich geschätzter Rückflüsse in der Höhe von 5%. Hinzu kommt ein Verwaltungsaufschlag von rund 10%, der sämtliche administrativen, Marketing- und sonstige Kosten umfaßt. Um aus diesen betriebswirtschaftlichen Kosten die volkswirtschaftlichen Kosten abzuleiten, muß die Finanzierung des (durch Steuern aufgebrachten) Budgets hinzugerechnet werden, die mit ca. 20% veranschlagt wird. Die materiellen volkswirtschaftlichen Kosten einer Produktionsförderung liegen damit bei ca. 125% des Betrages, den ein Produzent auf seinem Konto gutgeschrieben bekommt. Hinzu kommen immaterielle Kosten (z.B. Belästigung der Bevölkerung), die jedoch – bis auf Ausnahmefälle – nicht allzu hoch sein dürften.

Ausgangspunkt für die Bewertung der Nutzen ist die Bestimmung des Einkommenseffektes. Ein durchschnittlicher Multiplikator von etwa 1,25 kann zur Errechnung des Bruttoinlandsprodukts veranschlagt werden, wenn die Produktionsausgaben eine autonome Ausgabenerhöhung darstellen. In einer Überschlagsrechnung kann dieser pauschal auf alle Regionalausgaben angewandt werden, wobei der regionale Anteil etwaiger Transferminderungen (Arbeitslosenversicherung, Krankenversicherung etc.) davon abzuziehen ist – diese Gelder wurden ja zuvor auch schon in der Region verausgabt. Die Berechnung des Einkommenseffektes ist nötig zur Schätzung des induzierten Arbeitsmarkteffekts, des Steueraufkommens, der Änderungen von Transferleistungen und des Kapazitätseffekts.

Unter Zuhilfenahme der durchschnittlichen Einkommenshöhen in den betroffenen Sektoren können aus dem induzierten Bruttoinlandsprodukt (in diesem Falle inklusive Transferminderungen) die regional geschaffenen Jahresarbeitsplätze errechnet werden. Interessant daran ist, daß sich in der Medienbranche – statistisch gesehen – durchschnittlich circa drei Arbeitnehmer einen Arbeitsplatz teilen. Generelle Aussagen über die monetäre Bewertung dieses Nutzens können allerdings nicht getroffen werden, da hierfür notwendigerweise politische Werturteile zu treffen sind. Solche Werturteile sind von den spezifischen Gegebenheiten einer Region sowie den persönlichen Präferenzen der Bevölkerung bzw. ihrer politischen Repräsentanten abhängig.

Das induzierte Steueraufkommen betreffend hat sich herausgestellt, daß aufgrund der relativ weitgehend harmonisierten EU-Steuergesetzgebung von einem durchschnittlichen Steueranteil des Bruttoinlandsprodukts von 25% auszugehen ist. Dies scheint angesichts eines durchschnittlichen Umsatzsteuersatzes von rund 20% eine realistische Annahme zu sein. Allerdings ist dabei zu beachten, daß die anfallenden Steuern nicht zur Gänze der betrachteten Region zugute kommen müssen. Der als Nutzen zu veranschlagende Anteil ist abhängig von der Abgrenzung der Region bzw. den jeweiligen steuerrechtlichen Gegebenheiten. Weiters ist zu beachten, daß Produktionsfirmen aus nicht-EU-Staaten in der Europäischen Union keiner Umsatzbesteuerung unterliegen.

Durch die Schaffung von Arbeitsplätzen werden zahlreiche vormalige Transferempfänger zu Transferzahlern. Da die durchschnittlichen Jahreseinkommen in dieser Branche jedoch niedrig liegen, ist von geringen Einkommenssteuersätzen auszugehen (Jahresausgleich). Auch hier stellt sich bei der Ermittlung des regionalen Nutzens die Frage der regionalen Abgrenzung sowie der Lastenaufteilung zwischen den verschiedenen Körperschaftsebenen.

Die Frage potentieller Kapazitätseffekte, vor allem in der Medienbranche, ist zunächst anhand der Aufteilung der Regionalausgaben und der regionalen Vorleistungsverflechtung zu beantworten. Allerdings haben hierauf noch zahlreiche weitere Variablen, wie die Standortfaktoren und der Aufbau und die Kontinuität der Förderungspolitik, wesentlichen Einfluß. Denn nur bei langfristig sicheren Perspektiven werden potentielle Investoren ihre (Produktions-) Kapazitäten ausbauen. In Regionen, die eine Medienbranche ansiedeln wollen, ist zu beachten, daß offensichtlich ein gewisser Ansiedlungsschwellenwert überschritten werden muß. Aufgrund ihrer Arbeitsweise verlangt die Medienbranche nach einer relativ hohen wirtschaftlichen Verflechtung. Anders verhält sich die Lage in Regionen, wo Produktionsförderungen als Erhaltungssubventionen gewährt werden. Diese werden dort primär zur Verhinderung von

Branchenarbeitslosigkeit eingesetzt und sollen eine Überbrückungshilfe auf dem Weg ins erhoffte Medienzeitalter darstellen.

Illustration „Effekte des Medienkonsums" von Andreas Leikauf

EFFEKTE DES MEDIENKONSUMS

Nicht nur vom eigentlichen Produktionsvorgang gehen ökonomische Effekte auf eine Region aus, sondern auch durch den Konsum des fertiggestellten Produkts und den bis dorthin durchlaufenen Handelsschritten.

Um die Gefahr von Doppelzählungen zu vermeiden – es handelt sich hier um eine ausgabenseitige Betrachtung und der eigentliche Kaufpreis des Produkts wurde bereits in obigen Kapiteln behandelt – dürfen an dieser Stelle nur jene Ausgaben in Anbetracht gezogen werden, die *außer* dem Preis für die Verwertungsrechte anfallen. Auch allfällige Gewinne oder Verluste von Handels- oder Verwertungsunternehmen müssen in der Analyse ceteris paribus ausgeschlossen werden.[529]

In folgenden Bereichen können Effekte für eine Region entstehen:

- **Unmittelbare Effekte des Handels und der Verwertung der Produktion:** Darunter fallen alle Effekte, die sich in nachgelagerten Wirtschaftsstufen ergeben, so im Vertrieb („Großhandel") und durch die Auswertung in den verschiedenen Medienformen wie Kino, TV, Video etc. („Einzelhandel").
- **Folgewirkungen des Konsums:** Diese ergeben sich aus veränderten Verhaltensweisen der Betrachter, die durch den Produktionskonsum ausgelöst wurden – sie hängen vom Inhalt der Produktion ab. Dazu zählen die Effekte von Kunst und Kultur, die Effekte der Beliebtheit einer Region als (Wirtschafts-) Standort sowie der Einfluß auf den Tourismus, der durch Produktionen induziert wird, in denen die fördernde Region erkenntlich (und auf eine ansprechende Weise) dargestellt ist.

---

[529] In dieser Arbeit wird angenommen, daß sich die Gewinnsituation von Unternehmen, die mit Rechten an Medienproduktionen handeln oder diese verwerten, durch die Subventionierung im Durchschnitt nicht verändert. Die Produktionen könnten ja auch verwertet werden, wenn sie in einer anderen Region produziert wurden et vice versa.

UNMITTELBARE EFFEKTE AUS HANDEL UND VERWERTUNG DER PRODUKTION

Dem eigentlichen Produktionsvorgang nachgelagert sind verschiedene Zwischenhandelsstufen (Verleih, Vertrieb, ...)[530] sowie die finalen Handelsstufen, die sich direkt an den Konsumenten wenden (Kino, Fernsehen, ...). Sie wurden bereits in *Abbildung 1: Film Distribution Pattern – Verwertungskette von Spielfilmen* dargestellt und werden hier näher erläutert.

„GROSSHANDEL"

Beim Handel mit Medienproduktionen kann unterschieden werden zwischen dem Vertrieb im allgemeinen, der pauschal sämtliche Verwertungsrechte an Medienproduktionen weiterzuveräußern versucht (z.B. an Videoverleger, Filmverleiher, Fernsehveranstalter oder Zwischenhändler) und dem Filmverleih, der für Filmproduktionen das regionale Marketing durchführt und Kinos mit Kopien beliefert.[531]

VERTRIEB

Meistens werden in einem ziemlich frühen Stadium der Medienproduktion ein oder mehrere Vertriebsunternehmen in die Produktion integriert, damit diese ihre Markterfahrung in die Produktion miteinbringen. Der Vertrieb kümmert sich sodann um die rechtzeitige Vermarktung der diversen Verwertungsrechte. Wenn mehrere Vertriebsorganisationen miteingebunden sind, so kann eine inhaltliche Aufteilung der vorliegenden Rechte (Verwertungsrechte für Kino/Fernsehen/Video/etc.) oder aber eine regionale Aufteilung (nationale/internationale Verwertungsrechte u.ä.) erfolgen. Von zunehmender Bedeutung sind Unternehmen, die auf den Handel mit Teilverwertungsrechten

---

[530] Diese unmittelbar der Produktion nachgelagerte Wirtschaftsstufe stellt den Weg dar, auf dem die Medienproduktion zum Konsumenten kommt (vgl. *Abbildung 19*, Pfeil 9).

[531] Regelmäßig sind an einer Filmproduktion ein *Verleiher* beteiligt, der die Rechte der Kinovorführung im Heimatmarkt (oder für gewisse Kernländer) wahrnimmt und eine *Vertriebsfirma*, die die verbleibenden Verwertungsrechte zu veräußern versucht.

(z.B. Musikrechte, Merchandisingrechte etc.) bzw. mit deren unmittelbarer Verwertung beschäftigt sind.

Eine Besonderheit am Vertrieb von Verwertungsrechten ist, daß dieser durch doppelte „Nicht-Rivalität" gekennzeichnet ist. Ein und dasselbe Medienprodukt kann (1) in verschiedenen Territorien (2) an verschiedene Verwertungsstufen verkauft werden. Diese Nicht-Rivalität ermöglicht eine erhebliche internationale Preisdifferenzierung.[532]

Das Einkommen des Vertriebs besteht zumeist aus Gebühren/Kommissionen, die für die erfolgreiche Vermittlung von Verwertungsverträgen in Rechnung gestellt werden. Ihre Höhe richtet sich nach zahlreichen Faktoren wie der Art des Produkts, dem Bekanntheitsgrad der Mitwirkenden, der Zugänglichkeit der Märkte etc.. Die Ausgaben eines Vertriebs bestehen hauptsächlich aus Personalkosten, Bürokosten und Werbekosten.[533]

Bewertung der Effekte

Zunächst ist festzustellen, daß es auf Großhandelsebene keine Standortfaktoren gibt, die von zentraler Bedeutung sind. Dies gilt insbesondere für den Vertrieb, in etwas geringerem Ausmaß aber auch für die unten genannten Verleiher. Ihr Absatzgebiet ist im allgemeinen national oder international.

Die Entstehung von positiven Wirkungen für eine bestimmte Region ist grundlegend davon abhängig, ob die geförderte Produktion von einem Unternehmen vertrieben wird, das *zufällig* in dieser Region seinen Sitz hat. Ist dies der Fall, so entsteht in dieser Region ein zusätzliches Einkommen in der Höhe der Kommissionen oder Gebühren, die der Vertrieb für die erfolgreiche Vermittlung von Verwertungsrechten verrechnet.

Da sich ein Vertriebsunternehmen üblicherweise mit der Vermarktung einer großen Menge von Produktionen beschäftigt, ist nicht einmal theoretisch davon auszugehen, daß mittelfristig durch eine zusätzliche Medienproduktion neue Arbeitsplätze im Vertrieb geschaffen werden – von Verdrängungseffekten ist auszugehen. Weiters ist zu beachten, daß nicht jede Produktion erfolg-

---

[532] Die Verwertungsrechte einer US-Produktion für Deutschland sind ein Vielfaches der polnischen Verwertungsrechte wert, obwohl es sich um ähnlich große Märkte handelt. Marktpreisübersichten werden regelmäßig in *WORLD SCREEN NEWS* publiziert (z.B. Ausgabe April 1996, S 102 f.).

[533] Vgl. Ziethen, M. (1987): S 118.

reich vermittelt werden kann; das Einkommen des Vermittlers fällt entsprechend dazu aus.[534]

Negative Effekte könnten auftreten, wenn sich ein Vertrieb am Produktionsrisiko beteiligt, wie dies in den 50-er Jahren der Fall war. Da diese Praxis aber ohnedies kaum mehr existiert, soll hier kurzerhand auf die Einschätzung des Risikos der Förderungsrückzahlung verwiesen werden (vgl. Kapitel KOSTEN DER VERGEBENEN FÖRDERUNGSBETRÄGE, S 158). Eine analoge Vorgangsweise ist hier angebracht, wobei der Risikobetrag für die Region soziale Kosten darstellt.

Ist auch die Höhe der Provisionen nicht bekannt und kann kein Durchschnittswert angenommen werden, sollte dieser Nutzen nur in ex-post Analysen, also bei gegebener Datenlage, eingerechnet werden. Dabei ist Vorsicht geboten, daß der Sitz des Vertriebs nicht zum Förderungskriterium wird. Wenn überhaupt, kann nur ein Vertrieb, der inhaltlich auf das Genre der jeweiligen Produktion spezialisiert ist, eine optimale Verwertung – und damit einen gewissen finanziellen Erfolg – herbeiführen, der in weiterer Folge u.a. auch zur Rückzahlung der Förderung führen kann.

VERLEIH

Der Filmverleih ist das Bindeglied zwischen fertigem Film und dem Abspiel in den Kinos. Zu seinen Aufgaben gehört die Auswahl und sachgerechte Aufbereitung der Filme sowie die (kaufmännische und physische) Durchführung des eigentlichen Verleihs an die Abspielstätten. Durch sein Marketing bestimmt der Verleih wesentlich das Bild des einzelnen Films in der Öffentlichkeit und kann den Erfolg einer Produktion deutlich beeinflussen.[535]

Die Einnahmen des Filmverleihs entstehen als Beteiligung am Einspielergebnis der Vorführstätten: der Verleih erhält ca. 30-40% der Kinoumsätze („Verleiherbrutto").

---

[534] Außerdem könnte ein Vertrieb eine Produktion auch dann vermarkten, wenn sie woanders hergestellt wurde.

[535] „Der unmittelbare Einfluß der Verleiher auf die Produktion, der bis in die 60-er Jahre durch die Finanzierungsinstitution der „Verleihergarantie" gegeben war, besteht heute kaum noch; an ihre Stelle ist die staatliche Förderung getreten." Vgl. Ginsberg, M. (1984): S 63.

Die Ausgaben des Verleihs gliedern sich in drei wesentliche Bereiche:[536]

- Aus dem Verleiherbrutto erhält der Produzent einen Anteil von bis zu 70%. Nur bei (kleinen) ausländischen Produktionen werden z.T. auch Pauschalvorführungsrechte eingekauft.[537]
- Die produktbezogenen Verleihvorkosten für Filmkopien, Marketing etc. liegen in der Regel bei deutlich über 100.000 DEM pro Film. Die im Rahmen der wirtschaftlichen Filmförderung in Hamburg produzierten Filme verursachten Verleihvorkosten zwischen 50.000 und 350.000 DEM. Daraus ergeben sich erhebliche produktbezogene Risiken. Im Vergleich zu den Verleihausgaben für internationale Filme (d.h. US Filme) sind diese Summen aber bescheiden; in vielen Fällen entsprechen die Marketingkosten für US-Großproduktionen ca. ihrem Produktionsetat.
- Die Gemeinkosten hängen von der jeweiligen Unternehmensgröße des Verleihs ab.

Das Kinofilmverleihgeschäft wird heute von wenigen Großunternehmen geprägt. Dazu gehören v.a. die großen US-amerikanischen Verleiher. Die mittleren und kleinen europäischen Verleiher bringen dagegen ein deutlich breiteres Angebot auf den Markt, obwohl sie nur einen Bruchteil des Gesamtumsatzes erwirtschaften (in Deutschland ca. 1/8). Tendenziell sind sie die Partner der Filmkunst- und Programmkinos.[538]

Bewertung der Effekte

Für die Verleihunternehmen gilt grundsätzlich bezüglich Standort, was oben für die Vertriebsunternehmen gesagt wurde. Sicherlich sind zentrale Lage, Verkehrsanbindung sowie Nähe zu Kopierwerken und Synchronherstellern für

---

536 Vgl. Ziethen, M. (1987): S 116.

537 Häufige Distribution-Deals sind: *"Fee frist, costs-off-the-bottom":* Von den Bruttoeinnahmen hält sich der Verleiher zunächst seine Gebühr zurück (diese beträgt 15-30% für Network- und Pay-TV, 30-40% für Theatrical distribution, 50% für Non-theatrical distribution, 35-50% für Syndication und Broadcast TV), danach werden die Distributionskosten abgedeckt und den Rest erhält der Produzent. *"Gross to the producer":* Von allen Bruttoeinnahmen erhält der Produzent einen gewissen Prozentsatz (je nach Medium 20-40%). *"Costs off the top, then split":* Von den Einnahmen werden zunächst alle Distributionskosten abgedeckt. Die um die Distributionskosten bereinigten Bruttoeinnahmen werden dann nach einem bestimmten Schlüssel zwischen Verleiher und Produzent aufgeteilt (üblicherweise bekommt der Produzent 50% der Einnahmen aus Theatrical und Non-theatrical Distribution; für andere Vertriebsformen 70-85%). Vgl. Gordon, M. (1993): S 67.

538 Vgl. Ziethen, M. (1987): S 115.

Verleiher von Vorteil, die jetzige geographische Verteilung ist aber vielmehr auf historische Gründe zurückzuführen.[539]

Auch hier ist die Bedeutung der regionalen Effekte davon abhängig, ob der Verleiher seinen Sitz in derselben Region wie der Förderer hat. Eine weitere Einschränkung ist, daß Verleihunternehmen nur mit *Kino*produktionen ihren Umsatz erzielen (davon hauptsächlich mit abendfüllenden Spielfilmen; Kurzfilme sind kaum von wirtschaftlicher Bedeutung im Verleihgeschäft).

Um quantitative Aussagen treffen zu können, wurden die Daten einiger Länder für 1993 einander gegenübergestellt, die ein einigermaßen repräsentatives Bild für Westeuropa geben sollten.[540] Insgesamt wurden 1993 von diesen Ländern 597 Filme produziert, von denen 523, also 88%, ins Kino kamen.[541] Die durchschnittlichen Kinoeinnahmen im Heimatland eines Films lagen bei rund 720.000 ECU; inklusive der im Ausland erwirtschafteten Umsätze beliefen sie sich auf rund 1,270.000 ECU.[542]

Mit Hilfe dieser Werte können die durchschnittlichen regionalen Ausgaben eines Verleihers pro Film abgeschätzt werden. Wie in *Abbildung 54* dargestellt, beträgt das durchschnittliche Verleiherbrutto pro europäische Produktion ca. 400.000 ECU.

Durchschnittliches Verleiherbrutto pro Eurofilm	
1,270.000	Durchschnittl. Kinoeinnahmen eines europäischen Films (in ECU)
* 0,88	Anteil der Filme, die ins Kino kommen
* 0,35	Verleiheranteil der Kinoeinnahmen
≈ 400.000	*Durchschnittliches Verleiherbrutto pro Eurofilm (in ECU)*

Abbildung 54: Durchschnittliches Verleiherbrutto pro Eurofilm

539 Geppert, K., et al. (1992): S 238.

540 Belgien, Schweiz, Deutschland, Dänemark, Spanien, Frankreich, Finnland, Großbritannien, Griechenland, Italien, Norwegen, Niederlande, Portugal und Schweden. Die genaue Berechnung befindet sich in Anhang A. Datenquelle: Europäische Audiovisuelle Informationsstelle [Hrsg.] (1995): S 67 ff.

541 Mehrfachnennungen aufgrund von Koproduktionen sind möglich, jedoch in weiterer Folge statistisch insignifikant.

542 Da keine überschneidungsfreien Daten über die insgesamte Anzahl der in diesen Ländern aufgeführten Filme vorliegen, mußte als Ersatzwert die Anzahl der in diesen Ländern produzierten Filme herangezogen werden.

Von diesem Betrag muß erst noch der Anteil der Ausgaben abgezogen werden, die im Ausland oder zumindest außerhalb der Region anfallen (Marketingkosten, Filmkopien etc.). Da knapp die Hälfte des Umsatzes im Ausland erwirtschaftet wird, ist anzunehmen, daß 50% der Kosten außerhalb der Region anfallen, womit 200.000 ECU durchschnittlich pro Film – unter den oben genannten Annahmen – regional ausgabenwirksam werden dürften.

Nochmals sei betont, daß diese Werte *kalkulatorische* Größen darstellen, die nur für *Film*produktionen gelten. In Wirklichkeit sind die Umsätze aber auf nur wenige Filme konzentriert (vgl. unten: Kino). Das mit dieser Rechnung verbundene Kalkulationsrisiko ist äußerst hoch; erst das Gesetz der Großen Zahl verleiht dieser Berechnung eine gewisse Gültigkeit.

Daß bei Verleihern neue Arbeitsplätze geschaffen werden, wäre eine optimistische Annahme. Die meisten europäischen Verleiher sind klein und bringen pro Jahr nicht mehr als ein bis zwei Spielfilme in die Kinos.[543] Die tendenziell nicht überbeschäftigten Betriebe können kurz- und mittelfristig bei konstantem Personal sicherlich den einen oder anderen Film zusätzlich vermarkten bzw. diesen anstelle eines anderen Films verleihen.

Eine besonders heikle Frage stellen Vertriebsförderungen dar, die von einigen wirtschaftlichen Förderungsinstitutionen vergeben werden. Sie wurden in dieser Untersuchung bereits als Kosten der Förderung (vgl. Kapitel GEMEINKOSTEN DER FÖRDERUNG, S 160) berücksichtigt.

Auch hier sollte darauf geachtet werden, daß nicht unbedingt ein regional ansässiger Verleiher auch der geeignetste – gemessen am Verwertungsergebnis – sein muß (vgl. oben: Vertrieb).

„EINZELHANDEL"

Um den verschiedenen Verwertungsformen des „Einzelhandels" die richtige Bedeutung in der Analyse beimessen zu können, muß zunächst die Bedeutsamkeit jeder Einzelhandelsform, gemessen als Anteil an den Gesamtausgaben für Medienkonsum, geklärt werden.

543 Europäische Audiovisuelle Informationsstelle [Hrsg.] (1995): S 67 ff.

In einer Untersuchung für Australien wurde herausgefunden, daß die Konsumenten mittlerweile fast zwei Drittel ihrer Medienausgaben für Home-Videos (Verleih und Verkauf) tätigen, während für Kinoeintritte nur 19% des Budgets und für Fernsehdienste nur 17% des Budgets aufgewandt werden. Die Europäische Union hingegen hinkt in dieser Entwicklung hinten nach, auch wenn die nationalen Unterschiede relativ groß sind. Die Ausgaben für Fernsehen liegen hier doppelt so hoch wie die für Home Video (Verleih und Verkauf). Die wesentlich höheren Fernsehausgaben sind hauptsächlich auf das typisch europäische, gebührenpflichtige public sector Fernsehen zurückzuführen (vgl. *Abbildung 55*).

Konsumentenausgaben für Entertainment		
Markt	*Australien (1990/91)*	*Europäische Union (1994)*
Kino	19%	13%
Home Video	64%	29%
Television	17%	58%
Total	*100%*	*100%*

Abbildung 55: Konsumentenausgaben für Entertainment[544]

Ein ähnliches Bild wie für Australien ergibt sich auch, wenn man die Zusammensetzung der Erlöse von US Kinofilmen in *Abbildung 56* betrachtet, die 1990 immerhin 11,007 Mrd. USD betrugen. Dabei fällt auf, daß die klassischen Bereiche Video (42,61%) und Kino (33,88%) die mit Abstand größte Bedeutung genießen, gefolgt von den Erlösen aus der TV-Verwertung (TV, Pay-TV; insgesamt 21,13%). Daß der Kinoanteil hier höher ist, erklärt sich aus der Tatsache, daß die obige australische Untersuchung auf die gesamten Konsumentenausgaben abstellt (also auch auf den Konsum von Fernsehproduktionen) während hier lediglich der Ausschnitt der Kinofilme betrachtet wird. Weiters muß beachtet werden, daß die Finanzierung der Erlöse z.T. aus Werbeeinnahmen erfolgt (bei TV bis zu 100%).

Zusammenfassend läßt sich feststellen, daß die Verwertung im Kino, auf Video und im Fernsehen die quantitativ wichtigste Bedeutung hat.

[544] Die Berechnung umfaßt nur Ausgaben für Software. Quelle: Court, D. Maddox, G. (1992): The Home Video Industry in Australia. The Australian Film Commission. Sydney 1992. Zitiert in: Molloy, S., Burgan, B. (1993): S 61; Europäische Audiovisuelle Informationsstelle [Hrsg.] (1995): S 18.

Aufgrund der weltweit konvergierenden Konsumgewohnheiten kann davon ausgegangen werden, daß Europa die Entwicklung der englischsprachigen Gebiete zumindest teilweise nachvollziehen wird.

Erlöse von US Kinofilmen 1990	*USA*	*AUSLAND*
Kino	21%	13%
Video	26%	16%
Bildplatte	1%	1%
Pay-TV	7%	3%
TV	4%	8%
Summe	*59%*	*41%*

Abbildung 56: Prozentuale Aufteilung der Erlöse von US Kinofilmen[545]

KINO

Im Falle einer Filmproduktion ist das Kino die Nahtstelle zwischen dem Produkt Film und den Zuschauern. Allerdings erhalten nicht alle Filme die Chance, gezeigt zu werden. Diese Entscheidung fällt nicht alleine nach den Prinzipien des freien Wettbewerbs: In den meisten Ländern Europas beherrschen einige große Kinoketten den Markt. Bei den übrigen Filmtheatern besteht eine erhebliche Abhängigkeit von den Verleihern, so daß verleiherbestimmte Block- und Blindbuchungen üblich sind. Somit obliegt die Programmauswahl häufig faktisch dem Verleiher.[546]

Historisch gesehen hatten in der mittlerweile schon undurchsichtigen Verwertungskette nur die Kinos Bedeutung; seit Mitte der 50-er Jahre führte das Aufkommen und die starke Verbreitung des Fernsehens zu einem drastischen Besucherrückgang. Binnen eines Jahrzehnts reduzierte sich in den westeuropäischen Ländern die Anzahl der Kinobesucher auf ein Fünftel. Mitte der 70-er Jahre war zunächst ein Tiefpunkt erreicht. Nach einer ausgedehnten Stabilisierungsphase wurde wieder leichtes Wachstum erreicht (insbesondere durch das Aufkommen der „Multiplexe“, die neben mehreren Kinosälen auch Restaurants, Bars, Videotheken, Buchhandlungen u.a. beherbergen). Bereits ein-

[545] Quelle: Frank, B. (1993): S 7.

[546] Vgl. Ziethen, M. (1987): S 119.

gangs wurde darauf hingewiesen, daß der Besucherrückgang in den europäischen Kinos hauptsächlich die europäischen Produktionen betraf.[547]

Die Umsatzentwicklung der Kinos weist immer stärkere Konzentrationstendenzen auf. In Deutschland wurden 1994 23% der Eintrittskarten für die fünf erfolgreichsten Filme verkauft. Noch stärker war die Konzentration bei den ur- und erstaufgeführten deutschen Spielfilmen: Von allen Eintrittskarten, die 1994 für die 79 deutschen Filme verkauft wurden, waren zwei Produktionen (*Der bewegte Mann* und *Asterix in Amerika*) für über 50% verantwortlich; die sechs erfolgreichsten Filme erwirtschafteten zusammen über 90% der verkauften Eintrittskarten.[548] Dieser Effekt ist auch als „Blockbuster-Effekt" bekannt. Ein steigendes Risiko wird mit steigenden Ertragschancen belohnt.[549]

Eine weitere Konzentrationstendenz macht sich zwischen den verschiedenen Kinotypen bemerkbar: die neuen Multiplex-Kinos sind wesentlich profitabler als die Einsaal-Kinos.[550]

Bewertung der Effekte

Die Frage, ob die Vorführung eines geförderten Films in regionalen Kinos zusätzlichen Nutzen stiftet, ist umstritten. Im Gegensatz zu den Untersuchungen des Theatersektors fällt zunächst auf, daß die häufig zitierten „komplementären Effekte" im Rahmen eines Kinobesuchs nicht von herausragender Bedeutung sind. Wie auch der Kundenkreis von Videotheken ist das Kinopublikum sehr jung. Die Gruppe der 14-29 jährigen stellt mit über 50% Umsatzbedeutung den wichtigsten Kundenkreis dar. Das Kinopublikum ist daher weniger finanzkräftig als das durchschnittlich ältere Theaterpublikum und weist ein gänzlich anderes Konsumverhalten auf: vor der Kinovorstellung wird kein Friseurbesuch absolviert, die Anfahrt erfolgt ohne Taxi, der Kinobesuch im Abendkleid ist unangebracht, auch teure Speisen und Getränke werden im Anschluß an die Vorstellung nur selten konsumiert etc.. Die Effekte dieser „Nebenausgaben" für Produzenten von Komplementärgütern (Hotels, Pensionen, Gastronomie, Taxis, Anbieter von Schmuck, Kleidung) scheinen

---

[547] Vgl. Neckermann, G. (1991): S 80; Kapitel PROBLEME DES EUROPÄISCHEN AUDIOVISUELLEN SEKTORS, S 32.

[548] Insgesamt wurden 287 Filme in Deutschland 1994 aufgeführt. Die zehn erfolgreichsten Filme waren für 37% der gesamten verkauften Kinokarten verantwortlich. Vgl. Spitzenorganisation der Filmwirtschaft [Hrsg.] (1994): S 32 ff, eigene Berechnungen.

[549] Becker, J., Rehbinder, M. [Hrsg.] (1989): 86.

[550] Vgl. Europäische Audiovisuelle Informationsstelle [Hrsg.] (1995): S 84 ff.

daher im Rahmen dieser Untersuchung irrelevant, zumal junge Leute auch so ausgehen würden, um ihr gutes Geld loszuwerden.[551]

Die einzige Möglichkeit für eine Region, zusätzlichen Nutzen zu erzeugen, wäre, wenn *mehr* Besucher ins Kino kommen, insbesondere solche aus anderen Regionen.

Eine interessante Theorie dazu stammt von *Hoskins/Mirus*, die mit „cultural discount" eine ceteris paribus geringere Akzeptanz ausländischer Filme gegenüber einheimischen bezeichnen: „A particular programme rooted in one culture and thus attractive in that environment will have a diminished appeal elsewhere as viewers find it difficult to identify with the style, values, believes, institutions and behavioural patterns of the material in question. [...] As a result of the diminished appeal fewer viewers will watch a foreign programme than a domestic programme of the same type and quality."[552]

Im Falle einer Kinoproduktion dürfte dies nur für Regionen gelten, für die eine regionale Kinoproduktion einen gewissen Novitätseffekt besitzt, insbesondere wenn das Thema des Films mit der Region zu tun hat.

Im allgemeinen ist davon auszugehen, daß die Mehrzahl der Kinobesucher eines regionalen Films sonst eben einen anderen Film konsumiert hätte. Es handelt sich also um eine unabhängige Zahl von Kinobesuchern, die sich auf eine bestimmte Zahl von Kinosälen aufteilt. Somit kommt es lediglich zu Verdrängungseffekten, die sich zwar vielleicht positiv auf die Einnahmen des Films auswirken, nicht aber auf die Auslastung der Kinos und die daraus hervorgehenden ökonomischen Effekte für eine Region.[553]

Einen weiteren Problemkreis stellen die Förderungen dar, die in manchen Regionen an Kinos gewährt werden, damit regionale (nationale/europäische) Filme zur Aufführung gelangen. Diese führen nicht nur zu sozialen Kosten für die Region, sondern mitunter auch zu negativen Verdrängungseffekten. Kinos müssen sich nämlich als Gegenleistung für derartige Förderungen dazu verpflichten, einen gewissen Mindestanteil an europäischen Produktionen in ih-

551 Vgl. Pöll, G. (1983): S 28; Solf, G. (1992): S 67; Ziethen, M. (1987): S 114 ff.

552 Hoskins, C., Mirus, R., (1988): Reasons for the US Dominance in the International Trade in Television Programmes. In: Media, Culture & Society, Vol. 10, S 499-515. Zitiert in Frank, B. (1993): S 106. Damit läßt sich auch die zunehmende Tendenz der regionalen Programmierung der diversen Fernsehdienste erklären.

553 Zu den Filmeinnahmen ist zu sagen, daß die Einnahmen einer Region einen so kleinen Bruchteil der Gesamteinnahmen ausmachen, daß eventuelle Einnahmesteigerungen aufgrund von Verdrängungseffekten vernachlässigbar sind.

rem Programm anzubieten, was zu Unterauslastung von Kinosälen führen kann.

Um diese Frage genau beantworten zu können, wären genaue Zahlen über den Auslastungsgrad von Kinosälen, in denen europäische Filme laufen, vonnöten. Es ist aber davon auszugehen, daß diese niedriger als bei US-Filmen liegen. Derartige Förderungen sind daher rechnerisch wie Produktionsförderungen zu behandeln und auf jeden Fall in Abzug zu stellen – es ist davon auszugehen, daß sie als Schattenpreis für die negativen Verdrängungseffekte herangezogen werden können.

Zusammenfassend kann davon ausgegangen werden, daß durch die Kinoverwertung einer regionalen Produktion keine Vorteile für die fördernde Region entstehen, allerhöchstens Nachteile durch etwaige Kinosubventionen.

VIDEOBRANCHE

Die Videotechnik wurde Ende der 70-er Jahre eingeführt. Sie erfuhr eine starke Verbreitung in den 80-er Jahren. Gegenwärtig (1993) liegt der Anteil der mit Videorecordern ausgestatteten Haushalte in der Europäischen Union bei rund 60%.[554] Ein großer Teil der Videorecorderbesitzer benutzt das Gerät allerdings nur zum Aufzeichnen von Fernsehsendungen. Dennoch ist der Umsatz der Videoprogrammanbieter in Deutschland seit 1986 höher als der Umsatz der Kinofilmverleiher.[555]

War bis vor wenigen Jahren der Verleih von Videokassetten die wichtigste Einkommensquelle der Branche, verlagert sich diese nun auf den Verkauf bespielter Kassetten: „Rentals Stabilise as Sales Grow" betitelte das Fachblatt Screen Digest seinen Artikel zu diesem Thema.[556] Allerdings verlagern sich auch die Vertriebskanäle: immer mehr Videos werden in Supermärkten abgesetzt, in Italien und Spanien wechseln Videos verstärkt im Zeitschriftenhandel den Besitzer. Neben dem Verkauf „klassischer" VHS-Videokassetten gewinnt

[554] Eigene Berechnung; vgl. Europäische Audiovisuelle Informationsstelle [Hrsg.] (1995): S 13, 27.

[555] Vgl. Becker, J., Rehbinder, M. [Hrsg.] (1989): 86; Neckermann, G. (1991): S 60.

[556] In der Europäischen Union ist der Absatz an Verkaufs-Videokassetten 1994 um ca. 19% angestiegen; die Umsätze in diesem Bereich stiegen um rund 15%. Vgl.: „European Video Software: Rentals Stabilise as Sales Grow", Screen Digest, London, Mai 1995.

auch der Umsatz mit neuen Datenträgern zusehends an Bedeutung (Video CD, CD-I, 3DO Platten und DVD).[557]

Bewertung der Effekte

Die Videowirtschaft scheint aus mehreren Gründen relativ wenig durch regionale Medienproduktionsförderungen beeinflußbar zu sein: Die Umsätze mit Videoprodukten geförderter Filme scheinen nur die Umsätze mit anderen Produkten zu verdrängen. Die Gruppe der Videothekenbenutzer ist relativ stabil; eine Ausweitung des Umsatzes durch neue Kunden ist nicht zu erwarten. Lediglich durch den Zuzug von Medienfachpersonal, einer wichtigen Videokundengruppe, im Gefolge der Etablierung einer Region als Medienregion, scheint der Umsatz dieser Branche beeinflußbar zu sein.

Für Effekte, die vom Verlag von Videokassetten ausgehen, gilt dasselbe, was bereits für Vertriebsfirmen gesagt wurde: der marginale Effekt einer zusätzlichen Produktion auf den Umsatz ist kaum meßbar. Auch in diesem Falle wäre das Risiko eines Fehlschlags mitzuberücksichtigen, was sich angesichts der zu tätigenden Investitionen (Herstellung von Kassetten, physischer Vertrieb, Werbung, ...) weit negativer als beim Vertrieb auswirken dürfte.

FERNSEHEN

Vor allem public sector Fernsehveranstalter und in zunehmenden Ausmaß auch die privaten Programmanbieter sind für die heimische Film- und Fernsehproduktionsbranche ein wichtiger Nachfrager. In jüngster Zeit läßt sich eine gewisse Regionalisierung des Fernsehangebots beobachten. Regionale Fernsehdienste erreichen mit einer auf regionale Themen bezogenen Programmgestaltung eine erhöhte Attraktivität und somit erhöhte Einschaltquoten. Auf die Bedeutung des Fernsehens als Partner der Medienproduktionsindustrie wurde bereits oben eingegangen (vgl. u.a. Kapitel BEDEUTUNG DER KOPRODUKTION IN EUROPA, S 61).

Bewertung der Effekte

Auch hier gilt, daß ökonomische Effekte, die durch die Verwertung im Fernsehen ausgehen, nur dann regionalwirksam sind, wenn der Fernsehveran-

---

[557] Das 3DO System von Panasonic wurde am 9.10.1993 auf dem amerikanischen Markt eingeführt, bis Ende 1995 ist es in ganz Europa verfügbar. Warner Entertainment und Sony kündigten für Herbst 1996 das Erscheinen von 40 Titeln auf DVD an.

stalter seinen Sitz in der fördernden Region hat. Weiters ist bei der Erfassung der Effekte, die durch den Verkauf von Verwertungsrechten an das Fernsehen ausgehen, formal zu unterscheiden, ob die Kaufsumme einen Teil der Finanzierung oder zusätzliche Erlöse darstellt. In keinem Falle aber darf die Kaufsumme als Nutzen aufgefaßt werden:[558]

1. Wurden die Gelder aus der Fernsehverwertung bereits als Teil der Finanzierung berücksichtigt, dürfen lediglich allfällige Steuern (v.a. die Umsatzsteuer), die der Region zugute kommen, als Nutzen angesetzt werden. Zu beachten ist in diesem Zusammenhang auch die Frage der indirekten Subventionierung von Medienproduktionen durch public sector Fernsehveranstalter (Vgl. Kapitel GEMEINKOSTEN DER FÖRDERUNG, S 160).[559]
2. Stellen die Erlöse aus dem Verkauf der Fernsehrechte aber zusätzliche Erlöse dar, wurden diese bereits als Umsatz des Vertriebs berücksichtigt bzw. sind diese analog zu diesen zu behandeln (d.h. nur etwaige Kommissionen sind als Nettonutzen zu werten). Hier entstehen Einnahmen für die Region aus allfälligen Steuern.

Die regionalökonomischen Effekte der Fernsehverwertung sind als gering anzusetzen; lediglich bei ex-post Analysen können etwaige Steuereinnahmen genau berücksichtigt werden. Da aber nur ein bedingter Zusammenhang zwischen Produktionsgebiet, Ausstrahlungsgebiet und Standort des Fernsehveranstalters besteht, sind ex-ante keinerlei positive Effekte zu veranschlagen.

Lediglich aus einem verwandten Wirkungsbereich, nämlich der Ansiedlung von TV-Unternehmen, können positive Effekte für eine Region erwachsen.

---

558 Zur Problematik der Doppelzählung: vgl. Anfang des Kapitels.

559 Der Fernsehsender kann die Rechte „automatisch" bekommen, wenn der Film z.B. mit Mitteln des *Film-Fernseh-Abkommens* gefördert wurde. Dies ist ein Förderungsfonds, der von public sector Fernsehveranstaltern gespeist wird. Derartige Film-Fernseh-Abkommen existieren in Deutschland und Österreich; auch in anderen europäischen Ländern gibt es ähnliche Regelungen.

FOLGEWIRKUNGEN DES KONSUMS (1) – KOSTEN UND NUTZEN VON KUNST UND KULTUR

Bereits eingangs wurde erwähnt, daß sich diese Arbeit auch mit den ökonomischen Aspekten von Kunst und Kultur auseinandersetzen will, sie jedoch nicht bewerten wird. Grund für diese Vorsicht ist, daß die Wirtschaftswissenschaften – wie übrigens auch die anderen Sozialwissenschaften – nur einen Aspekt der Wirklichkeit untersuchen und die ökonomische Dimension bzw. Rationalität keine geeignete ist, um über Kunst zu urteilen.[560] Es muß daher deutlich zum Ausdruck gebracht werden, daß bei einer ökonomischen Analyse wesentliche Eigenheiten des kulturellen Bereichs verfälscht werden können: „Und gewiß wird löblich versucht werden, die Ausgaben für Kultur vom berechenbaren Nutzen her zu rechtfertigen. Und doch muß man schon sagen: Vorsicht! Wer die kulturellen Anstrengungen mit der Zahl der Arbeitsplätze und dem möglichen Beitrag zum Sozialprodukt begründet, gibt die falschen Argumente aus. Die Förderung der Künste muß sich aus diesen selbst, nicht aus der Sozial- und Wirtschaftspolitik erklären."[561] Etwas milder drückt sich *Cwi* aus: „It is suggested, that public support of the arts is justified not only because the arts are meritious, but because (1) there is market failure and (2) public arts support benefits the entire community."[562]

Die Beziehung zwischen Kunst und Ökonomie ist auch vielfach historisch belastet, unter anderem wegen einigen volkswirtschaftlichen Untersuchungen

---

560 Einige Theoretiker wie *Solf* und *Hummel/Berger* fordern, daß die Subventionierung von Kunst in Analogie zur Argumentation im Bereich der Forschungsförderung abzuleiten ist; aber auch diese Erklärungsvariante ist keine besonders glückliche, da sie mit keinen realen Fakten belegt werden kann: „Künstlerische Erfindungen sind, so wie jede Grundlagenforschung, extrem risikoreich. Es besteht keinerlei Sicherheit, inwieweit Innovationen auf finanzieller Ebene durchschlagen. Und wenn sich ein Experiment als vermarktbar erweist, so kann bis dahin eine beträchtliche Zeitspanne vergehen. Die Grundlagenforschung, in allen marktwirtschaftlichen Systemen in irgendeiner Art und Weise vom Staat gefördert, soll Basisinnovationen anregen, die zu mehr Wachstum und damit zu erhöhter Beschäftigung und Wohlfahrtssteigerungen führen." Solf, G. (1992): S 82; vgl. auch: Hummel, M., Berger, M. (1988): S 37.

561 Frankfurter Allgemeine Zeitung (FAZ) vom 3.6.1983 zitiert in: Mayer, A. (1983): S 22.

562 Cwi, D. (1980): S 40.

des Theatersektors der späten 70-er Jahre. Bei diesen Untersuchungen wurden teilweise Fehlbeträge der Kosten-Nutzen Analyse als „positive Effekte der Kunst" deklariert und somit doch noch ein positives Kosten-Nutzen Verhältnis erreicht, was zur Rechtfertigung von gewährten Subventionen diente.[563]

Dennoch gibt es Gründe, die dafür sprechen, den Kunstbereich ökonomisch zu durchleuchten. *Andreae* etwa rechtfertigt dies damit, „daß eine Anzahl von Menschen (Produzenten, Vermittler) aus Aktivitäten im Kunstbereich ihren Lebensunterhalt erzielen und daß Ausgaben für Kunst (entsprechend den Präferenzen der Konsumenten) mit anderen Verwendungszwecken der immer knappen Ressourcen konkurrieren."[564] Besonders für kapitalintensive Kunst, wie die, deren Trägermedium ein audiovisuelles ist (Film, Video, ...), gilt, daß durch sie große ökonomische Bewegungen in Gang gesetzt werden (wie nicht zuletzt diese Untersuchung zeigt).

Medienkunst und -kultur scheint also in jedem Fall mit Wirtschaft zu tun zu haben. Umgekehrt gilt aber nicht unbedingt für jede audiovisuelle Produktion, daß diese mit Kultur bzw. noch seltener mit Kunst, die durch sie „geschaffen" oder zumindest dokumentiert wird, zu tun hat. Um feststellen zu können, inwiefern Kunst und Kultur von audiovisuellen Produktionen ausgehen bzw. damit verbunden sind, muß zunächst festgelegt werden, was Kunst und Kultur überhaupt ist.

WAS GENAU IST KUNST, WAS IST KULTUR?

Ein schneller Versuch zur Abgrenzung dessen, was als Kultur oder gar als Kunst aufgefaßt werden soll, und was nicht, kann in dieser ökonomischen Arbeit nicht gegeben werden. Es sollen weder die Definitionen von sozialwissenschaftlichen Handbüchern, die Einleitungen von Kunstführern, die berühmten Worte von Beuys noch die Definitionen anderer ökonomischer Arbeiten, die sich mit Kunst befassen, zitiert werden.

Da die Abgrenzung im Rahmen dieser Arbeit eine politische Aussage darstellt, soll sie jedem einzelnen überlassen werden. Hier soll nur festgestellt werden, welche Wirkungen ökonomisch betrachtet von Kunst und Kultur ausge-

---

563 Vgl. Abele, H., Bauer, H. (1984); Andreae, C. A. (1980); Blaug, M. [Hrsg.] (1976).

564 Andreae, C.A., Keuschnigg, C. (1983): S 24.

hen; dem Leser obliegt die Gewichtung der Bedeutung, die er diesen zuteil werden läßt. Selbst wenn feststünde, in welchem Falle z.B. eine Filmproduktion als Kunst aufzufassen ist, müßte für eine Bewertung die noch viel heiklere Frage geklärt werden, wie es sich mit der Meßbarkeit von Kunst verhält.[565]

Es soll nur betont werden, daß Kunst und Kultur nicht nur durch die Vergabe von „kulturellen" Medienproduktionssubventionen gefördert werden, sondern daß eine rein wirtschaftlich ausgerichtete Medienproduktionssubvention zur Schaffung von Kunst und Kultur beiträgt – wenn auch in einer anderen Form.

EXKURS: KULTURELLE FÖRDERUNG VS. WIRTSCHAFTLICHE FÖRDERUNG

In Diskussionen über Kunst und Kultur wird marktmäßig erbrachte und nach „wirtschaftlichen Kriterien" geförderte Kunst häufig als „kommerziell" abqualifiziert. Schlechter Geschmack und die Vermassung seinen bei dieser Form des Angebots unvermeidlich. Hieraus wird gefolgert, daß der Staat eingreifen muß, um Würde und Qualität der Kunst zu sichern.

Daher ist üblicherweise in den Verfassungen westlicher Demokratien die „Freiheit der Kunst" verankert sowie die Forderung, daß der Staat die Kunst zu fördern hat. Alleine wegen dieser Tatsache stehen Staat und Kunst seit jeher in einem angespannten und undefinierbaren Verhältnis: da ohne staatliche Förderung viele Kunstformen, darunter auch die Filmkunst, nicht mehr ausgeübt werden könnten, entscheidet letztlich der Staat als Geldgeber welche Kunst in welchem Ausmaß unterstützt werden soll. Der Förderungsgeber (Staat) befindet sich in einem Interessenskonflikt.[566]

Hinzu kommt die Problematik, daß der Staat an sich träge ist, und sich nur ungern für eine Veränderung öffnet. Kunst aber trägt in sich die Tendenz, das Bestehende zu verändern; Kunst ist ein Motor der gesellschaftlichen Weiter-

---

565 Auch zur Frage der Meßbarkeit von Kunst liegen Antworten von Ökonomen vor: *Ziethen* hält z.B. die Anzahl von Prämierungen bei Festivals für einen geeigneten Maßstab, um die künstlerische und kulturelle Qualität zu messen. Vgl. Ziethen, M. (1987): S 176.

566 Üblicherweise wird durch die Einrichtung weisungsfreier Vergabegremien versucht, der Gefahr der Einschränkung der Kunstfreiheit zu entgegnen.

bewegung. So wäre sinnvollerweise auch das zu fördern, was weder den Regierenden noch der Bevölkerung genehm ist.[567]

In den Statuten der meisten wirtschaftlichen Förderungsorganisationen ist verankert, daß zumindest in gewissem Ausmaß die „Filmkultur", bzw. wie sich die Filmboard Berlin-Brandenburg GmbH ausdrückt: „die Filmkulturwirtschaft", gefördert werden soll. Es stellt sich jedoch die Frage, ob auch bei „wirtschaftlichen" Förderungsinstitutionen ein derartiger Interessenskonflikt vorliegen kann, d.h. ob der Faktor „Kunst" bei der Förderungsvergabe ernsthaft zu berücksichtigen ist, oder ob alleine nach ökonomischen Kriterien vorgegangen werden kann.

Zunächst ist festzustellen, daß „Regionen" (Gemeinden oder Länder als Träger der wirtschaftlichen Förderungsorganisationen) in verschiedenem Ausmaß die gesetzliche Verpflichtung haben, Kunst und Kultur zu fördern: z.B. obliegt in Österreich die Kulturhoheit dem Bund, in Deutschland aber den Ländern.[568]

Liegt der Fall vor, daß in einer Region eine wirtschaftliche Förderungsinstitution neben die kulturelle tritt, so ist m.E. die Grundrechtsproblematik nicht gegeben, da die wirtschaftliche Förderungsinstitution nicht im Rahmen der Hoheitsverwaltung aktiv wird. Problematisch ist die Beurteilung allerdings dann, wenn es zu einer wesentlichen Umschichtung der Mittel zugunsten der wirtschaftlichen Förderungsinstitution kommt bzw. wenn es überhaupt keine kulturell ausgerichtete Förderungseinrichtung mehr gibt. Um klare Verhältnisse zu schaffen, sollten daher wirtschaftliche und kulturelle Förderung getrennt nebeneinander operieren. Fördert eine wirtschaftliche Filmförderungsinstitution eine Produktion, so ist es möglich, daß damit auch „Kunst und Kultur" gefördert wird, aber eben nicht verpflichtend.[569]

---

567 Der ehemalige deutsche Innenminister *Ernst Benda*, u.a. zuständig für die Vergabe von Filmprämien und Filmpreisen, versuchte der Problematik so zu entgehen: „[es wird darauf zu achten sein,] ob die angesprochenen Menschen die vorgelegten Filme auch wirklich wünschen." – Ein ebenfalls nicht unproblematischer Ansatzpunkt, zumal eine wichtige Funktion der Kunst auch die der Kritik ist. Vgl. Benda, E. (1969): S 264.

568 In Österreich und Deutschland besteht nicht nur ein uneinschränkbares Grundrecht auf Kunstfreiheit, sondern der Staat ist darüber hinaus verpflichtet, ein freiheitliches Kunstleben zu erhalten und zu fördern. Die Kunstfreiheitsgarantie verbietet es dem Staat, auf Inhalte, Tendenzen oder Methoden künstlerischer Tätigkeit in irgendeiner Form einzuwirken. Eine derartige Einwirkung könnte durch die staatliche Kunstförderung erfolgen. Vgl. Dörffeld, S. (1984): S 45 ff; Koch, E. (1980): S 72 ff.

569 Einen interessanten Effekt auf den Umfang der sich entfaltenden Kunst/Kultur hat auch die Form der Subvention (bzw. die Vergabe dieser): In Kanada wurden – ähnlich wie in

In Hamburg wurde per Anfang 1995 die wirtschaftliche Filmförderungsinstitution mit der kulturellen Filmförderungsanstalt in eine GmbH verschmolzen (um „wettbewerbsfähig" zu bleiben). Dies rief von verschiedenster Seite heftige Kritik hervor, wobei immer wieder auf das „duale Modell" in Nordrhein-Westfalen verwiesen wurde, dem einzigen deutschen Land, wo kulturelle und wirtschaftliche Förderung (noch) unabhängig voneinander agieren.[570]

Das duale Förderungssystem dürfte für mehr Vielfalt sorgen, wie *Ziethen* meint.[571] Auch Vertreter der Medienbranche, wie Manfred *Lahnstein* (ehemaliger Vorsitzender der Bertelsmann AG), sehen am ehesten einen Ausweg aus dem momentanen Förderungsdilemma in einer klaren Trennung von kultureller und wirtschaftlicher Filmförderung.[572]

WELCHE ART VON GUT IST KUNST?

Um ihre ökonomischen Eigenschaften bestimmen zu können, muß die Charakteristik des Gutes Kunst bestimmt werden. In den meisten Fällen handelt es sich um eine Dienstleistung (service), die teils privaten und teils öffentlichen Charakters ist: „although privately consumed [the arts] have important externalities".[573] Deshalb beschreiben *Baumol/Bowen* Kunst als „mixed service".[574]

In der Analyse ihrer Wirkungen ist zwischen direktem (internem) und externem Konsum bzw. zwischen der privaten und der kollektiven Komponente des Gutes Kunst/Kultur zu unterscheiden. Den „Direktkonsumenten", dessen Weg zum Kulturgenuß am Kartenschalter oder am Rundfunkgebühreneinzug

---

Irland – Filmproduktionen durch steuerliche Vergünstigungen gefördert. Durch den größeren Geldzufluß in die kanadische Filmindustrie stiegen die durchschnittlichen Produktionskosten erheblich, weswegen Verkäufe an das Ausland immer wichtiger wurden um die Kosten wieder einzuspielen. „Because foreign sales appear to be considered synonymous with foreign themes and stars, one result of the expanded investment fostered by the tax shelter may well have been a reduction in *truly Canadian* films!" Vgl. Bird, R. M. et al. (1985): S 406.

570 Schmitt, E. (1994): o.S. Die 1995 neu gewählte Koalitionsregierung in Nordrhein-Westfalen (SPD & Bündnis 90/Die Grünen) beschloß Mitte 1995 die Zusammenführung von Filmbüro und Filmstiftung NRW GmbH. Vgl. u.a. Schmitt, E. (1995): o.S.

571 Vgl. Ziethen, M. (1987): S 176.

572 Vgl. Lahnstein, M. (1992): S 39.

573 Cwi, D. (1980): S 41.

574 Vgl. Baumol, W. J., Bowen, W. G. (1976): S 53 ff.

vorbeiführt, belangt diese Externalitätenproblematik nicht weiter. Er offenbart seine Nachfrage am Markt und sorgt so für das seinen Präferenzen entsprechende Angebot. Die Nachfrage von externen Nutznießern beim Anbieter hingegen wird nicht berücksichtigt.

Externe Effekte der Kunst

Es gibt Güter, die alleine durch die ihnen immanenten Eigenschaften externe Effekte erzeugen können. Im reinen Fall ist es völlig gleichgültig, welche Personen diese Güter konsumieren und welche Beziehungen zu den betroffenen Personen bestehen (z.B. kläffende Hunde stören die Nachbarschaft). Allerdings sind gutsbedingte Effekte oft nur schwer von den personenbedingten zu unterscheiden.[575]

Das Gut Kunst/Kultur hat eine harte und eine weiche Form der konsumtiven Externalität. Die harte Externalität ist eine öffentliche Externalität im klassischen Sinn, d.h. keiner ist davon ausgeschlossen. Die weiche Form der Externalität bezieht sich auf verschiedene Ausprägungen, von denen die eine oder andere Person profitieren kann.

Externe Effekte aus der Existenz eines künstlerischen Angebots können sich als externe Vorteile bei anderen Produzenten materiell niederschlagen, bei Konsumenten dagegen in der Regel immateriell. Ein qualitatives Aufzeigen der Effekte wird aber bei Konsumeffekten aufgrund ihres immateriellen Charakters eher auf Unbehagen stoßen, als bei Produktionseffekten.[576]

Es liegen einige Studien vor, die versuchen, externe Effekte zu isolieren und zu quantifizieren. Problematisch ist nur, daß sich keine optimale Menge feststellen läßt, in welcher das externe öffentliche Gut Kunst/Kultur erzeugt werden soll.[577]

Der optimale regionale Versorgungsgrad mit Kunst kann hier nicht ausführlich diskutiert werden. Doch sei darauf hingewiesen, daß faktische Zwänge

---

[575] Holzamer, B. (1967): S 45 ff.

[576] Vgl. Wahl-Ziegler, E. (1978): S 213.

[577] *O´Shea* versuchte in einer empirischen Erhebung sogar eine Reihung der Attribute herauszufinden, die die Bevölkerung der Kunst gibt. Fast übereinstimmend wurde die Bedeutung als Touristenattraktion (96,4%) erkannt, weiters die als Optionsnutzen (95,5%), Educational benefit (96,4%), Source of community pride (93,5%), Stimulation of local talent (95,7%), attraction of new ideas (87,4%) und Resources Centre (89,3%). Die Angaben in Klammern bezeichnen die Summe der Antwortgruppen „Strongly agree“ und „Agree“. Diese Erhebung fand statt anläßlich der Evaluierung des Kulturzentrums der australischen Kleinstadt Mildura. Margaret O´Shea, zitiert in: Thorsby, C. D. (1982): S 4 ff.

bei der Festlegung der Höhe vorliegen. In der Kunst gilt der Grundsatz, der im übrigen für alle Arten von Medienproduktionen anwendbar ist, daß nicht selten zuwenig Geld zuviel Geld ist: „dann nämlich, wenn damit der künstlerische oder kulturpolitische Zweck nicht mehr erfüllt werden kann und das Geld somit zum Fenster hinausgeworfen wird."[578] Im Medienbereich läßt sich dieses Faktum auch damit begründen, daß die Produktionsfunktion von Medien eine transzendente Funktion ist, die eine nicht homogene Variante der *Cobb-Douglas* Funktion ist. Von einigen Inputs werden fixe Mengen benötigt, die nicht substituierbar sind: „La Mancha would definitively suffer, if Sancho were replaced by additional swords for Quixote. Nutcracker would not be the same if a custodian were substituted for ballet slippers."[579]

Wichtig ist auf jeden Fall die Feststellung von *Netzer* (ein Ökonom), daß Kunstformen interdependent sind: „Virtually all the musical art forms – opera, dance, concert „serious" music, jazz and the „popular" music forms – tend to support one another. They draw materials from each other and, more important, provide training and employment opportunities for professionals in the field. Thus, the consumer of one form of music is likely to derive some benefit from the flourishing of another form even if he does not patronise it and may actively dislike it. (If that form cannot flourish on its own, it may have a legitimate claim to public subsidy financed by tax payments from consumers of the other forms."[580] „So if you enjoy one of the art forms, you will benefit from support to the others."[581]

Daher darf Kunstförderung nicht auf einen einzigen Bereich konzentriert werden. Es ist auch nötig z.B. in Theater und Schauspielschulen zu investieren, um Schauspieler auszubilden. „Rundfunk und Fernsehen [und Filmindustrie] sollen niemals vergessen, daß sie geistig und personell in hohem Maße vom

---

[578] Nestler, P. zitiert in: O.V. (1983): S 56.

[579] Kampinsky, R. (1978): S 579.

[580] Netzer, D. (1978): S 22 f.

[581] Cwi, D. (1980): S 44. *Baumol/Bowen* weisen darauf hin, daß „[...] the live arts serve as an important training ground for the performers need to produce recordings, films and television programs [...]. Motion pictures and television cannot afford much experimentation and failure, as the penalty for not attracting the public is as extreme as the reward for pleasing it. Yet first-rate talent can be developed only if there are opportunities to experiment and freedom to fail." In Europa übernahmen (zumindest in der Vergangenheit) auch die public sector Fernsehveranstalter diese Funktion, man denke nur an die Rundfunkorchester. Baumol, W. J., Bowen, W. G. (1966): S 230.

Theater gespeist werden. Sie gewinnen von dort Autoren, Schauspieler, Sänger, deren Ausbildung nicht sie geleistet haben."[582]

Handelt es sich überhaupt um ein meritorisches Gut – oder auf Grund seiner hohen externen Effekte um ein gemischtes Gut? Um dies herauszufinden wurden einige empirische Studien durchgeführt.[583]

Eine umfassende Analyse stammt von *Luis Harris and Associates* (1973). Hier wurden US-Amerikaner zunächst nach ihrem Respekt in Bezug auf gewisse Berufsgattungen, darunter auch künstlerische (Regisseur, Schauspieler, ...), befragt. So stellte sich heraus, daß nach allgemeiner Auffassung Ärzte, Wissenschafter, Lehrer und Polizisten [sic!] zu den angesehensten Berufen gehören, während Regisseure, Schauspieler, Tänzer und andere künstlerische Professionen am Ende der Liste rangieren. Außerdem wurde zwar ein hohes Interesse gegenüber der bildenden Kunst zum Ausdruck gegeben, signifikant weniger Interesse kam bei den Befragten für die Formen der darstellenden Kunst auf. Vor allem aber wenn die Befragten direkt auf staatliche Subventionen für den Kultursektor angesprochen wurden, sprachen sich hierfür nur wenige aus, nämlich nur rund 15% der Bevölkerung. Die höchste Zustimmung als subventionsbedürftige „Kunstgattung" (50-70%) erhielten öffentliche Bibliotheken, botanische Gärten und historische Museen.[584]

Morrison/West interviewten in einer Untersuchung für Kanada jene Personen der Bevölkerung, welche sich selbst als Nichtbesucher von Kunst- und Kulturveranstaltungen bezeichnen, sich aber gleichwohl für eine Steuerfinanzierung der bestehenden staatlichen Kunst- und Kulturförderung aussprachen. Sie analysierten die Art des Nutzens, den sie als Gegenwert für die Steuerzahlung empfinden. Die hauptsächlichen Antworten lauteten: das Gefühl des Nationalstolzes, die Möglichkeit der Nutzung in der Zukunft, die Wohlfahrt der künftigen Generation u.ä.m.

Ähnlich sind auch die Ergebnisse der Untersuchung von *Nielsen/McQueen/Nielsen*, die den Willen zur (steuerlichen) Unterstützung von

---

[582] *Beer* plädiert daher auch für eine gewisse finanzielle Entlastung. Vgl. Beer, R. R. (1967): Schwerpunkte kommunaler Kulturpolitik – Europäische Vergleiche. Stuttgart, Berlin, Köln, 1967: S 67, zitiert in: Wahl-Ziegler, E. (1978): S 221.

[583] Die Problematik der Kunst als meritorisches Gut wurde vielfach abgehandelt. Vgl. u.a. Cwi, D. (1980).

[584] Harris, L. and Associates (1975): Americans and the Arts. New York 1975. Zitiert in Cwi, D. (1980): S 46 f.

Kunst in Abhängigkeit von Einkommen, Kulturkonsum und Freizeit untersuchten.[585]

In einer weiteren Untersuchung von *Useem/di Maggio/Brown* wurde 1970 eine Sekundäranalyse von 270 Studien zur dieser Thematik vorgenommen. Ergebnis war, daß die öffentliche Meinung über die Subventionierung stark von der Art der kulturellen Organisation abhängig war, die diese Unterstützung erhalten sollte „with museums faring far better than specific kinds of performing arts organisations [...] the rank order of the level of public support for the various art forms closely parallels the degree to which the forms attract a social elite audience." Die Bereitschaft, Steuern zur Unterstützung von Kunst zu zahlen ist „highly correlated with whether the individual is a cultural consumer [...] it is also clear that the arts still rank far below other priorities for most of the public. When a national sample was asked in 1975 to evaluate the importance of various community services, the arts rated below health, transportation, education, law enforcement, housing and recreational facilities."[586]

Tendenziell sprechen die Ergebnisse dieser Studien eher dafür, daß das bestehende Ausmaß von Kunstförderungen beibehalten und nicht ausgeweitet werden soll. D.h. die marginalen positiven externen Effekte scheinen den Grenzkosten (in Form von Steuerbelastung) zu entsprechen, während die inframarginalen Grenzkosten offensichtlich die Grenzkosten übersteigen.[587]

Für alle zitierten Untersuchungen gilt aber, daß sie einem differierenden Kunstbegriff unterliegen. Abgesehen von Veränderungen im Laufe der Zeit (steigender Wohlstand führt zu steigendem Kunstinteresse) liegen nationale Auffassungsunterschiede zum Thema „Kunst und Kultur" im allgemeinen und zum Thema „Subventionen" im speziellen vor (man denke nur an die US-Finanzpolitik in den 80-er Jahren).[588] Vor allem sei nochmals auf die starken

---

[585] Vgl. Nielsen, R. P., McQueen, C., Nielsen, A. B. (1976).

[586] Di Maggio, P., Useem, M., Brown, P. (1977): The American Arts Audience: Ist Study and Character. Cambridge, Mass. 1977, S 91. Zitiert in: Cwi, D. (1980): S 51 f.

[587] Vgl. Frey, B. S., Pommerehne, W. W. (1987): S 265; vgl. auch Kapitel OPTION VALUE (OPTIONSWERT), S 293.

[588] *Netzer* ist der Auffassung, daß Informationsmangel seitens potentieller Konsumenten ein weiterer Grund für das Marktversagen ist. Er stellt fest, daß Geschmack für Kunst, und infolgedessen die Bereitschaft einer Person, für Kunst Geld auszugeben, niemals entwickelt werden, wenn keine Möglichkeiten bestehen, das Produkt kennenzulernen. Um dieser Problematik Herr zu werden, müßten den kulturellen Institutionen große Informationsbudgets bereitgestellt werden. „The only way of overcoming the lack of information may be through subsidised production of more of the arts, so that would-be consumers and producers do have first-hand experience with the arts." Vgl. Netzer, R. (o.J.): S 82.

Unterschiede zwischen den USA (aus denen obengenannte Untersuchungen stammen) und Europa hingewiesen, wo Kunst traditionell eine andere Stellung einnimmt. Die Übertragbarkeit dieser Studien auf Europa scheint daher nur bedingt gegeben zu sein.

EFFEKTE VON KUNST UND KULTUR

Analysiert man die Menge derer, deren Steuerleistung zur Subventionierung von Kunst herangezogen wird, kann man diese in drei Gruppen nach der Art ihrer Betroffenheit von der Subvention unterscheiden:[589]

- **Unmittelbar betroffene Individuen:** Zu ihnen zählen in der Kunstbranche Tätige, deren Einkommen und/oder Beschäftigung durch die Subvention verbessert/erweitert wird. Auch Kunstkonsumenten können direkt davon profitieren, wenn die Bandbreite, Tiefe und Verfügbarkeit von künstlerischen Leistungen ausgedehnt wird und die Preise dieser Leistungen abnehmen. Diese Wirkungen wurden in den vorangegangenen Kapiteln aufgezeigt.
- **Individuen mit „option demand":** Zu dieser Gruppe gehören all jene Individuen, denen es zum Nutzen gereicht, daß Kunst verfügbar ist, obwohl sie zum gegenwärtigen Zeitpunkt nicht unmittelbar davon Gebrauch machen. Für sie ist es eine Befriedigung zu wissen, daß sie hinkünftig an künstlerischen Ereignissen teilnehmen können. Es wäre ein Verlust für sie, wenn diese Möglichkeiten verschwinden würden bzw. ein persönlicher Gewinn, wenn zusätzliche Möglichkeiten zur Konsumtion von Kunst entstünden. Eine Besonderheit dieser Gruppe liegt darin, daß der Grenznutzen für weitere Subventionen relativ gering ist, d.h. diese Gruppe verspürt nur in geringem Ausmaß, ob das Kunstangebot etwas höher oder geringer ist.
- **Indirekt Betroffene:** Alle restlichen Individuen, die weder über die Verfügbarkeit von Kunst bescheid wissen, noch bescheid wissen wollen, profitieren zumindest durch die ökonomischen Spillovers indirekt von Subventionen – in diesem Ausmaß profitieren natürlich auch die beiden anderen Gruppen.

---

[589] Russell, M. (1980): S 72 f.

Im folgenden soll näher auf die einzelnen Nutzenbereiche eingegangen werden, die durch Kunst und Kultur entstehen. Abschließend sollen die negativen Nutzen, deren es aber nur wenige gibt, besprochen werden.

SOZIALE EFFEKTE

„The arts enhance national or local identity, pride and international prestige.“ [590] In Zusammenhang mit Kunst und Kultur wird häufig das Bedürfnis nach regionalem oder nationalem Selbstwertgefühl zitiert. Dieses Selbstwertgefühl kann nur wachsen, wenn eine Region (oder Nation) eigene kulturelle Wurzeln hat. Keine Region kann parasitär ausschließlich von importierter Kultur leben, sie muß selbst etwas Eigenständiges schaffen. Diese Bedeutung des eigenständigen kulturellen Schaffens wird auch in solchen Fällen betont, in denen Teilbereiche von Kunst und Kultur, wie z.B. der Film, einer übermächtigen ausländischen Konkurrenz gegenüberstehen.[591]

Dieser Nutzen des (internationalen) „Prestiges“ wird auch vom Nichtpublikum unentgeltlich als Kollektivgut genossen. „Stolz und Befriedigung über das kulturelle Niveau eines Landes und das entsprechende Auslandsecho sind zwar immaterielle Effekte, aber relativ plausibel, zumal auch politisch nutzbar.“[592]

Gleichzeitig ist eine weitere wichtige Funktion der Kunst die der ständigen Kritik der nationalen (regionalen) Position. Kunst gilt deshalb auch als Faktor der Erneuerung und Innovation.[593]

In eine ganz ähnliche Richtung zielt die Überlegung, daß die Ausübung der Künste wesentlich dazu beiträgt, in einer Gesellschaft kreative Gedanken zu entwickeln, die Fähigkeit der kritischen Einschätzung zu steigern und ästhetische Standards zu schaffen, wovon letztlich alle Individuen positiv berührt werden.[594] Auch trägt die kreativitätsfördernde Funktion der Kunst zur Entla-

---

590 Cwi, D. (1980): S 43.

591 Vgl. Hummel, M., Berger, M. (1988): S 39 und darin angegebene Quellen.

592 Vgl. Wahl-Ziegler, E. (1978): S 228 f.

593 Vgl. O'Hagan, J. W., Duffy, C., T. (1987): S 13; Kapitel FORSCHUNG UND INNOVATION, S 295.

594 Allerdings lassen sich diese Nutzenströme nur zu kleinen Teilen über den Markt internalisieren. In abgeschwächtem Maße gilt dies auch für externe Effekte der Produktion, z.B. wenn die Medien und andere Branchen in erheblichem Umfang von den Künstlern profitieren, ohne daß die Ausbildung der Künstler marktmäßig abgegolten wird. Vgl. Frey, B. S., Pommerehne, W. W. (1987): S 263 f.

stung in einem in seinen qualitativen Anforderungen immer intensiver werdenden Arbeitsleben bei. Die Förderung des für die moderne Wirtschaftsstruktur wichtigen „kreativen" Menschen findet zunehmend Beachtung. Ein kulturell reges Klima einer Region – so meint *Solf* – kann die Kreativität des Einzelnen beflügeln, die Auswirkungen hieraus können Wachstumsimpulse auf wirtschaftlicher Ebene setzen.[595]

Viele Argumente gehen davon aus, daß der Konsum von Kunst und Kultur eine Art „Besserungs- oder Veredelungseffekt" hat. Annehmen läßt sich, daß auch die Nichtbesucher über eine verbesserte gesellschaftliche Atmosphäre Nutzen empfinden können, z.B. im Umgang mit Leuten, deren Persönlichkeitsentwicklung, Sensitivität, Reaktivität oder Kreativität durch den direkten Konsum von Kunstleistungen gefördert wurde.[596]

Dieser mögliche Effekt wird umso größer sein, je breiter die Basis der direkt durch Kunst angesprochenen Menschen ist. Daher spielt Kunst eine wesentliche Rolle in der Erziehung von Kindern und Erwachsenen: „The Arts play an important role in integrating individuals into subcultures within the larger society; they provide a running critique of social policy; they act on value systems that accelerate or retard change and they educate individuals to new role possibilities and styles of life."[597]

Baumol/Bowen argumentieren: „[...] if a liberal education confers indirect and non-priceable benefits upon the community, the same must be true for the arts. If the teaching of the humanities makes for a finer civilisation, for a richer community, for a better life of everyone, this is necessarily so with the arts as well."[598]

Der kulturelle Austausch zwischen verschiedenen Regionen oder Nationen kann schließlich nicht nur die Weiterentwicklung befruchten, sondern auch zur Völkerverständigung beitragen.

---

595 Vgl. Solf, G. (1992): S 83.

596 Vgl. Wahl-Ziegler, E. (1978): S 226 f.

597 Toffler, A. (1969): The Arts of Measuring the Arts. In: Gross, B. [Hrsg.](1969): Social Intelligence for Americas Future. Explorations in Societal Problems. Boston 1969. S 263 zitiert in: Cwi, D. (1980): S 43; vgl. auch Wahl-Ziegler, E. (1978): S 227; O'Hagan, J. W., Duffy, C., T. (1987): S 15 ff. Der Bildungs- und Erziehungswert stellt im übrigen eine (marginale) technologische Externalität dar. Der Nutzen auf den direkten Konsumenten und dessen mittelbare Wirkung auf die Nicht-Besucher ergibt sich aus jeder zusätzlichen Konsumtion.

598 Baumol, W. J., Bowen, W. G. (1966): S 385.

OPTION VALUE (OPTIONSWERT)

Im Gegensatz zu den oben genannten „sozialen Effekten", die im Grunde der gesamten Bevölkerung zugute kommen, bezeichnet der „Option Value" (Optionswert) den Nutzen, den Nichtkonsumenten aus dem Kunst- und Kulturangebot ziehen. Ein Teil des Optionswerts drückt sich dadurch aus, daß nur wenige Leute darüber glücklich wären, würde ihre Heimat im Ausland bekannt als „a cultural wasteland, a nation in which Mammon had put beauty and art to rout".[599]

Wie man an diesem Beispiel erkennen kann, zieht der Einzelne bereits aus dem Bestehen eines kulturellen Angebots einen beträchtlichen Nutzen, auch wenn er es (gegenwärtig) nicht in Anspruch nimmt. Der Optionswert kommt auf dem Markt indessen nicht zum Ausdruck, weil er nicht als effektive Nachfrage geäußert wird. Er wird allenfalls in privaten Spenden und in der Mitgliedschaft zu einem Förderverein von Kulturinstitutionen ersichtlich. Jedoch ergibt sich gleichzeitig das Problem des „Trittbrettfahrens", so daß aus diesen Aktivitäten höchstens die minimale Wertschätzung geschlossen werden kann.[600] Individuen haben keinen Anreiz, den Nutzen und die daraus resultierende Zahlungsbereitschaft offenzulegen. Mit großer Wahrscheinlichkeit wäre der ehrlich bekanntgegebene Nutzen bei einem Großteil der Optionsnachfrager zu gering, als daß sich der Aufwand für Optionsvermarktung und Zahlungseinzug rechtfertigen ließe.[601]

Auf der anderen Seite ergab eine Befragung von Nichtbesuchern kultureller Veranstaltungen in Deutschland (definiert als Personen, die zumindest innerhalb der letzten drei Jahre keinen Theaterbesuch absolviert haben), daß keiner von ihnen das institutionelle Theater abgeschafft sehen wollte. Explizit wurden die Befragten darauf hingewiesen, daß diese Institution Steuergeld beansprucht, das alternativ für „notwendige" Einrichtungen wie Schule und Krankenhäuser eingesetzt werden könnte.[602]

Eine besondere Art des Optionsnutzens ist die Bewahrung von Kunst und Kultur für künftige Generationen.

---

599 Baumol, W. J., Bowen, W. G. (1966): S 383; vgl. auch Horlacher, F. (1984): S 16 f.

600 Vgl. W. Pommerehne in: O.V. (1983): S 68; Frey, B. S., Pommerehne, W. W. (1987): S 263 f.

601 Vgl. Horlacher, F. (1984): S 17, Solf, G. (1992): S 87.

602 Vgl. Solf, G. (1992): S 88.

ZUKÜNFTIGE GENERATIONEN

Die heutige Generation trägt die Verantwortung dafür, daß auch zukünftige Generationen Zugang zu gegenwärtigem künstlerischen Schaffen haben. Auf Basis dessen soll auch das hinkünftige künstlerische Schaffen seinen Platz finden: „Those concerned about future generations believe that we have a responsibility to assure continuity and access in future years to the product of current artistic endeavour.“ [603]

Dieses Argument geht davon aus, daß zukünftige Generationen unsere kulturellen Interessen teilen und daß es ihnen nicht möglich ist, diese wiederzubeleben – sollte das ihr Wunsch sein.[604] Das Problem der Nutzenerzeugung zugunsten zukünftiger Generationen ist die Unkenntnis ihrer Präferenzen: „The argument by appeal to future generations assumes that future generations will (or ought to) share the proponent's cultural interests, and that future generations will be too poor to revive these interests should this be necessary.“[605]

Nach diesem Ansatz verhält es sich mit den künstlerischen Ressourcen wie mit den natürlichen Ressourcen – once gone, they are gone forever. Dies trifft sicherlich für Kunstobjekte zu (Gemälde, Skulpturen); unklar ist, ob es auch für künstlerische Traditionen zutrifft. *Qui* meint, daß künstlerische Fertigkeiten und künstlerische Stile über Generationen hin bewahrt bzw. später wieder ausgeübt werden können – man beachte aber hierbei, daß es sich um die Meinung eines Ökonomen handelt.[606] Es gibt aber auch Ökonomen, etwa *Horlacher* und *Frey/Pommerehne*, die der Meinung sind, daß Vakua im künstlerisch-kulturellen Tradierungsprozeß vermieden werden müssen. Nur ständige künstlerische Aktivität sichert ihrer Meinung nach die kulturelle Kontinuität, Qualität und Vielfältigkeit sowie den späteren Zugang zu den Erzeugnissen künstlerischen Bemühens.[607]

Und eben diese Vorsorge für die Zukunft kann in der Gegenwart Kosten verursachen, die vom öffentlichen Sektor beglichen werden müssen. Viele künstlerische Aktivitäten würden sonst entweder überhaupt verschwinden oder aber nur in einer sehr eingeschränkten Art und Weise ausgeführt werden.

---

603 Cwi, D. (1980): S 44 f.

604 Vgl. Cwi, D. (1980): S 44 f; O'Hagan, J. W., Duffy, C., T. (1987): S 16.

605 Cwi, D. (1980): S 43.

606 Cwi, D. (1980): S 45.

607 Vgl. Horlacher, F. (1984): S 17; Frey, B. S., Pommerehne, W. W. (1987): S 263 f.

Ein staatlicher Eingriff wird deshalb für notwendig erachtet, da der Markt versagt, denn Erhaltung bedarf finanzieller Mittel in der Gegenwart.[608] „We have all met people who admit they have never themselves learned to enjoy a particular art form, but felt it important that such an opportunity be available to other members of their families. The same phenomenon has a significant extension to the posterity of the community as a whole."[609]

FORSCHUNG UND INNOVATION

Kunst gilt als ein Motor der gesellschaftlichen Erneuerung. Dies ist für praktisch alle menschlichen Tätigkeitsbereiche, auch die ökonomischen, gültig. Als banales Beispiel sei hier auf die von Filmen eingeleiteten Modetrends hingewiesen.

Ein wichtiger Grund dessen liegt in der Tatsache, daß es im Bereich der Kunst zahlreiche urheberrechtsfreie Zustände gibt, die in vielen Fällen die kostenlose Übernahme gewisser Ideen, Konzepte etc. ermöglichen. *Hummel/Berger* sprechen insofern von einem „Versagen des Ausschlußprinzips", als daß die Nutznießer einer wirtschaftlichen Aktivität nicht zur Zahlung eines Marktpreises für eben diese Aktivität herangezogen werden können. Künstler werden regelmäßig nicht für die Konsumtion ihrer Leistung entschädigt – d.h. die Gegenleistung fehlt.[610]

Auch mit einer entsprechenden Gestaltung der Urheberrechte können nicht alle Möglichkeiten einer kostenlosen Nutzung künstlerischer Kreativität ausgeschlossen werden. Damit wird Kunst zu einem kostenfreien Produktionsfaktor für die Schaffung neuer künstlerischer oder industrieller Produkte.

Ökonomische Begründungen staatlicher Aktivitäten können hier analog zum Bereich der Forschungsförderung (v.a. Grundlagenforschung) abgeleitet werden, deren Ergebnisse erst in Innovationen umgesetzt werden müssen. Die Ergebnisse künstlerischen Schaffens müssen daher als Informationsquelle betrachtet werden, deren Vermarktung extrem schwierig ist.

---

608 Vgl. Wahl-Ziegler, E. (1978): S 229; Cwi, D. (1980): S 44 f.

609 Baumol, W. J., Bowen, W. G. (1966): S 384.

610 Vgl. Hummel, M., Berger, M. (1988): S 35.

REGIONSIMAGE

Diese „kostenfreie" Inanspruchnahme ohne Zahlung eines Marktpreises läßt sich indes nicht nur auf der Produzentenebene beobachten. „Sie kann auch auf der Endnachfrageebene und hier vor allem bei privaten Haushalten beobachtet werden: Ein reiches Kunst- und Kulturangebot steigert die Attraktivität einer Region für ihre Einwohner, selbst wenn sie die vorhandenen Einrichtungen nicht in Anspruch nehmen."[611] Das Regionsimage kann ebenfalls eine Sonderform des Optionsnutzens sein.

Der (wirtschaftliche) Erfolg einer Stadt/Region hängt also auch davon ab, was die Leute (Einwohner und Außenstehende) über sie denken. Die Bildung eines solchen Images überlassen die größeren Städte und Regionen übrigens schon längst nicht mehr dem Zufall. Es bildet einen integralen Bestandteil des „Citymarketing", dessen Ziel es ist, die städtische Entwicklung zu reflektieren und die Stadtpolitik auf die Bürger zu konzentrieren. Kunst hat dabei nach *Penne/Shanahan* folgende Bedeutung:

- „The arts can contribute to an animation strategy for a specific development of the city area.
- Entertainment and cultural facilities can be components of a mixed use to structure area development or redevelopment.
- The arts can be incorporated explicitly into a strategy of attracting business.
- The arts are an attractive and productive focus for private investment in civil improvement efforts.
- The arts can improve city's overall image, offering increased potential for tourism and for business investments."[612]

Die kulturelle Planung wird damit zum integrierenden Bestandteil der gesamten Entwicklungsbemühungen einer Stadt.

[611] Hummel, M., Berger, M. (1988): S 36.

[612] Penne, L., Shanahan, J. L. (1987): S 145.

STANDORTFAKTOR KUNST – „ATTRAKTIONSEFFEKT“

Ein Teil dessen, was oben als Regionsimage bezeichnet wurde, ist auch unter dem Namen „Standortfaktor“ bzw. als „Attraktionseffekt“ bekannt. Genau genommen zählt das künstlerische Angebot zu den „weichen“ Standortfaktoren, wie auch Freizeit oder die Verfügbarkeit von sozialen Einrichtungen und Wohnraum. Im Rahmen einer exogen orientierten Ansiedlungspolitik für Unternehmen werden Kulturleben und kulturelle Infrastruktur als Faktoren für die Lebensqualität und somit als Faktoren für die Regionalentwicklung gesehen.[613]

Auf jeden Fall muß das Kulturangebot eine gewisse Kontinuität aufweisen, um sich als wahrer Standortvorteil herauszustellen.[614] Es darf aber hier nicht nur eine Kunstgattung alleine betrachtet werden, sondern nur das Kunstangebot als ganzes. Zumeist verhält es sich auch so, daß das Kunstangebot entweder umfassend kleiner bzw. größer ist und nicht einzelne Kunstgattungen alleine dominieren.

Dies schließt jedoch nicht aus, daß sich in verschiedenen Regionen/Städten verschiedene Schwerpunkte bilden. Als Beispiele dafür, wie Kultur eine Region verändern kann, gelten etwa die Versuche, das Image der „Bankenstadt“ Frankfurt aufzuwerten oder der Versuch, der Industrieregion Baden-Württemberg kulturelles Profil zu geben.[615]

„Das Kulturangebot ist ein die Produktionsbedingungen anderer Produzenten prägender Standortfaktor, und zwar sowohl inputseitig – günstigere Verfügbarkeit qualifizierter Arbeitskräfte – als auch outputseitig – bessere Absatzchancen durch zugereiste Fremde, Touristen, usw.“[616] Dabei ist zweierlei zu bedenken: erstens sind Effekte dieser Art nicht a priori extern. Allgemein, d.h. theoretisch, ist zu erwarten, daß positive Effekte der Kultur bezüglich Standort, Beschäftigung, Wachstum, usw. sich auch in einer gesteigerten Wertschätzung niederschlagen (z.B. Sponsoring und Mäzenatentum zur Erhaltung des Angebots für Mitarbeiter). De facto dürfte der Produzent aber nur in ge-

---

613 Vgl. Ministerium für Wirtschaft, Mittelstand und Technologie des Landes Nordrhein-Westfalen [Hrsg.] (1995): S VI.

614 Vgl. Wahl-Ziegler, E. (1978): S 217 f.

615 Vgl. Solf, G. (1992): S 70 ff; Henrichsmeyer, W., Britz, W., Rau, T. (1989): S 6 f.

616 Horlacher, F. (1984): S 15.

ringem Maße für seine Nutzenemission entschädigt werden (Ausschlußproblem). Insofern liegen positive Externalitäten vor.[617]

Das *Deutsche Institut für Wirtschaftsforschung* versuchte 1991 in einer Studie über Kultur als Wirtschaftsfaktor in Berlin die Bedeutung dieses Faktors zu erheben. Ergebnis war, kurz skizziert, daß „Kulturelles Angebot" der wichtigste weiche Standortfaktor nach „Wirtschaftsstruktur und -kraft" ist, gefolgt von „Städtebauliche Gestaltung" und „Mentalität der Einwohner". Insgesamt erfahren die weichen Faktoren eine steigende Bedeutung, u.a. auch deshalb, weil das immer wichtiger werdende „Potential an qualifizierten Arbeitskräften" („Harter Standortfaktor") wiederum stark von weichen Faktoren beeinflußt ist.[618] Der für die Anziehung qualifizierter Arbeitskräfte wichtige imagebildende Aspekt einer kulturell aktiven Gegend spiegelt sich auch in der Diskussion um den Prestigewert wieder. Die Künste vergrößern, so das Argument, die regionale und nationale Identität, den Stolz und das internationale Prestige.[619]

Vor allem erlangen die weichen Standortfaktoren angesichts des hohen Entwicklungsstandes (d.h. Konvergenz der harten Faktoren) immer größere Bedeutung. Hinzu kommt, daß der Standortfaktor Kunst – im Gegensatz zu anderen Faktoren – auf keinerlei besondere Voraussetzung angewiesen ist und sich vergleichsweise rasch etablieren/verbessern läßt.[620]

Den betriebswirtschaftlichen Verlusten von Kultur- und Kunstorganisationen stehen also eingesparte Regionswerbekosten bzw. positiv beeinflußte Verdienstchancen der begünstigten Produzenten gegenüber. Auch Ansiedlungsförderungen können auf diese Art und Weise bis zu einem gewissen Grad kompensiert werden (branchenabhängig).

---

617 Horlacher, F. (1984): S 15 f.

618 Vgl. Geppert, K., et al. (1992): S 170 ff.

619 Vgl. Solf, G. (1992): S 85. Dieser Effekt ist grundlegend als technologisch zu klassifizieren. Er wird durch die internationale Distribution der Medienprodukte und durch entsprechend positive (Presse-) Kritiken weiter verstärkt.

620 Im Gegensatz dazu stehen Standortfaktoren wie „Nähe zum Absatzmarkt" die faktisch unbeeinflußbar sind oder „Verkehrsverbindungen", die jahrzehntelangen Aufbaus bedürfen und äußerst kapitalintensiv sind.

NEGATIVE EXTERNE EFFEKTE

Die von Kunst und Kultur ausgehenden negativen Effekte sind – verglichen mit ihrem Nutzen – marginal. Aus Vollständigkeitsgründen sei an dieser Stelle auf die in der Literatur genannten Nachteile verwiesen:

- Verärgerung über den elitären Charakter bestimmter Kulturinstitutionen und deren Besucher.[621]
- Ärger über Kunst und Kultur an sich.[622]
- Intoleranz gegenüber Unvollkommenheiten anderer Lebensbereiche, soweit die künstlerische Arbeit als „perfekt" aufgefaßt wird [sic!].[623]

FOLGEWIRKUNGEN DES KONSUMS (2) – TOURISTISCHE WERBEWIRKUNG

Fördert eine Region Medienproduktionen mit dem Zweck der Tourismuswerbung, so muß zwischen zwei verschiedenen Wirkungsebenen unterschieden werden:

1. **Attraktionseffekt:** Die Medienproduktion stellt selbst einen Beitrag zum Aufbau eines interessanten Regionsimages dar. Es handelt sich oft um anspruchsvolle Produktionen, die z.B. das Wesen der Region zum Inhalt haben und auch für die regionale Bevölkerung von besonderem Interesse sind. Dieser Effekt wurde in obigem Kapitel STANDORTFAKTOR KUNST – „ATTRAKTIONSEFFEKT", S 297, besprochen; er ist wesentlich umfassender als der reine Werbeeffekt.
2. **Reiner Werbeeffekt:** Die Medienproduktion dient zur Übermittlung eines Tourismusimages; sie wird lediglich „passiv" als Kulisse verwendet.

---

[621] Vgl. Horlacher, F. (1984): S 17.

[622] Vgl. Horlacher, F. (1984): S 17.

[623] Vgl. Hendon, N. (1979): S 194.

In beiden Fällen hängt die Stärke des realisierbaren Effekts fast proportional von der Anzahl der erreichten Zuseher ab. Zusätzlich kommt es darauf an, wie die Produktion konzipiert ist, in welchem Zusammenhang die Region darin vorkommt, ob es sich bei den Zusehern um die richtige Zielgruppe handelt, in welcher Verfassung die Zuseher die Produktion konsumieren etc..

Beim reinen Werbeeffekt handelt es sich um eine Form des *Product Placement*, indem die Region erkennbar als Urlaubsgebiet dargestellt wird. *Hormuth* bezeichnet diese spezielle Werbeform als *Country Placement*. Er subsumiert darunter die Art und Weise, wie sich einzelne Städte, Regionen oder Länder in den letzten Jahren verstärkt um die Gunst der Reisenden bemühen. Als Beispiele nennt er eine in Deutschland gedrehte Folge der TV-Serie „Dallas" sowie die Fernsehserie „Die Schwarzwaldklinik", die einen deutlichen Einfluß auf den Tourismus im Schwarzwald hatte (vgl. Fallstudie unten).[624]

Der Markenname „Region X" wird damit bei einem breiten Publikum propagiert, was sich zu einer umfassenden Werbewirkung für die Region als Ganzes ausweiten kann, wie folgendes Beispiel illustriert: „The externality effect of showing Australian films overseas is the dissemination of knowledge about Australia [...] The effects of this increased exposure of Australia in international markets are to stimulate demand for other Australian products and to promote Australia as a tourist destination."[625]

Ein Country Placement macht aber nur im Rahmen einer umfassenden Tourismus-Werbestrategie Sinn. Diese Werbeform erreicht ihren höchsten Wirkungsgrad in Kombination mit anderen, direkten Werbeformen. Wichtig für einen hohen Wirkungsgrad ist ebenfalls, daß Sponsor (Region) und Programm zusammenpassen.[626]

Welche Bedeutung Country Placement als Werbemittel für den Tourismus hat, zeigt eine Untersuchung, die das irische *Bord Fáilte* 1993 unter den Irland Urlaubern durchführte. Diese wurden nach ihren persönlichen Informationsquellen befragt, die sie dazu bewogen haben, einen Urlaub in Irland zu verbringen. Wie *Abbildung 57* zeigt, war „Films/Movies" die fünftwichtigste Informationsquelle, die diese Entscheidung beeinflußte.[627]

---

624 Vgl. Hormuth, S. (1993): S 72 f.

625 Schou, K. (1982): S 3.

626 M. Alefeld, zitiert in: Westermeier, K. (1995): S 26; Gordon, M., Spitzer, G. (1993).

627 Durch die steigende Produktionstätigkeit in Irland wird vom Board auch ein Anstieg im Tourismus erwartet. Vgl. Bord Fáilte, zitiert in: Irish Business and Employers Confederation IBEC [Hrsg.] (1995): S 17.

Werbemittel des irischen Tourismus		
Source of Information	*Listed as a Source*	*Listed as primary Source*
Word of Mouth	64%	42%
Books/Maps of Irish Tourist Board	35%	13%
Literature	27%	12%
Magazine Articles	20%	6%
Films/Movies	19%	5%
Other Tourism Brochures	16%	6%

Abbildung 57: Werbemittel des irischen Tourismus[628]

Erfassung

Nur in wenigen abgrenzbaren Regionen läßt sich aufgrund eines meßbaren Tourismusbooms ex-post der Erfolg eines Country Placement abschätzen. In der Regel sind solche Schätzungen unmöglich, da das Tourismusaufkommen durch eine Vielzahl von Faktoren beeinflußt wird. In diesen Fällen muß sich die Erfassung des Effekts auf die Werbewirkung selbst, und nicht auf ihre regionalen Auswirkungen, stützen.

In Anlehnung an *Meffert* seien als wichtigste Komponenten der Werbewirkung genannt:[629]

- **Reichweite des Programms:** Anzahl der Zuschauer, die das Programm konsumieren. Diese ist beeinflußt durch den Zeitpunkt und die Dauer der Übertragung, etwaige Wiederholungen, Renommee des Fernsehkanals etc..
- **Wahrgenommene Programmattraktivität:** „Qualität“ des Programms (wie gut kann der Zuseher die Werbenachricht aufnehmen).

Die Zuschauerforschung und die Werbewirkungsforschung bieten geeignete Methoden zur Erfassung dieser Parameter. Problematisch daran ist allerdings, daß in der Regel erst im Nachhinein festgestellt werden kann, wie viele Personen die Produktion (weltweit) gesehen haben. Nur in seltenen Fällen ist der geplante Sendeplatz bereits bei Produktionsbeginn bekannt, wodurch ungefähre Schätzungen ermöglicht werden. Fällt eine Produktion schlecht aus, wird ihr Sendeplatz u.U. verschoben oder sie wird nie gesendet. Auch die Prognose der

[628] Quelle: Bord Fáilte, zitiert in: Irish Business and Employers Confederation IBEC [Hrsg.] (1995): S 17.

[629] Vgl. Meffert, H. (1993): S 14.

Verwertungsschritte, die das Produkt erleben wird (insbesondere die Auslandsverwertung) ist praktisch unmöglich.[630]

Für Kinofilme gilt, daß in praktisch allen Ländern (außer Österreich) die Anzahl der pro Film verkauften Eintrittskarten erhoben werden kann. Eine ex-post Kontrolle ist daher in jedem Fall möglich, auch wenn der Förderer vom Subventionsempfänger keine Auskunft über den Markterfolg der Produktion erhält.[631]

Während ex-post Analysen relativ exakt durchgeführt werden können, sind ex-ante Betrachtungen des Werbeeffekts auf Expertenprognosen zu stützen.

Bewertung

Auch wenn bei konservativen Prognosen nur die Werbewirkung der Erstausstrahlung in Anbetracht gezogen wird, muß diese bewertet werden. Ein interessanter Ansatz hierfür stammt von der Film Commission *Cine Austria* (vgl. unten). In einer internen Studie (*Kosten-Nutzen-Analyse des Videoarchivs der Österreich Werbung*) wird der Sekundenpreis für Werbespots als Schattenpreis für die Nutzenerfassung herangezogen.[632]

Der Vorteil dieser Methode liegt darin, daß der Werbepreis die Anzahl der Zuseher und die Qualität ihrer Aufmerksamkeit reflektiert („Reichweite" i.w.S.). Aufgrund der Länge der Produktionen (bis 90 Minuten) können sich aber astronomische, unrealistische Schattenpreise akkumulieren.

Da Product Placement aufgrund seines unaufdringlichen Charakters nicht mit einem Werbespot gleichzusetzen ist, erscheint die Anwendung eines Bruchteils des Werbepreises angemessener. Die genaue Ausgestaltung dieses Prozentsatzes sollte sich nach der geschätzten Werbewirkung (z.B. Wie viele Minuten ist die Region zu sehen? Wie oft wird der Name der Region genannt? Ist der Name der Region im Titel des Programms?) richten.

---

630 Vgl. Hüttner, M. (1989): S 135 ff.

631 Vgl. Gordon, M. (1996b).

632 Persönliches Interview mit Janina Nuñez Ramirez (Cine Austria, Österreich Werbung).

FILM COMMISSIONS

Film Commissions sind Organisationen, die von Städten, Ländern, Provinzen, Regionen oder einem Staat ins Leben gerufen werden und vom öffentlichen oder halböffentlichen Sektor (insbesondere Handelskammern und Tourismusorganisationen) finanziert werden. „Their primary responsibility is to attract film and video production to their area in order to realise economic benefit from luring local crew and talent, renting local equipment, buying hotel space, or utilising any number of goods and services supplied on location. In attracting the film industry into their area, they also attract visitors. Films shot in particular locations are themselves „soft-sell" vehicles that in turn promote tourism and future industry development."[633]

Die Wurzeln dieser Institution liegen im anglo-amerikanischen Raum. Weltweit existieren an die 250 Commissions in 22 verschiedenen Ländern, davon alleine 180 in den USA. Sie sind im Dachverband „Association of Film Commissioners International" (*AFCI*) organisiert, der gemeinsame Marketingaktivitäten veranstaltet. Im deutschen Sprachraum gibt es solche Institutionen nur in Wien (*Cine Austria*) und München (*Munich Film Information Office*), in Großbritannien hingegen gibt es Film Commissions in zehn verschiedenen Regionen.[634]

Die Ziele, die von Film Commissions verfolgt werden, ähneln denen der regionalen Förderungsorganisationen: ihre Arbeit soll zu Regionalausgaben und zu touristischer Werbewirkung führen. Film Commissions existieren in Europa regelmäßig *neben* regionalen Filmförderungsorganisationen. Sie bieten keine Förderungsgelder an, dafür aber ein umfassendes *kostenloses* Dienstleistungsangebot, das von Ort zu Ort etwas unterschiedlich ist, sich aber – nach Eigendefinition – mit drei Worten zusammenfassen läßt:[635]

---

633 Association of Film Commissions International [Hrsg.] (1995): o.S.

634 Auch Irland denkt an die Einrichtung einer Film Commission: „The principal role of a Commission would be to encourage overseas film producers to make their films in Ireland. As well as promoting Ireland as a location, a film commission would also act as a facilitating agency for film producers on issues such as liaison with public authorities and Irish film industry personnel." Dublin Chamber of Commerce [Hrsg.] (1993): S 10.

635 Vgl. Chiesa, G., Tealdi, S. (1995): S 53.

- **rapidity**: 24 Stunden Bearbeitungs- und Antwortservice für Locations und für das Besorgen von Drehgenehmigungen.
- **professionalism**: Die Arbeit der Film Commissions setzt bereits in der Script-writing Phase ein.
- **reliability**: Umfassende Datenbanken über die regionalen Ressourcen (Drehorte, Personal, technische Ausstattung) ermöglichen die Erstellung umfangreicher Angebote.

Ein ähnlicher Service wird – primär in Regionen ohne Film Commission – auch von manchen Förderungsorganisationen angeboten. Dieser beschränkt sich aber in vielen Fällen auf ein Produktionshandbuch, das alle notwendigen Adressen und Basisinformationen (Klimatabelle, Flugverbindungen etc.) enthält.[636]

Beispiel „Cine Austria"

Cine Austria ist eine Film Commission, die vornehmlich das Ziel der Tourismuswerbung verfolgt. Diese Film Commission ist im Rahmen der *Österreich Werbung* in Wien, New York und Los Angeles aktiv mit dem Hauptziel, „die Tourismusnation Österreich über die Kommunikationsschiene Film und Fernsehen an potentielle Gäste heranzutragen".[637] Zwei Personen sind ganztägig bei *Cine Austria* beschäftigt, die Außenstellen der Österreich Werbung und andere interne Abteilungen werden bei Bedarf hinzugezogen. Das Marketing wird größtenteils durch die Nebenstellen im Ausland durchgeführt.

Österreich als Location für Filmproduktionen anzubieten gilt seit dem „Dritten Mann" und „Sound of Music" als ein wichtiges Regulativ, um bekannt zu werden. Dabei ist nicht der kurzfristige Erfolg, sondern der langfristige Imagetransfer das Ziel.[638] Die Aufgaben von Cine Austria sind deshalb vielfältig und reichen von der grundsätzlichen Beratung, der Hilfestellung bei den Vorarbeiten und während der Dreharbeiten sowie der Bereitstellung benötigter Informationsmaterialien bis zur Koordination diverser Dienstleistungen und österreichischen Koproduzenten. Beispielsweise werden Guides bestellt, Transfers und Hotels gebucht, Drehgenehmigungen organisiert etc..

---

[636] Solche Produktionshandbücher gibt es für Berlin, Hamburg, München, Wien, NRW etc..

[637] Die Film Commission wurde 1982 gegründet und wird zu 60% vom Bund, zu 20% von den Ländern und zu 20% von der Bundeswirtschaftskammer finanziert.

[638] Vgl. O.A. (1995f): S 28.

Einzigartig an dieser Film Commission ist, daß sie direkt mit der nationalen Tourismusorganisation verbunden ist. Dies erlaubt eine optimale Abstimmung der internationalen Werbelinie.[639] Wichtig in der Tourismuswerbung ist weniger ein kurzfristiger Erfolg; Ziel ist ein langfristiger Imagetransfer, eine Hebung des Bekanntheitsgrades einer Region und die Verankerung regionaltypischer Imagefaktoren.[640]

Aufgrund der zahlreichen Wiederholungen mancher Produktionen und der weltweiten Verwertung läßt sich die Werbewirkung nur schwer in Zahlen fassen. Man schätzt, daß mittlerweile ca. eine Milliarde Menschen die Produktion „Sound of Christmas" gesehen haben, die alljährlich zu Weihnachten in zahlreichen Ländern ausgestrahlt wird. Andere Produktionen, die Unterstützung von Cine Austria erfuhren, sind etwa: „James Bond – The living Daylight" (1986), „Dallas" (1989) und „Heidi" (1992). Pro umfangreich betreutem Projekt fallen Kosten in der Höhe von ca. 50.000 ATS an.[641]

Eine besondere Dienstleistung ist das (25.000 bis 30.000 Minuten an Österreich-Sequenzen umfassende) Filmarchiv. Es steht Produzenten aller Welt kostenlos zur Verfügung – soll aber keinerlei Konkurrenz zu heimischen Filmproduktionsunternehmen sein.

FALLSTUDIE „DIE SCHWARZWALDKLINIK"

Die berühmt-berüchtigte Soap-Opera „Die Schwarzwaldklinik" wurde Mitte der 80-er Jahre produziert. Dies war eine Zeit, in der der Tourismus im Schwarzwald über Jahre hinweg negative Zuwachsraten bei den Übernachtungen verzeichnete und der Schwarzwald nur im Zusammenhang mit „Waldsterben" und „Saurer Regen" bekannt war.

Bereits die Pilotsendung der Serie erreichte eine Einschaltquote von 61% in Deutschland – das einzige vergleichbare Fernseheereignis war das Endspiel der Fußball WM ´86 zwischen Deutschland und Argentinien.[642] Die Serie erfuhr bis heute drei Ausstrahlungen zur Primetime im deutschen öffentlich-

---

639 Vgl. O.A. (1992b): o. S, O.A. (1995f): S 29.

640 Vgl. O.A. (1992b): o. S.

641 Interview mit Janina Nuñez Ramirez (Cine Austria, Österreich Werbung).

642 Vgl. Prosser, M. (1993): S 97.

rechtlichen Fernsehen (ZDF) sowie weltweite Ausstrahlungen in über zehn verschiedenen Sprachen in zahlreichen Fernsehdiensten.[643]

Wenige Tage nach Ausstrahlung der ersten Folge setzte bereits ein unglaublicher Besucheransturm ein. Zeitweise wurden vor der vermeintlichen Klinik bis zu 300 ankommende TV Touristen pro Stunde gezählt (an einem Feiertag sogar an die 1.000 Autos). Dabei handelte es sich zunächst um Besucher aus angrenzenden Landkreisen, zunehmend aber um Besucher aus dem ganzen deutschen Bundesgebiet.

Bereits im Sommer des Jahres der Erstausstrahlung stieg der Tourismus sprunghaft an: im Fremdenverkehrsamt Glottertal wurden sechs mal mehr Prospekte angefordert als im Vorjahr, die Anzahl der Nächtigungstouristen stieg durchschnittlich um 5% in der Region an (stellenweise um bis zu 20%), die Glottertäler Verkehrsbetriebe zählten 33,4% mehr Fahrgäste.

Insgesamt aber stieg die Zahl der Gäste weitaus stärker als die der Übernachtungen. War das Glottertal früher ein Ort der Erholung, so ist es nach Ausstrahlung der TV-Serie mehr zu einer Besichtigungsstätte geworden.

Der zuständige Fremdenverkehrsdirektor betont, daß viele Touristen, die wegen des Waldsterbens den Schwarzwald als Ferienziel aufgegeben haben, überzeugt durch die Bildschirmeindrücke nun doch ihren Urlaub dort verbringen wollen. In Wahrheit aber krankt der Schwarzwald mehr denn je, obwohl die Anzahl der Bäume mit erkennbaren Schäden abgenommen hat. „Die vorher erwähnten Urlauber hatten vermutlich ihre Vorstellungen von der Realität des Schwarzwaldes *vor* der Ausstrahlung von „Schwarzwaldklinik“ an der spektakulären Verwendung des Begriffs Waldsterben festgemacht. Der „Schwarzwaldklinik“-Schwarzwald des Films wird jedoch nicht als Metapher verstanden, sondern als Abbild von Gegebenheit. Es wird als empirische Tatsache angenommen und erkannt.“[644]

Auf weitere inhaltlichen Aspekte und die mit dem plötzlich einsetzenden Fernsehtourismus entstehenden Probleme kann hier leider nicht eingegangen werden. Eine ausführliche Darstellung dessen bietet der Artikel von *Prosser*.[645] Nach Angaben des Direktors vom zuständigen Fremdenverkehrsverband, der

---

643 Information des Zweiten Deutschen Fernsehens (ZDF).

644 Vgl. Prosser, M. (1993): S 122 f; vgl. auch Artikel und Foto in der Badischen Zeitung vom 4.10.1988, S 7: „KEINE BESSERUNG: In den Höhenlagen des Schwarzwalds schreitet das Waldsterben weiter voran.“

645 Vgl. Prosser, M. (1993).

auch Prof. Brinkmann genannt wird, hält der durch die Fernsehserie induzierte Besucheransturm bis heute an.

ZUSAMMENFASSUNG: EFFEKTE DES MEDIENKONSUMS

Von positiven Effekten, die auf finaler Handelsstufe für eine Region entstehen, ist im großen und ganzen nicht auszugehen. In den Bereichen Kino und Videoverkauf bzw. -verleih ist mit starken Verdrängungseffekten zu rechnen. Große Vorsicht ist alleine schon deshalb geboten, da die verschiedenen Verwertungsformen stark miteinander konkurrieren. „In economic terms these audio-visual products are said to have a relatively high cross-elasticity of demand which means, for example that a relatively small change in the price (broadly defined) of cinema attendance will have a relatively large impact on the demand for hire videos."[646] Aber nicht nur zwischen den verschiedenen Medienformen treten Verdrängungseffekte auf, sondern auch innerhalb einer Medienform (z.B. regional produzierter Videotitel verdrängt US-Videotitel).

Eher ist in den vorgelagerten Handelsstufen von positiven Effekten auszugehen, die allerdings daran gebunden sind, daß die jeweilige Handelsfirma ihren Sitz in der Region hat. Für Verleihfirmen konnte herausgefunden werden, daß unter gegebenen Umständen[647] mit regionalen Ausgaben in der Höhe von 200.000 ECU pro Film zu rechnen ist. Dies ist ein Näherungswert, der in ex-ante Analysen veranschlagt werden kann; in ex-post Analysen sollte selbstverständlich der exakte historische Wert herangezogen werden.[648] Einkommen bzw. Umsätze von Distributoren sollten aufgrund zahlreicher Unsicherheiten nur bei ex-post Analysen miteinbezogen werden.

---

[646] Molloy, S., Burgan, B. (1993): S 2. Ein klarer Beweis für die Substituierbarkeit ist das Marktverhalten in den USA nach Einführung des Fernsehens; ein ähnlicher Rückgang der Kinoumsätze ging auch mit der Penetration der Videorecorder einher. Vgl. Vogel, H.L. (1990): S 114.

[647] Es muß sich um einen Kinofilm handeln; der Sitz des Distributors muß innerhalb der Region liegen.

[648] Für viele Länder (außer Österreich) kann die Zahl der verkauften Kinokarten pro Film leicht herausgefunden werden. In Deutschland etwa werden diese Angaben von der Zeitschrift Filmecho/Filmwoche publiziert. Auf jeden Fall aber sollten der Verleiher und der Produzent darüber bescheid wissen. Vgl. Gordon, M. (1996b).

Abhängig von der Ausgestaltung der geförderten Medienproduktion können für die gesamte Bevölkerung positive Effekte durch Kunst und Kultur entstehen. Nach *Pommerehne/Frey* besteht keine Ausschlußmöglichkeit von folgenden Effekten, die Komponenten eines öffentlichen Gutes darstellen:[649]

- Optionswert von kulturellen Veranstaltungen/Produkten
- positiver Existenzwert von Kunstgütern
- positiver Vermächtniswert für künftige Generationen
- positiver Prestigewert
- Beitrag der Kunst zur Entwicklung kreativer Gedanken

Solf nennt in seiner Arbeit über Aufführungskunst und ihre ökonomischen Effekte eine Vielzahl von positiven Wirkungen, die durch den Konsum entstehen und wohl auch für Medienproduktionen kulturellen Einschlags gelten:[650]

- sie bilden den einzelnen weiter
- sie führen (je nach Inhalt) soziale Kritik vor Augen
- sie dienen zur Entspannung und Streßbewältigung
- sie sind eine Kompensation für die Entfremdung und Unpersönlichkeit in der Arbeitswelt
- sie fördern die Toleranz und das Verständnis für andersartige Lebensgewohnheiten

Eine touristische Werbewirkung kann auf zwei verschiedenen Ebenen auftreten: indirekt, als positiver Effekt von Kunst und Kultur und direkt, als reiner Werbeeffekt. Letztgenannte Werbemethode wird auch als Country Placement bezeichnet.

---

[649] Frey, B. S., Pommerehne, W. W. (1985): 152 f.

[650] Vgl. Solf, G. (1992): S 90.

Der von Location Placement ausgehende Einfluß auf das Tourismusaufkommen kann erheblich sein, wie anhand des Beispiels „Die Schwarzwaldklinik“ illustriert wurde. Die ex-ante Bewertung der Auswirkungen dieses Effekts sind aber aufgrund der schweren Vorhersehbarkeit des Werbeeffekts und der Tatsache, daß vor Produktionsbeginn die Anzahl der Zuseher nur schwer geschätzt werden kann, beinahe unmöglich. Die Bewertung sollte sich deshalb als Schattenpreis an den Kosten herkömmlicher TV Werbung orientieren.

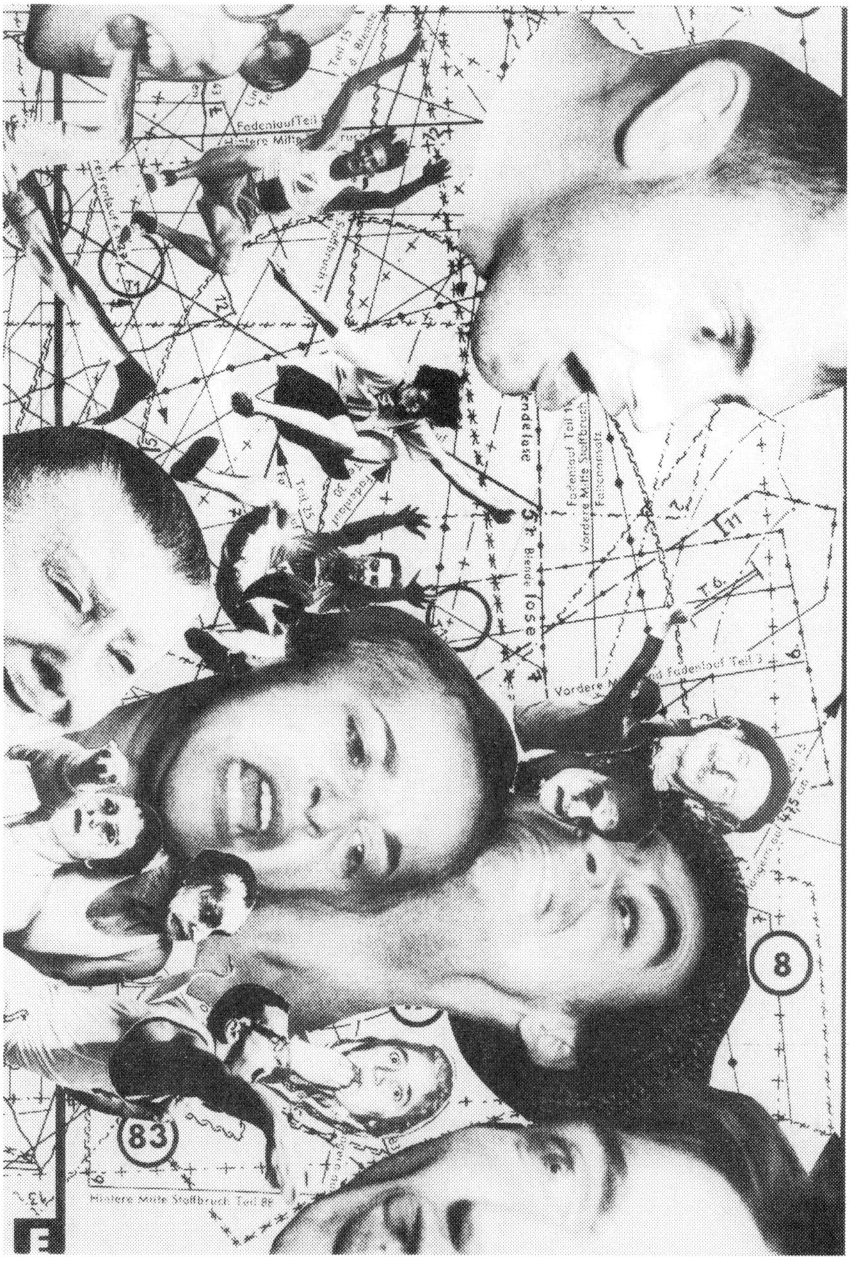

TEIL III: GESAMTBEURTEILUNG

Medienproduktionssubventionen sind Investitionen, die über induzierte Wirkungszusammenhänge wirtschaftliche Vorteile für eine Region bringen. Diese These zur Legitimation der Subventionierung von Medienproduktionen durch die öffentliche Hand war Gegenstand der vorangegangenen Analyse.

In einigen Punkten zeigte sich, daß die modellhafte Quantifizierung regionalwirtschaftlicher Effekte mit Schwierigkeiten verbunden ist. An vorderster Stelle ist das Datenerfassungsproblem zu nennen, sowie auf methodischer Ebene das Problem der Feststellung der Zahlungsinzidenz.

Nun soll versucht werden, eine Gesamtbeurteilung von Medienproduktionssubventionen vorzunehmen, bei der die anfallenden Kosten den induzierten Nutzen gegenübergestellt werden. Da sich aber Kosten und Nutzen in Abhängigkeit von den verfolgten Zielen verhalten, müssen zunächst die verfolgten Subventionsstrategien erörtert werden.

Damit soll einerseits ein Ansatz für eine ex-post Analyse gegeben werden, andererseits soll eine ex-ante Einschätzung vor der Einrichtung von Förderungsprogrammen ermöglicht werden bzw. sollen Wege für den politisch Handelnden zu einer Beeinflussung prognostizierter Entwicklungen aufgezeigt werden.

ZIELE DER SUBVENTIONSPOLITIK

In der politischen Praxis macht man es sich bei der Auswahl des Erfolgskriteriums meist ziemlich leicht. Man begnügt sich mit der Feststellung von „Programmeffekten" und konstatiert damit technische Erfolge, die zumeist in quantitativen Leistungen aller Art gemessen werden, da ökonomische Ergebnisse nicht festgestellt, oder jedenfalls nicht mit gleicher Leichtigkeit gemessen werden können. Regionalpolitische Subventionen gelten oft in dem Maße als erfolgreich, wie es gelingt, Bruttoinlandsprodukt und Arbeitsplätze zu vermehren. Auch fiskalische Erfolgsmaßstäbe können nur einen Teilaspekt wiedergeben.

Lediglich wenn eine Region die Schaffung einer bestimmten Zahl von Arbeitsplätzen als *Ziel* definiert, würde ein vordergründig technischer Maßstab durchaus ausreichen – jedenfalls vom Gesichtspunkt des Subventionszahlers (dem es auf die politische, möglicherweise sogar parteipolitische Stabilisierung dieser Region ankommt). Eine Hinterfragung des Ziels „Schaffung von Arbeitsplätzen" ist nicht immer erwünscht.[651]

Die Wahl eines Erfolgsmaßstabes kann aber nicht unabhängig von der vorgegebenen Zielkonkretisierung und den zugrundeliegenden Interessenskonstellationen des Subventionsgebers beurteilt werden. Die Zielsetzung, die sich von Förderungsorganisation zu Förderungsorganisation unterscheidet, ist aber zumeist wesentlich komplexer, als daß sie sich durch Größen wie Bruttoinlandsprodukt oder Arbeitsplätze definieren läßt. Derartige ökonomische Kennzahlen können nur teilweise als Indikator der Zielerreichung (bzw. zu deren Operationalisierung) dienen.

[651] Vgl. Ewringmann, D., Hansmeyer, K.-H. (1975): S 77 f.

Analysiert man die Statuten der verschiedenen genannten Fördereinrichtungen,[652] so stellt man fest, daß mit der Subventionspolitik vor allem drei verschiedene Zielstrategien verfolgt werden:

1. **Wachstumsstrategie**: In der fördernden Region soll ein Mediencluster aufgebaut werden. Die Ansiedlung von Medienunternehmen ist wichtig.
2. **Tourismusstrategie**: Medienproduktionen werden subventioniert, da sie im Gegenzug ein Tourismusgebiet (weltweit) bewerben.
3. **Kulturstrategie**: Ziel der Regionalpolitik ist die Erhaltung der regionalen Medienbranche, um auch ein eigenständiges kulturelles Medienschaffen („Filmkultur“) zu ermöglichen. Zusatzaufträge für die heimische Medienbranche sollen akquiriert werden, um die Nachfragesituation für regionale Unternehmen zu stabilisieren.

Alle drei Strategien haben gemeinsam, daß sie de facto den Einsatz von Produktionssubventionen bedingen:

Ad 1. Um die Ansiedlung der Medienindustrie herrscht ein vehementer Standortwettbewerb, in dem sich Förderungsgeber mit Produktionssubventionen gegenseitig überbieten.

Ad 2. Um einen mit „country placement“ vergleichbaren Werbeeffekt durch klassische Werbeformen zu erreichen, ist ein Vielfaches des Budgets notwendig. Außerdem ist „country placement“ nur bedingt durch konventionelle Werbeformen ersetzbar.

Ad 3. Um eine Medienindustrie nur mit kulturell anspruchsvollen Produktionen auszulasten, wären wesentlich höhere Förderetats nötig.

Entsprechend der gewählten Zielsetzung muß auch die Beurteilung ganz unterschiedlich ausfallen, also je nachdem, ob man sie unter marktwirtschaftlichen, ökonomischen, wirtschaftspolitischen, finanztheoretischen, sozialen oder kulturellen Aspekten, oder nach wahl- oder systempolitischen Gesichtspunkten würdigen und kritisieren will.

---

[652] Vgl. Kapitel: FILMSTIFTUNG NORDRHEIN-WESTFALEN (NRW) , S 87; FILMBOARD BERLIN-BRANDENBURG GMBH, S 89; FILMFÖRDERUNG GMBH HAMBURG, S 92; BAYERISCHE FILM- UND FERNSEHFÖRDERUNG, S 93; WIENER FILMFINANZIERUNGSFONDS (WFF), S 95; FILMFÖRDERUNG IN IRLAND NACH *SECTION 35*, S 97; FILMFÖRDERUNG IN LUXEMBURG: BESCHEINIGUNGEN FÜR KAPITALANLAGEN, S 98.

BEWERTUNGSKRITERIEN

Es gibt nur wenige grundlegende Bewertungskriterien, die gleichsam für alle Typen von Subventionsstrategien gelten: Das subventionspolitische Instrumentarium muß unter das Rationalitätsprinzip gestellt werden und allgemein im Hinblick auf *Zielkonformität, Systemkonformität* und z.T. auch auf seine *Merklichkeit* überprüft werden.

ZIELKONFORMITÄT

Bei der Zielkonformität geht es darum, eine Maßnahme nach ihrer Eignung zur Erreichung eines bestimmten Einzelziels, des Hauptziels oder einer bestimmten Kombination gleichgeordneter Haupt- und Nebenziele einzuschätzen.

Zielkonformität ist dann gegeben, wenn die Hauptwirkung einer Maßnahme zur Aufhebung des Widerspruchs zwischen gegebener Ausgangssituation und dem erwünschten Zustand beiträgt, und ihre negativen Nebenwirkungen diesen Finalnexus nicht spürbar beeinträchtigen.[653]

Die Anwendung der Zielkonformität als Beurteilungsmaßstab setzt neben umfassender Information über die Ausgangslage und einer exakten Wirkungsanalyse sowohl eine Status-quo-Prognose über die Entwicklung der Ausgangslage *ohne* subventionspolitische Intervention, als auch eine konkrete Zielaussage über den gewünschten Zustand voraus. Gerade letzteres wird regelmäßig unklar formuliert, zumal die Subventionspolitik oft ein wirtschafts- und gesellschaftspolitischer Kompromiß ist. Ohne exakte Zieldefinition muß sich die Kontrolle auf die Frage konzentrieren, ob sich die Situation nicht ohne subventionspolitischen Eingriff ohnedies in diese Richtung entwickelt hätte.

---

[653] Vgl. Ewringmann, D., Hansmeyer, K.-H. (1975): S 82 f.

Wird das Verhalten ausschließlich von anderen Variablen als der Subvention bestimmt, so muß der Subventionspolitik der Erfolg abgesprochen werden.[654]

Nach *Berthold* können Subventionen dann zielkonform sein, wenn

1. eine richtige Diagnose der Subventionsursachen vorliegt,
2. die Form der Subventionsvergabe richtig gewählt ist und die Elastizitätsverhältnisse bekannt sind,
3. negative Nebenwirkungen möglichst gering gehalten und psychologische Hemmnisse kompensiert werden.[655]

Bei umfassenden Subventionsprogrammen ist darauf zu achten, daß die Summe der eingesetzten Subventionen zielkonform ist, da zwischen den einzelnen Zielen Antimonien vorliegen können. Vor allem bei einer angestrebten Wachstumsstrategie ist eine klare wirtschaftspolitische Konzeption notwendig, die über augenblickliche Beschwichtigungsmaßnahmen, als Ausdruck eines bequemen wirtschaftlichen Kompromisses, hinausgehen muß.

SYSTEMKONFORMITÄT

Ein zweiter wesentlicher Maßstab zur Beurteilung ist das Kriterium der Systemkonformität. Dabei soll abgeschätzt werden, wie weit die Subventionierung bei der Verfolgung eines bestimmten Einzelziels oder einer bestimmten Zielgruppenkombination die Funktionsfähigkeit des „wirtschaftlichen Systems" beeinflußt, in dessen Rahmen sie eingesetzt werden soll, und wie weit sie damit als mit dem wirtschaftspolitischen System vereinbar gelten kann. Analog gilt dies bei kulturpolitischen Maßnahmen für die kulturelle Struktur einer Region bzw. eines Wirtschaftssystems.

Im Gegensatz zur Zielkonformität, die die instrumentelle Eignung der Subvention in den Vordergrund stellt, geht es also bei der Systemkonformität darum, wie sich Subventionen zur Funktionsfähigkeit eines (Wirtschafts-) Systems verhalten: systemnotwendig, -verbessernd, -neutral, -verschlechternd oder systemzerstörend.

---

[654] Vgl. Ewringmann, D., Hansmeyer, K.-H. (1975): S 84.

[655] Vgl. Berthold, U. (1967): S 141.

Zumeist ist es nicht möglich, Instrumente a priori als systemkonform oder -inkonform zu klassifizieren, da sie allenfalls in Bezug auf ihren konkreten Einsatz unter diesem Gesichtspunkt beurteilt werden können. Daraus folgt, daß grundsätzlich jede Subvention systemfördernd wie -erhaltend eingesetzt werden kann.[656]

MERKLICHKEIT

Ein weiterer Erfolgsmaßstab bzw. eine weitere Erfolgsbedingung ist die „Merklichkeit" der Subventionspolitik. Diese ist die conditio sine qua non, ohne die eine mit einem Instrument angestrebte Verhaltensänderung nicht eintreten wird. Es handelt sich um die Frage, ob und inwieweit eine Entwicklungs- bzw. Verhaltensänderung auf den Einsatz des Subventionsinstruments reduzierbar ist bzw. der Subvention als Erfolg zugeordnet werden kann. „Unmerkliche" Subventionen, deren Empfang vom Destinatar nicht mehr bemerkt wird, können lediglich dort erfolgreich sein, wo es nicht um eine Verhaltensänderung, sondern um die Erhaltung eines bestehenden Zustandes geht (vgl. Kapitel KULTURSTRATEGIE, S 327).[657]

Die Merklichkeit wird beeinflußt durch die relative Höhe der Subvention, ihre technische Ausgestaltung sowie durch die Dauer und den Rhythmus des Subventionsprozesses.

NEBENWIRKUNGEN UND PROBLEMBEREICHE

Mit Hilfe mikroökonomischer Partialmodelle lassen sich die Hauptwirkungen der Subventionen auf theoretischer Basis analysieren. Weiters müssen die Nebenwirkungen berücksichtigt werden, die sich in empirischen Erfahrungen

---

656 Vgl. Gundlach, H.-J. (1965): S 20 ff; Ewringmann, D., Hansmeyer, K.-H. (1975): S 90 ff; Berthold, U. (1967): S 142.

657 Vgl. Ewringmann, D., Hansmeyer, K.-H. (1975): S 85, 185.

mit Subventionen ergeben haben. Wenn Hauptwirkungen definiert werden als die Summe der Wirkungen, die bewußt mit einem Instrument angestrebt werden um ein bestimmtes Ziel zu erreichen, dann ist jede aufgrund der Interdependenz anfallende Wirkung, die für die Zielerreichung entweder nicht nötig oder von Nachteil ist, als Nebenwirkung zu charakterisieren.[658]

Der Begriff Nebenwirkung ist zunächst neutral zu verstehen und besagt nichts anderes, als daß neben der gewollten Wirkung noch weitere eintreten. Negative Nebenwirkungen sind grundsätzlich alle Nachteile von Subventionen. Zu nennen ist hier das Festhalten von Faktoren in wenig oder gar nicht rentablen Verwendungen, die Verhinderung des Ausgleichs der Faktorgrenzerträge, unerwünschte Änderung von Marktformen und Marktverhalten oder unerwünschte Rentenzuschwemmungseffekte (d.h. daß Nutznießer und Destinatar nicht identisch sind). Weiters kann eine unerwünschte Redistribution auftreten, wenn neben den als förderungswürdig angesehenen Unternehmen weniger subventionsbedürftige Wirtschaftssubjekte unter Umständen stärker von dieser Intervention profitieren – in der Praxis spricht man in solchen Fällen gerne vom Gießkannenprinzip. Natürlich kann es auch positive Nebenwirkungen geben, die in der Regel den Rang von Nebenzielen einnehmen.[659]

Die wichtigsten drei Arten von negativen Nebenwirkungen, die im Zusammenhang mit Medienproduktionsförderungen auftreten, sind:[660]

- **Beharrungstendenzen**: Jeder staatliche Eingriff neigt zur Verfestigung, wenn das Interesse daran größer ist oder glaubwürdiger vorgebracht wird, als ablehnende Stimmen laut werden. Diese Tendenz zur Beibehaltung einer Subvention läßt sich nur bremsen, wenn ihre Ursachen erkannt sind, und ihnen dementsprechend entgegengetreten wird. Die Ursachen für Beharrungstendenzen können endogener Natur sein, sich also aus mangelnder Koordination der drei Entscheidungselemente Ausgangslage, Ziel und Maßnahme ergeben. Sie können aber auch exogen bedingt sein und beispielsweise aus der Beeinflussung durch Interessensverbände oder aus Beharrung der Etatposten herrühren. Die wichtigste Voraussetzung, damit es nicht zu Beharrung kommt, ist die Zielkonformität von Subventionen. Problematisch an Beharrungstendenzen ist ihre volkswirtschaftliche Schädlich-

---

[658] Vgl. Berthold, U. (1967): S 108.

[659] Allgemeine negative Nebenwirkungen wurden im Kapitel PROBLEMBEREICHE, S 76, behandelt.

[660] Vgl. Berthold, U. (1967): S 110 ff.

keit: Die Subventionen können strukturverhärtend wirken und ermöglichen die Kumulation.

- **Kumulationstendenzen**: Das Theorem der kumulativen Staatsintervention besagt, daß es bei Überschreitung eines bestimmten Interventionsmaßes zu einer Kettenreaktion von Eingriffen kommt. Statt den einzelnen Marktteilnehmern wird der Staat dadurch sukzessive zum Wirtschaftslenker. Zu beobachten ist dies anhand des Phänomens „Gremienfilm“, der durch die Förderungslandschaft im deutschsprachigen Raum geprägt wurde.[661]

- **Unerwünschte Auswirkungen auf das Unternehmerverhalten**: Das Unternehmerverhalten wird durch Subventionen aus mehreren Gründen negativ beeinflußt: generell besteht die Forderung nach mehr und besserem staatlichen Schutz unter Berufung auf Präzedenzfälle. Jede Erfüllung eines Subventionsbegehrens erweckt ferner neue Begehrlichkeit. Um den einzelnen Forderungen mehr Nachdruck zu verleihen, werden Interessensorganisationen mit sektoralen Interessensvertretungen beauftragt. Außerdem verläßt sich der Begünstigte umso mehr auf die Subvention, je stärker die Gewöhnung an das Vorhandensein des staatlichen Schutzes geworden ist. Dies hat teils soweit geführt, daß Filmproduzenten nicht auf internationalen Koproduktionsmärkten nach Finanzierungsmöglichkeiten suchen, sondern sich – da bequemer – alleine auf die staatliche Förderung verlassen.

[661] Vgl. Kapitel PROBLEMBEREICHE, S 76.

GEGENÜBERSTELLUNG VON KOSTEN UND NUTZEN

Die in *Abbildung 58* systematisch gegenübergestellten Kosten und Nutzen wurden im vorhergegangenen Teil II ausführlich erörtert (vgl. Seitenverweis).

KOSTEN	**Vgl. Seite ff**	**NUTZEN**	**Vgl. Seite ff**
Materielle Kosten		*Materielle Nutzen*	
Fördermittel	157	Arbeitsplätze	210
Förderungsgemeinkosten	160	Steuereinnahmen	237
abzüglich Rückzahlungen	158	Transferänderungen	232
Aufbringung der Mittel	162	Kapazitätseffekt	244
		Tourismuswerbung	281
Immaterielle Kosten		*Immaterielle Nutzen*	
(geringfügig)	157,299	Kultureller Nutzen	299
Summe Kosten		**Summe Nutzen**	

Abbildung 58: Kosten-Nutzen Übersicht[662]

Nochmals sei darauf hingewiesen, daß Kosten und Nutzen für jeden zu beurteilenden Einzelfall separat erhoben werden müssen, und hier von einer idealtypischen Situation ausgegangen wird. In dieser Betrachtung wird eine Steuerfinanzierung der Produktionssubventionen unterstellt.

Ob eine Produktion ein Erfolg wird oder nicht, hat auf die oben beschriebenen ökonomischen Effekte größtenteils keinen Einfluß, solange man davon ausgeht, daß die Produktionsfirmen ihren Sitz nicht in der fördernden Region haben bzw. volkswirtschaftlich ausgeglichen bilanzieren. Langfristig aber wirkt sich ein (Anerkennungs-) Erfolg sicherlich positiv auf das Image des Produktionsorts aus. Lediglich der Kapazitätseffekt und der dadurch erhoffte Wachstumsnutzen stehen in direktem Zusammenhang mit dem Erfolg subventionierter Produktionen, ebenso wie die touristische Werbewirkung.

[662] Quelle: Eigene Zusammenstellung.

Kosten

Die Kosten eines Subventionsprogramms setzen sich zusammen aus den gewährten Förderungsbeträgen, abzüglich der Rückflüsse (geschätzte 5%) und zuzüglich der Kosten der Förderungsorganisation (rund 10%). Durch die Steuerfinanzierung der Gelder entstehen weiters volkswirtschaftliche Kosten in der Höhe von rund 20%. Die materiellen volkswirtschaftlichen Kosten einer Produktionsförderung liegen damit bei rund 125% des Betrages, den ein Produzent auf seinem Konto gutgeschrieben bekommt. Hinzu kommen immaterielle Kosten (z.B. Belästigung der Bevölkerung), die jedoch – bis auf Ausnahmefälle – nicht allzu hoch sein dürften.

Nutzen

Erhöhte Regionalausgaben, die durch die Subventionen induziert werden, tragen zur Entstehung neuer Arbeitsplätze bei, denen ein (politischer) Wert beigemessen werden kann. Der oftmals „wichtigste" Nutzen aber, da er direkt mit den Kosten aufrechenbar ist, ist das direkte, indirekte und induzierte Steueraufkommen. In Folge erhöhter Einkommens- und Lohnsteuer verringern sich auch die vom öffentlichen Sektor zu leistenden Transfers. Zu beachten ist, daß sowohl bei Steuereinnahmen als auch bei Transferzahlungen regionale Gebietskörperschaften oft nur eingeschränkt in Genuß des induzierten Nutzens kommen (Finanzausgleich).

Unter gewissen Umständen kommt es zu einer permanenten Ausweitung der Produktionskapazitäten, einem Kapazitätseffekt. Dieser kann zu einem dauerhaft höheren Bruttoinlandsprodukt und damit verbundenen positiven Effekten führen. Auch Einflüsse auf den Tourismus können längerfristig anhalten, man denke nur an die Besucherströme aufgrund der Films *Sound of Music* in Salzburg oder *The Third Man* in Wien.

Die Erweiterung der Kulturlandschaft durch künstlerisch interessante Produktionen stellt zunächst einen immateriellen Nutzen dar. Als weicher Standortfaktor bzw. als Tourismuswerbefaktor kann dies zusätzlich indirekt materielle Bedeutung gewinnen.

Wie bereits gesagt, kann aus den genannten Größen nicht unbedingt auf einen Erfolg der Förderpolitik geschlossen werden. Selbst wenn die materiellen Nutzen (v.a. die Steuereinnahmen) die Kosten übersteigen, kann zwar von einem volkswirtschaftlicher Gewinn, aber nicht unbedingt von einer erfolgreichen Förderungsstrategie ausgegangen werden.

Hinzu kommt, daß die Höhe (Bedeutung) der einzelnen Nutzen je nach gewählter Strategie teilweise unterschiedlich ausfällt (z.B. Wert eines Arbeitsplatzes), wie anhand der folgenden Beispiele einer Wachstums-, Tourismus- und kulturellen Strategie illustriert wird.

WACHSTUMSSTRATEGIE

Die aufwendigste, da umfassendste Strategie ist die hier als Wachstumsstrategie bezeichnete. Ihr Ziel besteht in der regionalen Neuansiedlung eines Medienclusters. Als Grundlage hierzu bedarf es eines umfassenden Medienkonzepts, das in einer entsprechenden Medienpolitik Umsetzung findet. Das Konzept muß, ausgehend von der genauen Erfassung der Ist-Situation, erstrebenswerte Ziele formulieren und aufzeigen – und realisiert werden.[663]

Wichtig ist, daß solch ein Konzept sich nicht nur auf einen Teil der Medienbranche beschränkt (z.B. Filmwirtschaft), sondern – aufgrund der zunehmenden Verflechtung und der neu entstehenden Produkte und Dienstleistungen – den ganzen Medien- und Kultursektor umfaßt. Die Ansiedlung von Fernsehsendern beispielsweise zählt aufgrund der zunehmenden Produktionsauslagerung als wichtiges Gegenstück zur Filmindustrie.

Weiters muß zu Beginn einer Ansiedlungsphase mit relativ hohen Sickereffekten im Bereich der Arbeitsplatzschaffung gerechnet werden, da das nötige Personal oft nicht vorhanden ist und von auswärts kommt. Um Arbeitsmarkteffekte für sich nutzbar zu machen, bedarf es eines umfassenden Ausbildungssystems, das selbstverständlich Teil des Gesamtkonzepts sein muß.

Kosten

Kostenseitig ist zu berücksichtigen, daß eine derartige Medienpolitik samt entsprechenden Maßnahmen wesentlich kostenintensiver ist, als *nur* eine „wirtschaftliche Filmförderung". Aufgrund des herrschenden Ansiedlungswettbewerbs ist zum Aufbau der notwendigen Kapazitäten ein enormer Investitionsförderungsbedarf gegeben. Es ist zu berücksichtigen, daß der anzusie-

[663] Vgl. Alexandrow, E. (1994): S 44.

delnde Mediencluster eine relativ große „Mindestgröße" benötigt, damit er längerfristig überlebensfähig ist.[664]

Nutzen

Der Kapazitätseffekt, der einer Region ökonomisches Wachstum bescheren soll, bildet den erwünschten Nutzenkern. Er soll für langfristige Arbeitsmarkteffekte und alle damit verbundenen Folgeeffekte sorgen.

Enorme Investitionen sorgen zwar für hohe fiskalische Effekte. Aber erst im Laufe einer Ansiedlungsphase, genauer gesagt, nachdem der erste Investitionsschub getätigt wurde, ist mit einem steigenden Kosten-Nutzen Verhältnis zu rechnen. Dasselbe gilt auch für Transferänderungen.

Kulturelle Effekte sowie die Bewerbung als Urlaubsregion bilden u.U. positive Nebeneffekte, die auch als Nebenziele angesehen werden können. Sollte es jedoch zu Interessensüberschneidungen kommen, sind diese Nutzen unterzuordnen, da sie womöglich die Erreichung des investitionsintensiveren Hauptziels behindern. Derartige Probleme sollten bereits bei der Erstellung des Konzepts geklärt werden.

Gesamtwirtschaftlich kann man nur von begrenzten Impulsen für eine Regionalwirtschaft ausgehen; die beobachtbaren Entwicklungen in diesem Bereich bringen jedoch wichtige Impulse für andere Branchen hervor, sowie eine qualitative Veränderung der Wirtschaftsstruktur. Im speziellen stellt die kleinstrukturierte Medienbranche ein Gegengewicht zu den durch den Strukturwandel schrumpfenden Branchen dar.

Stellenwert der Medienbranche in der Regionalentwicklung

Einen hohen Stellenwert hat die Medienbranche in der Regionalentwicklung v.a. aufgrund folgender Wirkungszusammenhänge, die für ihren exzessiven Ausbau sprechen:[665]

1. **Direkte Outputeffekte:** ein besonderes Gewicht des Kultur- und Medienwirtschaftssektors in der regionalen Branchenstruktur,
2. **Indirekte Outputeffekte:** eine spezifische Produktivität der Kultur- und Medienwirtschaft im Rahmen der wirtschaftlichen, sozialen und ökologischen Entwicklung von Regionen einschließlich der spezifischen Beiträge

664 Vgl. Kapitel STANDORTFAKTOREN, S 246.

665 Ministerium für Wirtschaft, Mittelstand und Technologie des Landes Nordrhein-Westfalen [Hrsg.] (1995): S 33.

der Kultur- und Medienwirtschaft im Sinne von Vorleistungen für andere entwicklungsrelevante Prozesse und Strukturen,

3. **Spezifische Steuerungspotentiale**: besonders günstige Ansatzpunkte in der Kultur- und Medienwirtschaft für die Realisierung anderweitig begründeter wirtschafts- und sozialpolitischer Ziele der Regionalregierung und
4. **Regionalpolitische Steuerungspotentiale**: eine besonders günstige Steuerbarkeit kultur- und medienwirtschaftlicher Prozesse mit Blick auf die umfassende Entwicklung von Regionen.

Direkte Outputeffekte

Die Analyse der direkten Outputeffekte war Gegenstand der Analyse in Teil II. Aber alleine die direkten Outputeffekte, d.h. der Anteil des Mediensektors an der Wertschöpfung, den Umsätzen und den Beschäftigten, sind zweifellos nicht die dominierende Rechtfertigung für eine herausgehobene Betrachtung dieser Gruppe von Wirtschaftszweigen. Diese Aussage ist erst in Bezug auf die Wachstumsraten und Entwicklungspotentiale dieser Branche zu relativieren.

Die Förderungspolitik macht sich dabei die empirisch belegte „Theorie der selbsttragenden Entwicklung" zunutze, die besagt, daß über „Fühlungsvorteile" und branchenspezifische Agglomerationseffekte nach Überschreiten von „Schwellendichtewerten" mit einem selbsttragenden weiteren Wachstum der Medienwirtschaft zu rechnen ist. Dieses basiert, nicht nur auf steigender regionaler Nachfrage, sondern vor allem auf einem wachsenden Exportanteil. Durch gezielte strukturpolitische Maßnahmen scheint dieses Wachstum noch verstärkbar zu sein.[666]

Diese Erkenntnis ist bereits soweit verbreitet, daß es in Westeuropa zu einem internationalen Standortwettbewerb kam, welcher durch die aufkommende Ostkonkurrenz noch verschärft wurde. Die momentan zielführendste Standortstrategie scheint daher in einer Qualitäts- und High-Tech Politik zu liegen, die auf hochqualifiziertem Personal und funktionierenden, standortspezifischen Kooperationsstrukturen aufbaut.

Hierin liegt auch einer der wichtigsten Ansatzpunkte für eine regionalisierte Strukturpolitik. Durch vielfältige Kooperationen in Wirtschaftsverbänden und mit wissenschaftlichen, staatlichen und gesellschaftlichen Stellen müssen qualitative Standortstrukturen aufgebaut werden, die in ihrem Ergebnis einmalig

---

[666] Vgl. Ministerium für Wirtschaft, Mittelstand und Technologie des Landes Nordrhein-Westfalen [Hrsg.] (1995): S 34 ff.

(d.h. nicht einfach zu kopieren) sind, und hierdurch Wettbewerbsvorteile gegenüber anderen Regionen bieten.

Indirekte Outputeffekte

Indirekte Outputeffekte tragen weit über die behandelten Mengeneffekte hinaus zu einer spezifischen Produktivität dieser Wirtschaftszweige für die ökonomische, kulturelle, soziale und ökologische Entwicklung einer Region bei. Es geht dabei primär um Wirkungen, die in anderen Branchen induziert werden.

Erstens entstehen positive Effekte durch die Verflechtung der Kultur- und Medienwirtschaft mit anderen Branchen, die auf ökonomischer Ebene zu beobachten sind und die in Buchhaltungen Eingang finden (ist z.B. mit Input-Output Analyse ermittelbar). Die regionale Wertschätzung dieser Effekte ist stark davon abhängig, ob Lieferanten, Abnehmer und Distributionsbetriebe ebenfalls in der Region sind, bzw. in wie weit es gelingt, diese Effekte regionalwirtschaftlich zu internalisieren.

Zweitens fallen darunter indirekte Output-Effekte, die für Entwicklungschancen anderer Branchen wichtige Folgewirkungen induzieren und aus ökonomischer Sicht positive externe Effekte darstellen (z.B. Imageeffekte, die *nicht* Eingang in die Buchhaltungen finden).

Spezifische Steuerungspotentiale

Aufgrund ihrer spezifischen Steuerungspotentiale lassen sich im Rahmen des Aufbaus einer Medienindustrie auch andere wirtschafts- und sozialpolitische Ziele erreichen. Aus der Analyse der Struktur der Medienwirtschaft lassen sich dazu folgende Hypothesen ableiten:

- Die Betriebe des Mediensektors sind größtenteils Klein- und Mittelbetriebe, die eine besonders hohe Arbeitsplatz- und Wertschöpfungsdynamik aufweisen.
- Im Wandel der Branchenstrukturen stellt die Medienwirtschaft ein kommendes Element dar. Dies gilt sowohl im Hinblick auf die notwendige Diversifizierung mancher Regionalwirtschaften, als auch im qualitativen Sinne zur Schaffung von technologie- und humankapitalintensiven Arbeitsplätzen und Betrieben.
- Die Medienbranche ist ökologisch relativ verträglich, sie ist mit einer unterdurchschnittlichen Emissionsintensität behaftet.

- Die Medienwirtschaft fordert ein städtebauliches Milieu als Standortvoraussetzung. Damit stellt sie für die neuen Formen der räumlichen, funktionellen, kulturellen und sozialen Verflechtung von Arbeit, Freizeit und sonstigen raumrelevanten Aktivitäten und Lebensäußerungen ein Musterbeispiel dar.

Die Berücksichtigung dieser regionalpolitischen Steuerungspotentiale bei der Wahl zwischen unterschiedlichen Steuerungsobjekten deutet zweifellos auf eine Instrumentalisierung des Medien- und z.T. Kultursektors, die bei den Adressaten möglicherweise kritisch gesehen wird. Die beschriebenen strukturpolitischen Vorteile wirken sich positiv auf die Entwicklungschancen dieser Wirtschaftszweige aus und nur in jenen Ausnahmefällen, in denen es zu Konflikten zwischen dem Interesse an der Ausweitung der Medienwirtschaft selbst und sonstigen strukturpolitischen Zielsetzungen kommt, kann sich eine solche Instrumentalisierung schädlich auf die Entwicklung dieser Branchen auswirken.

Regionalpolitische Steuerungspotentiale

Zur Umsetzung der Ziele der räumlichen Wirtschaftspolitik können die regionalpolitischen Steuerungspotentiale dienlich sein, die ihrerseits wiederum ein Element der strukturpolitischen Steuerungspotentiale sind. Die Beeinflussung der Raumstruktur ist eingebunden in andere strukturelle Zielsetzungen, wobei die Raumstruktur je nach Perspektive diesen Zielsetzungen über- oder untergeordnet sein kann.[667]

Eines der wichtigsten Potentiale ist die Möglichkeit zur aktiven Unterstützung des Strukturwandels einer Region durch die Diversifizierung der Branchenstruktur. Mit einem abgestimmten Förderungsinstrumentarium lassen sich endogene Entwicklungspotentiale relativ leicht steuern, etwa durch die Beeinflussung der intraregionalen Nachfrage oder der interregionalen Schwerpunkte. Damit kann auch auf die regionalpolitischen Qualifizierungspotentiale Einfluß genommen werden.[668]

---

[667] Vgl. Ministerium für Wirtschaft, Mittelstand und Technologie des Landes Nordrhein-Westfalen [Hrsg.] (1995): S 42.

[668] In der Studie für Nordrhein-Westfalen wird beispielsweise vorgeschlagen, die Förderung v.a. auf die Entwicklung und Anwendung neuer Technologien zu konzentrieren, d.h. spezifische Hilfestellungen für den Technologietransfer einschließlich der Bereitstellung gemeinsam zu nutzender Einrichtungen zu konzipieren. Dadurch soll die technologische Basis in solchen Regionen gestärkt werden, die bisher hinsichtlich Innovationen und Zukunftsindustrien Umsetzungsschwierigkeiten hatten. Weiters wird ein regionalpolitisches Steuerungspotential durch die Qualifizierung gesehen, insbesondere durch die Beschäftigungs- und

Beurteilungsprobleme

Oftmals entstehen Beurteilungsprobleme bei derartigen Anpassungssubventionen, die von *Ewringmann/Hansmeyer* als „typische Kompromißinstrumente und wahlpolitische Hilfsmittel aus dem subventionspolitischen Arsenal" bezeichnet werden.[669] Es handelt sich dabei nicht selten um Maßnahmen ohne klare Zielvorgabe oder mit häufig wechselnden Zielen. Ob bei Anpassungshilfen distributive oder allokative Gesichtspunkte, ökonomische oder allgemein politische Intentionen im Vordergrund stehen, läßt sich kaum ausmachen. Zu Ihrer Beurteilung müssen daher oft Hypothesen über die angestrebten Ziele oder theoretisch-wissenschaftlich erstellte Zielsysteme herangezogen werden.[670]

TOURISMUSSTRATEGIE

Eine reine Tourismusstrategie, wie sie auch von kleinen Regionen (Städten und Gemeinden) betrieben wird, setzt keine eigene Förderungsorganisation voraus. Bereitgestellte Gelder können beispielsweise vom Tourismusverband verwaltet werden. Lediglich gute Branchenkontakte sind notwendig, um interessante Produktionen in die Region zu holen – wenn auch nur für einige wenige Szenen einer Gesamtproduktion. Diese Branchenkontakte können durch die Beauftragung einer Spezialagentur (z.B. Product Placement Agentur) „zugekauft" werden.

Wichtig ist, daß die dort produzierten Szenen das gewünschte Image der Tourismusregion wiedergeben und die Region deutlich erkennbar ist. Besonders interessant erscheint diese Werbemöglichkeit als Teil eines umfassenden Kommunikationskonzepts.

Wenn es keine eigene Förderungseinrichtung gibt, bietet es sich an, nur einmalige, nicht rückzahlbare Zuschüsse zu erteilen. Dies erleichtert den büro-

---

Wertschöpfungsketten von Aus- und Weiterbildungseinrichtungen als auch durch die induzierten internen und externen Produktivitätsbeiträge eines quantitativ und qualitativ verbesserten regionalen Humankapitalbestandes. Vgl. Ministerium für Wirtschaft, Mittelstand und Technologie des Landes Nordrhein-Westfalen [Hrsg.] (1995): S 42.

669 Ewringmann, D., Hansmeyer, K.-H. (1975): S 90.

670 Vgl. Ziethen, M. (1987): S 198; Pöll, G. (1983): S 74 ff.

kratischen Aufwand. Ist die Region als Location sehr attraktiv, so mag es auch „ausreichen", eine Film Commission einzurichten, die kostenlose Dienstleistungen für Produktionsfirmen aus anderen Regionen anbietet (vgl. Kapitel FILM COMMISSIONS, S 303).

Kosten

Da keine durchgehende Aktivität im Medienproduktionssektor vonnöten ist, kann auch nur sporadisch gefördert werden. Die Fixkosten (Gemeinkosten) können durch Auslagerung stark reduziert werden. Primär sind die Kosten von den Anforderungen und der Ausgestaltung des regionalen Werbe- und Kommunikationskonzepts abhängig.

Nutzen

Der wichtigste Nutzen ist natürlich die Werbewirkung, die sich durch das bei potentiellen Konsumenten induzierte Verhalten in steigenden Umsätzen des Tourismussektors niederschlägt. In wie fern auch positive kulturelle Effekte von einer subventionierten Produktion ausgehen, hängt von ihrem Inhalt ab. Es muß nicht unbedingt zu einem Trade-off zwischen Kultur- und Tourismuseffekt kommen!

Bei den temporär geschaffenen Arbeitsplätzen ist allerdings davon auszugehen, daß es sich größtenteils um unqualifizierte handelt (z.B. Komparsen). Induzierte Arbeitsmarkteffekte in anderen Branchen führen eher zu kurzfristig erhöhter Auslastung als zu neuen Arbeitsplätzen.

Steuereinnahmen (und Transferänderungen) steigen lediglich kurzfristig. Von Kapazitätseffekten ist nicht auszugehen (nur bei konstant anhaltender, umfassender Förderungstätigkeit – vgl. oben).

KULTURSTRATEGIE

Um Fehlinterpretationen vorzubeugen: die hier gemeinte „Kulturstrategie" bezieht sich nicht auf die Förderung kulturell interessanter Medienprojekte an sich, sondern es handelt sich um die Schaffung eines wirtschaftlichen Rahmens, der die Produktion kultureller Filme ermöglicht.

An sich reicht ein kleiner regionaler Mediencluster zur (unregelmäßigen) Durchführung kultureller Produktionen aus. Viele Regionen kämpfen aber damit, daß ein kleiner Mediencluster längerfristig absiedeln würde, da er überlebensunfähig ist. Deswegen wird mit „wirtschaftlichen" Förderungen im Sinne einer Erhaltungssubvention versucht, die Nachfragesituation für die regionale Medienbranche zu stabilisieren.

Es ist kaum davon auszugehen, daß eine ganze Filmbranche nur von kulturellen Produktionen leben kann; eine gewisse Grundauslastung mit anderen Produktionen muß gegeben sein, die sich eine Region mit Subventionen erkaufen kann.

Kosten

Die Kosten einer derartigen Förderungsstrategie setzen sich zusammen wie die Kosten einer Wachstumsstrategie, nur daß sie bei weitem niedriger liegen.

Nutzen

Wichtigster Nutzen ist die Tatsache, daß in dieser Region kulturell interessante Produktionen hergestellt werden können. Die übrigen oben beschriebenen ökonomischen Effekte bleiben dieselben, lediglich die langfristigen Effekte – insbesondere der Kapazitätseffekt – kommen nicht zustande, da nicht von einer zukünftig selbsttragenden Medienindustrie auszugehen ist.

Es scheint zweckmäßig, zwei unabhängige Förderungsorganisationen zu schaffen: eine, die sich um die Aufrechterhaltung der Medienbranche bemüht und von wirtschaftlichen Kriterien gelenkt wird; die zweite Organisation soll sich nur mit kulturellen und künstlerischen Aspekten beschäftigen.

Unabhängig davon sei natürlich darauf verwiesen, daß bei einer wirtschaftlich gesunden und starken Filmwirtschaft auch eine entsprechend aktive und eigenständige Filmkultur besonders gut gedeihen kann (vgl. Kapitel EXKURS: KULTURELLE FÖRDERUNG VS. WIRTSCHAFTLICHE FÖRDERUNG, S 283).[671]

Eine Besonderheit stellt die Kombination der Kulturstrategie mit der Tourismusstrategie dar, wie sie etwa in Wien anzutreffen ist. Prinzipiell sollten bei einer Verfolgung dieser beiden Zielstrategien keine unüberwindbaren Zielkonflikte auftreten. Eine Analyse aber sollte beide Zielsetzungen getrennt überprüfen, wobei zu beachten ist, daß positive Spillovers zwischen beiden Förderungsstrategien entstehen können.

---

[671] Alexandrow, E. (1994): S 43.

VERTEILUNG DER KOSTEN UND NUTZEN

Die Kosten sind bei allen Individuen in gleicher Höhe anzusetzen, unterstellt man ein Steuersystem, das jedem dasselbe marginale Opfer abverlangt (Steuerfinanzierung wird unterstellt). Nutzen fällt bei den verschiedenen Individuen aber in unterschiedlichem Ausmaß an, wie schon verschiedentlich gezeigt wurde.[672]

Vier von der Verteilung unterschiedlich betroffene Haushaltstypen lassen sich relativ einfach identifizieren:[673]

- **Unmittelbar betroffene Individuen (1):** Zu ihnen zählen in der Medienbranche Tätige, deren Einkommen bzw. Beschäftigung durch die Subvention verbessert bzw. erweitert wird.
- **Unmittelbar betroffene Individuen (2):** Auch Konsumenten können direkt davon profitieren, wenn die Bandbreite, Tiefe und Verfügbarkeit von (regionalen) Medienprodukten ausgedehnt wird. Allgemein läßt sich formulieren, daß ein Verteilungseffekt beim Konsum eines Gutes durch das Verhältnis vom geleisteten finanziellen Beitrag zum empfangenen Nutzen bestimmt ist.[674]
- **Individuen mit „option demand":** Optionsnutzen genießen nicht nur die Individuen, die aus einem potentiellen Kunstangebot persönliche Befriedigung ziehen. Im weiteren Sinne können darunter auch alle Personen verstanden werden, die Imagevorteile daraus ziehen, in einer „Medienregion" zu wohnen, die (weltweit) bekannt ist.[675]
- **Indirekt Betroffene:** Alle restlichen Individuen profitieren zumindest indirekt von der Subvention durch die ökonomischen Spillovers – in diesem Ausmaß profitieren natürlich auch die beiden anderen Gruppen.

---

672 Eine (minimale) Veränderung der Preise kann im Falle dieser Untersuchung vernachlässigt werden, da sie nur einen Sektor und nur eine Region betrifft. Vgl. Wildasin, D. E. (1988): S 801.

673 Vgl. Russell, M. (1980): S 77 f; Vgl. Andreae, C. A. (1980): S 19 ff.

674 Vgl. Andreae, C. A. (1980): S 18.

675 Vgl. Kapitel OPTION VALUE (OPTIONSWERT), S 293.

Hilfreich bei der Lösung der Distributionsfrage erscheinen die Ansätze von *Sassone/Schaffer* und *Hanusch*.[676] Sie streben eine systematisierte Darstellung der zu erwartenden Distributionswirkungen an. Eine vollständige Integration von Effizienz und Verteilung muß dann nicht um jeden Preis angestrebt werden.[677] Projektspezifische Verteilungsmatrizen, wie in *Abbildung 59* dargestellt, können den sonst effizienzbezogenen Berechnungen als Annex hinzugefügt werden. Auf diese Weise bleibt die endgültige Entscheidung den politisch Verantwortlichen überlassen.

Je größer und professioneller aber eine Medienindustrie wird, um so ungleicher wird die regionale Verteilung von kultur- und medienwirtschaftlichen Ergebnissen und Potentialen.[678]

Verteilungsmatrix												
Projekt Alternative	**Haushaltstypen / Betroffenheitsgrad**											
	Gruppe 1			***Gruppe 2***			***Gruppe 3***			***Gruppe 4***		
	N	K	N-K	N	K	N-K	N	K	N-K	N	K	N-K
A_1												
A_2												
A_3												
...												
A_n												

Abbildung 59: Verteilungsmatrix[679]

[676] Vgl. Sassone, P. G., Schaffer, W. A. (1978): S 172; Hanusch, H. (1987): S 147 f.

[677] Vgl. Kapitel VERTEILUNG, S 139.

[678] Vgl. Ministerium für Wirtschaft, Mittelstand und Technologie des Landes Nordrhein-Westfalen [Hrsg.] (1995): S 35.

[679] Quelle: Hanusch, H. (1987): S 147, verändert. N ... Nutzen; K ... Kosten.

SUBVENTIONSKONTROLLE

Da es sich bei Mediensubventionen um die Verwendung öffentlicher Mittel handelt, ist Kontrolle nötig, obwohl manche Förderungsorganisationen dies aufgrund des hohen Aufwands unterlassen bzw. nur bei Verdacht oder stichprobenartig durchführen.

Konkret schlägt *Virgens* vier verschiedene Kontrollstufen vor:[680]

1. **Kontrolle der Subventionsvoraussetzungen**: Ex-ante gilt es festzustellen, ob der potentielle Subventionsnehmer die geforderten Bedingungen erfüllt bzw. sind unter den Ansuchen diejenigen herauszufinden, die die geforderten Kriterien optimal erfüllen. Durch das Offenlegen der Vergabekriterien und der Vergabeentscheidungen sollen auch eventuelle Gefälligkeitszusagen und ähnliche Tatbestände eliminiert werden. Wenn dies gelänge, wäre im Vorfeld der Subventionsgewährung schon einiges im Hinblick auf Transparenz, Harmonisierung und Akzeptanz erreicht. Subventionsgeber und Subventionsnehmer wüßten somit genau, welche Leistungen und welche Gegenleistungen unter welchen Bedingungen zu erbringen sind. „Die Kontrolle der Subventionsvoraussetzungen wird mit Hilfe der Marketinginstrumente der Leistungs- und Gegenleistungspolitik, durch die die Bedingungen der Subventionsvergabe für jedermann genau und transparent ex-ante fixiert werden (zumindest aus betriebswirtschaftlicher Sicht), zur Entscheidungshilfe für die Subventionsvergabe."[681]
2. **Kontrolle der Subventionsverwendung**: Während der Förderdauer (bis die letzte Rate ausbezahlt ist) sollte eine begleitende Kontrolle erfolgen, die gleichzeitig – aufgrund der Erfahrung des Förderungsgebers – eine Beratung des Geförderten sein kann.
3. **Kontrolle der Zweckverwirklichung**: (als ex-post Kontrolle) Die Zwecke der Subventionierung liegen vereinbarungsgemäß in der Neuansiedlung, der Erweiterung und/oder der Erhaltung von Unternehmen dieser Branche. Die Kontrolle der Zweckverwirklichung hat sich auf die Feststellung zu be-

[680] Vgl. Virgens, M. (1992): S 200 ff.

[681] Virgens, M. (1992): S 202.

ziehen, ob der mit der Subventionierung verfolgte Zweck auch erreicht wird. Ein „Subventionserfolg" wiederum sagt jedoch nichts über die Effizienz der verfolgten Strategie aus.

4. **Kontrolle der Subventionseffizienz** (als begleitende Kontrolle sowie bei Kontrolle einzelner Subventionsabschnitte als ex-post Kontrolle): Neben den ökonomischen sind hier auch die gesellschaftlichen Kosten und Nutzen mit einzubeziehen. Ausgangspunkt für die Ermittlung ist das Vorliegen operationaler Ziele. Am Zielsystem ist bereits erkennbar, daß sich metaökonomische Ziele weitgehend einer Operationalisierung entziehen und hier nur der Einsatz von Indikatoren Abhilfe schaffen kann. Problematisch dabei ist, daß die zum Zeitpunkt der Subventionsvergabe angestrebte Effizienz unter sich ständig ändernden realen Bedingungen kaum mit der nach der Subventionierung erreichten Effizienz identisch sein kann.

LITERATURVERZEICHNIS

A

Abele, H., Bauer, H. (1984): Die Bundestheater in der österreichischen Wirtschaft. Wien 1984.

Acharya, S. N. (1971): Unemployment, Excess Capacity, And Benefit Cost Investment Criteria: A Comment. In Review of Economics and Statistics, 53 (1), Feb. 1971. S 103-105.

Akerlof, G. A. (1980): A Theory Of Social Custom, Of Which Unemployment May Be One Consequence. In: The Quarterly Journal of Economics, 94 (4), 1980. S 749-775.

Aksoy, A., Robins, K. (1992): Hollywood for the 21st Century: Global Competition For Critical Mass In Image Markets. In: Cambridge Journal of Economics, 16(1). March 1992. S 1-22.

Albach, H. [Hrsg.] (1975): Investitionstheorie. Köln 1975.

Alexander-Katz, E. (1959/60): Öffentliche Subventionen und Zuwendungen. In: Finanzarchiv, 1959/50. S 234-249.

Alexandrow, E. (1994): Anmerkungen zur Filmförderung in Berlin-Brandenburg. In: Berg, J., Hickethier, K. [Hrsg.] (1994): Filmproduktion, Filmförderung, Filmfinanzierung. Berlin 1994. S 43-46.

Allen, K. J. (1969): The Regional Multiplier: Some Problems In Estimation. In: Orr, S. C., Cullingworth, J. B. [Hrsg.] (1969): Regional and Urban Studies. London 1969. O.S.

Amt für Stadtentwicklungsplanung, Köln [Hrsg.] (1994): Stadtentwicklung in Köln, Heft 16. Handlungskonzept „Medien- und Kommunikationsstadt". Köln 1994.

Andreae, C. A. (1980): Verteilungswirkungen der Theaterfinanzierung. In: Österreichischer Bundestheaterverband Bericht 1979/80. Wien 1980. S 15-30.

Andreae, C. A. [Hrsg.] (1983): Symposion Kunst und Wirtschaft: Referate und Diskussionsbeiträge. Köln 1983.

Andreae, C. A., Wilflingseder, C. (1980): Der Einfluß des öffentlichen Sektors auf die Kunst. In: Wirtschaftspolitische Blätter, 27 (6), 1980. S 47-54.

Andreae, C.A., Keuschnigg, C. (1983): Kunst und Wirtschaft. In: Andreae, C. A. [Hrsg.] (1983): Symposion Kunst und Wirtschaft: Referate und Diskussionsbeiträge. Köln 1983.

Andrényi, M. v. (1992): Aspekte wirtschaftlicher Filmförderung. In: Hentschel, K., Reimers, K. F. [Hrsg.] (1992): Filmförderung: Entwicklungen/Modelle/Materialien. 2. Auflage. München 1992. S 80-82.

Arbeitsgruppe Kommunikationsforschung München AKM [Hrsg.] (1995): Hörfunk und Fernsehen als Wirtschaftsfaktor. Beschäftigte und wirtschaftliche Bedeutung des Rundfunks und der Programmzulieferer in Deutschland. Eine Untersuchung im Auftrag der Bayerischen Landeszentrale für neue Medien BML. München 1995.

Archer, B. H. (1976): The Anatomy Of A Multiplier. In: Regional Studies, Vol. 10, No. 1, 1976. S 71-77.

Archer, B. H. (1982): The Value Of Multipliers And Their Policy Implications. In: Green, D. [Hrsg.] (1982): Tourism Management, (4) 1982. Guilford 1982. S 236-241.

Archibald, G. C. (1967): Regional Multiplier Effects In The UK. In: Oxford Economic Papers, Vol. 19, No. 1, 1967. S 22-45.

Arthur Andersen Economic Consulting [Hrsg.] (1995): The Economic Consequence of Independent Film Making. Prepared for the American Film Marketing Association (AFMA) by C. Cicchetti, W.B. Peale, S. Boedeker, J. Dubin and J. Truitt. Los Angeles 1995.

Association of Film Commissions International [Hrsg.] (1995): Information. Quelle: URL http://www.afciweb.org, 10.02.1996.

Atkinson, A. B., Stiglitz, J. E. (1980): Lectures on Public Economics. London 1980.

Austrian Film Commission [Hrsg.] (1988): Der europäische Film und der Weltmarkt, Symposionsbericht. Wien 1988.

B

Bähr, R. (1994): Szenarien für eine Filmförderung in Europa. In: Berg, J., Hickethier, K. [Hrsg.] (1994): Filmproduktion, Filmförderung, Filmfinanzierung. Berlin 1994. S 61-70.

Ballard, C. L., Shoven, J. B., Whalley, J. (1985): General Equilibrium Computations Of The Marginal Welfare Costs Of Taxes In The United States. In: American Economic Review, 75 (1985). S 128-138.

Baumol, W. J., Bowen, W. G. (1965): On The Performing Arts: The Anatomy Of Their Economic Problems. In: American Economic Review, 55 (1965). S 495-502.

Baumol, W. J., Bowen, W. G. (1966): Performing Arts – The Economic Dilemma. Cambridge, Mass. 1966.

Baumol, W. J., Bowen, W. G. (1976): Arguments For Public Support Of The Performing Arts. Cambridge, Mass. 1976.

Baur, E. [Hrsg.] (1992): Filmfinanzierung, Internationaler Filmkongreß 1992. Hamburg 1992.

Bechmann, A. (1978): Nutzwertanalyse, Bewertungstheorie und Planung. Bern Stuttgart, 1978.

Becker, C., Reuter, D. H. (1975): Grundfragen der Bestimmung der Raumwirksamkeit und der Erfassung raumwirksamer Mittel. In: Akademie für Raumforschung und Landesplanung [Hrsg.] (1975): Räumliche Wirkungen öffentlicher Ausgaben. Hannover 1975. S 1-26.

Becker, J. [Hrsg.] (1994): Aktuelle Probleme der Filmförderung: VII. Münchner Symposion zum Film- und Medienrecht am 2. Juli 1993. Baden-Baden 1994.

Becker, J., Rehbinder, M. [Hrsg.] (1989): Europäische Koproduktion in Film und Fernsehen. II. Münchner Symposium zum Film- und Medienrecht. Baden-Baden 1989.

Bell, S. H., Orr, L. L. (1994): Is Subsidised Employment Cost Effective For Welfare Recipients? In: Journal of Human Research, Vol. 29, Iss. 1, Winter 1994. S 42-61.

Benda, E. (1969): Zur staatlichen Förderung des künstlerisch qualifizierten Films. In: Film und Recht, 10/1969. S 263-264.

Bentele, G. (1988): Berlin als Film- und Kinostadt: eine Bestandsaufnahme in Daten und Fakten. In: Bentele, G., Jarren, O. [Hrsg.] (1988): Medienstadt Berlin. Berlin 1988. S 427-445.

Bentkover, J. D., Covello, V. T. Mumpower, J. (1986): Benefit Assessment. The State Of The Art. Dordrecht, Boston, Lancaster, Tokyo 1986.

Berg, J., Hickethier, K. [Hrsg.] (1994): Filmproduktion, Filmförderung, Filmfinanzierung. Berlin 1994.

Bergstrom, T. (1993): Benefit-Cost Analysis And Distortionary Taxes: A Public Choice Approach. In: University of Michigan Centre for Research on Economic and Social Theory (CREST), Working Paper: 93-31, November 1993.

Berthold, U. (1967): Zur Theorie der Subvention. Ein Beitrag zur mikroökonomischen Analyse der Subventionswirkungen und ihrer wirtschaftspolitischen Beurteilung. Berlin, Stuttgart 1967.

Bird, R. M. et al. (1985): Tax Incentives For Film Production: The Canadian Experience. In: Public Finance Quarterly, 13, 1985. S 396-421.

Bironne, C., Querol, Y., Wolmark, Y. (o.J.): Mémento Social des Professions Audiovisuelles Musicales et Théâtrales. Editions Dixit. Paris o.J.

Black, G. (1969): The Application Of Systems Analysis To Government Operations. New York 1969.

Blaug, M. [Hrsg.] (1976): The Economics Of The Arts. London 1976.

Böhme, M. (1994): Wo steht heute die Filmförderung? In: Berg, J., Hickethier, K. [Hrsg.] (1994): Filmproduktion, Filmförderung, Filmfinanzierung. Berlin 1994. S 17-34.

Bösenkamp, E. (1966): Besteuerung der Subventionen. Wirtschaftliche Auswirkungen der von der Zahlung von öffentlichen Finanzhilfen ausgehenden Einflüssen auf die Bemessungsgrundlage. Köln 1966.

Branegan, J. (1995): Invasion Of The Profit Snatchers! In: TIME, February 27, 1995. S 44-49.

Braunschweig, S., Keidel, H. (1991): Strukturen der europäischen Film- und Fernsehproduktion – eine Analyse der Situation in Deutschland, Frankreich Großbritannien und Italien. In: Media Perspektiven, Nr. 12, 1991. S 777-793.

Brent, R. J. (1991): The Cost-Benefit Analysis of Government Loans. In: Public Finance Quarterly, Vol. 19, Iss. 1, Jan. 1991. S 43-66.

Brownrigg, N. (1971): The Regional Income Multiplier: An Attempt To Complete The Model. In: Scottish Journal of Political Economy, Vol. 18, No. 3, 1971. S 281-297.

Bucovetsky, S. (1993): Factor Ownership, Taxes, And Specialisation. In: Canadian Journal of Economics, XXVI, No. 2, May 1993. S 317-336.

Burford, R. L., Katz, J. L. (1977): Regional Input-Output Multipliers Without A Full I-O Table. In: Annals of Regional Science, Vol. 11, No. 3, 1977. S 21-39.

Büro für Presse- und Öffentlichkeitsarbeit der Stadt Dortmund [Hrsg.] (1995): Hervorragende Standortbedingungen und neue Projekte – Dortmund bietet Medien- und Kommunikationswirtschaft interessante Perspektiven. Pressedienstmitteilung. Dortmund 1995.

C

Castelli, J.-C. (1995): Vienna, Texas – Linklater´s Junior Year Abroad. In: The Filmmaker, Winter 1995. S 59-63.

Chef der Staatskanzlei des Landes Nordrhein-Westfalen, Der [Hrsg.] (1994): Bericht über den Medienwirtschaftsstandort Nordrhein-Westfalen. Düsseldorf 28.09.1994.

Chiesa, G., Tealdi, S. (1995): Commissions du Film. Vers un Modèle Européen? In: MEDIA Alsace Lorraine Franche-Comté [Hrsg.] (1995): Produire en Région, Produire en Europe. Supplément au n° 15 de MEDIA Programme – Antenne MEDIA Strasbourg. Strasbourg 1995. S 48-54.

Coopers & Lybrand [Hrsg.] (o.J.): European Film: Industry Or Art?. London o.J.

Corrigan, K. (1992): Financial Incentives For Investment In Film. In: Dublin Chamber of Commerce [Hrsg.] (1992): Film Investment In Ireland. Proceedings of a seminar held in Dublin, Chamber of Commerce, May 1992. Dublin 1992. o.S.

Cox, A. [Hrsg.] (1993): Report On Aids And Subsidies Available For Film Production And Distribution In The Republic Of Ireland. Dublin 1993.

Crookes, P. (1995): No Agreement On Television Quotas. In: The Bulletin of the European Institute for the Media, Vol. 12, No. 1, March 1995. S 1-2.

Cwi, D. (1980): Public Support Of The Arts: Three Arguments Examined. In: Journal of Cultural Economics, Vol. 4, No. 2. S 39-68.

D

Dale, M. (1992): Europa Europa, Developing The European Film Industry. Paris, Madrid 1992.

Davis, H. C. (1990): Regional Impact Analysis And Project Evaluation. Vancouver 1990.

Deus Pinheiro, J. de (1994a): European Audiovisual Conference, Opening Speech By Prof. João De Deus Pinheiro. European Parliament. Brussels 30.06.1994. Unveröffentlicht.

Deus Pinheiro, J. de (1994b): European Audiovisual Conference, Closing Remarks By Prof. João De Deus Pinheiro. European Parliament. Brussels 02.07.1994. Unveröffentlicht.

Deutsches Institut für Wirtschaftsforschung/Prognos AG [Hrsg.] (1995): Künftige Entwicklungen des Mediensektors. Gutachten im Auftrag des Bundesministeriums für Wirtschaft. Endbericht. Basel, Berlin 1995.

Di Pasquale, D., Polenske, K. R. (1980): Output, Income And Employment Input-Output Multipliers. In: Pleeter, S. [Hrsg.] (1980): Economic Impact Analysis: Methodology And Applications. Boston 1980. S 85-113.

Donner, W. (1994): Polemische Thesen zur Filmförderung. In: Berg, J., Hikkethier, K. [Hrsg.] (1994): Filmproduktion, Filmförderung, Filmfinanzierung. Berlin 1994. S 35-42.

Dörffeld, S. (1984): Filmförderung aus rechtlicher Sicht. In: Hundertmark, G., Saul, L. [Hrsg.] (1984): Förderungen essen Filme auf ... . München 1984. S 39-47.

Dreher, B. (1976): Filmförderung in der Bundesrepublik Deutschland. Versuch einer Erfolgskontrolle der Subventionspolitik. Deutsches Institut für Wirtschaftsforschung, Sonderheft 111. Berlin 1976.

Dreher, B. (1978): Zur Lage und Entwicklung der deutschen Filmwirtschaft. Deutsches Institut für Wirtschaftsforschung, Sonderheft 126. Berlin 1978.

Dreißig, W. [Hrsg.] (1976): Öffentliche Finanzwirtschaft und Verteilung. Berlin 1976.

Dublin Chamber of Commerce [Hrsg.] (1992): Film Investment In Ireland. Proceedings of a seminar held in Dublin, Chamber of Commerce, May 1992. Dublin 1992.

Dublin Chamber of Commerce [Hrsg.] (1993): Wealth In Services. A Submission To The Task Force On Jobs In Services. Dublin 1993.

E

Eckstein, O. (1958): Water Resource Development; The Economics of Project Evaluation. Harvard 1958.

Edwards, P. (1995): Why The United Kingdom Opposes The Quota. In: The Bulletin of the European Institute for the Media, Vol. 12, No. 1, March 1995. S 2.

Eeckhoff, J. (1973): Nutzen-Kosten-Analyse und Nutzwertanalyse als vollständige Entscheidungsmodelle. In: Raumforschung und Raumordnung, 31. Jg. 1973. S 93-102.

Eeckhoff, J. (1986): Ansatzpunkte für die Beurteilung öffentlicher Maßnahmen, Erfolgskontrolle von Strukturprogrammen. In: Eichhorn, P., Kortzfleisch, G. v. [Hrsg.] (1986): Erfolgskontrolle bei der Verausgabung öffentlicher Mittel. Baden-Baden 1986. S 59-80.

Eichhorn, P. (1986): Erfolgskontrolle bei der Verausgabung öffentlicher Mittel. In: Eichhorn, P., Kortzfleisch, G. v. [Hrsg.] (1986): Erfolgskontrolle bei der Verausgabung öffentlicher Mittel. Baden-Baden 1986. S 13-18.

Eichhorn, P., Kortzfleisch, G. v. [Hrsg.] (1986): Erfolgskontrolle bei der Verausgabung öffentlicher Mittel. Baden-Baden 1986.

Epp, D. (1979): Unemployment And Benefit-Cost Analysis: A Case Study Test Of A Haveman-Krutilla Hypothesis. In: Land Economics, 55 (3), Aug. 1979. S 397-404.

Eureka Audiovisuel [Hrsg.] (1994): Netzwerk Audiovisuelles Eureka, Präsentation, Projektbeschreibung. Brüssel 1994.

Eurimages [Hrsg.] (1994): Eurimages Guide. Strasbourg 1994.

Europäische Audiovisuelle Informationsstelle [Hrsg.] (1994): Statistisches Jahrbuch 1994/1995– Filmindustrie, Fernsehen, Video und Neue Medien in Europa. Straßburg 1994.

Europäische Audiovisuelle Informationsstelle [Hrsg.] (1995): Statistisches Jahrbuch 1996 – Filmindustrie, Fernsehen, Video und Neue Medien in Europa. Straßburg 1995.

Europäische Kommission [Hrsg.] (1987): Neue Impulse für die Aktion der Europäischen Gemeinschaft im kulturellen Bereich. Brüssel 12/1987.

Europäische Kommission [Hrsg.] (1994a): Grünbuch über die Politik der Europäischen Union für die Audiovisuelle Medienindustrie, verabschiedet am 7. April 1994 von der Europäischen Kommission („Strategische Optionen für die Stärkung der Programmindustrie im Rahmen der Audiovisuellen Politik der Europäischen Union“). Brüssel, Luxemburg 1994.

Europäische Kommission [Hrsg.] (1994b): MEDIA, Measures To Encourage The Development Of The European Audiovisual Industry. Edition 4. Brussels 04/1994.

Europäische Kommission, DG V (Employment, Industrial Relations and Social Affairs) [Hrsg.] (1994c): Manual For SociBase (Social Database) Version 2. Brüssel 1994.

Ewringmann, D., Hansmeyer, K.-H. (1975): Zur Beurteilung von Subventionen. Opladen 1975.

F

Feldstein, M. S. (1970): Volkswirtschaftliche Reinerträge (Nettonutzen). In: Recktenwald, H. C. [Hrsg.] (1970): Nutzen-Kosten-Analyse und Programmbudget: Grundlage staatlicher Entscheidung und Planung. Tübingen 1970. S 87-102.

Fest, H. E. (1971): Zur gesamtwirtschaftlichen Konsistenz des Entscheidungskriteriums für die Auswahl öffentlicher Investitionen. Berlin 1971.

Film Fonds Hamburg (1992): 10 Jahre Film Fonds Hamburg 1982-1992. Hamburg 1992.

Film Fonds Hamburg [Hrsg.] (1993a): Film Fonds Hamburg: Bilanz 1992. Hamburg 1993.

Film Fonds Hamburg [Hrsg.] (1993b): Pressemitteilung vom 02.04.1993. Hamburg 1993.

Film Fonds Hamburg [Hrsg.] (1993c): Pressemitteilung vom 09.06.1993. Hamburg 1993.

Film Fonds Hamburg [Hrsg.] (1993d): Pressemitteilung vom 22.09.1993. Hamburg 1993.

Film Fonds Hamburg [Hrsg.] (1994a): Bilanz 1993 des Film Fonds Hamburg. Hamburg 1994.

Film Fonds Hamburg [Hrsg.] (1994b): Pressemitteilung vom 05.12.1994. Hamburg 1994.

Film Fonds Hamburg [Hrsg.] (o.J.): Film Fonds Hamburg, Commercial Film Support & Development in Hamburg, Die wirtschaftliche Filmförderung. Hamburg 1994.

Filmboard Berlin Brandenburg GmbH [Hrsg.] (1994a): Vorläufige Grundsätze für die Vergabe von Mitteln. Berlin 1994.

Filmboard Berlin-Brandenburg GmbH [Hrsg.] (1994b): Filmboard Bulletin, Nov. 1994, Nr. 1.

Filmboard Berlin-Brandenburg GmbH [Hrsg.] (1995): Filmboard Bulletin, Feb. 1995, Nr. 2.

Filmförderungsanstalt [Hrsg.] (1994): Geschäftsbericht 1993. Berlin 1994.

Filmstiftung Nordrhein-Westfalen GmbH [Hrsg.] (1993): Schauen Sie doch mal Rhein. Düsseldorf 1993.

Filmstiftung Nordrhein-Westfalen GmbH [Hrsg.] (1995): Eine Bilanz der Filmstiftung NRW. Düsseldorf 1995.

Finney, A. (1994a): Power House Europe. In: Felix, May 1994, No. 4. S 4-10.

Finney, A. (1994b): From Cultural Defence To Industrial Success. Interview With David Puttnam. In: Felix, May 1994, No. 4. S 11-17.

Finney, A. (1994c): Co-operation And Competition, Europe/US. In: Felix, November 1994, Nr. 5. S 4-12.

Fischhoff, B., Cox, L. A. Jr. (1986): Conceptual Framework For Regulatory Benefits Assessment. In: Bentkover, J. D., Covello, V. T. Mumpower, J. (1986): Benefit Assessment. The State of the Art. Dordrecht, Boston, Lancaster, Tokyo 1986. S 51-84.

Flesch, C. (1994): European Audiovisual Conference, Forward Planning Group – „State Of The Industry" Session, Presentation Of The Green Paper. European Parliament. Brussels 30.06.1994. Unveröffentlicht.

Flint, M. (1994): European Audiovisual Conference, Thematic Workshop 1 – Support Instruments At Community Level. European Parliament. Brussels 02.07.1994. Unveröffentlicht.

Florio, M. (1990): Cost-benefit Analysis And The Control Of Public Expenditure: An Assessment Of British Experience In The 1980s. In: Journal of Public Policy, 1990, Vol. 10, Nr. 2. S 103-131.

Flynn, R. (1995): Risky Business. In: Film Ireland, 10-11/1995. S1-5.

Fox, K.-P. (1986): Erfolgskontrolle bei der regionalen Wirtschaftsförderung. In: Eichhorn, P., Kortzfleisch, G. v. [Hrsg.] (1986): Erfolgskontrolle bei der Verausgabung öffentlicher Mittel. Baden-Baden 1986. S 35-58.

Frank, B. (1993): Zur Ökonomie der Filmindustrie. Hamburg 1993.

Freeman, A. M. (1991): Welfare Measurement And The Benefit-Cost Analysis Of Projects Affecting Risks. In: Southern Economic Journal, 58 (1), July 1991. S 65-76.

Frey, B. S., Pommerehne, W. W. (1985): Ansätze zur Erfassung der Präferenzen für öffentliche Güter. Tübingen 1985.

Frey, B. S., Pommerehne, W. W. (1987): Staatliche Förderung von Kunst und Kultur: Eine ökonomische Betrachtung. In: Jahrbuch für Sozialwissenschaft, 38 (1987). S 259-275.

Friccius, E. (1991): Zur Novellierung des Filmförderungsgesetzes. In: Media Perspektiven, Nr. 12, 1991. S 806-809.

G

Gablers Wirtschafts-Lexikon (1988): 10. Auflage. Wiesbaden 1988.

Gapinsky, J. H. (1980): The Production of Culture. In: Review of Economics and Statistics, 62 (4), 1980. S 578-586.

Garnick, D. H. (1970): Differential Regional Multiplier Models. In: Journal of Regional Science, Vol. 10, No. 1, 1970. S 35-47.

Geppert, K., et al. (ie. Henne, C., Jeschek, W., Neckermann, G., Seidel, B., Seufert, W., Vesper, D.) (1992): Kultur als Wirtschaftsfaktor in Berlin. Eine Studie des Deutschen Instituts für Wirtschaftsforschung DIW im Auftrag der Senatsverwaltung für kulturelle Angelegenheiten. Berlin 1992.

Geppert, K., Görzig, B. (1988): Möglichkeiten und Grenzen der Regionalisierung der Volkswirtschaftlichen Gesamtrechnung in der Bundesrepublik Deutschland. Beiträge zur Strukturforschung, Heft 105. Berlin 1988.

Ginsberg, M. (1984): Ohne Subvention kein Verleih?. In: Hundertmark, G., Saul, L. [Hrsg.] (1984): Förderungen essen Filme auf ... . München 1984. S 62-69.

Glickman, N. J. (1980): Impact Analysis With Regional Econometric Models. In: Pleeter, S. [Hrsg.] (1980): Economic Impact Analysis: Methodology And Applications. Boston 1980. S 143-155.

Gordon, M. (1993): Filmfinanzierung in Europa, Finanzierungsinstrumente – Finanzierungsstrukturen. Diplomarbeit an der Wirtschaftsuniversität Wien. Wien 1993.

Gordon, M. (1996a): How Much Work Is Created By Economic Incentives For The Film Sector? In: Sequentia, Vol. III, No. 7, April/May/June 1996. S 14-15.

Gordon, M. (1996b): Information On Cinema In Europe. European Audiovisual Observatory. Strasbourg 1996. Unveröffentlicht.

Gordon, M., Spitzer, G. (1993): Product Placement. In: Austrian Film News, Nr. 6, Dez. 1993. S 17.

Gramlich, E. M. (1981): A Guide To Benefit-Cost Analysis. 2nd Edition. New Jersey 1981.

Gundelach, R. (1994): Filmfinanzierung im europäischen Markt. In: Berg, J., Hickethier, K. [Hrsg.] (1994): Filmproduktion, Filmförderung, Filmfinanzierung. Berlin 1994. S 71-80.

Gundlach, H.-J. (1965): Subventionen als Mittel der Wirtschaftspolitik. Eine theoretische Untersuchung der Einsatzmöglichkeiten. Berlin, Frankfurt/Main 1965.

Gunkel, P. (1983): Öffentliche Investitionsentscheidungen im Fremdenverkehr. Frankfurt 1983.

H

Hamburger Filmbüro [Hrsg.] (1994): Hamburger Filmbüro – Filmförderung und Produktionszentrum 93/94. Broschüre. Hamburg 1994.

Hamburger Filmbüro/Film Fonds Hamburg [Hrsg.] (1994): Film in Hamburg 94/95. Broschüre. Hamburg 1994.

Hanley, N., Spash, C. (1993): Cost-Benefit Analysis And The Environment. Aldershot, Hants [u.a.]. Elgar 1994.

Hansa, C., Huber, S. (1982): Hat die traditionelle Infrastruktur-Förderung für periphere Regionen ausgedient? Bern 1982.

Hansmeyer, K., Rurüp, B. (1975): Staatswirtschaftliche Planungsinstrumente. Düsseldorf, Tübingen 1975.

Hanusch, H. (1970): Zur wohlfahrtsökonomischen Theorie der finanzwirtschaftlichen Entscheidung. In: Recktenwald, H. C. [Hrsg.] (1970): Nutzen-Kosten-Analyse und Programmbudget: Grundlage staatlicher Entscheidung und Planung. Tübingen 1970. S 41-86.

Hanusch, H. (1987): Nutzen-Kosten-Analyse (Unter Mitarbeit von M. Schlumberger und P. Biene). München 1987.

Hardt, C. (1989): Einführungsreferat. In: Becker, J., Rehbinder, M. [Hrsg.] (1989): Europäische Coproduktion in Film und Fernsehen. II. Münchner Symposium zum Film- und Medienrecht. Baden-Baden 1989. S 1-6.

Harris, C. C. Jr. (1980): The Multiregional, Multi-Industry Forecasting Model. In: Pleeter, S. [Hrsg.] (1980): Economic Impact Analysis: Methodology And Applications. Boston 1980. S 168-184.

Harzem, K. (1988): Subventionen aus der Sicht der neuen politischen Ökonomie. Köln 1988.

Hasenberger, E. (1992): Die Kosten-Nutzen Analyse als Grundlage zur Berechnung externer Kosten? Diplomarbeit an der Wirtschaftsuniversität Wien. Wien 1992.

Haveman, R. H., Krutilla, J. V. (1968): Unemployment, Idle Capacity and the Evaluation of Public Expenditures: National and Regional Analysis. Baltimore 1968.

Haveman, R. H., Krutilla, J. V. (1971): Unemployment, Excess Capacity, And Benefit-Cost Investment Criteria: A Reply. In: Review of Economics and Statistics, 53 (1), February 1971. S 105.

Heinemann, K. (1966): Externe Effekte der Produktion und ihre Bedeutung für die Wirtschaftspolitik. Berlin 1966.

Hender, J. D. (1971): The Uses And Abuses Of Cost-Benefit Analysis In The Public Sector. In: Institute Of Municipal Treasurers And Accountants, The [Hrsg.] (1971): Cost Benefit Analysis In The Public Sector. London 1971. S 7-14.

Henrichsmeyer, W., Britz, W., Rau, T. (1989): Kultur als Wirtschaftsfaktor – dargestellt am Beispiel der Bonner Oper. Bonn 1989.

Hentschel, K., Reimers, K. F. [Hrsg.] (1992): Filmförderung: Entwicklungen/Modelle/Materialien. 2. Auflage. München 1992.

Hesse, H. (1969): Die Kosten-Nutzen-Analyse. In: Wirtschaftsdienst, 49. Jg., 1969. S 45-51.

Hoehn, J. P., Randall, A. (1991): Too Many Proposals Pass The Benefit-Cost Test: A Reply. In: American Economic Review, 81 (5), December 1991. S 1450-1452.

Hofecker, F.-O. (1984): Ökonomische Aspekte staatlicher Kulturförderung. Dissertation an der Wirtschaftsuniversität Wien. Wien 1984.

Hofmann, J. (1981): Erweiterte Kosten-Nutzen Analyse: zur Bewertung und Auswahl öffentlicher Projekte. Göttingen 1981.

Holzamer, B. (1967): Externe Effekte – Theoretische Grundlagen und wirtschaftspolitische Problematik. Dissertation an der Gutenberg-Universität Mainz. Mainz 1967.

Hopewell, J., Watson, N. (1991): European Film Finance And Marketing. Seminar Report (EFFAM, Madrid, May 30 – June 1, 1991). Media Business School. Madrid 1991.

Horlacher, F. (1984): Kultursubventionen: Begründung öffentlicher Kulturförderung und zielgerechte Ausgestaltung von Kultursubventionen, mit besonderer Berücksichtigung der Zürcher Kulturpolitik. Bern, Frankfurt/Main, New York 1984.

Hormuth, S. (1993): Placement: eine innovative Kommunikationsstrategie. München 1993.

Hummel, M. (1990): Kultur als Standortfaktor. In: IFO-Schnelldienst, Heft 10-11, 1990. S 3-10.

Hummel, M., Berger, M. (1988): Die volkswirtschaftliche Bedeutung von Kunst und Kultur: Gutachten im Auftrag des Bundesministers des Inneren. Berlin, München 1988.

Hundertmark, G., Saul, L. [Hrsg.] (1984): Förderungen essen Filme auf ... . München 1984.

Huppert, J. (1994): Silberstreif oder Sternschnuppe? In: Überblick, 2/94. O.S.

Hüttner, M. (1989): Grundzüge der Marktforschung. Berlin, New York 1989.

Hydra Associates Limited [Hrsg.] (1994): European Primetime – Who Shows What? Presented to the TV Business School in Lübeck 1994. London 1994. Unveröffentlicht.

I

Illetschko, P. (1994): Warum ist Wien als Drehort gefragt? In: Austrian Film News 1994, Nr. 12. S 2f.

Informationsbüro Film München [Hrsg.] (1995a): Richtlinien für die Bayerische Film- und Fernsehförderung. München 1995.

Informationsbüro Film München [Hrsg.] (1995b): Jahresbericht der Bayerischen Film- und Fernsehförderung 1994. München 1995.

Institute of Municipal Treasurers and Accountants, The [Hrsg.] (1971): Cost Benefit Analysis In The Public Sector. London 1971.

Investitionsbank NRW [Hrsg.] (1994): Förderbericht 1993/94. Düsseldorf 1994.

Irish Business and Employers Confederation IBEC [Hrsg.] (1995a): Economic Impact Of Film Production In Ireland 1993. Dublin 1995.

Irish Business and Employers Confederation IBEC [Hrsg.] (1995b): Economic Impact Of Film Production In Ireland 1994. Dublin 1995.

Irvin, G. (1978): Modern Cost-Benefit Methods. London 1978.

Isserman, A. (1980): Alternative Economic Base Bifurcation Techniques: Theory, Implementation And Results. In: Pleeter, S. [Hrsg.] (1980): Economic Impact Analysis: Methodology And Applications. Boston 1980. S 32-53.

J

Jenkins, G. P. (1978): On Measuring The Social Opportunity Cost Of Permanent And Temporary Employment. In: Canadian Journal of Economics, Vol. 11, No. 2, 1978. S 221-240.

Jenkins, G. P. (1979): Taxes And Tariffs And The Evaluation Of The Benefit From Foreign Investment. In: Canadian Journal of Economics, 12 (3), Aug. 1979. S 410-425.

Jensen, R. C. (1980): The Concept Of Accuracy In Regional Input-Output Models. In: International Regional Science Review, Vol. 5, No. 2, 1980. S 139-154.

Johansson, P.-U. (1982): Cost-Benefit Rules In General Disequilibrium. In: Journal of Public Economics, 18 (1982). S 121-137.

K

Kallas, C. (1992): Europäische Film- und Fernsehkoproduktionen. Baden-Baden 1992.

Kaupa, H. (1976): Kosten-Wirksamkeits-Analysen – Entscheidungshilfen für die öffentliche Hand? In: Das öffentliche Haushaltswesen in Österreich. Zeitschrift der Gesellschaft für das österreichische Haushaltswesen, 17 Jg., 1976. S 208-214.

Keil, K. (1992): Europäische Koproduktion – Konsequenzen und Perspektiven für deutsche Mitspieler. In: Bayerische Landeszentrale für neue Medien [Hrsg.]: Europäische Fernsehproduktion – Finanzierung und Finanzierungsgarantien. München 1992. S 152-157.

Keil, K. (1994): Quality rules – Qualität entscheidet. In: Filmboard Bulletin, Nov. 1994, Nr. 1. S 1.

Kirchhoff, G. (1973): Subventionen als Instrument der Lenkung und Koordinierung. Berlin 1973.

Klemp, A. H. (1990): Öffentliche Finanzhilfen (Subventionen) – Instrumente staatlicher Finanzinterventionen: Eine Untersuchung zum investiven Wirkungspotential und zur Effizienz staatlicher Finanzhilfen. Wuppertal 1989 (Dissertation). Frankfurt/Main 1990.

Knigge, R. (1971): Kosten-Nutzen Analyse im Bereich der raumplanenden Verwaltung. Düsseldorf 1971.

Knigge, R. (1975): Von der Cost-Benefit-Analyse zur Nutzwert Analyse. In: Das Wirtschaftsstudium,1975. S 123-130.

Koch, E. (1980): Eidgenössische Filmförderung. Dissertation an der Universität Freiburg in der Schweiz. Zürich 1980

Kohli, K. N. (1993): Economic Analysis of Investment Projects: A practical Approach. Hong-Kong, Oxford, New York 1993.

Kommission der Europäischen Gemeinschaften [Hrsg.] (1996): MEDIA II – Inventory Of Action Lines. Quelle: URL http://www.cec.lu/en/comm/dg10/avpolicy/media/acten.html, 12.02.1996.

Kommission der Europäischen Gemeinschaften [Hrsg.] (1993): Wachstum, Wettbewerbsfähigkeit, Beschäftigung – Herausforderungen der Gegenwart und Wege ins 21. Jahrhundert – Weißbuch. KOM (93) 700, endgültig vom 5.12.1993. Brüssel 1993.

Kopple, R. C. (1988): International Tax Planning For Film Production And Distribution. In: Austrian Film Commission [Hrsg.] (1988): Der europäische Film und der Weltmarkt, Symposionsbericht. Wien 1988. S 144-147.

Kops, M. (1987): Der Inzidenzbegriff in der Finanzwissenschaft. In: WiSt, 16 Jg., Heft 2, 1987. S 59-65.

Kosslick, D. (1994): Förderung in Europa und für Europa. In: Berg, J., Hikkethier, K. [Hrsg.] (1994): Filmproduktion, Filmförderung, Filmfinanzierung. Berlin 1994. S 47-60.

Kosslick, D. und Steinborn, B. (1992): Eurofilm, Euromarkt, Eurokultur, ein Gespräch mit Dieter Kosslick. In: Filmfaust, 1992, Nr. 85. S 31-37.

Kösters, R. (1979): Die Regulierung externer Effekte. Tübingen 1979.

KPMG Media and Entertainment Tax Network [Hrsg.] (1994): Film Financing And Taxation. Amsterdam 1994.

KPMG Peat Marwick [Hrsg.] (1989): Economic Impact Study Of The Film Industry In California. Commissioned by the California Chamber of Commerce and the California Film Commission. Los Angeles 1989.

KPMG Peat Marwick [Hrsg.] (1994): Mergers And Acquisitions Survey: Media And Entertainment Industry. KPMG International Headquarters. Amsterdam 1994.

Krust, M.-M. (1993): Bases légales des droits des artistes interprètes sur l'utilisation de leurs prestations dans les secteurs de la production sonore et audiovisuelle des Etats membres de la Communauté Européenne. Société civile pour l'administration des droits des artistes et musiciens interprètes. Paris 1993.

Krust, M.-M. (1996): The Problems Of Social Law In International Audiovisual And Multimedia Productions. Working Paper prepared for the European Audiovisual Observatory. Strasbourg 1996.

Krutilla, J.V., Eckstein, O. (1958): Multiple Purpose River Development. Studies in Applied Economics Analysis. Baltimore 1958.

Kyrer, A. (1987): Der wirtschaftliche Nutzen von Festspielen, Fachmessen und Flughäfen am Beispiel der Region Salzburg. Regensburg 1987.

L

Labrada, F. (1995): Training For The Year 2000. Priority For MEDIA II. In: MEDIA Business File, Summer 1995. Madrid 1995. S 10-13.

Lahnstein, M. (1992): Eurofilm, Euromarkt, Eurokultur, der deutsche Film – Misere ohne Ende? In: Filmfaust (1992): Nr. 85. S 38-41.

Lerch, B. (1970): Cost-Benefit-Analyse und Regionalpolitik. Probleme der Messung der Effizienz von Infrastrukturinvestitionen. Dissertation an der Universität Erlangen-Nürnberg. Erlangen, Nürnberg 1970.

Lindner, H. [Hrsg.] (1981): Möglichkeiten und Grenzen der Anwendung der für die Bundesrepublik Deutschland vorliegenden Input-Output Tabellen. Tübingen 1981.

Location Büro Hamburg [Hrsg.] (1993): Location Guide Hamburg. Hamburg 1993.

London Economics [Hrsg.] (1994): Audiovisual Employment In The European Union. A Report Prepared On The Behalf Of The MEDIA Business School, Madrid. London 1994.

Lustig, F. (1994): Nicht alles Gold, was glänzt. In: Filmecho/Filmwoche, 25.03.1994, Nr. 12. S 12-14.

Luxemburg [Hrsg.] (1993): Gesetz vom 15. März 1993 betreffend die Verlängerung und Änderung des Gesetzes vom 13. Dezember 1988 zur Einführung eines zeitlich begrenzten Steuersystems für die Bescheinigung der Kapitalanlagen im audiovisuellen Bereich. Luxemburg 1993.

Luyken, G. (1991): Overcoming Language Barriers In Television – Dubbing And Subtitling For The European Audience. The European Institute for the Media. Manchester 1991.

M

Maciarello, J. A. (1975): Benefit-Cost Analysis. Lexington, Mass. 1975.

Maier, G., Tödtling, F. (1992): Regional- und Stadtökonomik. Wien 1992.

Mansfield, E. (1990): Microeconomics: Theory, Application. New York, London 1990.

Marchand, M., Mintz, J., Pestieau, P. (1983): Public Production And Shadow Pricing In A Model Of Disequilibrium. In: Labour and Capital Markets, CORE Discussionpaper 8315. Louvain-la-Neuve 1983.

Marchand, M., Mintz, J., Pestieau, P. (1984): Shadow Pricing Of Labour And Capital In An Economy With Unemployed Labour. In: European Economic Review, 25 (1984). S 239-252.

Marglin, S. A. (1970): Diskontsatz und öffentliche Investition. In: Recktenwald, H. C. [Hrsg.] (1970): Nutzen-Kosten-Analyse und Programmbudget: Grundlage staatlicher Entscheidung und Planung. Tübingen 1970. S 143-154.

Margolis, J. (1970): Ökonomische Wertung durch Schattenpreise. In: Recktenwald, H. C. [Hrsg.] (1970): Nutzen-Kosten-Analyse und Programmbudget: Grundlage staatlicher Entscheidung und Planung. Tübingen 1970. S 127-142.

Marquand, J. (1980): Measuring The Effects And Costs Of Regional Incentives. Department of Industry, Government Economic Service Working Paper No 32. London 1980.

Mayer, A. (1983): Währungsreform? Ein Beitrag zur Ernüchterung der filmpolitischen Diskussion. In: Medium, Heft 7, Jg. 13, 1983. S 20-23.

McCain, R. A. (1982): Optimal Subsidies To The Arts In A Shortsighted World. In: Journal of Cultural Economics, 6 (1), 1982. S 15-31.

McMenamin, D. G., Haring, J. E. (1974): An Appraisal Of Non-Survey Techniques For Estimating Regional Input-Output Models. In: Journal of Regional Science, Vol. 14, No. 2, 1974. S 191-206.

MEDIA Alsace Lorraine Franche-Comté [Hrsg.] (1995): Produire en Région, Produire en Europe. Supplément au n° 15 de MEDIA Programme – Antenne MEDIA Strasbourg. Strasbourg 1995.

Media Salles Research Group [Hrsg.] (1994): European Cinema Yearbook, A Statistical Analysis. Utrecht 1994.

Meffert, H. (1993): Die Entwicklungsdynamik des europäischen Fernsehmarktes in den 90er Jahren. Wien 1993.

Mehmet, O. (1971): Benefit-Cost Analysis Of Alternative Techniques Of Production For Employment Creation. In: International Labour Review, 104 (1-2), July-August 1971. S 37-50.

Melzack, J. (1991): Incentive To Shoot. In: Screen International, Issue No. 807, 17.05.1991. S 14-16.

Mennel-Hartung, E. (1986): Die Inzidenzanalyse als Instrument der Regionalpolitik. Dargestellt am Beispiel der Hochschule St. Gallen. Dissertation an der Hochschule St. Gallen. Zürich 1968.

Miller, R. E., Blair, P. D. (1985): Input-Output Analysis – Foundations and Extensions. New Jersey 1985.

Ministère de la Culture [Hrsg.] (1995): L'emploi des techniciens intermittents de l'audiovisuel et des spectacles. In: Développement Culturel, No. 108, Paris, octobre 1995. S1-6.

Ministerium für Wirtschaft, Mittelstand und Technologie des Landes Nordrhein-Westfalen [Hrsg.] (1995): 2. Kulturwirtschaftsbericht NRW – Kultur- und Medienwirtschaft in den Regionen Nordrhein-Westfalens. Düsseldorf 1995.

Mishan, E. J. (1971a): Cost-Benefit Analysis. An Informal Introduction. London 1971.

Mishan, E. J. (1971b): Flexibility And Consistency In Project Evaluation. In: Economica, 41 (161), February 1974. S 81-96.

Mojto, J. (1989): Einführungsreferat. In: Becker, J., Rehbinder, M. [Hrsg.] (1989): Europäische Coproduktion in Film und Fernsehen. II. Münchner Symposium zum Film- und Medienrecht. Baden-Baden 1989. S 12-22.

Molloy, S., Burgan, B. (1993): The Economics Of Film And Television In Australia. A Study by the South Australian Centre for Economic Studies. Sydney 1993.

Moore, T. (1968): Reasons For Subsidising American Theatre. In: Blaug, M. [Hrsg.] (1976): The Economics of the Arts. London 1976.

Morgan, W., Mutti, J., Patridge, M. (1989): A Regional Equilibrium Model Of The United States: Tax Effects On Factor Movements And Regional Production. In: Review of Economics and Statistics, 71 (4), November 1989. S 626-635.

Mühlenkamp, H. (1994): Kosten-Nutzen-Analyse. München, Wien 1994.

Müller-Kutzey, P. (1977): Der Einfluß der Vergabeform von Subventionen auf Kapitalwert und optimale Nutzungsdauer einer Investition. Mainz 1977.

Musgrave, R. A. (1970): Kosten-Nutzen-Analyse und die Theorie der Staatswirtschaft. In: Recktenwald, H. C. [Hrsg.] (1970): Nutzen-Kosten-Analyse und Programmbudget: Grundlage staatlicher Entscheidung und Planung. Tübingen 1970. S 25-40.

Musgrave, R. A., Musgrave, P. B., Kullmer, L. (1977): Die öffentlichen Finanzen in Theorie und Praxis, Bd. 3. Tübingen 1977.

Mutti, J., Morgan, W., Patridge, M. (1989): The Incidence Of Regional Taxes In A General Equilibrium Framework. In: Journal of Public Economics, 39 (1), June 1989. S 83-107.

N

Nash, C. A., Pearce, D. W., Stanley, J. K. (1975): An Evaluation Of Cost-Benefit Analysis Criteria. In: Scottish Journal of Political Economy, 22 (2), June 1975. S 121-134.

Neckermann, G. (1991): Filmwirtschaft und Filmförderung, Strukturveränderungen, Daten. Berlin 1991.

Netzer, D. (1978): The Subsidised Muse. London 1978.

Netzer, R. (o.J.): Large-scale Public Support For The Arts. In: New York Affairs, Vol. II, No. 1. S 76-88.

Newbery, D. M. (1990): The Isolation Paradox And The Discount Rate For Benefit-Cost Analysis: A Comment. In: Quarterly Journal of Economics, 105 (1), February 1990. S 235-238.

Nicolai, C. (1994): Die Nutzwertanalyse. In: Das Wirtschaftsstudium, Heft 5, 1994. S 423-425.

Nielsen, R. P., McQueen, C., Nielsen, A. B. (1976): Public Policy And Attitude On Tax Support For Live Artist Media. In: American Journal of Economics and Sociology, Vol. 35 (1976). S 149-160.

Nowotny, E. (1991): Der öffentliche Sektor – Einführung in die Finanzwissenschaft. Berlin 1991.

O

O.A. (1983): Meinungsspiegel: Kunst und Ökonomie. In: Betriebswirtschaftliche Forschung und Praxis, 35. Jg., H. 1. S 49-69.

O.A. (1991): Distribution. In: Screen International, 09.05.1991, Issue 599. S 16.

O.A. (1992a): Neue Filmbüros. In: Film und Fernsehen, Nr. 1, Jg. 20, 1992. S 22-29.

O.A. (1992b): Die Location-Servicestelle der Österreich Werbung: 10 Jahre Cine Austria. In: Österreich Werbung BULLETIN Dezember 1992. O.S.

O.A. (1993a): Filmstiftung nach NRW Vorbild angestrebt, BW will mit Gewalt Medienland werden. In: Blickpunkt: Film, 6.12.1993. S 6.

O.A. (1993b): Industry Defies Expectations. In: Moving pictures, 14. Oct. 1993. S 12 f

O.A. (1993c): Rosige Zeiten für den Rosenhügel? In: Austrian Film News, 4 (Mai 1994). S 1, 3.

O.A. (1994a): Mit dem Dino konkurrieren. In: Kölnische Rundschau, 21.1.1994. S 17.

O.A. (1994b): Filmförderung entwickelt sich immer mehr zur Querschnittsaufgabe. In: Landtag intern, Nr. 3, 8.2.1994.

O.A. (1994c): NRW Denies Poaching Accusation. In: Screen International, 25.03.1994, No. 946. S 3.

O.A. (1994d): Nicht alles Gold, was glänzt. In: Filmecho/Filmwoche, 25.03.1994, Nr. 12, o.S.

O.A. (1994e): Weg aus der Misere, Die Staatskanzlei will Nordrhein-Westfalen zum Filmland machen. In: Kölnische Rundschau, 10.08.1994, o.S.

O.A. (1994f): Mehr für Film in Bayern. In: Filmecho/Filmwoche 11.03.1994, Nr. 10, o.S.

O.A. (1994g): Cash Boost For Bavarian Film Fund. In: Screen International, 11.03.1994, o.S.

O.A. (1994h): Hamburger Förderung. In: Krefelder Zeitung, 20.10.1994, o.S.

O.A. (1994i): Filmförderung GmbH in Hamburg startklar. In: Blickpunkt Film, 24.10.1994, Nr. 43, o.S.

O.A. (1994j): NRW wirbt Filmprojekte ab. In: Der Tagesspiegel, 13.02.1994, o.S.

O.A. (1994k): NRW will TV-Produktionen abwerben. In: Berliner Morgenpost, 13.02.1994, o.S.

O.A. (1994l): zitiert in: O.A. (1994): Wenig große Würfe, Interview mit Filmstiftung NRW Mitglied Gabriele Röthemeyer. In: Medienbulletin 3/1994. o.S.

O.A. (1995a): Moving towards Europe-wide Distribution. In: Audiovisual Policy – Newsletter published by the European Commission (Directorate-Generale X), April 1995. S 3.

O.A. (1995b): MEDIA II – More Resources For The Programme Industry. In: Audiovisual Policy – Newsletter published by the European Commission (Directorate-Generale X), April 1995. S 1, 8.

O.A. (1995c): FFA Geschäftsbericht 1994. In: Filmecho/Filmwoche, Nr. 24, 16.06.1995. S 12-14.

O.A. (1995d): Film/Fernsehen 94. In: Filmecho/Filmwoche, Nr. 24, 16.06.1995. S 14.

O.A. (1995e): Wachstumsbranche Rundfunk: Produktionswert und Beschäftigung nach 10 Jahren Privatrundfunk in Deutschland. Erste umfassende empirische Analyse der wirtschaftlichen Situation des Rundfunks und der Freien Programmproduzenten. In: Tendenz 1995 (?). Teilveröffentlichung von: Arbeitsgruppe Kommunikationsforschung München AKM [Hrsg.] (1995).

O.A. (1995f): Zwischen Tradition und Interaktion. In: EXTRA Media Biz, Nr. 15A, Juni 1995. S 28-30.

O.A. (1995g): The Commission Approves Its Proposal For The Creation Of A Guarantee Fund For European Producers. In: EUROPE, No. 6605 (n.s.), Wednesday 15 November 1995. S 12.

O.A. (1995h): Moves To Centralize Control Of Media II Lead To Growing Criticism. In: Screen Finance, Vol. 8, No. 19, October 18 1995. S 1-4.

O'Hagan, J. W., Duffy, C., T. (1987): The Performing Arts And The Public Purse. An Economic Analysis. Dublin 1987.

Obermann, G. (1973): Probleme der empirischen Kosten-Nutzen Analyse – dargestellt an der quantitativen Bewertung des Ausbaus der österreichischen Donau zur Wasserkraftstraße. Dissertation an der Wirtschaftsuniversität Wien. Wien 1973.

Olswang, S. (1989): Einführungsreferat. In: Becker, J., Rehbinder, M. [Hrsg.] (1989): Europäische Coproduktion in Film und Fernsehen. II. Münchner Symposium zum Film- und Medienrecht. Baden-Baden 1989. S 22-29.

Oreja, M. (1995): A Solid Framework And Powerful Levers For The European Audiovisual Industry. In: Audiovisual Policy – Newsletter published by the European Commission (Directorate-Generale X), April 1995. S 1, 8.

Ortmann, F. (1973): Überlegungen zur Regionalpolitischen Anwendbarkeit des Multiplikatorkonzepts. Tübingen 1973.

Otruba, H. (1994): Umwegrentabilität der Wiener Filmproduktion. Studie im Auftrag des Wiener Filmfinanzierungsfonds. Wien 1994. Unveröffentlicht.

P

Pawlowsky, P. (1972): Räumliche externe Effekte lokaler öffentlicher Leistungen im föderativen Staat. Dissertation an der Universität Basel. Basel 1972.

Payne, J. (1993): Warner Backs German Studio. In: Moving Pictures, 16. Dec. 1993. O.S.

Penne, L., Shanahan, J. L. (1987): The Role Of Arts In The State And Local Economic Development. In: Radich, A. J. [Hrsg.] (1987): Economic Impact Of The Arts – A Sourcebook. Denver, Washington 1987. S 135-157.

Peters, H. R. (1971): Grundzüge sektoraler Wirtschaftspolitik. Freiburg im Breisgau 1971.

Pfister, R. L. (1980): The Minimum Requirements Technique Of Estimating Exports: A Further Evaluation. In: Pleeter, S. [Hrsg.] (1980): Economic Impact Analysis: Methodology And Applications. Boston 1980. S 54-67.

Pflügner, W. (1988): Nutzen-Analysen im Umweltschutz: Der ökonomische Wert von Wasser und Luft. Göttingen 1988.

Pichert, D. (1975): Kostenprobleme der Filmproduktion. Pullach bei München 1975.

Pigout, A. C. (1947): A Study in Public Finance. London 1947. Zitiert in: Bergstrom, T. (1993): Benefit-Cost Analysis And Distortionary Taxes: A Public Choice Approach. In: University of Michigan Centre for Research on Economic and Social Theory (CREST), Working Paper: 93-31, November 1993. S 1.

Plath, F. (1973): Ökonomische Bewertung öffentlicher Investitionen. Göttingen 1973.

Pleeter, S. (1980): Methodologies Of Economic Impact Analysis: An Overview. In: Pleeter, S. [Hrsg.] (1980): Economic Impact Analysis: Methodology And Applications. Boston 1980. S 7-31.

Pleeter, S. [Hrsg.] (1980): Economic Impact Analysis: Methodology And Applications. Boston 1980.

Pöchinger, S. F., Reisinger, K. (1993): Kulturinitiativen als Wirtschaftsfaktor. Diplomarbeit an der Universität Linz. Linz 1993.

Pöll, G. (1983): Methodik der Umwegsrentabilitätsrechnung im Kulturbereich. Linz 1983.

Prescott, M. (1991): The Need For Tax Incentives. London 1991.

Presse- und Informationsamt der Bundesregierung [Hrsg.] (1994): Bericht der Bundesregierung über die Lage der Medien in der Bundesrepublik Deutschland 1994. Medienbericht ´94. Drucksache 12/8587 des Deutschen Bundestages, 12. Wahlperiode, vom 20. Oktober 1994. Bonn 1994.

Prest, A. R., Turvey, R. (1970): Kosten-Nutzen-Analyse: ein Überblick. In: Recktenwald, H. C. [Hrsg.] (1970): Nutzen-Kosten-Analyse und Programmbudget: Grundlage staatlicher Entscheidung und Planung. Tübingen 1970. S 103-126.

Price, R. H. (1991): Long-Term Follow-Up And Benefit-Cost Analysis Of The Jobs Program: A Preventive Intervention For The Unemployed. In: Journal of Applied Psychology, Vol. 76, Iss. 2, Apr. 1991. S 213-219.

Prodoehl, H. G. (1993): Filmpolitik und Filmförderung in Deutschland – Krisendiagnose und Plädoyer für einen Paradigmawechsel. In: Media Perspektiven, Nr. 4, 1993. S 159-168.

Prosser, M. (1993): Das Phänomen „Schwarzwaldklinik". In: Landesstelle für Volkskunde Freiburg [Hrsg.] (1993): Beiträge zur Volkskunde in Baden-Württemberg, Band 5. Stuttgart 1993. S 97-143.

Q

Quiggin, J. (1991): Too Many Proposals Pass the Benefit-Cost Test: Comment. In: American Economic Review, 81 (5), December 1991. S 1446-1449.

R

Radich, A. J. [Hrsg.] (1987): Economic Impact of the Arts – A Sourcebook. Denver, Washington 1987.

Ratajczak, D. (1980): A Generalised Specification Of Regional Labour Markets. In: Pleeter, S. [Hrsg.] (1980): Economic Impact Analysis: Methodology And Applications. Boston 1980. S 114-140.

Recktenwald, H. C. (1970): Die ökonomische Analyse: Hilfe für rationale Entscheidung in der Staatswirtschaft. In: Recktenwald, H. C. [Hrsg.] (1970): Nutzen-Kosten-Analyse und Programmbudget: Grundlage staatlicher Entscheidung und Planung. Tübingen 1970. S 1-24.

Recktenwald, H. C. (1971): Die Kosten-Nutzen-Analyse, Entscheidungshilfe der politischen Ökonomie. Tübingen 1971.

Recktenwald, H. C. [Hrsg.] (1970): Nutzen-Kosten-Analyse und Programmbudget, Grundlagen staatlicher Entscheidung und Planung. Tübingen 1970.

Reige, J. (1989): Subventionsmanagement. Frankfurt/Main, New York 1989.

Richert, R., Thiel, E., Weilepp, M. (1987): Projekt Medienplatz Hamburg – Band 2 – Strukturen der Medienwirtschaft in Hamburg. Baden-Baden, Hamburg 1987.

Richter, E. (1993): Über Filmförderung, Kinokultur und letzte Inseln. In: Film und Fernsehen, Nr. 4, 1993. S 16-19.

Richter, E., Schreiber, E. (1992a): Nachdenken über ein Scheitern. Interview mit Georg Alexander, dem Gründungsbeauftragten für die Filmförderung Berlin-Brandenburg. In: Film und Fernsehen, Nr. 6, Jg. 20 (1992). S 12-14.

Richter, E., Schreiber, E. (1992b): Nachdenken über ein Scheitern. Interview mit Wilhelm Neufeld, Land Brandenburg Ministerium für Wissenschaft, Forschung und Kultur. In: Film und Fernsehen, Nr. 4, Jg. 20 (1992). S 10-13.

Richter, E., Schreiber, E. (1992c): Wie geht es weiter mit Babelsberg? Interview mit Wilhelm Neufeldt. In: Film und Fernsehen, Nr. 4, Jg. 20. S 10-13.

Rienstra, R. (1994): European Audiovisual Conference, Thematic Workshop 2 – Pan European Perspectives. European Parliament, Brussels 02.07.1994. Unveröffentlicht.

Rinehart, U. R. (1963): Rates Of Return On Municipal Subsidies. In: Southern Economic Journal, Vol. 29, No. 4, 1963. S 297-306.

Robin, J. A. (1993): Organisation As Strategy: Restructuring Production In The Film Industry. In: Strategic Management Journal, Special Issue, Vol. 14, Summer 1993. S 130-108.

Russell, M. (1980): Comments On Art Subsidy: Distribution Effects And The Public Purse. In: Journal of Cultural Economics, Vol. 4, No. 2. S 75-80.

S

Samuelson, P. A., Nordhaus, W. D. (1989): Economics. 13th Edition. Colorado Springs, New York 1989.

Sassone, P. G., Schaffer, W. A. (1978): Cost-Benefit Analysis, A Handbook. New York, San Francisco, London 1978.

Schaffer, W. A. (1980): The Role Of Input-Output Models In Regional Impact Analysis. In: Pleeter, S. [Hrsg.] (1980): Economic Impact Analysis: Methodology And Applications. Boston 1980. S156-167.

Schlumberger, M. (1987): Die Bewertung von Beschäftigungswirkungen öffentlicher Projekte im Rahmen der Kosten-Nutzen-Analyse. Krefeld 1987.

Schmid, A. (1989): Benefit Cost Analysis, A Political Economy Approach. Boulder/Colorado 1989.

Schmidjell, R. (1981): Auswirkungen der Salzburger Festspiele 1979 auf Betriebe, Einkommen und Steuern (Umwegsrentabilitätsrechnung). Zwink, E. [Hrsg.] (1981): Salzburg Dokumentationen Band 54. Salzburg 1981. S 37-70

Schmidjell, R., Glaubinger, B. (1980): Quantifizierung der externen Effekte des Kunstsektors am Beispiel der Salzburger Festspiele. In: Wirtschaftspolitische Blätter, 27 (6), 1980. S 89-97.

Schmitt, E. (1994): Mit Politik kann man keine Kultur, wohl aber mit der Kultur Politik machen. In: Black Box Nr. 84, September 1994, o.S.

Schmitt, E. (1995): Die Epoche des Dualen Systems. In: film-dienst, Nr. 18, 29.08.1995. o.S.

Schnelle, J. (1991): Platz dem Filmvogt! Filmförderung: Das Kino der Enkel ist tot. In: Weiterbildung und Medien, H. 3, Jg. 14, 1991. S 10-12.

Schofield, J. (1987): Cost-Benefit Analysis In Urban & Regional Planning. London, Sidney, Wellington 1987.

Schou, K. (1982): Policies For The Australian Film Industry: Part A; Rationale For Assistance And Direct Government Subsidy. North Ryde 1982.

Schützinger, H. P. (1988): Die Kosten-Nutzen-Analyse als Instrument zur Beurteilung von Infrastruktur-Investitionen im Fremdenverkehr – Eine empirische Studie. Dissertation an der Wirtschaftsuniversität Wien. Wien 1988.

Schweiger, F. (1995): Die Veräußerung von Filmrechten nach dem UStG 1994. In: Steuer und Wirtschaftskartei, Heft 8, 10.03.1995. S 222-223.

Schwier, H. (1994): Ich stehe zum dualen System der Filmförderung. In: NRW Wochendienst, 17.11.1994, Nr. 45. o.S.

Scitovsky, T. (1941): A Note On Welfare Propositions In Economics. In: Review of Economic Studies, 9 (1941). S 77-88.

Seaman, B. A. (1981): Economic Theory And The Positive Economics Of Arts Financing. In: American Economic Review, 71 (2), 1981. S 335-340.

Sekretariat der Ständigen Konferenz der Kultusminister der Länder in der Bundesrepublik Deutschland (1995): Die Ausgaben der Länder für Film und Filmförderung 1990-1994. Sonderheft Statistik und Vorausberechnung No. 72. Bonn 1995.

Seybusch, H.-J. (1992): Privatwirtschaftliche Investitionen in Filme- und Fernsehproduktionen. In: Bayerische Landeszentrale für neue Medien (1992): Europäische Fernsehproduktionen, BLM-Rundfunkkongress 1992, Dokumentation Band 2. München 1992. S 50-52.

Shotton, R. I. (1971): Resource Cost In Public Investment Appraisal. In: Institute Of Municipal Treasurers And Accountants, The [Hrsg.] (1971): Cost Benefit Analysis In The Public Sector. London 1971. S 73-82.

Sieber, L. (1971): Subventionen, Subventionen, Subventionen. Das bisher ungelöste Problem – hier ein konkreter Leitfaden. Ludwigsburg 1971.

Sinclair, M. T., Sutcliffe, M. S. (1978): The First Round Of The Keynesian Regional Income Multiplier. In: Scottish Journal of Political Economy, Vol. 25, No. 2, 1978. S 177-186.

Sinclair, M. T., Sutcliffe, M. S. (1982): Keynesian Income Multipliers With First And Second Round Effects: An Application To Tourist Expenditure. In: Oxford Bulletin of Economics and Statistics, Vol. 44, No. 4, 1982. S 321-339.

Sinclair, N., Gerse, S. (1983): Overseas Tax Incentives And Government Subsidies. In: Squire, J. E. (1983): The Movie Business Book. 2nd Edition. S 431-441.

Solf, G. (1992): Theatersubventionierung. Möglichkeiten einer Legitimation aus wirtschaftspolitischer Sicht. Bergisch Gladbach, Köln 1992.

Spitzenorganisation der Filmwirtschaft [Hrsg.] (1994): Filmstatistisches Taschenbuch 1994 der Spitzenorganisation der Filmwirtschaft, bearbeitet von Karsten Pfaff. Wiesbaden 1994.

Spitzer, G. (1996): Sonderwerbeformen im TV. Wiesbaden 1996.

Spohler, J. (1967): Zur Methode und Technik der Cost-Benefit Analyse. In. Kyklos, Internationale Zeitschrift für Sozialwissenschaften, Vol. XX, 1967. S 230. In: Knigge, R. (1971): S 17.

Steele, D. B. (1972): A Numbers Game Or The Return Of Regional Multipliers. In: Regional Studies, Vol. VI, No. 2, 1972. O.S.

Steele, D. B. (1969): Regional Multipliers In Great Britain. In: Oxford Economic Papers, Vol. 21, No. 2, 1969. S 268-293.

Stevens, B. H., Trainer, G. A. (1980): Error Generation In Regional Input-Output Analysis And Its Implications For Nonsurvey Models. In: Pleeter, S. [Hrsg.] (1980): Economic Impact Analysis: Methodology And Applications. Boston 1980. S 68-84.

Stohler, J. (1967): Zur Methode und Technik der Cost-Benefit-Analyse. In Kyklos, 20 (1967). S 218-245.

Storper, M. C. (1989): The Transition To Flexible Specialisation In The US Film Industry: External Economies, The Division Of Labour, And The Crossing Of Industrial Divides. In: Cambridge Journal of Economics, 13 (2), June 1989. S 273-305.

Storper, M. C., Christopherson, S. (1987): Flexible Specialisation And Regional Industrial Agglomeration – The Case Of The US Motion Pictures Industry. In: Annals of the Association of American Geographers, 77 (1), 1987. S 104-117.

Strassert, G. (1973): Nutzwertanalyse. Hannover 1973.

T

Taubmann, W., Behrens, F. (1968): Wirtschaftliche Auswirkungen von Kulturangeboten in Bremen. Bremen 1986.

Thiel, E. (1975): Zur Messung der räumlichen Verteilung von Einkommenseffekten öffentlicher Ausgaben. In: Akademie für Raumforschung und Landesplanung [Hrsg.] (1975): Räumliche Wirkungen öffentlicher Ausgaben. Hannover 1975. S 79-96.

Think Tank on the Audiovisual Policy in the European Union [Hrsg.] (1994): Report by the Think Tank on the Audiovisual Policy in the European Union (A.-P. Vasconcelos, M. Cotta, P. Fleischmann, E. Balmaseda, D. Puttnam, G. Stucci). Brussels, Luxembourg 1994.

Thormälen, T. (1977): Der Nutzwert der Nutzwertanalyse. In: Wirtschaftsdienst, 57. Jg., Heft 12, 1977. S 638-644.

Thorsby, C. D. (1982): Social And Economic Benefits From Regional Investment In Arts Facilities. In: Journal of Cultural Economics, 6 (1) 1982. S 1-13.

Thorsby, C. D., Withers, G. A. (1979): The Economics Of The Performing Arts. London 1979.

Thoss, R., Strumann, M., Bölting, H. (1975): Der Kapazitätseffekt von Infrastrukturinvestitionen und Investitionsbeihilfen und seine Bedeutung für die Regionalpolitik. In: Akademie für Raumforschung und Landesplanung [Hrsg.] (1975): Räumliche Wirkungen öffentlicher Ausgaben. Hannover 1975.

Tucker, E. (1995): EU Fund To Help Film Industry Financing. In: Financial Times, Nov. 16, 1995. O.S.

U

Ulmer, J. (1994): German Space Odyssey Fuels Regional Rift. In: Hollywood Reporter, Feb. 18-20, 1994. O.S.

V

Van Raaij, W. F., Antonides, G. (1991): Costs And Benefits Of Unemployment And Employment. In: Journal of Economic Psychology, Vol. 12, Iss. 4. S 667-687.

Vaughan, R. J. (1977): The Use Of Subsidies In The Production Of Cultural Services. In: Journal of Cultural Economics, 1 (1), 1977. S 82-92.

Virgens, M. (1992): Marketing in der kommunalen Wirtschaftsförderung unter besonderer Berücksichtigung der Subventionsvergabe. Frankfurt am Main 1992.

Vogel, H.L. (1990): Entertainment Industry Economics. New York 1990.

W

Wahl-Ziegler, E. (1978): Theater und Orchester zwischen Marktkräften und Marktkorrektur: Existenzprobleme und Überlebenschancen eines Sektors aus wirtschaftstheoretischer Sicht. Göttingen 1978.

Warr, P. G., Wright, B. D. (1981): The Isolation Paradox And The Discount Rate For Benefit-Cost Analysis. In: Quarterly Journal of Economics, 96 (1), February 1981. S 129-145.

Weiner, R. (1990): Dictionary Of Media And Communications. New York 1990.

Weisbrod, B. (1968): Deriving An Implicit Set Of Governmental Weights For Income Classes. In: Chase, S. B. (1968): Problems in Public Expenditure Analysis. Washington 1968.

Welle, P. G. (1990): Benefit, Cost, And Beyond: The Political Economy Of Benefit-Cost Analysis: Review Article. In: Atlantic Economic Journal, 18 (2), June 1990. S 79-88.

West, G. R. (1990): Regional Trade Estimation: A Hybrid Approach. In: International Regional Science Review, Vol. 13, Nos. 1&2, 1990. S 103-118.

Westermeier, K. (1995): Medikamente gegen das Zapper-Fieber. In: Horizont 38/95, 22.09.1995.

Wiedemann, M. (1984): Ohne Subventionen keine Produktion. In: Hundertmark, G., Saul, L. [Hrsg.] (1984): Förderungen essen Filme auf ... . München 1984. S 57-61.

Wiener Filmfinanzierungsfonds [Hrsg.] (1992): Finanzierungsrichtlinien des WFF. Wien 1992.

Wiener Filmfinanzierungsfonds [Hrsg.] (1994): Informationen WFF. Broschüre. Wien 1994.

Wiener Filmfinanzierungsfonds [Hrsg.] (1995): Satzung. Wien 1995.

Wiener Filmfinanzierungsfonds [Hrsg.] (o.J.): Austrian Production Companies. Wien o.J.

Wiese, M. (1984): Film & Video Budgets. Studio City, California 1984.

Wildasin, D. E. (1988): Indirect Distributional Effects In Benefit-Cost Analysis Of Small Projects. In: The Economic Journal, 98 (Sep. 1988). S 801-807.

Willis, K. G. (1985): Estimating The Benefits Of Job Creation From Local Investment Subsidies. In: Urban Studies, Vol. 22, No. 2, 1985. S 163-177.

Wilson, T. (1968): The Regional Multiplier – A Critique. In: Oxford Economic Papers, Vol. 20, No. 3, 1968. S 374-393.

Wolfson, D. (1993): Harmony and Discord – Subsidy Systems In Europe. In: Screen International, Issue 919, 6.Aug.1993. S 10-15.

Wöste, M. (1991): Aufwendungen des Fernsehens für Leistungen der Filmwirtschaft. In: Media Perspektiven, Nr. 12, 1991. S 769-776.

Wren, C. (1993): Job Duration And Macro Evaluation Of Employment Policy: The Example Of UK Regional Policy. In: Urban Studies, 30 (3), April 1993. S 573-580.

X, Y, Z

Zangenmeister, C. (1970): Nutzwertanalyse in der Systemtechnik – Eine Methode zur multidimensionalen Bewertung und Auswahl von Projektalternativen. München 1970.

Zeitel, G. (1968): Über einige Kriterien zur Beurteilung staatlicher Subventionen. In: Finanzarchiv, N.F. Band 27. S 187-201.

Ziegler, R. (1989): Einführungsreferat. In: Becker, J., Rehbinder, M. [Hrsg.] (1989): Europäische Koproduktion in Film und Fernsehen. II. Münchner Symposium zum Film- und Medienrecht. Baden-Baden 1989. S 6-11.

Ziethen, M. (1987): Förderung von Medienwirtschaft und Film in Hamburg. Baden-Baden, Hamburg 1987. Zugleich: Bd. 3 Projekt Medienplatz Hamburg, Hrsg.: Hoffmann-Riem, W. Baden-Baden, Hamburg 1987.

Zimmermann, H. (1976): Subventionen und Verteilung. In: Dreißig, W. [Hrsg.] (1976): Öffentliche Finanzwirtschaft und Verteilung. Berlin 1976.

Zwehl, W., Schmidt-Ewig, W. (1981): Wirtschaftlichkeitsberechnungen bei öffentlichen Investitionen. Verfahren und Beispiele der Kosten-Nutzen Analyse im Bibliotheksbereich. Wiesbaden 1981.

ANHANG A: BERECHNUNG DER DURCHSCHNITTLICHEN EINSPIELERGEBNISSE

NATIONALE SPIEFILME AUF DEN NATIONALEN MÄRKTEN 1993

	Premieren insgesamt	Anzahl der produz. Filme	Premieren nat. Filme	Anteil nat. Premieren	Kinoeinnahmen nat. Filme	Marktanteil nat. Filme
Belgien	411	10	20	4,87%	*1,36*	1,60%
Schweiz	354	34	17	4,80%	*0,83*	0,80%
Deutschland	263	67	67	25,48%	*43,42*	7,20%
Dänemark	152	11	11	7,24%	*8,17*	15,90%
Spanien	356	56	64	17,98%	*23,95*	8,80%
Frankreich	359	152	133	37,05%	*237,90*	34,90%
Finnland	168	13	11	6,55%	*1,84*	6,30%
UK	236	60	24	10,17%	*11,31*	2,48%
Griechenland	144	18	5	3,47%	*0,63*	2,00%
Italien	462	106	127	27,49%	*10,06*	2,44%
Norwegen	188	9	9	4,79%	*4,19*	8,50%
Niederlande	205	16	12	5,85%	*11,83*	13,70%
Portugal	263	16	6	2,28%	*0,32*	2,00%
Schweden	203	29	17	8,37%	*20,23*	20,30%
SUMME	*3764*	*597*	*523*	*1,66*	*376,05*	*1,27*
DURCHSCHNITT	*268,86*	*42,64*	*37,36*	*11,88%*	*26,86*	*9,07%*

Anteil der nationalen Filme die ins Kino kommen 87,60%
Durchschnittliche nationale Kinoeinnahmen pro europäischem Film 719.016 ECU

EUROPÄISCHE SPIELFILME IM EUROPÄISCHEN MARKT 1993

	Premieren insgesamt	Premieren europ. Filme	Anteil Euro-Premieren	Marktanteil europ. Filme	Kinoeinnahmen 1993 insg.	Kinoeinnahmen europ. Filme
Belgien	411	181	44,04%	20,60%	85,05	17,52
Schweiz	354	149	42,09%	15,90%	104,10	16,55
Deutschland	263	117	44,49%	10,60%	603,09	63,93
Dänemark	152	34	22,37%	21,10%	51,38	10,84
Spanien	356	155	43,54%	24,30%	272,16	66,13
Frankreich	359	168	46,80%	38,20%	681,66	260,39
UK	236	48	20,34%	3,28%	455,97	14,96
Griechenland	144	30	20,83%	5,00%	31,27	1,56
Italien	462	217	46,97%	40,60%	412,33	167,41
Niederlande	205	63	30,73%	13,70%	86,33	11,83
Portugal	263	48	18,25%	16,10%	16,22	2,61
Schweden	203	86	42,36%	29,10%	99,67	29,00
SUMME	*3408*	*1296*	*4,23*	*2,38*	*2899,23*	*662,74*
DURCHSCHNITT	*243,43*	*92,57*	*30,20%*	*17,03%*	*207,09*	*47,34*

Durchschnittliche europäische Kinoeinnahmen pro europäischem Film 1.317.570 ECU

ANHANG B: AUFTEILUNG DER REGIONALAUSGABEN IM VERGLEICH

Aufteilung der Regionalausgaben im Vergleich

Region	**NRW**	**NRW-regulär**	**NRW-Ausn.**	**Berlin**	**Hamburg**	
Quelle	Filmstiftung	Filmstiftung	Filmstiftung	Geppert	Ziethen	
Zeitraum	1991-1995	1991-1995	1991-1995	1991	1980-1985	
Projekte	106	72	34	23	-	
Währung	DEM	DEM	DEM	Mio. DEM	Mio. DEM	
Regionale Ausgaben						
Personal	58.090.921	49.680.084	8.410.837	49,6	10,7	
Käufe						
Miete technischer Geräte	32.966.793	27.869.316	5.097.477	13,8	1,46	
Mieten						
Rechte	3.188.040	2.423.419	764.622	4,5		
Gastronomie						
Nächtigung						
Telekommunikation						
Atelier/Studio	1.721.457	1.211.709	509.748	5,8		
Reise-, Transportkosten	18.300.960	15.752.222	2.548.739	5,2		
Finanzierungskosten	812.260	557.386	254.874			
Filmmaterial- und -bearbeitung	13.261.000	0.603.676	3.668.234	11,6	4,26	
Endfertigung	5.356.585	4.846.837	509.748			
Versicherungen	3.952.662	2.423.419	1.529.243	0,8		
HU	6.376.081	4.846.837	1.529.243			
Güter und Dienstleistungen						
Sonstiges	3.188.040	2.423.419	764.622	11,6	3,35	
Summe	*147.215.708*	*121.728.323*	*25.487.385*	*103*	*20*	
Anteil Personal	*39%*	*41%*	*33%*	*48%*	*54%*	
Region	**Wien**	**Wien-Euro**	**Wien-US**	**Irland**	**Irland**	**USA-LA**
Quelle	Otruba	Otruba	Otruba	IBEC	IBEC	KPMG
Zeitraum	1994	1994	1994	1993	1994	1989
Projekte	10	8	2	16	61	26
Währung	Mio. ATS	Mio. ATS	Mio. ATS	Mio. IRP	Mio. IRP	USD/Tag
Regionale Ausgaben						
Personal	140,16	35,92	104,42	13,5	23,3	
Käufe	107,14	58,62	48,52			5500
Miete technischer Geräte	35,27	9,72	25,55			8377
Mieten	42,33	24,52	17,81			15699
Rechte						
Gastronomie	35,83	26,68	9,15			
Nächtigung	21,11	11,9	9,21			
Telekommunikation	10,45	4,01	6,44			
Atelier/Studio						
Reise-, Transportkosten	24,97	7,15	17,82			2869
Finanzierungskosten						
Filmmaterial- und -bearbeitung						
Endfertigung						
Versicherungen						
HU						
Güter und Dienstleistungen				17,1	33,7	
Sonstiges	99,76	43,77	55,99			
Summe	*517*	*222*	*295*	*31*	*57*	*32.445*
Anteil Personal	*27%*	*16%*	*35%*	*44%*	*41%*	